Anton Meier
Marketing junger Technologieunternehmen

Anton Meier

# Marketing junger Technologie-unternehmen

**Deutscher Universitäts Verlag**
GABLER · VIEWEG · WESTDEUTSCHER VERLAG

Die Deutsche Bibliothek - CIP-Einheitsaufnahme

**Meier, Anton:**
Marketing junger Technologieunternehmen / Anton Meier. -
Wiesbaden : DUV, Dt. Univ.-Verl., 1998
(DUV : Wirtschaftswissenschaft)
Zugl.: Zürich, Eidgenöss. Techn. Hochsch., Diss., 1998
ISBN 3-8244-0410-9

Alle Rechte vorbehalten
© Deutscher Universitäts-Verlag GmbH, Wiesbaden, 1998

Lektorat: Monika Mülhausen

Der Deutsche Universitäts-Verlag ist ein Unternehmen
der Bertelsmann Fachinformation GmbH.

Das Werk einschließlich aller seiner Teile ist urheberrechtlich geschützt. Jede Verwertung außerhalb der engen Grenzen des Urheberrechtsgesetzes ist ohne Zustimmung des Verlages unzulässig und strafbar. Das gilt insbesondere für Vervielfältigungen, Übersetzungen, Mikroverfilmungen und die Einspeicherung und Verarbeitung in elektronischen Systemen.

http://www.duv.de
Gedruckt auf säurefreiem Papier
Druck und Buchbinder: Rosch-Buch, Scheßlitz
Printed in Germany
ISBN 3-8244-0410-9

Meinen Eltern

und

Geschwistern

# Vorwort

Ausgangspunkt meiner Faszination für junge Technologieunternehmen war ein Praktikum, das ich während meines Studiums zum Elektroingenieur bei einem High-Tech-Unternehmen im Silicon Valley absolvieren konnte. Mich beeindruckte nicht nur die Entwicklung und Anwendung der modernsten Technik, sondern auch die ungezwungene Arbeitsatmosphäre, die vorwärtsstrebende Haltung und die Dynamik dieses Unternehmens. So war es für mich nur folgerichtig, im Anschluss an das Studium und an einen einjährigen Aufenthalt in Japan selbst am Aufbau eines neu gegründeten High-Tech-Unternehmens mitzuwirken. Während eineinhalb Jahren sammelte ich einmalige Erfahrungen im Marketing und Verkauf eines High-Tech-Produktes. Parallel dazu begann ich meine Assistenzzeit am Betriebswissenschaftlichen Institut der ETH Zürich, in der ich mich mit der theoretischen Seite dieser Thematik auseinandersetzen durfte. Die vorliegende Forschungsarbeit ist das Ergebnis all dieser Erkenntnisse und Erfahrungen.

Mit Sicherheit wäre diese Arbeit ohne die grosszügige und tatkräftige Unterstützung vieler Personen in meinem engeren und weiteren Umkreis nicht zustande gekommen.

Mein erster Dank gilt Prof. Dr. Paul Frauenfelder, der mich und dieses Projekt als Referent jederzeit voll unterstützte. Durch seine kollegiale und menschliche Art gab er mir stets Aufmunterung und war mir Stütze. Ein weiterer Dank richtet sich an meinen ehemaligen Lehrer, Vorgesetzten und Korreferenten, Prof. Dr. Anton Gunzinger, der mich mit wertvollen Hinweisen unterstützte. Ein besonderer Dank gebührt auch Prof. Dr. Hugo Tschirky. Er hat durch seine grosszügige und offene Haltung einen wesentlich Grundstein für die Verwirklichung dieser Arbeit gelegt. Allen Assistenten der Professur für Unternehmensführung und Technologiemanagement danke ich für die fachlichen Diskussionen, ihr Feedback in vielen Detailfragen und ihre organisatorische Unterstützung.

Ein weiterer Dank geht an alle Unternehmensgründer, die sich - trotz ihrer knappen Ressource „Zeit" - die Mühe genommen haben, an der schriftlichen Befragung teilzunehmen. Sie haben durch ihr Mitwirken einen äusserst wichtigen Beitrag zu dieser Forschungsarbeit geleistet. Ich hoffe, dass sie durch die erzielten Forschungsresultate und mein Feedback selbst von dieser Untersuchung profitieren konnten.

Einen besonderen Dank möchte ich an dieser Stelle auch an meine Eltern und meine beiden Schwestern richten. Durch ihren Rückhalt und ihre moralische Unterstützung war es mir möglich, mich voll auf diese Forschungsarbeit zu konzentrieren.

Anton Meier

# Inhaltsverzeichnis

Abbildungsverzeichnis ................................................................................. XV

Tabellenverzeichnis ..................................................................................... XIX

Abkürzungsverzeichnis ............................................................................. XXIII

1. **Einleitung** ............................................................................................. 1
   1.1  Motivation und Problemstellung ................................................... 1
   1.2  Zielsetzungen ................................................................................ 4
   1.3  Systemabgrenzung ........................................................................ 5
   1.4  Forschungsmethode ....................................................................... 7
      1.4.1  Methodenspezifische Konsequenzen der Besonderheiten JTU ...... 7
      1.4.2  Forschungsstrategie ................................................................. 8
      1.4.3  Gang der empirischen Untersuchung .................................... 11
   1.5  Aufbau der Arbeit ....................................................................... 11

2. **Theoretische Basis** ............................................................................. 13
   2.1  Begriffliche Grundlagen ............................................................. 13
      2.1.1  Technologie und Technik ...................................................... 13
      2.1.2  Innovation, Innovationsprozess und -management ............... 14
      2.1.3  Unternehmensgründung ........................................................ 16
      2.1.4  Junge Technologieunternehmen (JTU) ................................ 17
      2.1.5  Marketing, Marketing-Management, Marketingkonzept und -prozess ....... 19
   2.2  Entwicklungsmodelle junger Technologieunternehmen ............... 21
      2.2.1  Entstehungsformen .............................................................. 21
      2.2.2  Entwicklungsphasen und -muster ........................................ 24
   2.3  Untersuchungen des JTU-Erfolges und -Misserfolges .................. 28
      2.3.1  Vergleichbarkeit verschiedener Untersuchungen ................. 28
      2.3.2  Die wichtigsten Einflussdimensionen auf den JTU-Erfolg ... 31
      2.3.3  Untersuchungen des Erfolges JTU ....................................... 33
         2.3.3.1  Wichtige Untersuchungen ...................................... 33
         2.3.3.2  Die Einflussdimension „Unternehmensgründer" ... 36
         2.3.3.3  Die Einflussdimension „Technologische Basis / Produkt" ... 38
         2.3.3.4  Die Einflussdimension „Finanzielle Basis / Kapital" ... 41

2.3.3.5 Die Einflussdimension „Managementorientierung und -kompetenz" .................................................................................. 43
2.3.3.6 Die Einflussdimension „Marketingorientierung und -kompetenz" .................................................................................. 45
2.3.3.7 Die Einflussdimension „Markt" ........................................... 48
2.3.4 Untersuchungen des Misserfolges JTU ............................................ 50
2.3.4.1 Wichtige Untersuchungen ................................................... 50
2.3.4.2 Wichtige Misserfolgsfaktoren .............................................. 51
2.4 Beiträge aus dem Bereich Innovationsmanagement ................................... 57
2.4.1 Relevanz dieser Forschungsrichtung .............................................. 57
2.4.2 Resultate dieser Forschungsrichtung ............................................. 58
2.5 Beiträge aus dem Bereich Technologiemarketing .................................... 66
2.5.1 Besonderheiten von Technologiemärkten .......................................... 66
2.5.2 Ausgewählte Studien aus dem Bereich Technologiemarketing ................ 70
2.6 Beiträge aus dem Bereich Marketing-Management ................................... 76
2.6.1 Ausgewählte Studien aus dem Bereich Marketing-Management ............ 76

## 3. Bezugsrahmen, Hypothesen und Operationalisierung .................................. 84
3.1 Entwicklung eines Bezugsrahmens .......................................................... 84
3.1.1 Das Marketingmodell von Kotler ...................................................... 86
3.1.2 Der Bezugsrahmen der empirischen Untersuchung ........................... 88
3.2 Arbeitshypothesen ................................................................................. 89
3.3 Operationalisierung des theoretischen Bezugsrahmens ............................ 90
3.3.1 Operationalisierung des Erfolges ..................................................... 90
3.3.1.1 Dimensionen des Unternehmenserfolges ........................... 91
3.3.1.2 Indikatoren des Erfolgs ..................................................... 93
3.3.2 Operationalisierungen im Marketing ................................................. 94
3.3.2.1 Indikatoren im Einflussbereich „Kundenorientierung" ......... 95
3.3.2.2 Indikatoren im Einflussbereich „Integrierte Marketingorganisation" ................................................................... 95
3.3.2.3 Indikatoren im Einflussbereich „Adäquate Marketinginformation" ................................................................... 96
3.3.2.4 Indikatoren im Einflussbereich „Strategische Orientierung" ........ 97
3.3.2.5 Indikatoren im Einflussbereich „Effektive Abwicklung" ............. 98
3.3.2.6 Indikatoren im Einflussbereich „Vollständiger Innovationsprozess" ................................................................... 99

3.3.2.7 Indikatoren im Einflussbereich „Einzigartiger Produkt-
charakter" ................................................................................. 99
3.3.2.8 Indikatoren im Einflussbereich „Marktcharakter" ................. 100

**4. Methodik der empirischen Untersuchung** ............................................................ **102**
4.1 Untersuchungsdesign ................................................................................ 102
4.2 Datenerhebung .......................................................................................... 106
    4.2.1 Erhebung der Grundgesamtheit ..................................................... 106
    4.2.2 Der Fragebogenversand ................................................................. 107
4.3 Datenauswertung ....................................................................................... 109
    4.3.1 Statistische Grundbegriffe ............................................................. 110
        4.3.1.1 Skalenniveaus ................................................................. 110
        4.3.1.2 Die Irrtumswahrscheinlichkeit p ..................................... 111
    4.3.2 Korrelationen ................................................................................. 111
    4.3.3 Gruppenvergleiche ......................................................................... 112
        4.3.3.1 Gruppenvergleiche metrischer oder ordinalskalierter Variablen. 112
        4.3.3.2 Gruppenvergleiche nominalskalierter Variablen ........... 113
    4.3.4 Multivariate Analysemethoden ...................................................... 113

**5. Resultate der empirischen Untersuchung** .............................................................. **116**
5.1 Beschreibung des Untersuchungssamples ................................................. 116
    5.1.1 Strukturmerkmale der JTU ............................................................ 116
    5.1.2 Erfolg JTU ..................................................................................... 122
        5.1.2.1 Subjektive Erfolgsmasse ................................................. 123
        5.1.2.2 Objektive Erfolgsmasse .................................................. 125
        5.1.2.3 Zusammenhänge zwischen den Erfolgsmassen ............. 128
        5.1.2.4 Wahl eines Erfolgsmasses .............................................. 129
5.2 Bestimmung der kritischen Erfolgsvariablen ........................................... 130
    5.2.1 Gruppen unterschiedlich erfolgreicher JTU .................................. 130
    5.2.2 Einflüsse spezieller Rahmenbedingungen auf den Erfolg ............ 132
        5.2.2.1 Der Einfluss der Branche ............................................... 132
        5.2.2.2 Der Einfluss des Gründungsjahres ................................. 132
        5.2.2.3 Der Einfluss des Unternehmenstyps .............................. 133
    5.2.3 Der Einflussbereich „Kundenorientierung" ................................... 133
        5.2.3.1 Unterschiede zwischen den ersten und den letzten zwei Jahren . 133
        5.2.3.2 Erfolgsvariablen im Einflussbereich „Kundenorientierung" ....... 135

5.2.4 Der Einflussbereich „Integrierte Marketingorganisation" ......... 136
    5.2.4.1 Unterschiede zwischen den ersten und den letzten zwei Jahren . 136
    5.2.4.2 Erfolgsvariablen im Einflussbereich „Integrierte Marketingorganisation" ......... 137
5.2.5 Der Einflussbereich „Adäquate Marketinginformation" ......... 138
    5.2.5.1 Unterschiede zwischen den ersten und den letzten zwei Jahren . 138
    5.2.5.2 Erfolgsvariablen im Einflussbereich „Adäquate Marketinginformation" ......... 139
5.2.6 Der Einflussbereich „Strategische Orientierung" ......... 140
    5.2.6.1 Unterschiede zwischen den ersten und den letzten zwei Jahren . 140
    5.2.6.2 Erfolgsvariablen im Einflussbereich „Strategische Orientierung" ......... 141
5.2.7 Der Einflussbereich „Effektive Abwicklung" ......... 142
    5.2.7.1 Unterschiede zwischen den ersten und den letzten zwei Jahren . 142
    5.2.7.2 Erfolgsvariablen im Einflussbereich „Effektive Abwicklung"... 143
5.2.8 Der Einflussbereich „Vollständiger Innovationsprozess" ......... 144
    5.2.8.1 Unterschiede zwischen den ersten und den letzten zwei Jahren . 144
    5.2.8.2 Erfolgsvariablen im Einflussbereich „Vollständiger Innovationsprozess" ......... 145
5.2.9 Der Einflussbereich „Einzigartiger Produktcharakter" ......... 146
    5.2.9.1 Unterschiede zwischen den ersten und den letzten zwei Jahren . 146
    5.2.9.2 Erfolgsvariablen im Einflussbereich „Einzigartiger Produktcharakter" ......... 147
5.2.10 Der Einflussbereich „Marktcharakter" ......... 148
    5.2.10.1 Unterschiede zwischen den ersten und den letzten zwei Jahren . 148
    5.2.10.2 Erfolgsvariablen im Einflussbereich „Marktcharakter" ......... 150
5.2.11 Die wichtigsten Erfolgs- und Misserfolgsvariablen ......... 150
5.3 Analyse der Erfolgsfaktoren im Marketing JTU ......... 152
    5.3.1 Dimensionen im Marketing JTU ......... 153
    5.3.2 Verhaltensmuster im Marketing JTU ......... 157
    5.3.3 Erfolgsraten einzelner Marketing-Verhaltensmuster ......... 161
    5.3.4 Erfolgsfaktoren im Marketing JTU ......... 164
5.4 Spezielle Probleme JTU ......... 169
    5.4.1 Probleme im Verlauf der Unternehmensentwicklung ......... 169
    5.4.2 Probleme unterschiedlich erfolgreicher JTU ......... 171

## 6. Zusammenfassung, Gestaltungsempfehlungen und Ausblick .................... 173
   6.1 Zusammenfassung der Ergebnisse ........................................................ 173
   6.2 Gestaltungsempfehlungen ..................................................................... 178
      6.2.1 Gestaltungsempfehlungen für das Marketing jedes JTU-Typs ........ 178
      6.2.2 Gestaltungsempfehlungen für das Marketing JTU ........................... 180
      6.2.3 Kritische Würdigung der vorliegenden Arbeit ................................. 181
   6.3 Ausblick ................................................................................................. 183

Anhang A: Technologiebranchen ..................................................................... 185
Anhang B: Ergebnisse der Kreuztabellierung .................................................. 186
Anhang C: Ergebnisse der Korrelationsanalyse und des Mann-Whitney-U-Tests ............ 190
Anhang D: Ergebnisse der Faktoranalyse ........................................................ 195
Anhang E: Ergebnisse der Clusteranalyse ....................................................... 197
Anhang F: Ergebnisse der Diskriminanz- und weiterer Analysen ................... 198
Anhang G: Schriftverkehr und Fragebogen ..................................................... 199

Literaturverzeichnis .......................................................................................... 211

Stichwortverzeichnis ........................................................................................ 235

# Abbildungsverzeichnis

Abb. 1: Grobdesign der empirischen Untersuchung ...................................................... 8

Abb. 2: Allgemeiner Bezugsrahmen der Untersuchung .................................................. 9

Abb. 3: Statistische Analysen zur Bestimmung der Marketingfaktoren, der typischen Verhaltensmuster sowie der Erfolgsfaktoren im Marketing JTU ..................... 10

Abb. 4: Aufbau der Arbeit .............................................................................................. 12

Abb. 5: Invention, Innovation und Innovationsprozesse ............................................... 15

Abb. 6: Formen von Unternehmensgründungen ........................................................... 17

Abb. 7: Entwicklungsphasen junger Technologieunternehmen .................................... 25

Abb. 8: Entwicklungsmuster junger Technologieunternehmen .................................... 27

Abb. 9: Theoretisches Grundgerüst: Die wichtigsten Einflussdimensionen auf den JTU-Erfolg ..................................................................................................... 32

Abb. 10: Vergleich der Phasen im Innovationsprozess mit den Entwicklungsphasen JTU ................................................................................................................... 57

Abb. 11: Einfluss der Aggressivität der Marketing- und Technologiestrategie auf die Unternehmensstrategie, den relativen Umsatzwachstum (in runden Klammern) und das Risikoverhalten [in eckigen Klammern] .......................... 75

Abb. 12: Bezugsrahmen: Die wichtigsten Einflussbereiche auf den Erfolg JTU ........... 89

Abb. 13: Design der Untersuchung ............................................................................... 103

Abb. 14: Gründungsjahr der JTU .................................................................................. 118

Abb. 15: Durchschnittliche Wichtigkeit der verschiedenen Erfolgsvariablen und ihr Erreichungsgrad ............................................................................................. 123

Abb. 16: Rangierter durchschnittlicher Mitarbeiterzuwachs pro Jahr, ausgehend von der Mitarbeiterdifferenz zwischen dem Jahr 1996 und dem Gründungsjahr (eo1) .......................................................................................... 127

Abb. 17: Scatterplot des subjektiven Erfolges (es1) mit dem - logarithmisch skalierten - objektiven Erfolg (eo1) ................................................................................. 129

Abb. 18: Kundenorientierung: Unterschiede zwischen den ersten und den letzten zwei Jahren ................................................................................................... 134

Abb. 19: Kundenorientierung der erfolgreichen und der weniger erfolgreichen JTU .... 135

| | | |
|---|---|---|
| Abb. 20: | Integrierte Marketingorganisation: Unterschiede zwischen den ersten und den letzten zwei Jahren | 137 |
| Abb. 21: | Integrierte Marketingorganisation der erfolgreichen und der weniger erfolgreichen JTU | 137 |
| Abb. 22: | Adäquate Marketinginformation: Unterschiede zwischen den ersten und den letzten zwei Jahren | 139 |
| Abb. 23: | Adäquate Marketinginformation der erfolgreichen und der weniger erfolgreichen JTU | 140 |
| Abb. 24: | Strategische Orientierung: Unterschiede zwischen den ersten und den letzten zwei Jahren | 141 |
| Abb. 25: | Strategische Orientierung der erfolgreichen und der weniger erfolgreichen JTU | 142 |
| Abb. 26: | Effektive Abwicklung: Unterschiede zwischen den ersten und den letzten zwei Jahren | 143 |
| Abb. 27: | Effektive Abwicklung der erfolgreichen und der weniger erfolgreichen JTU | 144 |
| Abb. 28: | Vollständiger Innovationsprozess: Unterschiede zwischen den ersten und den letzten zwei Jahren | 145 |
| Abb. 29: | Vollständiger Innovationsprozess der erfolgreichen und der weniger erfolgreichen JTU | 146 |
| Abb. 30: | Einzigartiger Produktcharakter: Unterschiede zwischen den ersten und den letzten zwei Jahren | 147 |
| Abb. 31: | Einzigartiger Produktcharakter der erfolgreichen und der weniger erfolgreichen JTU | 148 |
| Abb. 32: | Marktcharakter: Unterschiede zwischen den ersten und den letzten zwei Jahren | 149 |
| Abb. 33: | Marktcharakter der erfolgreichen und der weniger erfolgreichen JTU | 150 |
| Abb. 34: | Mittelwerte der Marketingfaktoren der verschiedenen JTU-Typen | 158 |
| Abb. 35: | Marketingfaktoren: Unterschied zwischen den erfolgreichen und den weniger erfolgreichen JTU (geordnet nach der Grösse des Korrelationskoeffizienten) | 165 |
| Abb. 36: | Probleme JTU in den ersten und den letzten zwei Jahren | 170 |
| Abb. 37: | Probleme der erfolgreichen und der weniger erfolgreichen JTU | 172 |

| Abb. 38: | Erfolgsraten verschiedener JTU-Typen | 176 |
|---|---|---|
| Abb. 39: | Erfolgsraten jedes JTU-Typs in Abhängigkeit der Marktkräfte | 178 |
| Abb. 40: | Mittelwerte der Marketingfaktoren der verschiedenen JTU-Typen (Gruppiert nach den Marketingfaktoren) | 197 |
| Abb. 41: | Boxplot der Marketingfaktoren der verschiedenen JTU-Typen mit Darstellung des Medians, des ersten und dritten Quartils, des kleinsten und grössten Wertes und der Ausreisser (Gruppiert nach den JTU-Typen) | 197 |

# Tabellenverzeichnis

Tab. 1: Anglo-amerikanische Studien zum Erfolg junger Technologieunternehmen ...34

Tab. 2: Deutschsprachige Studien zum Erfolg junger Technologieunternehmen ........35

Tab. 3: Erfolgsfaktoren der Einflussdimension „Unternehmensgründer".....................37

Tab. 4: Erfolgsfaktoren der Einflussdimension „Technologische Basis / Produkt"......39

Tab. 5: Erfolgsfaktoren der Einflussdimension „Finanzielle Basis / Kapital" ..............41

Tab. 6: Erfolgsfaktoren der Einflussdimension „Managementorientierung und -kompetenz" ...............................................................................................................44

Tab. 7: Erfolgsfaktoren der Einflussdimension „Marketingorientierung und -kompetenz" ...............................................................................................................48

Tab. 8: Erfolgsfaktoren der Einflussdimension „Markt"................................................50

Tab. 9: Studien zum Misserfolg junger Technologieunternehmen................................51

Tab. 10: Bedeutung verschiedener Misserfolgsursachen für JTU ..................................52

Tab. 11: Problem- und Misserfolgsfaktoren junger Technologieunternehmen..............54

Tab. 12: Erfolgsfaktoren im Innovationsprozess..............................................................65

Tab. 13: Unterschiede zwischen traditionellem Marketing und Technologiemarketing..68

Tab. 14: Die am häufigsten ermittelten Schlüsselfaktoren des Unternehmenserfolges....81

Tab. 15: Dimensionen des Unternehmenserfolges ...........................................................91

Tab. 16: Dimensionen des JTU-Erfolges für die vorliegende Untersuchung.................93

Tab. 17: Indikatoren des „Unternehmenserfolges"...........................................................94

Tab. 18: Die Einflussbereiche und Komponenten auf den JTU-Erfolg..........................94

Tab. 19: Indikatoren im Einflussbereich „Kundenorientierung".....................................95

Tab. 20: Indikatoren im Einflussbereich „Integrierte Marketingorganisation"..............96

Tab. 21: Indikatoren im Einflussbereich „Adäquate Marketinginformation" ................97

Tab. 22: Indikatoren im Einflussbereich „Strategische Orientierung"............................98

Tab. 23: Indikatoren im Einflussbereich „Effektive Abwicklung" ................................98

Tab. 24: Indikatoren im Einflussbereich „Vollständiger Innovationsprozess" .............99

Tab. 25: Indikatoren im Einflussbereich „Einzigartiger Produktcharakter"................100

Tab. 26: Indikatoren im Einflussbereich „Marktcharakter" ..........................................101

| | | |
|---|---|---|
| Tab. 27: | Statistik des Fragebogenversandes | 108 |
| Tab. 28: | Anteil der Gründer unter den antwortenden Personen | 109 |
| Tab. 29: | Funktion der antwortenden Personen im JTU | 109 |
| Tab. 30: | Die Skalenniveaus der Statistik | 110 |
| Tab. 31: | Symbolisierung der Irrtumswahrscheinlichkeit p | 111 |
| Tab. 32: | Interpretation der Korrelationskoeffizienten | 112 |
| Tab. 33: | Übersicht der gängigen Mittelwerttests | 113 |
| Tab. 34: | Regionale Verteilung der JTU | 116 |
| Tab. 35: | Branchenverteilung der JTU | 117 |
| Tab. 36: | Anzahl aktive Gründer im Gründungsteam und Anzahl heute im JTU noch tätige Gründer | 118 |
| Tab. 37: | Anteil der Personen im JTU mit technischer Ausbildung in den beiden ersten und letzten Jahren | 119 |
| Tab. 38: | Bedingungen zur Definition von JTU-Gruppen | 119 |
| Tab. 39: | Hauptumsatzquellen der JTU in den ersten und letzten zwei Jahren | 120 |
| Tab. 40: | Primäre Zielkunden der JTU in den ersten und letzten zwei Jahren | 121 |
| Tab. 41: | Geographische Verteilung der Zielmärkte JTU in den ersten und letzten zwei Jahren | 121 |
| Tab. 42: | Exportanteil am Umsatz in den ersten und den letzten zwei Jahren | 122 |
| Tab. 43: | Investiertes Kapital in den ersten zwei Jahren | 122 |
| Tab. 44: | Punktverteilung für Erfolgsmass es3 | 124 |
| Tab. 45: | Definition der subjektiven Erfolgsmasse | 125 |
| Tab. 46: | Definition der objektiven Erfolgsmasse | 126 |
| Tab. 47: | Gruppierter durchschnittlicher Mitarbeiterzuwachs pro Jahr, ausgehend von der Mitarbeiterdifferenz (eo1) | 126 |
| Tab. 48: | Korrelationen zwischen den subjektiven und objektiven Erfolgsmassen | 128 |
| Tab. 49: | Einteilung der JTU in Gruppen bezüglich dem Erfolgsmass es1 | 131 |
| Tab. 50: | Die 15 wichtigsten Erfolgsvariablen, geordnet nach den Einflussbereichen und den mittleren Korrelationskoeffizienten | 151 |
| Tab. 51: | Die zehn wichtigsten Misserfolgsvariablen, geordnet nach den Einflussbereichen und den mittleren Korrelationskoeffizienten | 152 |

| | | |
|---|---|---|
| Tab. 52: | Die zwölf Faktoren im Marketing JTU | 155 |
| Tab. 53: | Ausprägungen der Marketingfaktoren der verschiedenen JTU-Typen | 159 |
| Tab. 54: | Die fünf Marketingtypen JTU und deren Erfolgsraten | 162 |
| Tab. 55: | Resultate der stufenweisen Diskriminanzanalyse zur Bestimmung der Erfolgsfaktoren im Marketing JTU | 164 |
| Tab. 56: | Ausgewählte Technologiebranchen gemäss „Orell Füssli und Teledata" | 185 |
| Tab. 57: | Ausgewählte Technologiebranchen gemäss „NOGA Allgemeine Systematik der Wirtschaftszweige" | 185 |
| Tab. 58: | Kreuztabelle: Branche und Erfolg der JTU | 186 |
| Tab. 59: | Chi-Quadrat-Tests zur Kreuztabelle: Branche und Erfolg der JTU | 186 |
| Tab. 60: | Kreuztabelle: Gründungsjahr und Erfolg der JTU | 187 |
| Tab. 61: | Chi-Quadrat-Tests zur Kreuztabelle: Gründungsjahr und Erfolg der JTU | 187 |
| Tab. 62: | Kreuztabelle: Unternehmenstyp der ersten zwei Jahre und Erfolg der JTU | 188 |
| Tab. 63: | Chi-Quadrat-Tests zur Kreuztabelle: Unternehmenstyp der ersten zwei Jahre und Erfolg der JTU | 188 |
| Tab. 64: | Kreuztabelle: Unternehmenstyp der letzten zwei Jahre und Erfolg der JTU | 189 |
| Tab. 65: | Chi-Quadrat-Tests zur Kreuztabelle: Unternehmenstyp der ersten zwei Jahre und Erfolg der JTU | 189 |
| Tab. 66: | Koeffizienten der Spearman-Korrelation (r) und Signifikanzen des Mann-Whitney-U-Tests (p) für die Marketingvariablen der „Kundenorientierung" | 190 |
| Tab. 67: | Koeffizienten der Spearman-Korrelation (r) und Signifikanzen des Mann-Whitney-U-Tests (p) für die Marketingvariablen der „Integrierten Marketingorganisation" | 190 |
| Tab. 68: | Koeffizienten der Spearman-Korrelation (r) und Signifikanzen des Mann-Whitney-U-Tests (p) für die Marketingvariablen der „Adäquaten Marketinginformation" | 191 |
| Tab. 69: | Koeffizienten der Spearman-Korrelation (r) und Signifikanzen des Mann-Whitney-U-Tests (p) für die Marketingvariablen der „Strategischen Orientierung" | 191 |
| Tab. 70: | Koeffizienten der Spearman-Korrelation (r) und Signifikanzen des Mann-Whitney-U-Tests (p) für die Marketingvariablen der „Effektiven Abwicklung" | 192 |

Tab. 71: Koeffizienten der Spearman-Korrelation (r) und Signifikanzen des Mann-Whitney-U-Tests (p) für die Marketingvariablen des „Vollständigen Innovationsprozesses".................................................................................................. 192

Tab. 72: Koeffizienten der Spearman-Korrelation (r) und Signifikanzen des Mann-Whitney-U-Tests (p) für die Marketingvariablen des „Einzigartigen Produktcharakters".......................................................................................... 193

Tab. 73: Koeffizienten der Spearman-Korrelation (r) und Signifikanzen des Mann-Whitney-U-Tests (p) für die Marketingvariablen des „Marktcharakters" ....... 193

Tab. 74: Koeffizienten der Spearman-Korrelation (r) und Signifikanzen des Mann-Whitney-U-Tests (p) für die Marketingvariablen für die „Probleme JTU" ..... 194

Tab. 75: Irrtumswahrscheinlichkeiten des Mann-Whitney-U-Tests mit Signifikanzen und Korrelationskoeffizienten mit Signifikanzen für den Zusammenhang zwischen den Marketingfaktoren und dem Erfolg es1 (geordnet nach der Grösse von r).................................................................................................. 194

Tab. 76: Faktorladungen der Faktoranalyse ............................................................... 196

Tab. 77: Wichtigkeit der Marketingfaktoren in Abhängigkeit unterschiedlicher Erfolgsgruppierungen.............................................................................. 198

# Abkürzungsverzeichnis

| | | |
|---|---|---|
| Abb. | : | Abbildung |
| eo1 | : | erstes objektives Erfolgsmass |
| es1 | : | erstes subjektives Erfolgsmass |
| et al. | : | et altere |
| ev. | : | eventuell |
| f | : | folgende |
| ff | : | fortfolgende |
| F&E | : | Forschung und Entwicklung |
| FhG-ISI | : | Fraunhofer-Institut für Systemtechnik und Innovationsforschung (Karlsruhe) |
| Fkt. | : | Funktion |
| ggü. | : | gegenüber |
| Hrsg. | : | Herausgeber |
| i.d.R. | : | in der Regel |
| i.e.S. | : | im engeren Sinn |
| i.w.S. | : | im weiteren Sinn |
| ISI | : | Fraunhofer-Institut für Systemtechnik und Innovationsforschung (Karlsruhe) |
| JTU | : | junge Technologieunternehmen, junge technologieorientierte Unternehmen |
| k.A. | : | keine Angaben |
| KMU | : | Kleine und mittelgrosse Unternehmen |
| M&V | : | Marketing und Verkauf |
| m.E. | : | meines Erachtens |
| MIT | : | Massachusetts Institute of Technology |
| NPD | : | New Product Development (Innovationsprozess i.e.S.) |
| ns | : | nicht signifikant (im statistischen Sinne) |
| o.Jg. | : | ohne Angabe zum Jahrgang |
| o.V. | : | ohne Angabe zum Verfasser |
| p | : | Signifikanzniveau (bzw. Wahrscheinlichkeit) |
| SPSS | : | Statistical Package for the Social Sciences |
| u.a. | : | und andere, unter anderem |
| Ug. | : | Unternehmung, Unternehmen |
| Vol. | : | Volume (Jahrgang) |

*„It matters not what situation you face;
it matters more what you do about it!"*
*(Robert G. Cooper, 1979)*

# 1. Einleitung

## 1.1 Motivation und Problemstellung

Junge Technologieunternehmen (JTU) leisten einen bedeutenden Beitrag zur dynamischen Entwicklung und zur Wettbewerbsfähigkeit einer Volkswirtschaft.[1] Sie sind ein treibender Faktor bei der Einführung und Durchsetzung von Innovationen am Markt und tragen somit dazu bei, alte Industrien zu revitalisieren und neue Wirtschaftszweige aufzubauen. Gemäss einem Bericht der OECD besitzen Firmen und Industrien, die sich durch ein innovativeres Verhalten und die Benutzung fortschrittlicherer Technologien auszeichnen, ein höheres Beschäftigtenwachstum, eine überdurchschnittliche Produktivität und besser ausgebildete Mitarbeiter.[2] Die Bedeutung JTU drückt sich auch durch die Arbeitsplatzrelevanz kleiner Unternehmen im allgemeinen aus.[3] In den USA bauten Grossunternehmen mit mehr als 500 Mitarbeitern zwischen 1992 und 1996 3.8 Mio. Arbeitsplätze ab. Im gleichen Zeitraum schufen kleine Unternehmen mit weniger als 20 Mitarbeitern 9.7 Mio. neue Stellen, d.h. 80% aller zwischen 1992 und 1996 neu geschaffenen Stellen sind von „Kleinstunternehmen" mit weniger als 20 Mitarbeitern hervorgebracht worden.[4]

Allerdings ist die Gründung eines neuen Unternehmens mit einem hohen Risiko behaftet. In den USA überleben nur 5-10% aller neu gegründeten Unternehmen die ersten fünf Jahre.[5] Die Überlebensrate für technologieorientierte Unternehmen liegt jedoch deutlich höher. Abhängig von der Studie überleben in den USA 20-85% aller JTU die ersten fünf Jahre. Cooper und Bruno untersuchten im Silicon Valley 250 neu gegründete High-Tech-Unter-

---

[1] Vgl. u.a. Bollinger/Hope/Utterback, 1983, S. 1; Baaken, 1989, S. 5; Unterkofler, 1989, S. 19ff; Baier/Pleschak, 1996, S. 13.
[2] Vgl. OECD, 1996, S 7.
[3] Vgl. Birch, 1979, S. 14ff; zu dessen Kritik siehe: Armington/Odle, 1982, S. 14ff.
[4] Vgl. McKenna, 1986, S. 165; Pavia, 1991, S. 18; Comtesse, 1996, S. 27.
[5] Vgl. Ries, 1996, S. 24; Roberts, 1991a, S. 250.

nehmen und errechneten für sie eine Überlebensrate von ca. 70% innerhalb der ersten zehn Jahre.[1] Roberts ermittelte für Spin-off-Unternehmen des Massachusetts Institute of Technology (MIT) eine Überlebensrate von 70-85% innerhalb der ersten fünf Jahre.[2] Wesentlich tiefere Werte erreichten die technologieorientierten Kleinunternehmen in einer Studie von Kennedy. Dieser ermittelte für solche Unternehmen eine Überlebensrate von „lediglich" 20-40% innerhalb der ersten fünf Jahre ihres Bestehens.[3] Eine Studie des Fraunhofer-Instituts für Systemtechnik und Innovationsforschung (ISI) in Deutschland ermittelte für 333 vom Bundesministerium für Forschung und Technologie (BMFT) mit Fördergeldern unterstütze JTU eine Überlebensrate von 60%.[4]

Dies macht deutlich, wie wichtig hier das Wissen um die Erfolgs- resp. die Misserfolgsfaktoren JTU ist. Kennt man die Gründe für den Erfolg resp. die Ursachen für den Misserfolg von JTU, kann ein wichtiger Beitrag zur Erhöhung der Überlebensrate dieser Unternehmen geleistet werden. Aus diesem Grund wird auf diesem Gebiet seit einiger Zeit intensiv geforscht. Die ersten Untersuchungen in den USA gehen auf die 70er Jahre zurück.[5] Die ersten deutschsprachigen Arbeiten entstanden in den 80er Jahren.[6] Bisher konnten bereits eine Vielzahl von Variablen eruiert werden, welche mit dem Erfolg resp. dem Misserfolg von JTU zusammenhängen. Die wichtigsten Einflussdimensionen sind die Unternehmensgründer, die technologische und finanzielle Basis, die Managementorientierung und -kompetenz sowie die Marketingorientierung und -kompetenz.[7]

Der Bereich Marketing verursacht bei kleinen Unternehmen im allgemeinen und JTU im besonderen mehr Probleme als die meisten anderen Faktoren.[8] Selbst Venture Capital Unternehmer bezeugen, dass bis zu 70% ihrer Investitionen in JTU durch Fehler im Marketing gefährdet sind.[9] Unterstützt werden diese Aussagen durch eine Studie von Wupperfeld und Kulicke, die unter den funktionalen Unternehmensbereichen dem Marketing die grösste Bedeutung für das Scheitern der untersuchten JTU zumisst.[10] Gemäss dieser Studie ist der Bereich Marketing und Vertrieb bei 30% Hauptursache, und bei 41% ist es Mitursache für das Scheitern. Die Bedeutung anderer Faktoren wie z.B. die Finanzierung, die F&E oder die

---

[1] Vgl. Cooper/Bruno, 1975, S. 17f.
[2] Vgl. Roberts, 1991a, S. 345, 250.
[3] Vgl. Kennedy, 1985, S. 39.
[4] Vgl. Kulicke u.a., 1993, S. 164.
[5] Vgl. Tab. 1 auf Seite 34.
[6] Vgl. Tab. 2 auf Seite 35.
[7] Vgl. Kapitel 2.3.2.
[8] Vgl. u.a. Carson, 1990, S. 6; Autio et al., 1989, S. 137; Haverila, 1995, S. 4.
[9] Vgl. Boag, 1987, S. 378.
[10] Vgl. Wupperfeld/Kulicke, 1993, S. 36f.

Produktion sind gemäss dieser Studie für den Misserfolg der JTU von wesentlich geringerem Stellenwert.

Erkennt man die Bedeutung eines effektiven Marketings für den Erfolg von JTU, ist es um so erstaunlicher, dass „bislang noch keine empirischen Studien vorliegen, die sich auf den Gesamtbereich Marketing von JTU beziehen".[1] Ebenso fehlt es an Untersuchungen, die darüber Aufschluss geben, „wie intensiv Marketinganstrengungen betrieben wurden, welche Kosten und welcher Zeitaufwand dadurch entstanden ist".[2] Insbesondere gibt es noch keine Untersuchung, welche sich umfassend mit dem Marketing und dessen Auswirkung auf den Erfolg von JTU befasst hat. Dafür gibt es mehrere Gründe. Zunächst ist festzuhalten, dass sich die Gründungsforschung sowohl weltweit als auch im deutschsprachigen Raum bisher häufiger mit der Gründerperson oder der Gründungsaktivität auseinandergesetzt hat als mit dem Gründungserfolg.[3] Untersuchungen zum Gründungserfolg sind gemäss dem Forschungsüberblick von Müller-Böling und Klandt mit einem Anteil von 7% aller gründungsbezogenen Studien stark unterrepräsentiert.[4] Sodann liegen die Gründe für das Fehlen solcher Studien am Marketing selbst. Marketing ist ein Schlagwort, das sowohl in der Forschung als auch in der Praxis mit unterschiedlichen Begriffsinhalten belegt wird. Ferner ist es eine nicht zu widerlegende Tatsache, dass „die relevanten Konsequenzen vieler Marketingmassnahmen ... erst mittel- bis langfristig spürbar werden ... [und] sich die finanziellen Konsequenzen einzelner Marketinginstrumente ... nur in Ausnahmen ... messen bzw. beurteilen lassen".[5] Die zunehmende Umweltkomplexität und Umweltdynamik führt ausserdem dazu, „dass die Unsicherheit bezüglich Art und Wirkungen von Marketingentscheiden steigt".[6] Dies ist insbesondere bei JTU ein Problem, da sich diese Unternehmen häufig in dynamischen Märkten bewegen und oft auch selbst einer grossen inneren Dynamik unterliegen. Ein letzter Grund für das Fehlen von Untersuchungen über das Marketing von JTU findet man in den „oftmals unstrukturierten Probleme[n] der Marketingpraxis[, die] nicht durch rezepthaftes Anwenden der Erkenntnisse der Marketingdisziplin gelöst werden [können] ... Entsprechend können aus der Marketingdisziplin keine allgemeingültigen Prüfstandards bzw. Soll-Vorstellungen zur Beurteilung der Marketingpraxis abgeleitet werden".[7]

---

[1] Kulicke u.a., 1993, S. 106; vgl. Hisrich, 1992, S. 43ff.
[2] Kulicke u.a., 1993, S. 106.
[3] Vgl. Klandt/Münch, 1990, S. 175.
[4] Vgl. Müller-Böling/Klandt, 1993, S. 145.
[5] Kühn, 1977, S. 199f.
[6] Vgl. Sommer, 1984, S. 13.
[7] Vgl. Sommer, 1984, S. 14.

Will eine umfassende sozialwissenschaftliche Untersuchung zum Thema „Marketing JTU und Erfolg" grundsätzlich Glaubwürdigkeit gewinnen, so hat sie obigen Argumenten grosse Beachtung zu schenken. Einer klaren, wissenschaftlichen Untersuchungsmethode und einer sorgfältigen Datenauswertung und -interpretation ist entsprechende Aufmerksamkeit zu schenken.[1]

## 1.2 Zielsetzungen

Aufgrund der geschilderten Problemstellungen verfolgt die vorliegende Arbeit eine vierfache Zielsetzung:

1. Aufbauend auf Zusammenfassungen der wichtigsten Erfolgs- resp. Misserfolgsfaktoren auf dem Gebiet der JTU-Forschung und in angrenzenden Forschungsbereichen wird ein Bezugsrahmen für das Marketing JTU entwickelt, der die wichtigsten Einflussgrössen auf den JTU-Erfolg erfasst.

2. Auf der Basis dieses Bezugsrahmens wird mittels einer umfassenden empirischen Untersuchung das Marketing JTU in der deutschsprachigen Schweiz analysiert, und die zwischen erfolgreichen und weniger erfolgreichen JTU diskriminierenden Marketingvariablen werden auf statistischem Weg bestimmt.

3. Auf der Grundlage der empirisch erhobenen Daten werden daraufhin die unabhängigen Dimensionen im Marketing JTU bestimmt. Diese bilden einerseits die Basis für die Identifikation typischer Verhaltensmuster im Marketing JTU und andererseits die Grundlage für die anschliessende Bestimmung der kritischen Erfolgsfaktoren im Marketing JTU.

4. Basierend auf den Analyseergebnissen der Punkte zwei und drei werden praktische Empfehlungen für die Ausgestaltung des Marketings JTU gegeben. Diese sollen dazu beitragen, die Überlebens- und Erfolgswahrscheinlichkeit der JTU zu erhöhen.

Die Marketingliteratur und -praxis bietet eine Vielzahl von Handlungsempfehlungen, „Rezepten" und Thesen über mögliche erfolgsrelevante Wirkungszusammenhänge an. Die Ergebnisse vieler Studien zu diesem Thema sind jedoch gerade im Bereich der JTU-Forschung mit Problemen bezüglich der angewandten Untersuchungsmethode behaftet, auch wenn sie fruchtbare und interessante Befunde hervorbrachten. Zunächst basieren viele Untersuchungen auf einem argumentativen Forschungsansatz, besitzen mangelhafte theore-

---

[1] Vgl. u.a. auch die Ausführungen von Fritz der sagt, dass sich „aus dem Blickwinkel des Marketing heraus gravierende Defizite der Erfolgsfaktorenforschung [zeigen]" (Fritz, 1990, S. 104).

tische Konstrukte, benutzen anfallende und nicht echte Zufallstichproben oder wenden statistische Methoden auf minimale Stichprobengrössen an. Nur in wenigen Fällen beruhen die Untersuchungen auf einer breiten, sorgfältig ausgewählten empirischen Datenbasis. Zudem weisen einige Studien unklare oder inkonsistente Definitionen und Operationalisierungen der benutzten Begriffe auf, und schliesslich fehlt bei vielen Arbeiten ein konzeptionelles Modell, auf dem die Untersuchung aufbaut.

Eine der treibenden Kräfte dieser Arbeit war die Absicht, die Defizite dieser Untersuchungen zu beseitigen. Die Handlungsempfehlungen bezüglich des Marketings JTU sollen auf klaren, konsistenten Definitionen und auf einem theoretischen Modell basieren. Und schliesslich sollen die Ergebnisse der Untersuchung mit statistischen Methoden ermittelt und durch eine breite empirische Datenbasis abgestützt werden.

## 1.3 Systemabgrenzung

Die vorliegende Arbeit konzentriert sich auf das Erkenntnisobjekt *Marketing*. Dabei steht die Frage im Vordergrund, welche Faktoren im Marketing einen wichtigen Einfluss auf den Erfolg JTU ausüben. Andere mögliche erfolgsrelevante Einflussgrössen wie der Charakter der Unternehmensgründer, die technologische oder die finanzielle Basis sind nicht Gegenstand der Untersuchung und werden nur insofern in die Studie miteinbezogen, als sie mit dem Marketing in Beziehung stehen. Diese Beschränkung hat einerseits zur Folge, dass kein ganzheitliches Konzept des JTU-Erfolges erarbeitet werden kann, ermöglicht aber andererseits, dass das Thema im Rahmen dieser Forschungsarbeit mit der notwendigen Tiefe angegangen wird.

Die Studie befasst sich insbesondere mit dem Marketing als einer *philosophischen Denkhaltung*, die sich in verschiedenen Aktivitäten eines Unternehmens ausdrückt. Diese umfassende Sichtweise lässt Gestaltungsempfehlungen zur Definition des Marketingmixes[1] oder der Marketingstrategie offen. Aus Sicht des Autors kann es nicht das Ziel einer breiten empirischen Untersuchung sein, einen „idealen" Marketingmix oder eine „ideale" Marketingstrategie für JTU zu definieren.[2] Vielmehr sollte der Prozess, der zu einem bestimmten Mix oder einer Strategie geführt hat, Gegenstand empirischer Studien sein.

Junge Schweizer Technologieunternehmen bilden das Erfahrungs- resp. das Untersuchungsobjekt dieser Studie. Als *jung* gelten Unternehmen in dieser Untersuchung, wenn sie

---

[1] Der Marketing-Mix ist die Kombination aus den Marketinginstrumentarien, die das Unternehmen zur Erreichung seiner Marketingziele auf dem Zielmarkt einsetzt (Kotler/Bliemel, 1995, S. 141). Der Mix besteht aus den vier Elementen: Produkt (product), Preis (price), Distribution (place) und Absatzförderung (promotion).

[2] Studien dieser Art bieten z.B.: Traynor/Traynor, 1989, S. 281ff; Traynor/Traynor, 1994, S. 126ff.

ihre Geschäftstätigkeit zwischen 1984 und 1993 aufgenommen haben. Dabei muss es sich um selbständige, originäre Unternehmensgründungen handeln, d.h. die Gründung muss durch die Gründer „in eigenem Auftrag" erfolgt sein, und es muss ein neues System geschaffen worden sein. Unternehmen, die durch eine Muttergesellschaft, die Verselbständigung einer Einheit eines bereits existierenden Unternehmens, einen Management-Buy-out oder eine Änderung der Rechtsform entstanden sind, werden in der vorliegenden Untersuchung nicht berücksichtigt.

Als *Technologieunternehmen* (TU) gelten in dieser Studie solche Unternehmen, die selbst technische resp. technologieintensive Produkte entwickeln. Hauptzweck dieser Unternehmen ist die Vermarktung des auf einer Technologie basierenden Produktes.[1] Die Vermarktung von Technologien in Form von Lizenzen u.ä. - was gerade für JTU interessant sein kann - ist nicht Gegenstand der Untersuchung. An das technologische Niveau der Produkte werden keine Bedingungen gestellt, d.h. sowohl JTU mit High-Tech- als auch mit Low-Tech-Produkten werden untersucht. Eine durchmischte Stichprobe von JTU bezüglich dieser Eigenschaft ist trotz des unterschiedlichen Charakters von High-Tech- und Low-Tech-Unternehmen erwünscht,[2] da dies zusätzliche Aussagen ermöglicht. Ebensowenig konzentriert sich diese Untersuchung auf eine einzelne technologische Branche, wie dies in manchen Studien zur Verbesserung der Aussagekraft vorgeschlagen wird.[3] Vielmehr gehören alle in „Technologiebranchen"[4] tätigen Unternehmen, welche auch die übrigen Teilnahmekriterien erfüllen,[5] potentiell zur Grundgesamtheit. Der Vorteil dieses Ansatzes ist die a priori grössere Anwendungsbreite der Untersuchungsergebnisse.

Die analysierte Stichprobe ist geographisch auf die *deutschsprachige Schweiz* beschränkt. Streng genommen gelten die Untersuchungsergebnisse daher ausschliesslich für diese Region. Grund für die Ausgrenzung von JTU aus dem Tessin, der französischsprachigen Schweiz, Deutschland und Österreich war der erhebliche zeitliche und finanzielle Mehraufwand, den der Einbezug dieser Regionen und Länder gekostet hätte. Trotz dieser geographischen Eingrenzung kann m.E. davon ausgegangen werden, dass die regionalen Unterschiede im Umfeld dieser JTU derart klein sind, dass kaum schwerwiegende Resultatverzerrungen zu erwarten sind. Daher haben die Ergebnisse dieser Analyse aus Sicht des Autors im gesamten deutschsprachigen Raum Gültigkeit.

---

[1] Vgl. die Differenzierung der Technologievermarktung im Kapitel 2.5.
[2] Für Unterschiede zwischen High-Tech- und Low-Tech-Unternehmen siehe: Covin/Prescott, 1990, S. 39ff; Covin/Slevin/Covin, 1990, S. 391ff.
[3] Vgl. Sandberg/Hofer, 1987, S. 5ff.
[4] Vgl. die Tabellen Tab. 56 und Tab. 57 im Anhang A.
[5] Diese sind das Alter und die Gründungsform.

Des weiteren konzentriert sich diese Studie auf den *wirtschaftlichen Erfolg* von JTU. Mögliche Indikatoren dafür sind Gewinn, Umsatz, Anzahl Mitarbeiter, Marktanteil, Wettbewerbsfähigkeit, Überleben u.a. Der persönliche Erfolg der Unternehmensgründer, z.b. deren Unabhängigkeit oder Steigerung des gesellschaftlichen Ansehens wird nicht berücksichtigt. Da diese Studie ausschliesslich Unternehmen untersucht, denen es gelungen ist, sich im Markt (erfolgreich) zu etablieren, werden die Ergebnisse tendenziell in Richtung der erfolgreichen JTU geprägt sein. Dies muss im Fall einer breiten empirischen Untersuchung hingenommen werden, da die Identifikation insolventer Unternehmen sehr aufwendig und die Motivation der erfolglosen Gründer zu einer Teilnahme an einer Untersuchung äusserst schwierig ist. Auch wäre m.e. beim Einbezug der erfolglosen Gründer in eine Untersuchung zu beachten, dass die Objektivität ihrer Aussagen gewährleistet ist, und dass diese nicht durch „Schuldzuweisungen über den Konkurs" gegenüber Dritten getrübt wird. Untersuchungen zeigen, dass der Erfolg häufiger sich selbst - und nicht dem Umfeld - und Misserfolg hauptsächlich den Wettbewerbsbedingungen zugeschrieben wird.[1]

## 1.4 Forschungsmethode

Eine Methode zeigt „ein nach Mittel und Zweck planmässiges [systematisches] Verfahren [Vorgehen], das zu ... einer Lösung einer theoretischen oder praktischen Aufgabe führt".[2] In diesem Sinn wird in den nachfolgenden Abschnitten die Forschungsmethode erläutert, die zur Erreichung der erklärten Ziele Anwendung fand.[3]

### 1.4.1 Methodenspezifische Konsequenzen der Besonderheiten JTU

Die Vorteile kleiner Unternehmen sind u.a. „unbürokratische Organisationsformen, kurze Informationswege, geringer Koordinationsaufwand, direkte persönliche Kontakte, hohe Motivation, flache Hierarchien, hohe Flexibilität sowie schnelles Aufspüren und Ausnutzen von Marktnischen" und kommen in besonderem Masse auch bei JTU zum Tragen.[4] All diese Faktoren drücken ein hohes Reaktionsvermögen aus, das infolge des direkten Kontaktes innerhalb des Unternehmens und der unmittelbaren Beziehung zur Umwelt zustande kommt. Da die Lenkung dieser Einheiten per se einfacher und schneller ist, können sich JTU in der Folge wesentlich dynamischer entwickeln als grosse Unternehmen. Diese wichtige Eigenschaft von JTU wird deshalb auch in der Forschungsmethodik berücksichtigt. Dies führt u.a. dazu, dass die Auseinandersetzung mit dem Gründungserfolg notwendiger-

---

[1] Vgl. Handlbauer, 1997, S.61ff.
[2] Vgl. Meyers Lexikon, 1997.
[3] Einen Bezugsrahmen der Gründungsforschung gibt: Müller-Böling/Klandt, 1990, S. 143.
[4] Baier/Pleschak, 1996, S. 13.

weise „auf dynamischen Denkansätzen und Analysemodellen aufzubauen" ist.[1] Eine andere Folge ist z.B., dass der Gründungserfolg erst mit erheblichem zeitlichem Verzug - d.h. nach drei bis fünf Jahren - sinnvoll zu messen ist.[2]

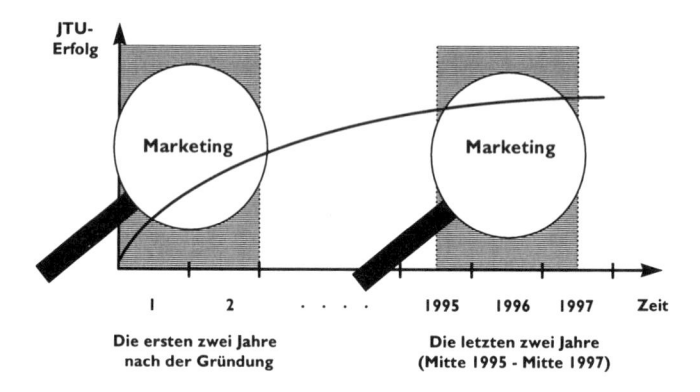

Abb. 1: Grobdesign der empirischen Untersuchung

Aufgrund dieser Tatsachen untersucht diese Studie das Marketing JTU in bezug auf zwei unterschiedliche Zeitabschnitte (Abb. 1). Die erste relevante Periode ist die Gründungsphase, welche die ersten zwei Jahre nach der Geschäftsaufnahme umfasst. Die zweite anvisierte Periode geht von der aktuellen Situation aus, d.h. um den Vergleich zwischen den beiden Zeitabschnitten zu gewährleisten, sind auch die letzten zwei Jahre der Unternehmensentwicklung (d.h. die Periode von Mitte 1995 bis Mitte 1997) mit einzubeziehen. Dies erlaubt nicht nur die Veränderungen im Marketing zwischen der Gründungs- und der Wachstums- resp. der Reifephase eines JTU zu erkennen, sondern erhöht auch den Spielraum für erweiterte explorative Analysen im Rahmen dieser Untersuchung. Die abhängige Variable, der JTU-Erfolg, wird im Gegensatz zu den unabhängigen (Marketing-)Variablen lediglich für die entscheidende zweite Zeitperiode gemessen, denn diese widerspiegelt den tatsächlichen Erfolg der JTU wesentlich besser.

### 1.4.2 Forschungsstrategie

In diesem Abschnitt wird erklärt, auf welche Weise die einzelnen Zielsetzungen dieser Untersuchung erreicht werden sollen. Der primäre Schritt zum Erreichen des ersten Ziels, der Entwicklung eines Bezugsrahmens, ist die Definition wichtiger Begriffe des vorliegenden Forschungsgebietes. Der zweite Schritt dient der allgemeinen Beschreibung des Unter-

---
[1] Klandt/Münch, 1990, S. 175.
[2] Vgl. Klandt/Münch, 1990, S. 175.

suchungsobjektes auf der Grundlage bisheriger wissenschaftlicher Erkenntnisse. Zu diesem Zweck werden einerseits die Entstehungsformen und andererseits die Wachstumsmodelle JTU dargelegt. Im dritten Schritt werden die Erkenntnisse wichtiger Untersuchungen im Bereich der Erfolgs- resp. der Misserfolgsfaktorenforschung JTU in geordneter Form vorgestellt. Im vierten Schritt erfolgt die Erläuterung relevanter Ergebnisse aus drei angrenzenden Forschungsbereichen: dem Innovationsmanagement, dem Technologiemarketing sowie dem allgemeinen Marketing-Management. Diese Diskussion ist notwendig, da sich nicht nur auf dem eigentlichen Gebiet der JTU-Forschung, sondern auch in benachbarten Forschungsbereichen potentielle Untersuchungsmodelle und Erfolgsvariablen im Marketing JTU anbieten. Auf dieser theoretischen Basis wird im fünften Schritt ein Bezugsrahmen entwickelt. Dieser veranschaulicht einerseits potentielle Wirkungszusammenhänge zwischen den Einflussbereichen im Marketing JTU und dem Erfolg und stellt andererseits die Grundlage für die weitere empirische Arbeit dar. Benutzt wird der Bezugsrahmen insbesondere für die Formulierung der Arbeitshypothesen sowie die Operationalisierung der verschiedenen Einflussbereiche im Marketing JTU, d.h. für die Definition der einzelnen Indikatoren eines jeden Einflussbereichs (Abb. 2).

**Marketing**
- Einflussbereich 1: $n_1$ Variablen
- Einflussbereich 2: $n_2$ Variablen
- Einflussbereich 3: $n_3$ Variablen
- ...
- Einflussbereich (X-1): $n_{(X-1)}$ Variablen
- Einflussbereich X: $n_X$ Variablen

**JTU-Erfolg**

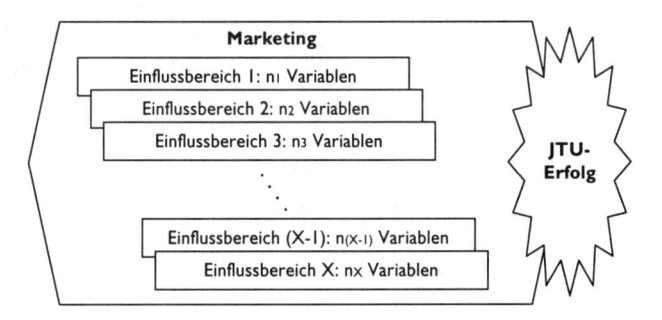

Abb. 2: Allgemeiner Bezugsrahmen der Untersuchung

Um das zweite Ziel zu erreichen, die Analyse des Marketings und die Bestimmung der Erfolgsvariablen, werden zwei unterschiedliche Ansätze gewählt. Auf der einen Seite werden die durchschnittlichen Ausprägungen der Marketingvariablen zwischen den beiden untersuchten Zeitperioden (den ersten und den letzten zwei Jahren) für jeden Einflussbereich graphisch verglichen und gleichzeitig statistisch geprüft, ob signifikante Unterschiede bestehen. Auf der anderen Seite werden die JTU bezüglich ihres Erfolges in zwei unterschiedliche Gruppen unterteilt. Die erste Gruppe repräsentiert die erfolgreichen JTU, die zweite Gruppe die weniger erfolgreichen JTU.[1] Für beide Zeitabschnitte werden die Marketingvariablen aller Einflussbereiche statistisch daraufhin geprüft, ob signifikante Unterschiede zwischen den beiden Erfolgsgruppen bestehen, d.h. welche Variablen erfolgswirksam sind und welche keinen oder nur einen geringen Einfluss auf den JTU-Erfolg haben.[2] Die dritte Zielsetzung, die Bestimmung der unabhängigen Dimensionen, die Identifikation typischer Verhaltensmuster und deren Erfolgsraten sowie die Ermittlung der Erfolgsfaktoren im Marketing JTU, wird durch die Anwendung dreier unterschiedlicher statistischer Analyseverfahren erreicht. Die nachfolgende Darstellung veranschaulicht die Vorgehensweise (Abb. 3).[3] Im ersten Schritt werden mittels Faktoranalyse aus der Vielzahl der Marketingvariablen der ersten zwei Jahre die unabhängigen Dimensionen im Marketing JTU extrahiert. Im zweiten Schritt erfolgt auf der Basis dieser Marketingdimensionen resp. -faktoren mittels Clusteranalyse die Bildung von JTU-Gruppen, die sich im Marketing durch ein typisches Verhaltensmuster auszeichnen. Anschliessend wird ermittelt, mit welcher Häufigkeit die einzelnen JTU-Typen in den beiden oben bestimmten Erfolgsgruppen auftreten. Die Erfolgsraten einer jeden Gruppe gibt Aufschluss darüber, welche Verhaltensweisen im Marketing unter welchen Umständen zum Erfolg führen können. Im dritten und letzten Schritt werden die Marketingfaktoren mittels einer Diskriminanzanalyse daraufhin geprüft, ob sich eine signifikante Unterscheidung zwischen den beiden Erfolgsgruppen ergibt und welche Faktoren dafür verantwortlich sind. Damit können die kritischen Erfolgsfaktoren im Marketing JTU bestimmt werden.

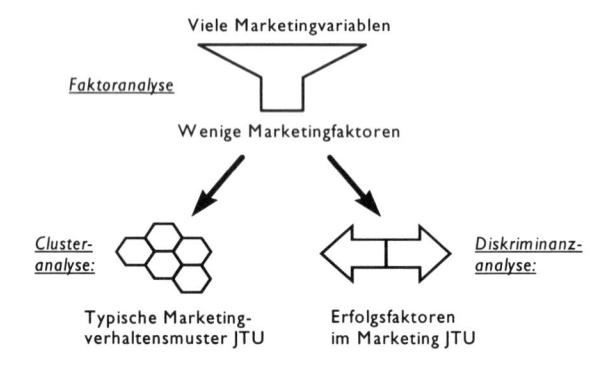

Abb. 3: Statistische Analysen zur Bestimmung der Marketingfaktoren, der typischen Verhaltensmuster sowie der Erfolgsfaktoren im Marketing JTU

---

[1] Der dafür verwendete statistische Test heisst Wilcoxon-Test (vgl. Kapitel 4.3.3.1).
[2] Der dafür verwendete statistische Test heisst Mann-Whitney-U-Test (vgl. Kapitel 4.3.3.1).
[3] Die Erklärungen dieser Verfahren sind in Kapitel 4.3.4.

Das vierte Ziel, die Formulierung praktischer Gestaltungsempfehlungen für das Marketing JTU, wird erreicht, indem die gesamten Untersuchungsresultate zusammengefasst und ausgewertet werden.

### 1.4.3 Gang der empirischen Untersuchung

Nebst einer effektiven Untersuchungsstrategie ist auch deren korrekte Umsetzung in die Praxis eine notwendige Grundvoraussetzung, um einen echten Beitrag zur Gewinnung neuer Forschungsresultate zu leisten. Eine eingehende Literaturrecherche über die Vielzahl möglicher empirischer Untersuchungsverfahren gab Aufschluss über die Vor- und Nachteile einer jeden Vorgehensweise. Unter Berücksichtigung sämtlicher Randbedingungen fiel die Wahl für diese Forschungsarbeit auf eine Querschnittsuntersuchung in Form einer schriftlichen, postalischen Befragung mit Hilfe eines Fragebogens. Da die Gesamtheit der Untersuchungsobjekte genau definiert und zudem relativ klein war, wurde eine vollständige Erhebung und keine Zufallsstichprobe angestrebt. Diese ist, trotz des erheblichen Aufwandes zur Identifikation der Untersuchungsobjekte sinnvoll, da anzunehmen ist, dass die Grundgesamtheit bezüglich der Untersuchungsmerkmale eine heterogene Verteilung aufweist.[1] Ein Vorteil dieser Untersuchungsart besteht ferner darin, dass relativ exakte Angaben zur Repräsentativität der Ergebnisse gemacht werden können.

Der Fragebogen wurde auf der Basis des für diese Untersuchung entwickelten Bezugsrahmens erstellt. Vor dem Versand ist er mit mehreren Personen geprüft worden, um die Verständlichkeit der Fragen sicherzustellen. Um die normalerweise tiefe Rücklaufquote der postalischen Befragung zu erhöhen, wurden grosse Anstrengungen unternommen, die Gründer JTU zur Teilnahme an der vorliegenden Untersuchung persönlich zu motivieren. Von den anfänglich 444 identifizierten Unternehmen konnten nach ersten telefonischen Kontakten 284 Fragebögen verschickt werden. 69% der versandten Fragebögen wurden retourniert, 111 (39%) konnten ausgewertet werden. Diese Unternehmen erfüllten alle Teilnahmekriterien und beantworteten den Fragebogen nahezu vollständig. Die Analyse der Daten erfolgte mit dem Statistikprogramm SPSS.[2]

### 1.5 Aufbau der Arbeit

Die folgende Abbildung zeigt zusammenfassend den Aufbau dieser Arbeit (Abb. 4). Dieser entspricht weitgehend auch dem Ablauf des Forschungsprozesses.

---

[1] Vgl. Müller-Böling/Klandt, 1993, S. 77f.
[2] SPSS heisst „Statistical Package for the Social Sciences". Dieses Softwarepaket gehört zu den am häufigsten verwendeten Programmen für die statistische Auswertung empirisch erhobener Daten der Sozialwissenschaften.

| | |
|---|---|
| 1. Einleitung | Motivation und Problemstellung |
| | Zielsetzungen |
| | Systemabgrenzung |
| | Forschungsmethode |
| | Aufbau der Arbeit |
| 2. Theoretische Basis | Begriffliche Grundlagen |
| | Entwicklungsmodelle JTU |
| | Untersuchungen des JTU-Erfolges und -Misserfolges |
| | Beiträge aus dem Bereich Innovationsmanagement |
| | Beiträge aus dem Bereich Technologiemarketing |
| | Beiträge aus dem Bereich Marketing-Management |
| 3. Bezugsrahmen, Hypothesen und Operationalisierungen | Entwicklung eines Bezugsrahmens |
| | Formulierung der Arbeitshypothesen |
| | Operationalisierungen des theoretischen Bezugsrahmens |
| 4. Methodik der empirischen Untersuchung | Untersuchungsdesign |
| | Datenerhebung |
| | Datenauswertung |
| 5. Resultate der empirischen Untersuchung | Beschreibung des Untersuchungssamples |
| | Bestimmung der kritischen Erfolgsvariablen |
| | Analyse der Erfolgsfaktoren im Marketing JTU |
| | Spezielle Probleme JTU |
| 6. Zusammenfassung, Gestaltungsempfehlungen und Ausblick | Zusammenfassung der Ergebnisse |
| | Gestaltungsempfehlungen |
| | Ausblick |

Abb. 4: Aufbau der Arbeit

# 2. Theoretische Basis

Das vorliegende Kapitel bildet das theoretische Fundament dieser Arbeit. Zunächst werden die für das Verständnis wichtigen Begriffe definiert. Danach wird die Entstehung und Entwicklung von JTU erläutert. Im Anschluss daran erfolgt eine ausführliche Analyse der verschiedenen Erfolgsfaktoren im Bereich der JTU-Forschung, und schliesslich werden ausgewählte Studien der angrenzenden Forschungsbereiche Innovationsmanagement, Technologiemarketing und allgemeines Marketing-Management vorgestellt.

## 2.1 Begriffliche Grundlagen

Dieses Kapitel erörtert die für das vorliegende Forschungsthema relevanten Begriffe Technologie und Technik, Innovation, Innovationsprozess und -management, Unternehmensgründung, junge Technologieunternehmen und Marketing, Marketing-Management sowie Marketingkonzept und -prozess.

### 2.1.1 Technologie und Technik

Die Begriffe „Technologie" und „Technik" werden sehr vielfältig voneinander abgegrenzt und interpretiert. In dieser Arbeit wird die Sichtweise von Kohler[1] übernommen, die auf der Grundlage von Tschirky[2] beruht. Die beiden Autoren vertreten die Auffassung, „dass es heutzutage kaum möglich ist, Technologie als Wissen und Technik als dessen Anwendung zu trennen".[3] Technologie beinhaltet „einerseits ein Wissen über naturwissenschaftlich-ingenieurwissenschaftliche Wirkungszusammenhänge ... welches zur Lösung von technischen Problemen Anwendung findet oder finden kann (Input)".[4] Andererseits kann „Technologie auch die praktische Anwendung eines naturwissenschaftlich-ingenieurwissenschaftlichen Wissensbereichs auf eine industrielle Problemstellung darstellen bzw. das (Hilfs-)Mittel sein, um Wissen auf die Herstellung von Gütern und Dienstleistungen anzuwenden".[5] Unter *Technologie* werden schliesslich „Kenntnisse, Fertigkeiten, Methoden und Einrichtungen zur produkt-, prozess- und systemorientierten Nutzung von naturwissenschaftlich-ingenieurwissenschaftlichen Erkenntnissen" verstanden.[6]

Technologien lassen sich nach unterschiedlichen Kriterien differenzieren. Aufgrund der potentiellen Anwendungsbreite kann zwischen Querschnittstechnologien und spezifischen

---

[1] Vgl. die ausführliche Diskussion der beiden Begriffe in: Kohler, 1994, S. 30ff.
[2] Vgl. Tschirky, 1991, S. 28.
[3] Vgl. Kohler, 1994, S. 36.
[4] Vgl. Zörgiebel, 1983, S. 11; Perillieux, 1987, S. 12; Ineichen, 1990, S. 30 in: Kohler, 1994, S. 36.
[5] Vgl. Sommerlatte/Deschamps, 1986, S. 48; Sommerlatte/Walsh, 1983, S. 299; Edosomwan, 1989, S. 10 in: Kohler, 1994, S. 36.
[6] Vgl. Tschirky, 1991, S. 28 in: Kohler, 1994, S. 37.

Technologien unterschieden werden.[1] Querschnittstechnologien, wie z.B. die Mikroelektronik, finden in mehreren Bereichen Anwendung und bilden vielfach die Grundlage für andere Technologien. Spezifische Technologien bauen auf Querschnittstechnologien auf und sind auf bestimmte, meist branchenspezifische Problemstrukturen ausgerichtet.

Entsprechend ihrem wettbewerbsstrategischen Potential unterscheidet man Basis-, Schlüssel- und Schrittmachertechnologien.[2] Basistechnologien werden von allen Konkurrenten beherrscht und sind für die meisten Produkte einer Branche elementar, was ihre abnehmende Wettbewerbsrelevanz erklärt. Schlüsseltechnologien üben durch ihren Einsatz in marktfähige Produkte einen wichtigen Einfluss auf die gegenwärtige Wettbewerbsposition eines Unternehmens aus. Schrittmachertechnologien befinden sich noch in einem sehr frühen Entwicklungsstadium und sind dementsprechend wenig verbreitet. Doch lassen sie erkennen, dass sie dank dem ihnen innewohnenden Entwicklungspotential zukünftig über Wettbewerbsrelevanz verfügen können.

Die Klassifikation der Technologien anhand ihres Wettbewerbpotentials entspricht grundsätzlich dem Lebenszyklusverlauf von Technologien.[3] Die entsprechenden Phasen sind: Entstehung, Wachstum, Reife und Alter. Diese Sichtweise ist u.a. verwandt mit dem Modell des Nachfrage-Technologie-Lebenszyklus nach Ansoff[4] und dem Modell des Produkt-Lebenszyklus nach Levitt[5]. Beide Modelle weisen die Phasen Entstehung/Einführung, beschleunigtes Wachstum, verlangsamtes Wachstum, Reife und Rückgang auf.

Die letzte hier diskutierte Kategorisierung von Technologien hängt von der Stellung der Technologie im Prozess der industriellen Leistungserstellung ab. Dabei kann zwischen Produkt- und Prozesstechnologien unterschieden werden.[6] Unter Produkttechnologien sind diejenigen naturwissenschaftlich-ingenieurwissenschaftlichen Prinzipien zu verstehen, nach denen ein Produkt seine Funktion erfüllt. Von Prozesstechnologien sprechen wir im Zusammenhang mit dem Verfahren, das bei der Produktherstellung eingesetzt wird.

### 2.1.2 Innovation, Innovationsprozess und -management

In der Wissenschaft und Praxis sind unterschiedliche Auffassungen des Innovationsbegriffes anzutreffen.[7] Die Vielfalt der Ansätze ist dadurch zu erklären, dass Vertreter verschiedenster Disziplinen das Innovationsphänomen untersuchten und dabei die unter-

---

[1] Vgl. Servatius, 1985, S. 273; Wolfrum, 1991, S. 4.
[2] Vgl. Sommerlatte/Deschamps, 1985, S. 50ff.
[3] Vgl. Wolfrum, 1991, S. 5; Servatius, 1985, S. 118ff; Michel, 1987, S. 67; Sommerlatte/Walsh, 1983, S. 308f.
[4] Vgl. Ansoff, 1984, S. 41 u.a. in: Kotler/Bliemel, 1995, S. 557ff.
[5] Vgl. Levitt, 1965, S. 81ff u.a. in: Kotler/Bliemel, 1995, S. 557ff.
[6] Vgl. z.B. Kohler, 1994, S. 41ff.
[7] Vgl. die ausführliche Diskussion in: Kohler, 1994, S. 64ff.

Theoretische Basis 15

schiedlichsten Ziele verfolgten.[1] Allgemein anerkannt ist die Einteilung von Schumpeter in Invention und Innovation.[2] Dabei stellt die *Invention* den eigentlichen Akt der Erfindung oder Neuerung dar. Eine Invention wird erst dann zur *Innovation*, wenn sie am Markt erfolgreich eingeführt wurde (Vgl. dazu in Anlehnung an Brockhoff Abb. 5).[3]

| Aktivität: | Forschung und Entwicklung | Markt-einführung | Markt-durchsetzung | Konkurrenz durch Nachahmung |
|---|---|---|---|---|
| Ergebnis: | Invention | Innovation i.e.S. | Diffusion | Imitation |

| Prozess: | Innovationsprozess i.e.S. |
|---|---|
| | Innovationsprozess im weiteren Sinne |

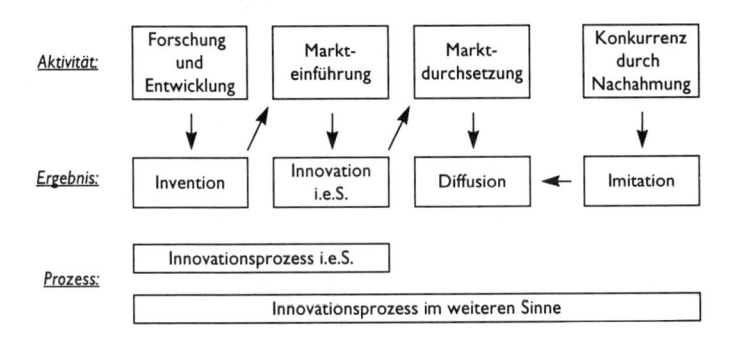

Abb. 5: Invention, Innovation und Innovationsprozesse[4]

Innovationen lassen sich anhand der Kriterien Innovationsart (Gegenstand der Innovation, z.B. soziale oder technische Innovation), Innovationsmechanismus (markt-/nachfrageinduziert oder technologie-/angebotsinduziert)[5], Innovationshöhe (Innovations-/Neuigkeitsgrad) und Innovationsherkunft (unternehmensintern oder -extern) beschreiben.[6] Diese Untersuchung befasst sich ausschliesslich mit technischen Innovationen. An die übrigen Kriterien werden in dieser Studie keine Bedingungen gestellt.

Der *Innovationsprozess* umfasst die Phasen des Neuerungsprozesses, wobei Phasenschemata mit bis zu 13 Stufen Verwendung finden.[7] Dabei ist umstritten, ob unter diesem Begriff nebst den Phasen des Innovationsprozesses i.e.S - d.h. den Phasen von der Ideengenerierung bis zur Einführung eines Produktes am Markt - auch die laufende Verwertung (Serien- und Grossproduktion, Ausbau von Vertriebseinrichtungen usw.) zu verstehen ist.[8] In dieser Untersuchung ist der Begriff als 'Innovationsprozess im engeren Sinn' zu verste-

---

[1] Vgl. z.B. Drucker, 1986; Nyström, 1990; Booz/Allen/Hamilton, 1991; Allesch/Brodde, 1986; Knetsch, 1987; Trommsdorff, 1990; Kliche, 1991; Zahn, 1996; Pleschak/Sabisch, 1996; Hauschildt, 1997.
[2] Vgl. Schumpeter, 1912.
[3] Vgl. Brockhoff, 1992, S. 30.
[4] In Anlehnung an: Brockhoff, 1992, S. 30.
[5] Im anglo-amerikanischen Sprachraum spricht man von „market pull" und „technology push".
[6] Vgl. Kohler, 1994, S. 66ff.
[7] Vgl. den Überblick in: Höft, 1992, S. 58f.
[8] Vgl. Hauschildt, 1993, S. 19.

hen, in Anlehnung an das im anglo-amerikanischen Sprachraum übliche Verständnis des Innovationsbegriffs im Rahmen der New-Product-Development-Forschung (NPD-Forschung).[1]

Hinter *Innovationsmanagement* ist in dieser Arbeit die Führung von technischen Innovationsprozessen im engeren Sinn zu verstehen. Innovationsmanagement beinhaltet in diesem Sinn die Planung, Umsetzung und Kontrolle zukunftsbezogener, zielorientierter, technischer Neuerungsstrategien bzw. -massnahmen zum Zwecke des Aufbaus und der Nutzung von Wertschöpfungspotentialen.[2]

### 2.1.3 Unternehmensgründung

In der Literatur gibt es keine einheitliche Verwendung des Gründungsbegriffs. Unter Gründung im engeren Sinn wird lediglich der formal-juristische Akt verstanden, d.h. der Zeitpunkt der Handelsregistereintragung.[3] Der Gründungsbegriff, der dieser Arbeit zugrunde liegt, beinhaltet jedoch den gesamten *Prozess* „der Schaffung eines gegenüber der Umwelt qualitativ abgegrenzten und vorher in gleicher Struktur nicht existierenden Systems".[4] Schafft die Gründung eine wirtschaftlich selbständige Einheit, d.h. ein Unternehmen, wird von einer Unternehmensgründung gesprochen.[5]

In der deutschsprachigen Literatur werden die verschiedenen Gründungsformen oftmals nach dem von Szyperski und Nathusius entworfenen Schema strukturiert (Abb. 6).[6] Dabei wird zwischen selbständigen und unselbständigen Unternehmensgründungen unterschieden. *Selbständig* bedeutet in diesem Zusammenhang, dass sich die Gründerperson nach der Unternehmensgründung in einem rechtlich unabhängigen Arbeitsverhältnis in der Gründungseinheit befindet und dass diese Einheit dem Aufbau oder der Sicherung einer eigenständigen, unternehmerischen Existenz dient. Die *unselbständige* Unternehmensgründung erfolgt durch „Gründer, die in abhängiger Stellung beschäftigt sind und die Gründung als Teil ihres Aufgabenbereichs ... durchführen".[7] Dies ist z.B. dann der Fall, wenn ein leitender Mitarbeiter eines Unternehmens im Auftrag der Muttergesellschaft eine ausländische Tochtergesellschaft gründet.

---

[1] Weitere Ausführungen zu diesem Bereich siehe Kapitel 2.4.
[2] In Anlehnung an: Kohler, 1994, S. 71.
[3] Vgl. Dietz, 1989, S. 24.
[4] Szyperski/Nathusius, 1977, S. 25.
[5] Vgl. Klandt, 1984, S. 25.
[6] Vgl. Szyperski/Nathusius, 1977, S. 26f; Unterkofler, 1989, S. 46.
[7] Szyperski/Nathusius, 1977, S. 26.

|  | Selbständige Gründung | Unselbständige Gründung |
|---|---|---|
| Originäre Gründung | Unternehmensgründung im engeren Sinne | z.B. Gründung einer Tochtergesellschaft, Betriebsgründung |
| Derivative Gründung | z.B. Unternehmensübernahmen, Betriebsübernahme, Tätige Beteiligung | z.B. Fusion, Umgründung, Management-Buy-out oder -Buy-in, Leverage-Buy-out |

Abb. 6: Formen von Unternehmensgründungen[1]

Andererseits kann zwischen originären und derivativen Unternehmensgründungen unterschieden werden. *Originäre*, d.h. systemschaffende Gründungen erfolgen ohne Rückgriff auf eventuell vorhandene Unternehmensteile und sind durch den völligen Neuaufbau eines Systems gekennzeichnet. *Derivative*, d.h. systemändernde Gründungen zeichnen sich dadurch aus, dass existierende Wirtschaftseinheiten durch Übernahmen, Umgründungen oder sonstige Massnahmen in neue Unternehmenseinheiten transformiert werden, wobei sie z.T. erhebliche Teile ihrer bisherigen Identität verlieren. Originäre Gründungen verfügen zwar im Vergleich zu derivativen Gründungen über einen wesentlich grösseren Handlungsspielraum bei der Gestaltung der neuer Strukturen, stellen jedoch für die Gründer erheblich grössere Risiken dar.

Die vorliegende Untersuchung beschäftigt sich ausschliesslich mit JTU, welche durch selbständig-originäre Gründungen entstanden sind. Unternehmensgründungen aus etablierten Unternehmen verfügen anerkanntermassen über günstigere Voraussetzungen für den Erfolg[2] und werden daher für die vorliegende Untersuchung ausgeschlossen. Sie können häufig schon auf Branchenerfahrungen und konkrete Kundenbeziehungen zurückgreifen, besitzen i.d.R. höhere Eigenmittel und weisen bereits in der Gründungsphase eine optimalere Betriebsgrösse auf. Typische Problemfelder der eigentlichen Unternehmensgründer wie Technikfokussierung, Aufbau neuer Kundenbeziehungen, finanzielle Engpässe, personelle Unterbesetzungen, sehr kleine Unternehmensstrukturen und Risiken für Geschäftspartner fehlen bei diesen Gründungen gänzlich oder sind zumindest wesentlich schwächer ausgeprägt.

### 2.1.4 Junge Technologieunternehmen (JTU)

Welche Unternehmen sind *jung*? Die Literatur kennt kein universell akzeptiertes Mass zur Kategorisierung von Unternehmen nach ihrem Alter. Das Altersspektrum junger Unternehmen reicht - in Abhängigkeit der diesem Aspekt zugrunde gelegten Untersuchungen -

---

[1] In Anlehnung an: Szyperski, 1977, S. 27; Unterkofler, 1989, S. 46.
[2] Vgl. Gonschior/Roth, 1990, S. 62; Rüggeberg, 1997, S. 156f.

von einem Jahr bis zu 25 Jahren.[1] Eine mögliche Kategorisierung von Unternehmen nach ihrem Alter schlägt Zschau vor.[2] Er unterscheidet Start-up-Unternehmen (0 - 5 Jahre), sich entwickelnde Unternehmen (6 - 10 Jahre), Teenager-Unternehmen (11 - 20 Jahre) und reife Unternehmen (>20 Jahre). Hauptursache für die Eingrenzung der analysierten Unternehmen in dieser Studie ist die Tatsache, dass das Alter einer der wenigen absolut unabhängigen Massstäbe darstellt, der zum Vergleich verschiedener Unternehmensentwicklungen herangezogen werden kann. Unterschiedliche Entwicklungsgeschwindigkeiten und -richtungen von Unternehmen, z.b. bezüglich Umsatz oder Mitarbeiterzahl, können auf dieser Basis am besten aufgezeigt werden. In dieser Studie werden ausschliesslich Unternehmen untersucht, welche zwischen 3½ und 13½ Jahre alt sind. Die untere Altersgrenze wurde so angesetzt, damit überhaupt Aussagen zum Unternehmenserfolg möglich sind. Bei der Wahl der oberen Altersgrenze wurde einerseits das Erinnerungsvermögen der Gründer berücksichtigt - d.h. die Grenze sollte möglichst tief sein -, und andererseits musste eine minimale Stichprobengrösse beachtet werden - d.h. die Grenze sollte möglichst hoch sein.[3]

Weder im deutschen noch im anglo-amerikanischen Sprachraum konnte sich eine einheitliche Definition des Begriffs *Technologieunternehmen* durchsetzen.[4] U.a. haben Allen, Bollinger et al., das „Office of Technology Assessment", Cooper, Lindqvist, Baaken, Kulicke, Unterkofler, Rüggeberg und viele mehr den Begriff definiert.[5] Einige der meistgenannten Charakteristika von Technologieunternehmen sind die folgenden:[6]

- Das Unternehmen zeichnet sich durch eine starke, permanente Orientierung an der Forschung und Entwicklung aus.
- Das Unternehmen investiert beträchtliche finanzielle und personelle Ressourcen in Forschung und Entwicklung.
- Das Unternehmensziel besteht in der Vermarktung von neuem technischem Wissen oder von neuen technischen Produkten, die selber entwickelt und produziert werden.
- Die Wettbewerbsvorteile der zu vermarktenden Produkte, Verfahren oder Dienstleistungen beruhen grösstenteils auf ihrem Gehalt an technischer Innovation.

---

[1] Vgl. Salonen, 1995, S. 21.
[2] Vgl. Zschau, 1978 in: Bollinger/Hope/Utterback, 1983, S. 3.
[3] Vgl. zudem die Ausführungen im Kapitel 4.1.
[4] Im deutschen Sprachraum werden die Begriffen technologieorientierte, technologieintensive oder technologiebasierte Unternehmen meistens synonym verwendet. Im anglo-amerikanischen Sprachraum sind u.a. Begriffe wie technology-based company, high-technology company, high-tech-company, science-based company oder new technology based firms (NTBF) gebräuchlich.
[5] Vgl. Allen, 1977, S. 3f; Bollinger et al., 1983, S. 2; Office of Technology Assessment, 1984, S. 17ff; Cooper, 1986, S. 153ff; Lindqvist, 1991, S. 9; Baaken, 1989, S. 28ff, Kulicke, 1987, S. 14ff; Unterkofler, 1989, S. 63f; Kulicke 1993, S. 14f; Rüggeberg, 1997, S. 19ff.
[6] Vgl. u.a. Salonen, 1995, S. 22; Kulicke u.a., 1993, S.14f, 68.

- Das Unternehmen vermarktet technische Produkte mit kurzen Produktlebenszyklen.
- Das Unternehmen arbeitet in einer Branche, die durch schnellen technologischen Wandel und eine hohe Unberechenbarkeit der Entwicklung gekennzeichnet ist.
- Der potentielle Markt des Unternehmens ist wachsend und nicht regional beschränkt.
- Ein grosser Teil der Unternehmensgründer hat eine technische Ausbildung genossen.
- Das Unternehmen beschäftigt eine hohe absolute und relative Zahl an Mitarbeitern mit einer technischen Ausbildung.
- Das Unternehmen hat gute Kontakte zu technischen Universitäten und Forschungseinrichtungen.
- Das Unternehmen sieht sich bezüglich seines technologischen und wirtschaftlichen Erfolgs mit einem hohen Risiko konfrontiert.

Die Anwendung aller obigen Kriterien auf die JTU dieser Studie wäre zu restriktiv. Problematisch ist insbesondere die schwierige Messbarkeit vieler Kriterien, da keine allgemein gültigen qualitativen oder quantitativen Indikatoren existieren. Unternehmen gelten in der vorliegenden Studie dann als Technologieunternehmen, wenn sie in einer Technologiebranche tätig sind,[1] eigene technische Produkte entwickeln (Hardware oder Software i.w.S.), wenn deren wichtigstes Produkt einen grossen Anteil an eigener F&E-Leistung beinhaltet und dieses Produkt weitgehend selbständig vermarktet wird. Dabei spielt es keine Rolle, ob diese Unternehmen ihre Produkte mehrheitlich in eigener Regie entwickeln und vermarkten, oder ob sie primär Entwicklungsarbeiten im Auftrag Dritter ausführen.[2] Gerade JTU sind häufig in beiden Bereichen aktiv oder ändern ihre Fokussierung im Verlauf der Zeit.

### 2.1.5 Marketing, Marketing-Management, Marketingkonzept und -prozess

Wie bereits angedeutet, gibt es die verschiedensten Interpretationen darüber, was Marketing ist und was es alles beinhaltet. Eine Diskussion all dieser Anschauungen würde den Rahmen dieser Arbeit bei weitem sprengen. Daher werden lediglich die wichtigsten Begriffe, auf denen diese Studie beruht, erläutert.

Das Marketingverständnis, das dieser Arbeit zugrunde liegt, baut auf dem Gedankengut von Philip Kotler auf. Gemäss seiner Definition ist *Marketing* „ein Prozess im Wirtschafts- und Sozialgefüge, durch den Einzelpersonen und Gruppen ihre Bedürfnisse und Wünsche befriedigen, indem sie Produkte und andere Dinge von Wert erzeugen, anbieten und miteinander austauschen".[3] Dieser sehr allgemein gehaltenen Begriffsbestimmung fügt Kotler die

---
[1] Vgl. Tab. 56 und Tab. 57 im Anhang A.
[2] Vgl. Kapitel 5.1.1 sowie die Unterscheidung in: Lamont, 1972, S. 107ff.
[3] Kotler/Bliemel, 1995, S. 7.

Definition des *Marketing-Managements* hinzu, welche näher bei der Marketingdefinition anderer Autoren liegt.[1] Marketing-Management ist „der Planungs- und Durchführungsprozess der Konzipierung, Preisfindung, Förderung und Verbreitung von Ideen, Waren und Dienstleistungen, um Austauschprozesse zur Zufriedenheit individueller und organisationeller [sic!] Ziele herbeizuführen".[2]

Nieschlag, Dichtl und Hörschgen, drei bedeutende Marketingautoren im deutschen Sprachraum, erkennen im (absatzbezogenen) Marketing drei Ansatzpunkte.[3] Marketing ist „mit einer konsequenten Ausrichtung aller unmittelbar und mittelbar den Markt berührenden Entscheidungen an den Erfordernissen und Bedürfnissen der Verbraucher ... [verbunden] (Marketing als Maxime) ... Dies ist nicht nur eine Frage der Mentalität, ... sondern auch ein Ergebnis des gezielten Einsatzes von Instrumenten (Marketing als Mittel) und einer systematischen Entscheidungsfindung (Marketing als Methode)".[4] Eine etwas kürzer gefasste Definition von Seiler umfasst zwei wichtige Komponenten eines erfolgreichen Marketings. Er definiert Marketing als die „Ausrichtung aller unternehmerischen Tätigkeiten auf die Befriedigung von Kundenbedürfnissen, und zwar im Einklang mit dem langfristigen Erreichen von Rentabilitätszielen".[5]

Wichtige Ecksteine für das dieser Arbeit zugrunde liegende Marketingverständnis sind die beiden Begriffe Marketingkonzept und Marketingprozess. Das *Marketingkonzept* besagt laut Kotler, „dass der Schlüssel zur Erreichung unternehmerischer Ziele darin liegt, die Bedürfnisse und Wünsche des Zielmarktes zu ermitteln und diese dann wirksamer und wirtschaftlicher zufriedenzustellen als die Wettbewerber".[6] Das Marketingkonzept beruht dabei auf vier Säulen: Fokussierung auf den Markt, Orientierung am Kunden, koordiniertes Marketing und Gewinn durch zufriedene Kunden. Die Bedeutung des Marketingkonzepts wird von vielen Autoren, gerade bei innovativen Technologieunternehmen, hervorgehoben.[7] Der *Marketingprozess*, als grundsätzliche Vorgehensweise bei der Bearbeitung von (neuen) Märkten „besteht aus der Analyse von Marketingchancen, der Ermittlung und Auswahl von Zielmärkten, der Erarbeitung von Marketingstrategien, der Planung des taktischen Vorge-

---

[1] Vgl. z.B. die Marketingdefinition in: Meffert, 1980, S. 35.
[2] Vgl. Kotler/Bliemel, 1995, S. 17.
[3] Nieschlag/Dichtl/Hörschgen, 1997, S. 12ff.
[4] Vgl. Nieschlag/Dichtl/Hörschgen, 1997, S. 12ff.
[5] Seiler, 1992, S. 27.
[6] Kotler/Bliemel, 1995, S. 25ff.
[7] Vgl. u.a. Parasuraman, 1982, S. 16; McGee/Spiro, 1988, S. 40ff; Webster, 1988, S 29ff; Jugel, 1991, S. 13; Cahill/Warshawsky, 1993, S. 17ff.

hens mit Marketingprogrammen sowie der Organisation, Durchführung und Steuerung der Marketingaktivitäten".[1]

Gerade die Diskussion mit den Gründern JTU liess erkennen, dass viele von ihnen eine völlig eindimensionale Vorstellung vom Marketing hatten. Für die einen galt: 'Marketing = Werbung', für andere galt: 'Marketing = Verkauf'. Dies zeigte, dass bei vielen Unternehmensgründern noch ein erheblicher Aufwand an Aufklärungsarbeit zur Behebung dieses Defizits geleistet werden muss.

## 2.2 Entwicklungsmodelle junger Technologieunternehmen

Im folgenden Abschnitt wird auf mögliche Entstehungsformen JTU eingegangen. Schwerpunkt dieser Studien ist die Zeit von der ersten Gründungsidee bis zur eigentlichen Unternehmensgründung. Anschliessend werden verschiedene idealtypische Entwicklungsphasen und -muster erläutert. Dieser Forschungsbereich umfasst die Zeit von der ersten Gründungsidee bis zur Etablierung resp. Reife der Unternehmen.

### 2.2.1 Entstehungsformen

Die Entstehungsformen JTU können u.a. unter dem Gesichtspunkt der Gründermerkmale, der Inkubatororganisation und des typischen Entstehungsmusters untersucht werden. Die *Gründermerkmale* waren hauptsächlich in den frühen Jahren der JTU-Forschung ein wichtiger Studienbereich.[2] Die Schwerpunkte der Fragestellungen betrafen die soziodemographischen Daten (Alter, Geschlecht, Familienstand, Charaktereigenschaften usw.), die Qualifikation (Ausbildung, Berufserfahrung, Gründungserfahrung usw.) sowie die Motive (positiv und negativ wirkende Einflussfaktoren) der Unternehmensgründer im Vergleich zu den Nicht-Gründern. Da der Umfang dieser Studien erheblich, die Aussagefähigkeit und Vergleichbarkeit ihrer Ergebnisse ohne Kenntnis der genauen Fragestellungen und Operationalisierungen jedoch sehr beschränkt und deren Relevanz für diese Untersuchung gering ist, wird auf die Wiedergabe der betreffenden Resultate verzichtet.[3]

Die *Inkubatororganisation* eines JTU ist das System, welches den eigentlichen Hintergrund, die 'Brutstätte' und manchmal auch das Gründungsmotiv für die Entstehung JTU bildet. Typische Inkubatoren JTU sind Hochschulen, nicht-staatliche Forschungseinrich-

---

[1] Kotler/Bliemel, 1995, S. 132ff.
[2] Die *Gründermerkmale* sind klar zu trennen von den *erfolgsrelevanten Gründermerkmalen*. Die ersteren befassen sich mit den Unterschieden zwischen Gründern und Nicht-Gründern. Die letzteren gehen der Frage nach, was erfolgreiche und erfolglose Gründer unterscheidet.
[3] Wichtige Ergebnisse dieser Studien findet man u.a. bei: Szyperski/Klandt, 1981; Klandt, 1984; Kulicke 1987; Klandt, 1990; Kuipers, 1990; Kirschbaum, 1990; Roberts/Wainer, 1971; Liles, 1974; Samson, 1991; Roberts, 1991a.

tungen oder private Unternehmen mit eigenen F&E-Abteilungen. Gemäss einer Studie von Cooper im Silicon Valley ist die Spin-off-Rate - d.h. die Anzahl JTU-Gründungen aus einer Inkubatororganisation in einem bestimmten Zeitraum, dividiert durch die durchschnittliche Anzahl der Beschäftigten dieses Inkubators in dieser Zeit - kleiner Unternehmen (<500 Mitarbeiter) zehn mal grösser und diejenige von Tochtergesellschaften (<500 Mitarbeiter) grosser Unternehmen acht mal grösser als die Spin-off-Rate von Grossunternehmen (>500 Mitarbeiter).[1] Von den Non-Profit-Organisationen haben Universitäten und andere Forschungseinrichtungen die höchsten Spin-off-Raten, nämlich etwa die gleich hohen wie Grossunternehmen. Die Studie kam zudem zum Ergebnis, dass 85% aller JTU die gleiche Technologie benutzen oder den gleichen Markt bedienen wie die Inkubatororganisation. Welchen Stellenwert Inkubatoren für eine Region haben können, zeigt das Beispiel der Stanford University. Die im Jahr 1994 erzielten Einkünfte aller High-Tech-Unternehmen im Silicon Valley beliefen sich auf „85 Milliarden Dollar, und davon entfielen auf diejenigen, die von Stanford-Absolventen oder von Mitgliedern des Lehrkörpers gegründet worden waren, nicht weniger als 53 Milliarden Dollar".[2] Eine ähnliche Rolle spielte laut Roberts auch das MIT bei der Entwicklung der Route 128 ausserhalb Bostons.[3] Wichtige Faktoren, die das Entstehen solcher High-Tech-Regionen begünstigten, waren die beispielhafte Zusammenarbeit zwischen Universität und Industrie, offene Richtlinien, welche die Forscher zur Selbständigkeit motivierten, erfolgreiche Vorbilder, die Bestätigung des Unternehmertums durch die Universitätsleitung und das „Zur-Norm-Erheben" solcher Aktivitäten. Eine Studie von Cooper erkannte sechs potentielle Umweltfaktoren, die Einfluss auf die Entstehung JTU haben.[4] Diese umfassen die ökonomischen Bedingungen, den (direkten) Zugang zu Venture Capital, Beispiele von Unternehmertum, Gelegenheiten zur Interim-Beratung, Verfügbarkeit von Personal und andere Dienste sowie den (direkten) Zugang zu Kunden.[5]

Kulicke untersuchte die *Entstehungsmuster* von 60 JTU in Deutschland auf empirischem Weg und stiess dabei auf fünf typische Muster, die sich „im Hinblick auf die Intensität des Informationsgewinnungsprozesses, die Gründungsrisiken, den Bedarf an Einbindung externer Ressourcen, den Zeitbedarf bis zur Markteinführung und den Markterfolg unterschieden".[1] Der erste Typ, die 'systematische Gründungsvorbereitung mit detailliertem Unternehmenskonzept', stellt den Idealfall dar und ist durch das Fehlen erwähnenswerter Schwierigkeiten gekennzeichnet. Voraussetzungen für diesen Fall sind das Vorhandensein der

---

[1] Vgl. Cooper, 1971, S. 2ff.
[2] Vgl. Halbheer, 1997, S. 7.
[3] Vgl. Roberts, 1991a, S. 31ff.
[4] Vgl. Cooper, 1986, S. 153ff.
[5] Weitere Faktoren, welche die Entstehung junger Unternehmen fördern, siehe: Smilor, 1987, S. 146ff.

Informationen über die als wichtig identifizierten Einflussfaktoren auf die Gründungsphase, situationsadäquate Aktivitäten sowie die Verfügbarkeit der dafür benötigten Ressourcen. Der zweite Fall, die 'iterative Entwicklung des Unternehmenskonzepts und dessen Umsetzung', kommt in der Praxis am häufigsten vor. Dieser Typ verfügt nur über unvollständige Informationen, und die notwendigen Ressourcen für den Unternehmensaufbau lassen sich nicht problemlos beschaffen. Aufgrund der laufend gewonnenen Erfahrungen und Fähigkeiten der Gründer können diese Defizite jedoch in den meisten Fällen behoben werden, und der Entstehungsprozess kann trotz zeitlicher Verzögerungen erfolgreich abgeschlossen werden. Die dritte Art ist die 'spontane Gründung, d.h. ein Entstehungsprozess im Trial-and-Error-Verfahren'. Bei diesem Typ fehlen in der Gründungsphase Informationen und Ressourcen in nennenswertem Umfang, obwohl deren Beschaffung bei einer gründlicheren Vorbereitung prinzipiell möglich gewesen wäre. Daher treten vielfältige Schwierigkeiten und Krisen auf, die in höherem Masse dazu führen, dass der Entstehungsprozess nicht erfolgreich abgeschlossen werden kann. Das vierte Entstehungsmuster, der 'Sponsored-spin-off', ist durch eine signifikante Unterstützung des JTU durch die Inkubatororganisation charakterisiert. Es ist das typische Entstehungsmuster von JTU, die aus öffentlichen Forschungseinrichtungen oder Universitäten hervorgegangen sind. Einer geringeren Gefahr des Scheitern in einer frühen Phase steht infolge einer eher schwach ausgeprägten Marktorientierung und einer starken Technikorientierung der Gründer ein grösseres Risiko bei der Markteinführung gegenüber.[2] Die 'Härtung' ist laut Kulicke das fünfte und letzte Entstehungsmuster JTU.[3] Diese Gruppe umfasst Unternehmen, die bereits seit längerem am Markt existieren und die sich im Laufe der Zeit durch eine grundlegende Veränderung ihres Produktfokus zu Technologieunternehmen entwickelt haben. Da beim Härtungsprozess auf bestehenden Strukturen aufgebaut werden kann, ist diese Entstehungsart mit einem geringeren Risiko verbunden. Allerdings besteht hier die Gefahr, dass die Neuausrichtung des Unternehmens aufgrund ungenügender Managementfähigkeiten der Gründer nicht erfolgreich verläuft. Probleme im Unternehmen können insbesondere die Koordination zwischen den alten und neuen Unternehmensaktivitäten, die finanziellen und personellen Ressourcen sowie das neue Erscheinungsbild auslösen.

---

[1] Kulicke, 1990, S. 16ff.
[2] Doutriaux bemerkt dazu, dass junge, produzierende Unternehmen mit akademischen „Teilzeitgründern" als Unternehmensleiter eine geringere Aggressivität, eine geringere Wachstumsorientierung und ein geringeres Wachstum aufweisen als Unternehmen mit „unabhängigen Vollzeitgründern". (Doutriaux, 1987, S. 285ff.)
[3] Vgl. auch Kulicke, 1987, S. 39ff.

## 2.2.2 Entwicklungsphasen und -muster

Die betriebswirtschaftliche Forschung befasst sich seit langem mit dem Evolutionsprozess von Unternehmen und hat dazu verschiedene deskriptive Wachstums- resp. Entwicklungsmodelle erarbeitet, welche die unterschiedlichen *Entwicklungsphasen* von Unternehmen verbildlichen.[1] Diese können grob in fünf Grundtypen kategorisiert werden: Metamorphose-Krisen-, Marktentwicklungs-, Strukturänderungs- und Verhaltensänderungsmodellen.[2] Gemeinsames Merkmal dieser Modelle ist die Darstellung der Unternehmensentwicklung als eine sequentielle Folge typischer Phasen, die mehr oder weniger zwangsläufig durchlaufen werden. Abhängig vom Modell stehen dabei die Phasen, die Phasenübergänge (meistens Krisen), externe Einflussfaktoren (z.B. der Absatzmarkt), die Organisations- und Managementstruktur oder der Führungsstil und das Innovationsverhalten im Vordergrund. Bekannte Modelle sind jene von Greiner, Mintzberg, Churchill/Lewis und Bleicher.[3] Nebst diesen Entwicklungs- resp. Wachstumsmodellen nicht näher spezifizierter Unternehmenstypen sind auch spezifische Modelle für die Entwicklung JTU erarbeitet worden. Doutriaux, Kazanjian, Kazanjian/Drazin, Bell/McNamara, Bean et al., Bullock und Van der Ven et al. haben u.a. solche Modelle vorgeschlagen.[4]

Im folgenden wird das Wachstumsmodell von Kazanjian kurz vorgestellt (Abb. 7).[5] Anhand einer empirischen Untersuchung an über 100 JTU analysierte er die dominanten Probleme, mit denen Unternehmen unter verschiedenen Umständen konfrontiert waren und die Organisationsformen, die daraus resultierten. Das Ergebnis seiner Studie ist ein vierstufiges Modell. Jede Phase dieses Modells wird durch typische dominante Probleme, Strukturen, Personen, Planungsprozesse und Belohnungssysteme gekennzeichnet.

---

[1] Einen Überblick geben u.a.: Stanworth/Curran, 1976, S. 327ff; Scott/Bruce, 1987, S. 45ff; Albach 1965, S. 9ff; Brockhoff, 1980, S. 475ff; Paul, 1985, S. 36ff; Baaken, 1989, S. 251ff.
[2] Vgl. Pümpin/Prange, 1991, S. 45ff.
[3] Vgl. Greiner, 1972, S. 37ff; Mintzberg, 1983, S. 503ff; Churchill/Lewis, 1983, S. 30ff; Bleicher S. 483ff.
[4] Vgl. Doutriaux, 1984, S. 368ff; Kazanjian, 1984, S. 144ff; Kazanjian, 1988, S. 257ff; Kazanjian/Drazin, 1990, S. 137ff; Bell/McNamara, 1991; Bean/Schiffel/Morgee, 1975, S. 380ff; Bullock, 1983; Van der Ven/Hudson/Schroeder, 1984.
[5] Vgl. in Anlehnung an: Kazanjian, 1984, S. 148.

## Theoretische Basis

|  | Vorgründung | Gründung/Start-up | Wachstum | Reife |
|---|---|---|---|---|
| Dominante Probleme | • Invention und Entwicklung eines Prototypen<br>• Definition der Geschäftsidee<br>• Konzeptverkauf | • Beschaffung der Infrastruktur<br>• Aufbau der Produktionskapazitäten<br>• Start Vertriebsaktivitäten<br>• Markteinführung<br>• Produktanpassungen<br>• Rekrutierung fähiger Mitarbeiter | • Aufrechterhaltung des Wachstums<br>• Ausbau der Wettbewerbsposition<br>• Erreichung von Profitabilität<br>• Abwägen zwischen Wachstum und Profit<br>• Vermeidung von „Shakeout" | • Aufrechterhaltung der Wettbewerbsposition<br>• Entwicklung einer zweiten Produktgeneration<br>• Balance zwischen bürokratischer Optimierung und Innovationsaufgaben |
| Strukturen | • Informell<br>• Marktabhängig<br>• Gruppe steht im Mittelpunkt | • Formalisiert<br>• Zentralisiert<br>• Funktional | • Formalisiert<br>• Dezentralisiert<br>• Schwergewicht auf Planung/Budget | • Formalisiert<br>• Dezentralisiert<br>• Profit Center |
| Personen | • Generalisten<br>• Technikorientiert<br>• Unprofessionell<br>• Teilzeitangestellte | | | • Spezialisten<br>• Marketingorientiert<br>• Professionell<br>• Karrieremitarbeiter |
| Planungsprozesse | • Informell<br>• Zentralisiert<br>• Nicht differenziert<br>• Kurzfristig<br>• Integriert | | | • Formell<br>• Dezentralisiert<br>• Spezialisiert<br>• Langfristig<br>• Integriert |
| Belohnungssystem | • Kapitalbeteiligungen (für wenige)<br>• Viele Gelegenheiten<br>• Informell unbürokratisch | | | • Wachstumsorientierte, stabile, sichere Kompensationen<br>• Karriereentwicklung |

Abb. 7: Entwicklungsphasen junger Technologieunternehmen[1]

In der neueren deutschen Literatur werden, anders als bei Kazanjian, häufig fünf Entwicklungsphasen unterschieden.[2] Dabei wird die Vorgründungsphase in zwei Phasen aufgeteilt: in die Entstehungs- und die Entwicklungsphase. Die Entstehungsphase beinhaltet die Ideenfindung, die Vorbereitung der Unternehmensgründung, die formale Gründung sowie die Festlegung der Unternehmensziele und -konzeption. Die Entwicklungsphase besteht aus der eigentlichen Produktforschung und -entwicklung, der Vorbereitung des Fertigungsaufbaus sowie der Planung der Markteinführung. Die entsprechenden Phasen sind: Entstehungs-,

---

[1] In Anlehnung an: Kazanjian, 1984, S. 148.
[2] Vgl. Pleschak/Sabisch/Wupperfeld, 1994, S. 20ff; Baier/Pleschak, 1996, S. 11ff.

Entwicklungs-, Markteinführungs- und Fertigungsaufbau-, Wachstums- sowie Stabilisierungs- und Reifephase. Dabei werden in jeder Entwicklungsphase unterschiedliche Aktivitäten, Managementaufgaben, Finanzierungsarten,[1] Probleme und Erfolgsfaktoren[2] relevant. Die Autoren sind der Meinung, dass „die Schwerpunkte der Führung der Unternehmen ... sich entsprechend dem sich wandelnden Unternehmenscharakter [verlagern]. [Und dass] eine erfolgreiche Unternehmensentwicklung ... das sukzessive Durchlaufen der einzelnen Lebensphasen [erfordert]".[3]

Kritiker dieser Wachstums- und Entwicklungsmodelle behaupten, dass „die immer komplexere Struktur einer Organisation, die gleichzeitig an Grösse und Erfahrung wächst, weder durch einen vererbten Charakterzug bestimmt wird noch vorhersagbaren Zyklen unterworfen ist. Im Gegenteil, die Morphogenesis (...) einer Organisation scheint eher den Charakter eines Lernprozesses zu haben, der zu einem sehr grossen Umfang bewusst beeinflusst werden kann".[4] Zudem werden die Tatsachen hervorgehoben, dass bei den meisten Modellbildungen auf eine genauere Beschreibung der analysierten Unternehmen verzichtet wird, monokausale Erklärungsansätze gewählt werden und von einer empirischen Verifikation i.d.R. völlig abgesehen wird.[5]

Um diese Mängel zu beseitigen, haben einige Autoren mittels empirischen Untersuchungen versucht, typische *Entwicklungsmuster* junger Unternehmen zu analysieren.[6] Kulicke und Gerybadze haben dies bei JTU durchgeführt (Abb. 8). Als Bezugsrahmen ihrer Studie diente ein Entwicklungsmodell JTU mit den fünf Phasen Gründungsvorbereitung resp. Strategiefindung, Konzeptumsetzung resp. Entwicklung, Markteinführung, Wachstums resp. Marktetablierung und Konsolidierung. Aufgrund der unterschiedlichen Wachstumsverläufe konnten vier Grundtypen und zwei daraus abgeleitete Entwicklungstypen JTU unterschieden werden. Diese waren:

1. Langsamwachsende Unternehmen ohne grosses Wachstumspotential (Typ 1)
2. Expandierende Unternehmen mit grossem Wachstumspotential (Typ 2)
3. Kopplung der Unternehmensentwicklung an den Verlauf des Produktlebenszyklus des ersten Produkts (Typ 3)

---

[1] Vgl. dazu das Phasenmodell der Finanzierung durch Venture-Capital-Unternehmen mit den Phasen *seed financing, start-up-financing, first-stage financing, second-stage financing* und *bridge financing* (Schmidtke, 1985, S. 50; Rütschi, 1986, S. 210).
[2] Probleme und Erfolgsfaktoren der Entstehungs- und Entwicklungsphase diskutiert: Pleschak, 1997, S. 13ff.
[3] Baier/Pleschak, 1996, S. 11f.
[4] Übersetzt aus dem englischen Original von: Rhenmann, 1973, S. 174.
[5] Vgl. Kulicke/Gerybadze, 1990, S. 1.
[6] Vgl. u.a. Hunsdiek/May-Strobl, 1986; Kayser, 1990, S. 231ff; Kulicke/Gerybadze, 1990, S. 30ff; Kulicke u.a. 1993, S. 168ff.

# Theoretische Basis

4. Unternehmen, welche an der Markteinführung oder -etablierung scheitern (Typ 4)

5. Zunächst langsamwachsende Unternehmen mit späterer Marktexpansion und schnellem Wachstum (Typ 5)

6. Unternehmen mit krisengeschütteltem Wachstum (Typ 6)

Unter Berücksichtigung objektiver und subjektiver Erfolgsmassstäbe wird Typ 2 als „erfolgreich", die Typen 1, 5 und 6 als „bedingt erfolgreich" und die Typen 3 und 4 als „nicht erfolgreich" bezeichnet.

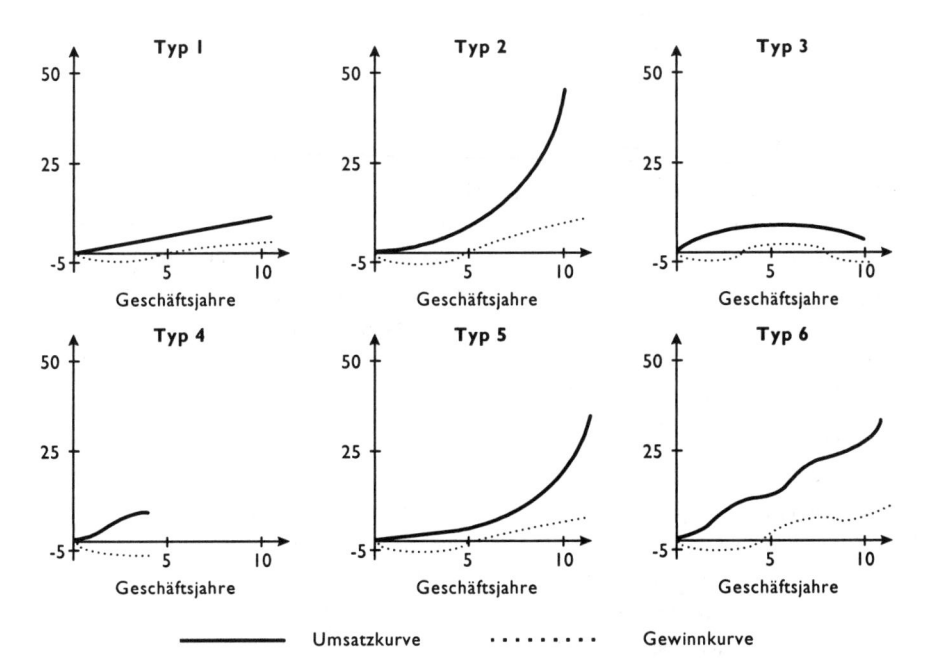

Abb. 8: Entwicklungsmuster junger Technologieunternehmen[1]

---

[1] Vgl. Kulicke u.a., 1993, S. 171.

## 2.3 Untersuchungen des JTU-Erfolges und -Misserfolges

Dieses Kapitel dient der Präsentation und Diskussion wichtiger Resultate der JTU-Erfolgs- und Misserfolgsfaktorenforschung. Im ersten Abschnitt wird vorerst die Vergleichbarkeit der unterschiedlichen Forschungsarbeiten diskutiert, anschliessend wird ein theoretisches Grundgerüst vorgestellt, das die wichtigsten Einflussdimensionen auf den JTU-Erfolg umfasst. Da Marketingvariablen bei einer Vielzahl der Arbeiten lediglich *ein* Bestandteil der untersuchten Einflüsse waren, sind die Forschungsergebnisse zu diesem Thema im Kontext einer Vielzahl von Untersuchungen zur Gründungsforschung zu verstehen. Um die umfassende Sichtweise der vorliegenden Studie zu bewahren, werden in den nachfolgenden Abschnitten nebst den spezifischen Befunden zum Marketing auch die anderen Einflussvariablen auf den JTU-Erfolg vorgestellt.

### 2.3.1 Vergleichbarkeit verschiedener Untersuchungen

Da sich die Forschungsarbeiten zu den Einflussgrössen auf den JTU-Erfolg in vielerlei Hinsicht unterscheiden, ist die Vergleichbarkeit der Ergebnisse per se nicht gewährleistet. Differenzen resultieren vor allem aus den verschiedenartigen Grundgesamtheiten, den Methoden der Datenerhebung und -auswertung, den Stichprobengrössen, den verarbeiteten theoretischen Grundlagen, den Definitionen und Operationalisierungen der unabhängigen Einflussvariablen sowie aus den Definitionen und Operationalisierungen der abhängigen Variable, d.h. dem JTU-Erfolg.

Alle relevanten Untersuchungen definieren JTU als ihre *Grundgesamtheit*. Und trotzdem weisen die unterschiedlichen Studien Differenzen auf, die nicht vernachlässigt werden dürfen. Der erste Unterschied betrifft das Alter der untersuchten JTU. Je nach Studie werden Unternehmen bis zu 5, 8, 10, 15, 20, ja sogar bis zu 25 Jahren in die Untersuchung mit einbezogen. Der zweite Unterschied bezieht sich auf die Branchen. Einige Studien beschränken sich auf eine einzelne Technologiebranche, andere wählen einige wenige Branchen aus, und wiederum andere beziehen sämtliche Technologiebranchen in ihre Untersuchung mit ein. Ausserdem unterscheiden sich die analysierten JTU oder Branchen auch in ihrem technologischen Niveau. Nebst „sogenannten" High-Tech-Unternehmen werden auch Medium- und Low-Tech-Unternehmen in die Untersuchungen mit einbezogen. Weitere Unterschiede zwischen den Studien beruhen auf den Randbedingungen, welche die geographische Lage der JTU mit sich bringt. Diesbezüglich unterscheiden sich hauptsächlich amerikanische und europäische Studien voneinander. In Amerika befinden sich JTU u.a. aufgrund des riesigen Heimmarktes in einer völlig anderen Ausgangssituation als europäische JTU, die im Normalfall wesentlich früher mit den Hürden der Internationalität konfrontiert werden. Schliesslich unterscheiden nur wenige Studien die untersuchten JTU bezüglich ihrer Gründungsform, d.h. es findet keine Differenzierung zwischen originären und derivativen oder zwischen selbständigen und unselbständigen JTU-Gründungen statt.

Die *Datenerhebung* wird in den meisten Fällen als Querschnittsuntersuchung durchgeführt. Dabei werden die Unternehmensgründer zu einem bestimmten Zeitpunkt gebeten, im Hinblick auf mehrere zurückliegende Zeitpunkte zu mehreren Fragekomplexen ihre Meinung abzugeben, sei es durch persönliche Befragung oder mittels eines standardisierten, postalischen Fragebogens. Im Gegensatz dazu basieren einige Untersuchungen auf den Geschäftsplänen, welche bei Venture Capital Unternehmen eingereicht wurden oder auf den persönlichen Ansichten von Venture Capital Unternehmern über die von ihnen betreuten JTU. Darüber hinaus gibt es einige wenige Längsschnittuntersuchungen, bei denen die Datenbasis durch zeitlich getrennte Befragungen im Abstand von einigen Jahren erhoben wurde. Da die befragten Personen jeweils nur zur aktuellen Situation Auskunft geben mussten, besitzen diese Aussagen eine höhere Güte. Ein grosser Nachteil dieser Methode ist der wesentlich grössere zeitlich Forschungsrahmen, der dazu erforderlich ist.

Hinsichtlich der *Datenauswertung* werden sowohl einfache als auch komplexe statistische Verfahren angewandt. Im deutschen Sprachraum werden weitgehend einfachere Methoden der Statistik eingesetzt, darunter Häufigkeitsauszählungen und Korrelationsanalysen. Im anglo-amerikanischen Raum setzt die Forschung verstärkt multivariate Verfahren wie die Faktor-, die Cluster- oder die Diskriminanzanalyse ein. Beide Verfahrensarten haben ihre Berechtigung, wobei in Zukunft aufgrund der grösseren Verbreitung statistischer Analyseprogramme m.E. eher eine Tendenz in Richtung der komplexeren Verfahren einsetzen wird. Diese sind nicht nur für hypothesengeleitete, sondern zusätzlich auch für explorativ angelegte Untersuchungen von hohem Wert.

Die *Grösse der Stichprobe* ist - abhängig von der gewählten Untersuchungsmethode - ein wichtiger Beurteilungsfaktor für die Generalisierbarkeit und die Güte der Untersuchungsergebnisse. Die Methode der Aktionsforschung (Stichprobengrösse 1) konnte in keiner Studie gefunden werden. Untersuchungen in Form von Fallstudien (Stichprobengrössen zwischen 1 und ca. 20) - z.B. diejenigen von Sandberg/Hofer und Roure/Maidique - bieten zwar hochwertige Erklärungen für Einzelfälle, die Übertragbarkeit solcher Ergebnisse ist jedoch eingeschränkt. Die meisten Studien der JTU-Forschung wenden statistische Auswertungsverfahren auf eine breitere Stichprobenbasis an. Jedoch müssen genügend Fälle (d.h. Stichprobengrösse > 100) vorliegen, damit den Ergebnissen gewisses Vertrauen geschenkt werden kann. Dies wird jedoch nur bei einzelnen Untersuchungen erreicht.

Die JTU-Forschung ist, obwohl sie „bereits" in den späten 60er Jahren entstand, ein junger Forschungsbereich. Deshalb erstaunt es nicht, dass ein Grossteil der Untersuchungen auf dünnen *theoretischen Grundlagen* aufbaut und z.T. erhebliche Theoriedefizite aufweist.

Dies drückt sich zum einen in einer fehlenden Modellbildung und zum anderen in der Überprüfung einer Vielzahl ad hoc formulierter Einflussgrössen auf den JTU-Erfolg aus. Zudem sind nur wenige Untersuchungen hypothesengeleitet - überwiegend solche aus dem deutschen Sprachraum. Ein Grossteil der Studien geht explorativ vor. Da bei einem solchen Ansatz die vorhandenen Daten z.T. nach statistischen Zusammenhängen „durchsucht" werden, ist die Gefahr von Fehlschlüssen aufgrund „zufällig" gefundener Beziehungen nicht zu unterschätzen.

Dieses Theoriedefizit wirkt sich auch auf die *Definitionen und Operationalisierungen der unabhängigen Einflussvariablen* aus. Diese werden, je nach Autor, nicht nur in unterschiedlichen Einflussdimensionen gruppiert, sondern zusätzlich auch anders definiert und operationalisiert. Darüber hinaus ist nur ein Teil dieser Indikatoren mehrmals auf ihre Erfolgsrelevanz hin untersucht worden - und in den Fällen, in denen eine solche Untersuchung erfolgte, ergaben sich z.T. widersprüchliche Resultate.

Noch gravierender als die Situation der unabhängigen Einflussgrössen ist die Heterogenität der Definitionen und Operationalisierungen für die *abhängige Variable,* den JTU-Erfolg resp. das Mass, das zur Ermittlung dieser „Grösse" verwendet wird (Vgl. Tab. 1 und Tab. 2). Auf der einen Seite verwenden Studien als Erfolgsmass „objektive" Kriterien wie den Umsatz, die Anzahl Mitarbeiter oder den Marktanteil. Dabei werden entweder die absoluten Werte verglichen - d.h. die Ausprägungen dieser Variablen zu einem genau definierten Zeitpunkt, z.B. nach dem 5. Geschäftsjahr - oder die einzelnen Werte werden ins Verhältnis zu den Vorjahreszahlen gesetzt, d.h. es werden relative Indizes berechnet. Für beide Vergleichsformen gibt es jedoch keine allgemein gültigen „Schwellwerte", nach denen sich die JTU in erfolgreiche oder erfolglose Unternehmen einteilen liessen. Auf der anderen Seite berechnen einige Untersuchungen basierend auf der Bewertung einer Reihe von Indikatoren durch die befragten Personen ein subjektives Erfolgsmass. Bei diesen ist die Vergleichbarkeit besonders problematisch, da sich gewöhnlich nicht nur die Anzahl und die Art der Indikatoren unterscheiden, sondern auch die „Verrechnungsarten" der jeweiligen Indikatoren voneinander abweichen. Einige Autoren berechnen das Erfolgsmass aus den Mittelwerten der einzelnen Indikatoren, andere benutzen gewichtete Mittelwerte, und wiederum andere benutzen die Faktoranalyse zur Bestimmung mehrerer unabhängiger Erfolgsdimensionen.

Sämtliche oben aufgeführten Unzulänglichkeiten zeigen deutlich, dass die unterschiedlichen Forschungsergebnisse keineswegs ohne weiteres miteinander verglichen werden können. Trotz dieses Befundes ist es angebracht, die von den verschiedenen Untersuchungen identifizierten Einflussgrössen auf den JTU-Erfolg - entsprechend dem im nächsten Abschnitt erläuterten theoretischen Grundgerüst - zu einem Gesamtmodell bisheriger Erkenntnisse zusammenzufassen.

## 2.3.2 Die wichtigsten Einflussdimensionen auf den JTU-Erfolg

Viele Untersuchungen auf dem Gebiet der JTU-Forschung gehen mindestens implizit von einem theoretischen Modell aus, bevor sie auf die Entdeckung der verschiedensten Zusammenhänge ihres Untersuchungsobjektes eingehen. Beispiele von Modellen, die die verschiedenen Einflüsse auf den JTU-Erfolg ins Zentrum ihrer Betrachtung stellen, finden sich u.a. bei Kulicke, Baaken, Kuipers, Roberts und Rüggeberg.[1] Da ein Vergleich dieser theoretischen Grundgerüste ausserhalb des eigentlichen Forschungszieles dieser Arbeit liegt, wird auf diese Diskussion verzichtet. Statt dessen werden - in Anlehnung an das Modell von Roberts - die wichtigsten Einflussdimensionen auf den JTU-Erfolg erläutert (Abb. 9).[2] Von diesen sechs Einflussgrössen sind fünf unternehmensinterner Natur, d.h. sie sind durch das Unternehmen direkt beeinflussbar. Eine Einflussdimension ist unternehmensexterner Natur und kann somit durch das JTU nicht direkt beeinflusst werden. Die fünf internen Einflussdimensionen sind: „Unternehmensgründer", „Technologische Basis / Produkt", „Finanzielle Basis / Kapital", „Managementorientierung und -kompetenz" sowie „Marketingorientierung und -kompetenz". Die externe Einflussdimension wird mit „Marktcharakter" bezeichnet und umfasst alle von aussen wirkenden Einflüsse. Die getrennte Darstellung der sechs Einflussdimensionen soll nicht darüber hinwegtäuschen, dass alle Elemente des Modells miteinander vernetzt sind. Ein ergänzender, beachtenswerter Punkt dieses Modells ist dessen dynamische Komponente, welche durch den übergeordneten Reifeprozess der JTU verdeutlicht wird. Je nach Reifegrad der JTU erweisen sich bestimmte Einflussdimensionen für den JTU-Erfolg wichtiger als andere.[3]

---

[1] Vgl. Kulicke, 1987, S. 257 und 1993, S. 25; Baaken, 1989, S. 53; Kuipers, 1990, S. 140; Roberts, 1991a, S. 247; Rüggeberg, 1997, S. 115.
[2] Vgl. Roberts, 1991a, S. 247.
[3] Vgl. Pleschak/Sabisch/Wupperfeld, 1994, S. 23.

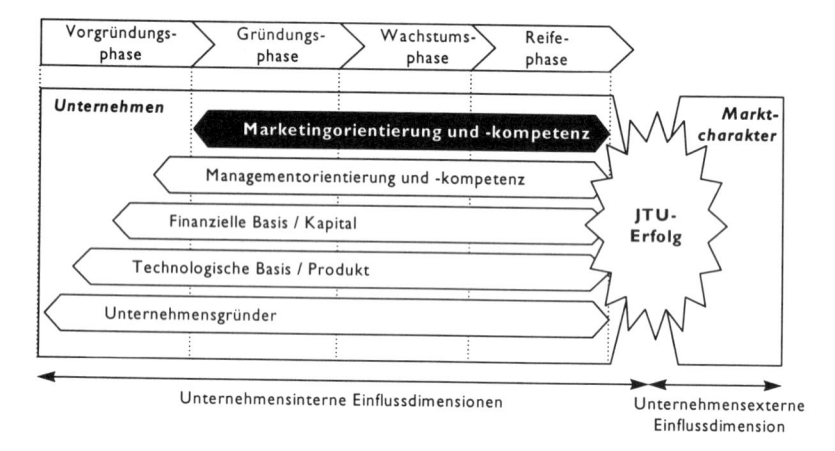

Abb. 9: Theoretisches Grundgerüst: Die wichtigsten Einflussdimensionen auf den JTU-Erfolg[1]

Die Dimension der „Unternehmensgründer" umfasst alle Merkmale des Gründers resp. des Gründerteams: den Familienhintergrund, die Ausbildung, die Berufserfahrungen und sonstige Erfahrungen, das Alter, den Charakter, die Persönlichkeit u.a. Die Einflussdimension „Technologische Basis / Produkt" bezeichnet die Eigenschaften der Technologie, auf der die Gründungsidee basiert. Die „Finanzielle Basis / Kapital" umfasst alle monetären Ressourcen, welche die Gründer in den verschiedenen Finanzierungsrunden beschaffen konnten und die für die Entwicklung des Unternehmens zur Verfügung stehen. Die Einflussdimension „Managementorientierung und -kompetenz" beschreibt den Grad an Führungs-Knowhow und -fähigkeit der im JTU arbeitenden Gründer und „Manager". Dieser Bereich des Gründungsmanagements kann auf normativer, strategischer und operativer Ebene beurteilt werden.[2] Die „Marketingorientierung und -kompetenz" beschreibt insbesondere die Ausrichtung aller unternehmerischen Tätigkeiten auf die Befriedigung selektierter Kundenbedürfnisse, im Einklang mit dem langfristigen Erreichen der Unternehmensziele.[3] Diese Einflussdimension ist Schwerpunkt der vorliegenden Forschungsarbeit.

---

[1] In Anlehnung an: Roberts, 1991, S. 247.
[2] Vgl. Rüggeberg, 1997, S. 27ff; Bleicher, 1996, S. 70ff.
[3] Vgl. die Marketingdefinition von Seiler in Kapitel 2.1.5, S. 19.

## 2.3.3 Untersuchungen des Erfolges JTU

Im folgenden Abschnitt werden wichtige Untersuchungen der JTU-Forschung aus dem anglo-amerikanischen und dem deutschen Sprachraum vorgestellt und deren Ergebnisse geordnet nach den oben eingeführten Einflussdimensionen, dargelegt.

### 2.3.3.1 Wichtige Untersuchungen

Die ersten Studien, die JTU zum Gegenstand ihrer wissenschaftlichen Arbeit wählten, entstanden Ende der 60er Jahre in den USA. Sie untersuchten Ansammlungen von High-Tech-Gründungen im Silicon Valley sowie entlang der Route 128 in der Nähe von Boston und konzentrierten sich vorwiegend auf die Merkmale der Unternehmensgründer (z.B. deren familiäre Herkunft, psychologische Aspekte) oder auf die Rahmenbedingungen der Entstehung JTU (z.B. regionale Einflüsse, Inkubatororganisationen). Einen Überblick über diese Untersuchungen gibt Kulicke.[1] In den 70er Jahren verstärkten sich die Aktivitäten im Bereich der JTU-Forschung, namentlich im Teilbereich des Gründungserfolges. Mit der Entstehung der ersten „Journals" in den 80er Jahren etablierte sich dieser Forschungsbereich endgültig.[2] Zusätzliche Bedeutung erlangten die Arbeiten - insbesondere im europäischen Raum in den 90er Jahren - durch Schlagzeilen der erfolgreichen Venture Capital Industrie in den USA und die Problematik der Arbeitslosigkeit in Europa.

Die folgende Tabelle gibt Aufschluss über wichtige Arbeiten auf dem Gebiet des JTU-Erfolges im anglo-amerikanischen Raum (Tab. 1). Neben den Namen der Autoren ist auch der Jahrgang der entsprechenden Publikation, der Stichprobenumfang, die Methode der Datenauswertung sowie das verwendete Erfolgsmass aufgeführt. Keine dieser Arbeiten hat die Thematik des Marketings in umfassender Weise ins Zentrum ihrer Betrachtungen gestellt. Ansätze dazu finden sich lediglich in den Untersuchungen von Lamont (1972) und Roberts (1990a, 1991a und 1991b).

| Autoren | Abk. | Jahr | Stichproben | Methoden der Datenanalyse | Erfolgsmasse |
|---|---|---|---|---|---|
| Cooper/Bruno | coo77 | 1977 | 250 | Korrelationsanalyse | Erfolg: > 5 Mio. $ Jahresumsatz, Kein Erfolg: nicht mehr tätig |
| Tyebjee/Bruno | tye82 | 1982 | 197 | Häufigkeits- und Varianzanalyse | Umsatz (drei Klassen) |
| Hills/Star | hil85 | 1985 1984 | 14 | Häufigkeitsanalyse | Meinung der Venture Capital Unternehmer |
| Roure/Maidique | rou86 | 1986 | 8 | - | Quantitatives Erfolgsmass mit drei Indikatoren |

---

[1] Vgl. Kulicke, 1987, S. 29ff.
[2] „Frontiers of Entrepreneurship Research" entstand im Jahr 1981, „Journal of Business Venturing" 1985 und „Entrepreneurship and Regional Development - In International Journal" entstand 1988.

| | | | | | |
|---|---|---|---|---|---|
| Doutriaux/ Simyar | dou87 | 1987 | 73 | Regressions- und Varianzanalyse | Jährliche Umsätze der ersten acht Jahre |
| Romanelli | rom87 | 1987 | 108 | Häufigkeitsanalyse | Existenz im sechsten Jahr |
| Sandberg/ Hofer | san87 | 1987 | 17 | Korrelationsanalyse | ROE (5 Klassen) |
| Stuart/Abetti | stu87 | 1987 | 24 | Korrelations- und Faktoranalyse | a) Quantitatives Erfolgsmass (sechs Indikatoren) b) Zufriedenheit mit Zielerreichung |
| Kirchhoff/ Philips | kir89 | 1989 | ≈30'000 | Datenbankanalyse | Mitarbeiterwachstum der ersten acht bis zehn Jahre |
| Miller/Gartner/ Wilson | mil89 | 1989 | 119 | Datenbankanalyse | Marktanteil |
| Covin/Slevin | cov90 | 1990 1988 | 92 | Korrelations- und Diskriminanzanalyse | Gewichtetes Erfolgsmass aus neun Kriterien |
| Feeser/Willard | fee89 | 1989 | 39 | Kreuztabellierung | Umsatzwachstum über fünf Jahre |
| Feeser/Willard | fee90 | 1990 | 42 | Korrelationsanalyse | Umsatzwachstum über fünf Jahre |
| Keeley/Roure | kee90 | 1990 | 68 | Regressionsanalyse | IRR bei VC-Unternehmen |
| Roure/Keeley | rou90 | 1990 | 36 | Regressionsanalyse | a) ROI bei VC-Unternehmen b) ROI bei Anteilseignern |
| Stuart/Abetti | stu90 | 1990 | 52 | Korrelations- und Faktoranalyse | a) Umsatz-, Mitarbeiterwachstum, Gewinn, Produktivität b) subjektives Zufriedenheitsmass |
| Roberts | rob91 | 1991 1990 | 142 | Korrelationsanalyse | Durchschn. Umsatzwachstums im Betrachtungszeitraum |
| Doutriaux | dou92 | 1992 | 73 | Multivariate Analyse | Jährliche Umsätze |
| McDougall/ Robinson/DeNisi | mcd90 | 1992 1990 | 247 | Cluster-, Faktor-, Regressions- und Varianzanalyse | a) Marktanteilswachstum zw. 1983 und 1985 b) ROI der ersten acht Jahre |
| Siegel/Siegel/ MacMillan | sie93 | 1993 | 1600, 105 | Diskriminanzanalyse | Umsatz, Umsatzwachstum |

Tab. 1: Anglo-amerikanische Studien zum Erfolg junger Technologieunternehmen

Im deutschsprachigen Raum ist die Gründung neuer, innovativer oder technologieorientierter Unternehmen seit Mitte der 70er Jahre und der Gründungserfolg seit Mitte der 80er Jahre Gegenstand wissenschaftlicher Forschungsarbeiten. Dabei liegen zum Problemkreis der Gründungsaktivität - Wie entstehen Unternehmensgründungen? Welche Rolle spielen Technologie- und Gründerzentren? Wie wichtig ist Risikokapital? usw. - erheblich mehr Arbeiten als zum Gründungserfolg vor.[1] Einen Überblick über diese weitgehend deskriptiven Studien zur Gründungsaktivität geben Pütz/Meyerhöfer.[2] Im April 1983 startete das deutsche Bundesministerium für Forschung und Technologie (BMFT) ein Programm zur „Förderung technologieorientierter Unternehmensgründungen", in dessen Verlauf JTU mit insgesamt 325 Mio. DM unterstützt wurden.[3] Das Fraunhofer-Institut ISI in Karlsruhe

---

[1] Vgl. Klandt/Münch, 1990, S. 171ff; Müller-Böling/Klandt, 1993, S. 144.
[2] Vgl. Pütz/Meyerhöfer, 1982.
[3] Vgl. Kulicke u.a., 1993, S. 1ff.

wurde mit der wissenschaftlichen Projektbegleitung beauftragt. Im Rahmen dieser Beratungs- und Forschungstätigkeit entstanden einige wissenschaftliche Arbeiten, die JTU ins Zentrum ihrer Betrachtungen stellten. Der Forschungsschwerpunkt dieser Studien lag primär bei der „Darstellung typischer Entwicklungsverläufe von JTU ... [und] letztendlich der Identifikation von Faktoren, die den Erfolg oder Misserfolg technologieorientierter Unternehmensgründungen beeinflussen".[1]

Wichtige Forschungsarbeiten aus dem deutschsprachigen Raum sind in der folgenden Tabelle aufgeführt (Tab. 2). Zusätzlich zu diesen Studien über die allgemeinen Erfolgsfaktoren JTU wurde das Marketing JTU insbesondere von Wupperfeld (1994), Pleschak/ Küchlin (1994), Pleschak/Werner/Wupperfeld (1995 und 1997) und Baier/Pleschak (1996) thematisiert. Diese Arbeiten basieren jedoch nicht auf einem umfassenden, konzeptionellen Marketingmodell, sondern greifen vielmehr einzelne Fragenkomplexe heraus oder erläutern allgemein „bekannte" Methoden des Marketing-Managements im Kontext von JTU-Gründungen.

| Autoren | Abk. | Jahr | Stichproben | Methoden der Datenanalyse | Erfolgsmasse |
|---|---|---|---|---|---|
| Klandt/Kirschbaum | kla85 | 1985 | 41 | Häufigkeitsanalyse | Umsatz pro Jahr und Mitarbeiter |
| Schuster/Winkel | sch86 | 1986 | 45 | Diskriminanzanalyse | Insolvenz (resp. kurz davor stehend) oder keine Insolvenz |
| Kulicke | kul87 | 1987 | 83 | Korrelations- und Varianzanalyse | Median deflationierter Umsatz im vierten und fünften Jahr |
| Hunsdiek | hun87 | 1987 | 13 | Korrelationsanalyse | Durchschnittliche Umsatzwachstumsrate der ersten drei Jahre |
| Mayer/Heinzel/Müller | may89 | 1989 | 45 | Häufigkeitsanalyse | a) Dauer Markteintritt (Prototyp bis erster Umsatz), b) Unternehmenswachstum (Auftragseingang & Bewertung Berater) |
| Picot/Laub/Schneider | pic89 | 1989 | 52 | Korrelations- und Faktoranalyse | Erfolgsmass mit zehn Indikatoren |
| Kulicke u.a. | kul93 | 1993 | 93 | Korrelationsanalyse | Umsatzverlauf, Mitarbeiterzahl, Rohertrag der ersten fünf Jahre |
| Steinkühler | ste94 | 1994 | 70 | Regressions- und Logitanalyse | Summenwert aus Umsatz- und Mitarbeiterzuwachs für zwei Zeiträume |
| Rüggeberg | rüg97 | 1997 | 140 | Häufigkeitsanalyse, Kreuztabellen, multivariate Analysen | 5 unterschiedliche Erfolgsmasse basierend auf einer Faktoranalyse obj. und subj. Grössen |

Tab. 2: Deutschsprachige Studien zum Erfolg junger Technologieunternehmen

---

[1] Kulicke, 1993, S. 1ff.

In den folgenden sechs Abschnitten werden die Ergebnisse der obigen Studien tabellarisch dargestellt (Tab. 3 bis Tab. 8) und die einzelnen Erfolgsfaktoren jeder Einflussdimension unter dem Oberbegriff „Komponente" gebündelt. Die Wirkrichtung jedes Faktors wird mit den Symbolen + (wirkt positiv auf JTU-Erfolg) und - (wirkt negativ auf JTU-Erfolg) angezeigt, während sich widersprechende Befunde mit dem Symbol +/- gekennzeichnet sind. In der rechten Spalte werden für jeden Faktor die Autorenkürzel der entsprechenden Studien angegeben.

### 2.3.3.2 Die Einflussdimension „Unternehmensgründer"

Die Person des Unternehmensgründers war in vielen früheren Untersuchungen zum JTU-Erfolg *der* zentrale Forschungsschwerpunkt (Tab. 3). Dies ist leicht nachzuvollziehen, hängen doch sämtliche Einflussdimensionen, z.B. die technologische Basis, die Management- oder die Marketingorientierung, vom Unternehmensgründer ab. Das Ziel dieser Untersuchungen bestand häufig darin, einzig und allein aufgrund der Gründerdisposition zum Zeitpunkt der Unternehmensgründung eine Vorhersage über den künftigen Erfolg bzw. Misserfolg eines JTU machen zu können. Diese Versuche sind aus Sicht des Autors als gescheitert zu bezeichnen.[1] Viele Einflussvariablen beginnen nämlich erst im Verlauf des tatsächlichen Unternehmenswachstums zu wirken und können nur schwerlich vorausgesagt werden.

| Komponente | Erfolgsfaktoren | Wirkrichtung, Studie |
|---|---|---|
| Gründungs- motiv | • Frühere Unzufriedenheit ist kein Gründungsmotiv | + hun87 |
|  | • Freude an früherer Arbeit | + rob91 |
| Charakter | • Leistungswille, hohes Erfolgsstreben, moderates Machtstreben, partizipativer Führungsstil | + rob91 |
|  | • Starke Führung und Kontrolle, Risikofreude, Proaktivität Unternehmergeist[a] | + cov90, stu87 |
| Alter | • Zwischen 30 und 40 Jahre | +/- kul93, kul87, dou92 |
| Ausbildung | • Formales Ausbildungsniveau (Akademisierungsgrad) | +/- may89, kul87, kla85 |
|  | • Sehr hohe oder sehr tiefe Ausbildung | - rob91, stu90 |
| Anzahl Gründungsmitglieder | • Teamgründung | + kul93, pic89, may89, hun87, kla85, dou92, rob91, tye82, coo77, fee90 |
|  | • Gemeinsame frühere Teamerfahrung der Gründer | + rou86 |
| Erfahrungen | • Ähnliche Technologie wie Inkubatororganisation | + dou92, coo77, san87, dou87, fee90 |
|  | • Vorherige Gründungserfahrung | + stu90, stu87, dou87 |
|  | • Erfahrungen in der gleichen Branche | + sch86, pic89, sie93 |
|  | • Verkaufserfahrung, Fähigkeit zur Produktvermarktung | + rob91, pic89 |
|  | • Führungs- und Managementerfahrung | + rob91, stu87 |

---
[1] Vgl. Kuipers, 1990, S. 272f; Birley/Westhead, 1994, S.7ff.

|  |  |  |
|---|---|---|
|  | • Erfahrungen in schnell wachsenden Unternehmen der gleichen Branche | + rou86 |
|  | • Erfahrung mit der im JTU bekleideten Position | + rou86 |
|  | • Vorherige Tätigkeit in KMU/Grossunternehmen | +/- may89, kul87, dou92, coo77 |
|  | • Ähnlicher Markt wie Inkubatororganisation | +/- dou92, coo77, san87, fee90 |
|  | • Unternehmenserfahrung | +/- kul93, kul87 |
|  | • Erfahrungen in der F&E (bei grossen Gründungen: >50'000 $ Umsatz im ersten Jahr) | - dou92 |
|  | • Berufserfahrung zwischen Hochschule & Gründung | - rob91 |
| Inkubator | • Inkubator ist ein öffentlich gehandeltes grosse Ug. | + fee89 |

[a]: Bei dynamischem, intensivem Wettbewerb in frühen Phasen des Industrielebenszyklus

Tab. 3: Erfolgsfaktoren der Einflussdimension „Unternehmensgründer"

Welcher Stellenwert den JTU-Gründern als „Garanten" für den Erfolg beigemessen wird, zeigen auch verschiedene Studien, welche die Auswahlkriterien von *Ventur-Capital-Gesellschaften* ermittelten.[1] In der Arbeit von MacMillan et al. betrafen sechs von zehn Faktoren die Gründerperson: die Fähigkeit der Gründer einen dauerhaften und hohen Einsatz zu gewährleisten, die Kenntnisse des Zielmarktes durch die Gründer, das Zeugnis von Führungsfähigkeit, die Fähigkeit, Risiko zu evaluieren und schnell zu reagieren, ein Leistungsausweis auf dem Gebiet des Unternehmensbereichs sowie die Fähigkeit, das Geschäft in der Diskussion gut zu artikulieren bzw. vorzustellen.[2] In ihrer späteren Studie kamen dieselben Autoren zum Schluss, dass zwischen notwendigen und hinreichenden Erfolgsbedingungen unterschieden werden muss.[3] Gemäss dieser Arbeit, die u.a. drei erfolglose und vier erfolgreiche Venture-Typen identifizierte, ist die Führungs- und Leistungsfähigkeit der Gründer zwar eine notwendige, aber keinesfalls hinreichende Bedingung für den Erfolg. Die wichtigsten zwei Faktoren des VC-Erfolges waren das Ausmass, in welchem die JTU vom Wettbewerb isoliert waren, sowie die demonstrierte Produktakzeptanz im Markt.

Ein wesentlicher Faktor bei der Beurteilung JTU durch VC-Gesellschaften ist die Existenz und die Güte eines *Business Planes*.[4] Dabei spielt dieser Plan nicht nur bei der Bewertung der Investition an sich eine wichtige Rolle, sondern auch bei der Beurteilung der Unternehmensgründer. Hier stellen sich Fragen wie: Können die Gründer analytisch und kundenorientiert denken? Besitzen sie Fähigkeiten im Management, Marketing, Finanzwesen? usw.

---

[1] Vgl. u.a. Tyebjee/Bruno, 1981, S. 281ff; Tyebjee/Bruno, 1984, S. 105 Iff; Hutt/Thomas, 1985, S. 155ff; MacMillan/Siegel/Subba Narasimha, 1985, S.119ff; MacMillan/Zemann/Subba Narasimha, 1987, S.123ff; Sandberg/Schweiger/Hofer, 1987, S. 392ff.
[2] Vgl. MacMillan/Siegel/Subba Narasimha, 1985, S.119ff.
[3] Vgl. MacMillan/Siegel/Subba Narasimha, 1987, S.123ff.
[4] Vgl. Shuman/Sussman/Shaw, 1985, S. 294ff; Roberts, 1991c, S. 9ff.

In einer differenzierten Studie analysierte Churchill den Zusammenhang zwischen dem Charakter des Gründers und dem Unternehmenserfolg, in Abhängigkeit von der Entwicklungsphase der JTU.[1] Er kam zum Schluss, dass einige Eigenschaften, welche in einer frühen Phasen stark mit dem Erfolg korrelierten, sich in den späteren Phasen als schädlich erwiesen. Zu diesen potentiell destruktiven Zügen gehören das Verlangen nach Kontrolle und Lenkung, exzessives Selbstvertrauen, das Gefühl zur „Dringlichkeit" sowie überlegene konzeptionelle Fähigkeiten.

Dubini versuchte in ähnlicher Weise festzustellen, ob sich die Gründercharaktere erfolgreicher Unternehmen bei unterschiedlichen Typen von jungen Unternehmern unterscheiden.[2] In Abhängigkeit vom Produkt- und Marktcharakter unterschied sie vier verschiedene Unternehmenstypen: „High-Tech-Erfinder", „Traumhändler", „Hochleistungs-Folger" und „Low-Tech-Distributoren".[3] JTU der ersten Gruppe zeichneten sich durch schnell wachsende, attraktive Märkte mit starkem Wettbewerb, gut entwickelte Distributionskanäle und hohen Produktschutz aus. Primäres Erfolgsmerkmal dieser Gruppe von JTU war die Fähigkeit ihrer Gründer zum Management des Risikos. Der Markt der zweiten Gruppe war demjenigen der ersten Gruppe sehr ähnlich. Charakteristische Merkmale dieser Unternehmen waren einerseits das Fehlen eines funktionierenden Prototypen über eine längere Zeitspanne und andererseits Probleme bei der Produktakzeptanz und der Entwicklung des Zielmarktes. Der primäre Erfolgsfaktor dieser „Traumhändler" war die Vertrautheit mit dem Zielmarkt. Die dritte Gruppe von Unternehmen operierte in gut entwickelten Märkten mit High-Tech-Produkten, starkem Wettbewerb, aber wenig Marktpotential. Die Erfolgsfaktoren dieser Gruppe waren die anfängliche Kenntnis des Zielmarktes, die Fähigkeit zu langfristiger, andauernder und intensiver Leistung sowie die Standfestigkeit. Die letzte Gruppe arbeitete in langsam wachsenden, hart umkämpften Märkten. Ihr hauptsächlicher Erfolgsfaktor beruhte auf der Führungsfähigkeit der Unternehmensgründer.

### 2.3.3.3 Die Einflussdimension „Technologische Basis / Produkt"

Die Existenz einer technologischen Basis, welche sich in einem vermarktungsfähigen Produkt äussert, ist eine notwendige Grundlage für die Entstehung eines JTU. Der eigentliche Entscheid zur Unternehmensgründung wird häufig aufgrund einer neu entwickelten Technologie oder Technik gefällt, welche vermarktbar erscheint. Dabei ist der folgende einfache Zusammenhang wichtig: Eine *Technologie per se ist nichts wert*, ausser sie äussert sich in einem Produkt. Ein Produkt per se ist nichts wert, es sei denn, es äussere sich in einem

---

[1] Vgl. Churchill, 1983, S. 1ff.
[2] Vgl. Dubini, 1989, S. 123ff.
[3] Die entsprechenden Ausdrücke im Original sind: „high-tech-inventors", „dream merchants", „high-powered followers" sowie „low-tech distribution players".

Theoretische Basis

Markt. Und schliesslich ist auch ein Markt für ein JTU nichts wert, wenn dieser Markt nicht durch das Unternehmen gewinnbringend abgeschöpft werden kann.[1] Die technologische Basis resp. das Produkt ist also durchaus eine notwendige Voraussetzung für das Entstehen eines JTU, aber noch längst keine hinreichende Voraussetzung für den Erfolg.

Die JTU-Forschung hat schon früh versucht, Zusammenhänge zwischen dem Technologieresp. Produktcharakter und dem JTU-Erfolg aufzudecken. Die folgende Tabelle gibt Aufschluss über die ermittelten Erfolgsfaktoren dieser Einflussdimension (Tab. 4).

| Komponente | Erfolgsfaktoren | Wirkrichtung, | Studie |
|---|---|---|---|
| Produkt | • Technische Produktüberlegenheit, Produktvorsprung | + | rou86, rou90, hil85, rüg97, sie93 |
| | • Eigene, selbständig entwickelte, technische Produkte (im Gegensatz zu Auftragsentwicklung oder Beratung) | + | kul93, rob91 |
| | • Produktpalette mit mind. drei Produkten/Produktlinien | + | kul93, rom87 |
| | • Breite Produktanwendung | + | may89 |
| | • Geringe Intensität in der F&E | + | stu87 |
| | • Angebot von Dienstleistungen in der Anfangsphase | + | kul87 |
| | • Hohe Produktqualität | + | hil85 |
| | • Geringe Produktkomplexität | + | hil85 |
| | • Kompatibilität mit Kauf- u. Gebrauchsverhalten der K. | + | hil85 |
| | • Angebot von Spezialanfertigungen in der Anfangsphase | + | mcd90 |
| | • Höheres Dienstleistungsangebot | + | mcd90 |
| | • Hoher Innovationsgrad / geringe Vertrautheit der Kunden mit dem Produkt | +/- | may89, kul87, hun87, kir89, rüg97 |
| | • Nutzung von Patenten / Schutzrechten | +/- | pic89, hun87 |
| Know-how in der F&E | • Starke technologische Basis, Know-how der Produkttechnik | + | hun87, sch86, rob91 |
| | • Kooperationen mit externen Forschungseinrichtungen | + | kul93 |
| Inkubator | • Hoher, schneller Technologietransfer aus Inkubator | + | rob91 |
| | • Ähnliche Technologie wie diejenige des Inkubators | + | fee89 |

Tab. 4: Erfolgsfaktoren der Einflussdimension „Technologische Basis / Produkt"

Im folgenden werden zusätzliche Ergebnisse ausgewählter Untersuchungen vorgestellt. In einer Studie von Roure und Maidique war der technologische Vorsprung JTU, der sich in einem hohen Wettbewerbsvorteil (bezüglich der Leistung oder der Kosten) des Produktes äusserte, mit dem späteren Erfolg eng verknüpft.[1] Dieser Vorteil wurde laut der Studie häufig durch ein sorgfältiges Management des Innovationsprozesses erreicht, was sich in einem frühen Markteintritt und einer damit verbundenen verminderten Wettbewerbsintensität widerspiegelte. Ferner kamen die Autoren zum Schluss, dass sich die erfolgreichen JTU eher an der Entwicklung als an der Forschung orientierten. Ähnliche Resultate ermittelten

---

[1] In Anlehnung an: Weiss, 1996.

auch Timmons et al.[2] JTU, deren Produkte den Kunden einen *klar definierten Kundennutzen* erbrachten, waren erfolgreicher als jene, deren Vorteil weniger definiert, d.h. weniger einsichtig war. In einer anderen Studie stellten Utterback et al. bei schwedischen JTU fest, dass eine starke Korrelation zwischen dem Innovationsgrad und dem wirtschaftlichen Erfolg dieser Firmen bestand.[3] Die stark wachsenden Unternehmen waren jene, deren Produkte primär auf hochstehenden Technologien beruhten und für die der Preis keinen sehr wichtigen Wettbewerbsfaktor darstellte. Besassen die JTU zusätzlich Patente, gehörten sie ebenfalls überdurchschnittlich häufig zur Gruppe der erfolgreichen Unternehmen.

Die Resultate von Utterback et al. und Timmons et al. werden zwar in der Literatur teilweise bestätigt, doch wird ihnen auch widersprochen. Gemäss einer Studie von Picot et al., in der JTU in Deutschland untersucht wurden, waren Unternehmen mit weniger innovativen Produkten erfolgreicher als ihre innovativeren Gegenspieler.[4] In ähnlicher Weise konnten mehrere Studien, welche die Bruttomarge von Technologieprodukten untersuchten,[5] keinen Zusammenhang zwischen der Höhe der Marge und dem JTU-Erfolg feststellen.[6]

JTU, die *Kapital von VC-Unternehmen* erhalten hatten, sind in einer Studie von Roure und Keeley untersucht worden.[7] Für diese Unternehmen war die Produktüberlegenheit, gemessen an der Leistungssteigerung des Produktes, einer der beiden zentralen Erfolgsfaktoren. Laut einer Studie von Hills und Star erachten viele VC-Unternehmen das technologische Niveau eines Produktes per se als nicht massgebend für den Erfolg.[8] Die Diffusions- und Adoptionstheorie von Rogers liefert den Autoren dazu die geeignete Begründung.[9] Sie besagt, dass es wenig ausmacht, ob eine Innovation einen grossen objektiven Vorteil gegenüber der Idee, die es ersetzt, aufweist oder nicht. Eine viel wichtigere Rolle spielt die Frage, ob das Individuum den Vorteil der betreffenden Innovation wahrnimmt. In diesem Sinn ist es die Wahrnehmung der Kompatibilität, Komplexität, Teilbarkeit und Kommunizierbarkeit der Innovation durch den potentiellen Adopter, welche die Adoptionsrate beeinflusst.

Aufgrund der normalerweise geringen Ressourcen gelingt es JTU häufig nicht, ein zweites Produkt zu entwickeln, wenn das erste ein Misserfolg war.[10] Wenn die erste Produktgeneration einen mittelmässigen Erfolg verzeichnen konnte, stellt sich die zweite und dritte Gene-

---

[1] Vgl. Roure/Maidique, 1984, S. 295ff.
[2] Vgl. Timmons et al., 1987, S. 109ff.
[3] Vgl. Utterback/Meyer/Roberts, 1988, S. 15ff.
[4] Vgl. Picot/Laub/Schneider, 1990, S. 190ff.
[5] Die Bruttomarge ist in einigen Studien ein Indikator für das technologische Niveau eines Produktes.
[6] Vgl. Hills/Star, 1985, S. 221ff; Roure/Maidique, 1986, S. 295ff; Stuart/Abetti, 1986, S. 38ff.
[7] Vgl. Roure/Keeley, 1990, S. 201ff.
[8] Vgl. Hills/Star, 1985, S. 211.
[9] Vgl. Rogers, 1962, S. 124; Kotler/Bliemel, 1995, S. 550ff.
[10] Vgl. Salonen, 1995, S. 57.

ration häufig als erfolgreicher heraus. Der Grund dafür liegt im *organisatorischen Lernen* und in der Akkumulation von Wissen im JTU. Erweist sich schon das erste Produkt als sehr erfolgreich, so kann daraus auch negatives organisatorisches Lernen resultieren.[1] Sykes stellte fest, dass viele Unternehmen nach einem frühen, grossen Erfolg einen falschen Glauben an kontinuierlichen Erfolg entwickelten, was die Koordination zwischen F&E und Marketing verschlechterte.

### 2.3.3.4 Die Einflussdimension „Finanzielle Basis / Kapital"

Nebst dem Unternehmensgründer und der technologischen Basis ist die finanzielle Basis resp. das Kapital die dritte notwendige Voraussetzung für das Entstehen eines JTU. Dabei spielt die finanzielle Basis nicht nur bei der Gründung eines JTU eine Rolle, sondern insbesondere auch bei dessen Misserfolg im Falle einer Insolvenz. Schliesslich äussern sich die meisten JTU-Misserfolge in fehlendem resp. negativem Kapital, d.h. in Schulden. Die Erfolgsfaktoren dieser Dimension sind in folgender Tabelle dargestellt (Tab. 5).

| Komponente | Erfolgsfaktoren | | Wirkrichtung, Studie |
|---|---|---|---|
| Finanzierung | • Grosse Kapitalbasis zu Beginn | + | kul87, tye82, rob91, dou87, dou92 |
| | • Viele Kapitalgeber | + | kul93, hun87 |
| | • Wenig Kapitalbedarf | + | rüg97 |
| | • Hohe Beteiligungsbeträge | + | kul93 |
| | • Hoher Eigentumsanteil des Gründers | +/- | dou92[a] |
| | • Zweite Finanzierungsphase durch Verwandte/Bekannte | - | rob91 |

[a] + (-): Kleine (grosse) Gründungen: >(<) 50'000 $ Umsatz im ersten Jahr

Tab. 5: Erfolgsfaktoren der Einflussdimension „Finanzielle Basis / Kapital"

Im Verlauf der Entwicklung JTU scheint es zwei kritische Finanzierungsphasen zu geben: die Start-up-Phase und die Wachstumsphase (sechs bis zehn Jahre später).[2] Die Start-up-Phase verursacht i.d.R. hohe Kosten, ohne dass bereits entsprechende Umsätze oder Erträge erzielt werden. Die meisten Studien stimmen darin überein, dass JTU mit einer *gut finanzierten Startphase* tendenziell erfolgreicher sind als ihre schlecht finanzierten Pendants. Goldstein ergänzt jedoch, dass eine anfängliche Unterkapitalisierung unter Umständen auch ein wichtiger Grund für den Erfolg von JTU sein könne, denn die Gründer würden dadurch zu einem kontrollierten Wachstum gezwungen.[3] Eine Studie von Doutriaux und Simyar kam zum Schluss, das die Höhe des anfänglichen Kapitals lediglich mit dem Umsatz in den

---

[1] Vgl. Sykes, 1986, S. 69ff.
[2] Vgl. Churchill/Lewis, 1983, S. 30ff; Utterback et al., 1983, S. 519ff.
[3] Vgl. Goldstein, 1984, S. 368ff.

ersten drei Geschäftsjahren korreliert.[1] Im Anschluss daran liess sich kein Unterschied mehr zwischen JTU mit einem hohem und solchen mit einem geringen Startkapital feststellen. Utterback et al. bestätigen diese Resultate.[2] Im Gegensatz zur Höhe der nachfolgenden Finanzierungsrunden korreliert ausschliesslich die Höhe des Startkapitals mit dem späteren Erfolg der JTU.

Die *Beschaffung* von neuem Kapital in der *Wachstumsphase* scheint auch für jene JTU schwierig zu sein, welche einen geprüften Erfolgsausweis durch Wachstum und Profitabilität aufweisen können.[3] Eine Studie von Wetzel und Wilson macht deutlich, dass viele Unternehmen ihre Wachstumsprobleme dem limitierten Zugang zu zusätzlichem Kapital zuschreiben.[4] Die grössten Schwierigkeiten hatten Unternehmen mit weniger als 200 Mitarbeitern und einem jährlichen Wachstum von über 30%. Gemäss einer neueren Studie von Utterback et al. mussten JTU gerade zum Zeitpunkt der Internationalisierung neues Kapital aufnehmen - in vielen Fällen war dies Beteiligungskapital.[5] Einige stark wachsende Unternehmen mussten laut dieser Studie aus Gründen mangelnder Liquidität, die durch eine erfolglose Kapitalbeschaffung ausgelöst worden war, Konkurs anmelden. Hingegen gehörten JTU, die neues Beteiligungskapital beschaffen und die Kontrolle über das Unternehmen behalten konnten, zu den am schnellsten wachsenden Unternehmen.

Probleme beim Zugang zu Kapital werden stark durch *kulturelle Randbedingungen* geprägt. In den USA haben gerade private Anleger mehr als sonstwo Interesse, ihr Geld in junge, wachsende Unternehmen zu investieren. Heute gibt es in den USA ca. 250 000 Business Angels.[6] Diese „investieren pro Jahr an die 15 Mia. $ in neugegründete Unternehmen («start-ups» oder «spin-offs») oder andere schnell expandierende, profitable Unternehmen («gazelles»), was viermal soviel ist wie das Venture-Kapital. Auf diese Weise profitieren jedes Jahr rund 25 000 Unternehmen vom Geld, Wissen und den Verbindungen der Angels, wobei die Erfolgsrate [der Business Angels] fünf- bis sechsmal höher ist, als sie Investoren von Risikokapital verbuchen können. Im Vergleich dazu werden jährlich nur rund 1000 Unternehmen mit Venture-Kapital unterstützt".[7] Im Gegensatz dazu werden in der Schweiz jährlich nur wenige Millionen Fr. in Jungunternehmen investiert, obwohl hier sehr viel

---

[1] Vgl. Doutriaux/Simyar, 1987, S. 436ff; Doutriaux, 1992, S. 303ff.
[2] Vgl. Utterback et al., 1983, S. 519.
[3] Vgl. Peterson/Schulmann, 1987; Hall, 1989.
[4] Vgl. Wetzel/Wilson, 1985, S. 221ff.
[5] Vgl. Utterback et al., 1988, S. 67.
[6] Vgl. Comtesse, 1997, S. 27.
[7] Comtesse, 1997, S. 27.

Kapital zur Verfügung steht.[1] Das meiste Geld fliesst hier in Expansionsfinanzierungen oder Management-Buy-outs.

### 2.3.3.5 Die Einflussdimension „Managementorientierung und -kompetenz"

Auch wenn laut Roberts die Managementorientierung einen geringeren Einfluss auf den JTU-Erfolg ausübt als die Marketingorientierung, geben viele Studien Hinweise darauf, dass die Orientierung an Geschäftsperspektiven und am Management einen wichtigen Erfolgsbeitrag leistet (Tab. 6).[2] Gemäss McCarthy et al. und Huges kann der *Managementstil* in schnell wachsenden JTU folgendermassen charakterisiert werden: kompetitiv, intuitiv, getrieben durch den Markt, zielorientiert, analytisch, schnelle Entscheidungsfällung (mehr Urteil als Analyse), delegierend (partizipative Entscheidungsfindung), „entrepreneur spirited" und motivierend.[3]

In einer Studie von Stuart und Abetti hat von 15 unabhängigen Grössen nur der Faktor des „*Entrepreneurtums*" stark mit dem anfänglichen finanziellen und nicht-finanziellen Erfolg korreliert.[4] Dieser Faktor war dann stark ausgeprägt, wenn sich die Gründer durch eine hohe Toleranz gegenüber Ambiguität (Zweideutigkeiten), einen informellen Geschäftssinn, eine gute Netzwerk- und Kommunikationsfähigkeit sowie über das Bedürfnis nach persönlicher Unabhängigkeit auszeichneten. Zudem waren diese Gründer hartnäckig, standhaft, enthusiastisch, dynamisch und kreativ, und sie wurden von Opportunität getrieben. Sie glaubten an die Kontrolle des eigenen Lebens und werteten einzigartige individuelle Leistungen höher als organisatorische Stabilität und allgemeines Wohlergehen.

Die Bedeutung der Managementkompetenz wird auch von Slevin und Covin unterstützt.[5] Ihre Studie konnte bezüglich verschiedenen, von JTU verwendeten *Wettbewerbstaktiken* keinen Unterschied zwischen erfolgreichen und erfolglosen Unternehmen ausmachen. Sie kamen zum Schluss, dass „doing things right" für den JTU-Erfolg wohl ebenso wichtig ist, wie „doing the right things".

---

[1] Vgl. Geilinger, 1996, S. 42.
[2] Vgl. Roberts, 1991a, S. 272.
[3] Vgl. McCarthy/Spital/Lauenstein, 1987, S. 313ff; Huges, 1990, S. 44ff.
[4] Vgl. Stuart/Abetti, 1986, S. 38ff.
[5] Vgl. Slevin/Covin, 1987, S. 94.

| Komponente | Erfolgsfaktoren | Wirkrichtung, Studie | |
|---|---|---|---|
| Richtlinien und Grundsätze | • Rekrutierung fähiger Mitarbeiter wird als wichtiges Problem erachtet | + | rob91 |
| | • Frühe Erkenntnis/Massnahmen für fähiges Management | + | rob91 |
| | • Innovationsfreudigkeit [a] | + | cov90 |
| | • Höhere produktspezifische Informationsneigung | + | kla85 |
| | • Kostenbewusstsein (speziell Entwicklungskosten) | + | rob91 |
| | • Anfängliche F&E-Orientierung (bei kleinen Gründungen: < 50'000 $ Umsatz im ersten Jahr) | - | dou92 |
| Gründungsvorbereitung | • Systematische, professionelle Unternehmensplanung und -errichtung | + | kul93, hun87, sch86, kla85, dou92, stu90 |
| | • Kein zu hoher Detaillierungsgrad des Konzepts | + | ste94, kla85 |
| | • Sorgfältiges Management des Innovationsprozesses und folglich eine kurze Dauer der Produktentwicklung | + | rou86, rou90 |
| | • Detaillierte Planung der Produktentwicklung | - | ste94 |
| Organisationsstruktur | • Vollständigkeit des Gründerteams, in allen Bereichen ist Know-how vorhanden | + | rou90, rou86 |
| | • Frühzeitige Organisationsanstrengungen, Balance zw. Aktivitäten für F&E, M&V, Produktion und Administration | + | rob91 |
| | • Nutzung von Hochschulen als Informationsquellen | + | ste94 |
| | • Starke Kontrolle der Organisation | + | stu87 |
| | • Informations- und Kontrollsystem | + | kul93 |
| | • Externe Berater bei der Erstellung des Geschäftsplanes | + | ste94 |
| | • „Organische" Struktur (flexibel, dezentral, informell) | +/- | cov90[a], san87 |
| Unternehmen | • Unternehmensgrösse zu Beginn | + | dou92 |

[a] : Bei dynamischem, intensivem Wettbewerb in frühen Phasen des Industrielebenszyklus

Tab. 6: Erfolgsfaktoren der Einflussdimension „Managementorientierung und -kompetenz"

Ein wichtiges Merkmal der Managementorientierung ist eine „fehlende" *Technikverliebtheit*, d.h. den technischen Aktivitäten wird kein übermässiges Gewicht gegeben.[1] Die erfolgreichen Unternehmensgründer finden laut Roberts ein Gleichgewicht zwischen ihren Anstrengungen in F&E, Verkauf, Produktion und in administrativen Belangen. Wird dieses Gleichgewicht nicht erreicht, oder liegen andere Defizite im Bereich Management vor, so wird dies als *„Gründerkrankheit"* bezeichnet.[2] Es ist dies die Unfähigkeit des Gründers mit dem schnellen Wachstum des JTU Schritt zu halten und seine Führungs- und Managementfähigkeit entsprechend zu entwickeln. Eine Studie von Roberts am MIT zeigt, dass viele der erfolgreichen JTU-Gründer ihr Defizit an Managementfähigkeiten nach der Gründung erkannten und aus diesem Grund externe Personen mit dieser Kompetenz in das Unternehmen holten. Dies war bei 10 von 11 erfolgreichen und lediglich bei 6 von 27 weniger

---

[1] In Anlehnung an: Roberts, 1991a, S. 272f; Weiss, 1996.
[2] Vgl. Roberts, 1991a, S. 328ff; Rubenson/Gupta, 1992, S. 53ff.

Theoretische Basis 45

erfolgreichen JTU der Fall. Tushman et al. unterstützen diese These und nennen einige Beispiel aus der Computerindustrie.[1] In diesen Fällen wurden externe Manager nicht nur angestellt, sondern sie übernahmen als neue Geschäftsleiter die Führung des JTU, richteten dieses strategisch neu aus und führten es dann zum Erfolg. Dies geschieht gerade bei Venture Capital gestützten Unternehmen häufig. Gemäss Gorman und Sahlman initiiert der „durchschnittliche" Venture Capitalist alle 9.6 Monate in seiner Laufbahn die Entlassung eines Geschäftsleiters.[2]

### 2.3.3.6 Die Einflussdimension „Marketingorientierung und -kompetenz"

Als zentrales Ergebnis seiner über 25-jährigen Erfahrung im Bereich der JTU-Forschung bestätigt Roberts die Erkenntnis, dass die Marketingorientierung (und -kompetenz) für JTU einen kritischen Erfolgsfaktor darstellt.[3] Die Rolle, die das Marketing in einem JTU spielt, unterscheidet nicht nur zwischen erfolgreichen und weniger erfolgreichen JTU, sondern auch gerade die Entwicklung zu super-erfolgreichen Unternehmen ist durch eine Transformation von einer technologie- zu einer marketingorientierten Strategie charakterisiert.[4] Dies steht in scharfem Kontrast zur technikhörigen arroganten Behauptung: "Wenn du eine bessere Mausefalle baust, wird sich die Welt einen Weg zu deiner Türe durchschlagen".[5] Für Roberts heisst „Marketingorientierung" marketingorientiertes Management. Diese Sichtweise deckt sich mit jener von Drucker, für den gilt: „Marketing is ... the whole business seen from the point of view of its final results, that is from the customer's point of view".[6] Eine rein technologieorientierte Haltung kann bestenfalls unter eingeschränkten Umständen funktionieren. Levitt beobachtete, „that the top-heavy science-engineering production orientation of so many electronics companies works reasonably well ... because the companies are in a position of having to fill, not find markets; of not having to discover what the customer needs and wants, but of having the customer voluntarily come forward".[7] Dies dürfte höchstens in der Anfangsphase eines Marktes gut gehen. Doch sobald Wettbewerber auftauchen, ändert sich der Markt, und das JTU wird konfrontiert mit neuen Herausforderungen wie kürzeren Produktlebenszyklen, grösserer Konkurrenz im In- und Ausland, Schwierigkeiten den technologischen Stand zu halten, rückgängiger Produktdifferenzierung,

---

[1] Vgl. Tushman/Virany/Romanelli, 1985, S. 297ff.
[2] Vgl. Gorman/Sahlman, 1989, S. 231-248.
[3] Vgl. Roberts, 1991a, S. 269ff.
[4] Vgl. Roberts, 1991a, S. 309ff.
[5] Roberts, 1991a, S. 269.
[6] Vgl. Drucker, 1973 in: Roberts, 1991a, S. 310.
[7] Vgl. Levitt, 1960 in: Roberts, 1991a, S. 314.

Wechsel zu Nicht-Ingenieuren als Kunden sowie mit dem Problem, eine Wachstumsatmosphäre im Unternehmen aufrecht zu erhalten.[1]

In einer inzwischen schon älteren Studie untersuchte Lamont die Rolle des Marketings in neuen, industriellen Kleinunternehmen.[2] Trotz unterschiedlicher Technologie und Grösse waren die Marketingprobleme aller Unternehmen bemerkenswert ähnlich. Hauptproblem war der Aufbau von Marketingkompetenz, die kompatibel mit dem aktuellen Geschäft und gleichzeitig flexibel genug war, um sich der raschen Entwicklung des Unternehmens anzupassen. Hauptbarrieren für effektives Marketing waren laut Lamonts Studie die technische Orientierung, die limitierten finanziellen Ressourcen sowie die multiplen Geschäftsaktivitäten. Die wesentlichen Erfolgsfaktoren waren dementsprechend keine zu hohe Technikorientierung, ausreichende finanzielle Ressourcen und die Konzentration auf ausgewählte Geschäftsfelder. Lamont unterschied zwei Arten von Geschäftstätigkeiten: die Auftragsentwicklung („Contract activities") und die Eigenentwicklung („Proprietary activities"). Der Hauptunterschied zwischen den beiden Produkten resp. Aktivitäten ist die Tangibilität[3] der erzielten Kundenvorteile bei der Produktvermarktung. Aus diesem Grund schlägt der Autor unterschiedliche Marketingmassnahmen für die beiden Geschäftsaktivitäten vor.[4]

Aufgrund der Erfahrungen von Pleschak und Wupperfeld,[1] die sich längere Zeit mit der Förderung von JTU in Deutschland beschäftigten, können elf - empirisch allerdings nicht überprüfte - Thesen als Erfolgsfaktoren für das Marketing JTU formuliert werden:

1. Marketing darf nicht als abgegrenzte Aufgabe der Werbung oder des Vertriebs gesehen werden, sondern ist als Aufgabe des gesamten Unternehmens, d.h. als marktorientierte Unternehmensführung, zu verstehen.

2. Marketing bedeutet die konsequente Kundenorientierung des gesamten Unternehmens.

3. Marketing beinhaltet immer auch die Orientierung an Wettbewerbern, da sich jeder Anbieter von Erzeugnissen und Leistungen gegen eine Vielzahl von Mitbewerbern behaupten muss.

4. Neue technische Lösungskonzepte müssen nicht nur eine herausragende Qualität aufweisen, sondern auch den Kundenanforderungen entsprechen.

5. Die meisten erfolgreichen JTU streben die Technologieführerschaft in einer profitablen Marktnische an, in der sie eine ausgeprägte Kundennähe besitzen.

---

[1] Vgl. Roberts, 1991a, S. 314.
[2] Vgl. Lamont, 1972, S. 387ff.
[3] Die „Tangibilität" drückt aus, wie greifbar, konkret und handfest Produktvorteile wahrgenommen werden können. Intangible Produkte werden hauptsächlich von Dienstleistungsunternehmen angeboten.
[4] Detaillierte Massnahmen siehe in: Lamont, 1972, S. 387ff.

Theoretische Basis

6. Der direkte Vertrieb durch die Gründer ist - zumindest in der Anfangsphase - der einzige erfolgversprechende Weg.
7. Professionelles Marketing ist eine originäre Aufgabe der Gründer von JTU. Falls sie diese hohe Qualifikation und dazu erforderlichen Kenntnisse nicht besitzen, müssen sie sich diese aneignen.
8. Die Kosten für das Marketing werden fast immer deutlich unterschätzt, was Engpässe und Handlungsunfähigkeit zur Folge haben kann. Die frühzeitige Suche nach neuen Kapitalgebern sowie die Erarbeitung von Finanzierungskonzepten ist eine notwendig Aufgabe der JTU-Gründer.
9. Marketing soll nicht allein aus einer bestimmten gegenwärtigen Situation heraus verstanden werden, sondern erfordert ein strategisches Herangehen an alle Aufgaben.
10. Marketing geht von ständigen Veränderungen im Markt und in der technologischen Entwicklung aus, ist also innovationsorientiert.
11. Marketing berücksichtigt stets auch gesamtgesellschaftliche Orientierungen.

In der folgenden Tabelle sind wichtige Erfolgsmerkmale für das Marketing JTU aufgelistet (Tab. 7).

| Komponente | Erfolgsfaktoren | | Wirkrichtung, Studie |
|---|---|---|---|
| Know-how im Markt und im Marketing | • Markt- und Marketingkenntnisse | + | sch86, pic89, dou87, rob91, dou92, hil85... |
| | • Direkter, häufiger Kundenkontakt (zur Ermittlung von Bedürfnissen und Produktanforderungen) | + | pic89, rob91, sie93, rüg97 |
| | • Durchführung detaillierter Marktanalysen und -planung | + | pic89, rob91, rüg97 |
| | • Hohe Beachtung der Informationsbeschaffung (über Lieferanten) | + | pic89, ste94 |
| | • Existenz einer eigenständigen Marketingabteilung | + | rob91 |
| | • Intensive Verkaufsanstrengungen in frühen Phasen | + | rob91 |
| | • Starke, bewusste Wahrnehmung der Wettbewerber | + | rob91 |
| | • Durchführung von Verkaufsprognosen | + | rob91 |
| Markteinführungsstrategie | • Schneller, früher Markteinstieg | + | kul93, rou86, mil89 |
| | • Bearbeitung weniger Marktsegmente/in reifen Märkten | + | mcd90, rom87 |
| | • Konzentrierte Markt- und Technologiestrategie | + | rob91, rou86 |
| | • Gesamtmarktabdeckung, wenn Wettbewerbsvorteil vorhanden ist oder in jungen Märkten | + | san87, rom87 |
| | • Keine Umsatzkonzentration auf wenige Kunden | + | ste94, hun87 |
| | • Bearbeitung eines Auslandmarktes | + | kul93, fee90 |
| | • Keine Änderungen der anfänglich festgelegten Produkt-Markt-Kombination | + | fee90 |

---

[1] Vgl. Pleschak/Sabisch/Wupperfeld, 1994, S. 102ff; Wupperfeld, 1994, S. 50f.

| | | | |
|---|---|---|---|
| | • Bearbeitung breiter Marktsegmente | + | kul87 |
| | • Einzigartiger Wettbewerbsvorteil (jedoch nicht im Preis) | + | san87 |
| | • Richtiger Zeitpunkt (Timing) | + | san87 |
| Kooperationen | • Kooperationen in der Beschaffung und dem Vertrieb | + | pic89 |
| Wachstumsstrategien | • Aggressive, horizontale Integrationsstrategie, Vertikale Vorwärtsintegration | + | rob91 |
| | • Wandel des Wettbewerbsvorteils von Technologie zu Preis/Leistung und Service | + | rob91 |

Tab. 7: Erfolgsfaktoren der Einflussdimension „Marketingorientierung und -kompetenz"

### 2.3.3.7 Die Einflussdimension „Markt"

*Attraktive Märkte* für JTU werden typischerweise beschrieben als genügend gross, schnell wachsend, in einer frühen Stufe des Industrie- resp. Marktlebenszyklus und mit einem günstigen sozio-politischen und kulturellen Kontext.[1] Ferner sind in solchen Märkten die Kunden und deren Bedürfnisse klar definiert, die Bruttomargen hoch, die Eintrittsbarrieren klein, und die Anzahl der Wettbewerber ist gering.

Die Ergebnisse der vielen Studien zum „idealen" Markt für JTU sind jedoch unterschiedlich. Laut Stuart und Abetti ist sowohl die Marktattraktivität als auch die Marktdynamik und die schnelle Marktevolution mit dem Erfolg JTU negativ korreliert.[2] In einer Untersuchung von McDougall et al. waren sowohl die erfolgreichste als auch die erfolgloseste Strategie auf *Teilmärkte* fixiert.[3] Auch Sandberg, Hofer und Romanelli können keinen nachhaltigen Einfluss einer Gesamt- oder Teilmarktabdeckung auf den Erfolg ausmachen.[4] Laut Romanelli können JTU gerade in jungen Märkten unterschiedliche Kundenschichten bearbeiten und so eine Gesamtmarktabdeckung erreichen. Demgegenüber ist mit zunehmender Marktreife und -segmentierung eine verstärkte Konzentration auf Nischen erfolgreicher. Allerdings darf nicht verkannt werden, dass der Entscheid zur Marktabdeckung hauptsächlich vom Produkt und seinem Wettbewerbsvorteil diktiert wird.[5] Laut Timmons et al. sind junge Unternehmen, die ihre Kundengruppe genau definiert haben, erfolgreicher als jene, die nur eine vage Definition vorgaben.[6] Die Autoren beobachteten, dass die Funktion zwischen der Grösse der Marktnische und dem Unternehmenserfolg einem invertierten U

---

[1] Vgl. Salonen, 1995, S. 60.
[2] Vgl. Stuart/Abetti, 1986, S. 38ff.
[3] Vgl. McDougall/Robinson/DeNisi, 1992, S. 280.
[4] Vgl. Sandberg/Hofer, 1987, S. 5ff; Romanelli, 1987, S. 160ff.
[5] Vgl. Sandberg/Hofer, 1987, S. 5ff.
[6] Vgl. Timmons/Muzyka/Stevenson/Bygrave, 1987, S. 109ff.

gleicht. Die Nische sollte also weder zu klein, noch zu gross sein. Erfolgreiche JTU finden Nischen, in denen sie durch einen hohen Marktanteil eine wichtige Rolle spielen können.[1] Gemäss einer Studie von Hofer und Sandberg haben erfolgreiche JTU nur einen dominanten *Wettbewerber*.[2] Erst die Schwäche der Mitbewerber ermöglicht, erfolgreich in den Markt einzutreten. Durch die Herausforderung eines schwachen Konkurrenten oder das Auffinden einer noch unbewohnten Nische konnten diese Unternehmen einen direkten Wettkampf mit dem Marktführer vermeiden. Andere Autoren haben ähnliche Resultate erzielt.[3]

Laut Hofer und Sandberg gehört eine hohe *Kundenkonzentration* zu den wichtigsten marktseitigen Eintrittsbarrieren für junge Unternehmen.[4] Roure und Keeley hingegen stellten fest, dass die Funktion zwischen der Kundenkonzentration und dem JTU-Erfolg einem invertierten U gleicht.[5] Hobson und Morrison kamen bereits früher zu ähnlichen Resultaten.[6]

Hinsichtlich des richtigen *Markteintrittszeitpunktes* für JTU liegen nur wenige Untersuchungsergebnisse vor. Laut Hunsdiek verzeichnen Marktpioniere ein tendenziell höheres Unternehmenswachstum als Unternehmen, die in einer späteren Phase in den Markt eintreten.[7] Laut einer These von Klandt und Kirschbaum bietet die synchrone Entwicklung von Markt- und Unternehmenswachstum aussergewöhnliche Wachstumschancen (für Software- und Systemhäuser).[8] Selbst wenn diese These bejaht wird, sind damit noch keine Aussagen über den Erfolg unterschiedlicher Markteintrittszeitpunkte möglich. Auch das Fazit von Kulicke, besonders erfolgreiche JTU würden sich durch einen schnellen Markteinstieg auszeichnen,[9] sagt letztlich wenig dazu aus. Dies ist m.E. eher ein Zeichen für eine hohe Managementkompetenz als für einen idealen Zeitpunkt des Markteintritts. Eine Zusammenfassung wichtiger Resultate findet sich in der folgenden Tabelle (Tab. 8).

---

[1] Vgl. Roure/Maidique, 1986, S. 195ff.
[2] Vgl. Hofer/Sandberg, 1987, S. 11ff.
[3] Vgl. Litvak/Maule, 1980, S. 68ff; Hobson/Morrison, 1983, S. 390ff.
[4] Vgl. Hofer/Sandberg, 1987, S. 11ff.
[5] Vgl. Roure/Keeley, 1990, S. 201ff.
[6] Vgl. Hobson/Morrison, 1983, S. 390ff.
[7] Vgl. Hunsdiek, 1987; Vesper, 1980, S. 29.
[8] Vgl. Klandt/Kirschbaum, 1985.
[9] Vgl. Kulicke, 1993, S. 156.

| Komponente | Erfolgsfaktoren | Wirkrichtung, Studie | |
|---|---|---|---|
| Marktstruktur | • Breites Absatzpotential (hohe erwartete Marktanteile) | + | kul87, rou90 |
| | • Hohe Käuferkonzentration, d.h. keine zu geringe oder zu hohe Kundenzahl (33 bis 99 Kunden) | + | rou86, rou90 |
| | • Frühes Stadium der Marktentwicklung | + | san87 |
| | • Märkte mit heterogener Struktur und Ungleichgewichten | + | san87 |
| | • Grosse Marktattraktivität (grosser, schnell wachsender Markt) | +/- | may89, rüg97/ stu87, sie93 |
| | • Hohe Marktdynamik | - | stu87 |
| Wettbewerbsstruktur | • Hohe Markteintrittsbarrieren späterer Wettbewerber | + | san87 |
| | • Geringe Zahl starker Wettbewerber | + | rou86 |
| | • Viele Konkurrenten | - | may89 |
| | • Hohe Wettbewerbsintensität | - | rou86 |
| | • Industriespezifische Wettbewerbsreaktionen | - | kee89 |
| Eigenschaften der Kunden | • Wenige Kunden mit hohen Abnahmemengen | + | rou86 |
| | • Anzahl Verkäufe/Abnahmemenge pro Kunde | + | tye82 |
| | • Wenige KMU unter den Kunden | + | kul93 |
| | • Wenige institutionelle Nachfrager | + | kul87 |
| | • Homogene Kundenbedürfnisse | + | rüg97 |
| | • Grosse Abhängigkeit von häufiger Produktanwendung beim Kunden | - | pic89 |
| Inkubator | • Markt ähnlich wie derjenige des Inkubators | + | fee89 |

Tab. 8: Erfolgsfaktoren der Einflussdimension „Markt"

### 2.3.4 Untersuchungen des Misserfolges JTU

Die JTU-Forschung hat sich wesentlich häufiger mit den Gründen für den Erfolg, als mit den Ursachen für den Misserfolg auseinandergesetzt. Das gemeinsame Merkmal der im folgenden vorgestellten Studien über den Misserfolg von JTU besteht darin, dass sie keinen Vergleich zwischen erfolgreichen und weniger erfolgreichen JTU anstellen, sondern ausschliesslich erfolglose, d.h. in den meisten Fällen insolvente Unternehmen untersuchen. Im nächsten Abschnitt erfolgt ein Überblick über die Untersuchungen dieser Forschungsrichtung. Im Anschluss daran werden die entsprechenden Ergebnisse erläutert.

#### 2.3.4.1 Wichtige Untersuchungen

Trotz intensiver Literaturrecherche konnten lediglich drei empirische Arbeiten zum Misserfolg JTU gefunden werden, die auf statistische Methoden beruhen (Tab. 9). Allerdings basiert nur eine dieser Arbeiten, jene von Wupperfeld und Kulicke, auf einer breiten Stichprobe. Zwei weitere Untersuchungen beruhen auf Fallstudien. Ein wichtiger Grund dafür liegt in der Schwierigkeit, erfolglose JTU z.T. Jahre nach deren Insolvenz zu identifizieren und die Gründer zu motivieren, den Misserfolg ins Gedächtnis zurückzurufen und dazu

Fragen zu beantworten. Zusätzliche Probleme tauchen auch bei der Definition des Misserfolges auf. Mögliche Formen des Misserfolgs umfassen den endgültigen Konkurs, den Rückfall auf das Niveau eines Dienstleisters oder Ingenieurbüros, die Fusion, die Akquisition oder auch das Unvermögen, die Erwartungen der Shareholder oder der Stakeholder zu erfüllen.

| Autoren | Abk. | Jahr | Stichproben | Methoden der Datenanalyse | Kriterium für Misserfolg |
|---|---|---|---|---|---|
| Wupperfeld/ Kulicke | wupp93 | 1993 | 73 | Häufigkeitsanalyse, Chi-Quadrat-Test, Kruskal-Wallis-H-Test | Konkurs, stille Liquidation, Rückfall auf Niveau Dienstleister oder Ingenieurbüro, „Kümmerexistenz" |
| Bruno/Leidecker/Harder | bru86 | 1986 | 10 | Häufigkeitsanalyse | Liquidation, Unternehmen ist nicht mehr auffindbar |
| Bruno/Leidecker | bru88 | 1988 1987 | 12 | Häufigkeitsanalyse | Liquidation, Unternehmen ist nicht mehr auffindbar |
| Hauptmann | hau86 | 1986 | - | Fallstudien | Keine statistische Analysen |
| Hönnecke | hön94 | 1994 | - | Fallstudien | Keine statistische Analysen |

Tab. 9: Studien zum Misserfolg junger Technologieunternehmen

Einige generelle Schlüsse, die der Literatur zu entnehmen sind, lauten:[1] Der Misserfolg eines JTU ist kein plötzliches Ereignis, sondern ein sich über einen längeren Zeitraum hinziehender Prozess. Innerhalb eines JTU gibt es spezifische Faktoren, die den Misserfolg verursachen. Sind diese Faktoren bekannt, können einerseits Massnahmen ergriffen werden, den Misserfolg zu vermeiden, andererseits kann die Wahrscheinlichkeit für das Eintreffen des Misserfolges vorausgesagt werden. Ein wichtiger Grund für den Misserfolg eines Unternehmens ist unzulängliches Management. Dies drückt sich u.a. in schlechtem Finanz-, Produktions-, Projekt-, F&E- oder Marketing-Management aus.

### 2.3.4.2 Wichtige Misserfolgsfaktoren

Wupperfeld und Kulicke analysierten sechs Risikobereiche, welche potentiell für das Scheitern von JTU verantwortlich sein können.[2] Diese umfassen die Gründer bzw. das Gründerteam, die Forschung und Entwicklung, das Marketing und den Vertrieb, die Finanzierung, das Management, die Organisation sowie den kaufmännischen Bereich und die Produktion. Die folgende Tabelle gibt Aufschluss über die Bedeutung der einzelnen Risikobereiche als Ursache für den Misserfolg der JTU (Tab. 10).[3] Hauptverantwortlich für das Scheitern JTU sind mit 38% die Unternehmensgründer. Von den funktionalen Unterneh-

---

[1] Vgl. Bruno/Leidecker, 1988, S. 52.
[2] Vgl. Wupperfeld/Kulicke, 1993, S. 13.
[3] Vgl. Wupperfeld/Kulicke, 1993, S. 32.

mensbereichen verursachen Marketing und Vertrieb mit Abstand die meisten Fehlschläge.[1] Diese beiden Risikobereiche, Gründer und Marketing, sind zu 68% Hauptursache und zu 83% Mitursache für den JTU-Misserfolg.

|  | Hauptursache | Mitursache | Keine Ursache |
|---|---|---|---|
| Person der Gründer | 38% | 42% | 20% |
| Marketing und Vertrieb | 30% | 41% | 29% |
| Forschung und Entwicklung | 18% | 32% | 50% |
| Finanzierung | 11% | 35% | 55% |
| Unternehmensführung, Organisation, und kaufmännischer Bereich | 4% | 33% | 63% |
| Produktion | 0% | 11% | 89% |

Tab. 10: Bedeutung verschiedener Misserfolgsursachen für JTU[2]

Ein etwas anderes Bild zeigt eine Untersuchung von Hunsdiek über typische Markteintrittsprobleme deutscher JTU.[3] Als dominant erwiesen sich bei den von ihm befragten Unternehmen Probleme der Finanzierung (von 92% genannt), Markt (41%), Personal (33%), Standort (28%) sowie F&E und Institutionen (jeweils 23%). Ähnliche Resultate erzielte Gartner, der acht Archetypen von Unternehmensgründern in den USA ermittelte.[4] Auch für diese JTU lagen die wichtigsten Probleme im Finanzmanagement sowie im Marketing und Verkauf.[5] Eine weitere Klassifizierung haben Kästner und Mönch vorgenommen. Laut diesen Autoren sind die wichtigsten Insolvenzursachen neugegründeter Unternehmen auf Finanzierungsmangel (69%), Informationsdefizite (61%), Qualifikationsmängel (48%), Planungsmängel (30%), familiäre Schwierigkeiten (30%), Überschätzung der Betriebsleistung (20%) sowie auf äussere Einflüsse (15%) zurückzuführen.[6]

Die nachfolgende Tabelle zeigt eine Zusammenfassung der wichtigen Faktoren für den Misserfolg JTU (Tab. 11). Dabei wurden die einzelnen Faktoren entsprechend den Dimensionen des theoretischen Grundgerüstes (Abb. 9) angeordnet.

---

[1] Vgl. auch: Haverila, 1995, S. 4f.
[2] Vgl. Wupperfeld/Kulicke, 1993, S. 32.
[3] Vgl. Hunsdiek, 1987, S. 73.
[4] Vgl. Gartner, 1984, S. 496.
[5] Unterstützend siehe: Winand/Nathusius, 1990, S. 99ff.
[6] Vgl. Kästner/Mönch, 1996, S. 12ff.

# Theoretische Basis

| Dimension | Misserfolgsfaktoren | Studie |
|---|---|---|
| Gründer | • Persönliche Probleme | bru86, bru88 |
| | • Allzu grosser Optimismus, Probleme werden verkannt | hau86 |
| | • Fehlende Integrität der Gründer und fehlendes persönliches Engagement | wupp93 |
| | • „Herr-im-Hause-Mentalität" der Gründer | wupp93 |
| Technologische Basis / Produkt | • Unterschätzung der erforderlichen Entwicklungszeit, insbesondere Zeit für Tests, Genehmigungen und Zertifizierungen | wupp93, bru86, hön94 |
| | • Fehlgeschlagene Produktentwicklung | bru86, bru88 |
| | • „Verzettelung" bei den Entwicklungsarbeiten | wupp93 |
| | • Notwendigkeit von Anpassungsentwicklungen | wupp93 |
| | • Unvorhersehbare technische Schwierigkeiten | wupp93 |
| | • Zweifelhaftes bzw. untaugliches Konzept | wupp93 |
| | • Know-how-Defizite im Bereich Technik | wupp93 |
| | • Zu viele Anpassungen an Kundenwünsche (keine Standards) | bru86 |
| | • Kunden können Produkt wegen Komplexität nicht bewerten | hön94 |
| Finanzielle Basis / Kapital | • Mangelhaftes Finanzmanagement | wupp93, bru86 |
| | • Unterschätzung des Kapitalbedarfs für Entwicklung | wupp93, bru86 |
| | • Zu geringes Kapital schon zu Beginn | bru86, bru88 |
| | • Zu frühe Annahme von Krediten | bru86, bru88 |
| | • Probleme in der Beziehung zum VC-Unternehmen | bru86, bru88 |
| | • Von Anfang an risikoreiche Gesamtfinanzierung | wupp93 |
| | • Rückzug der Hausbank (aufgrund eines Verschuldens des gescheiterten Unternehmens) | wupp93 |
| | • Probleme mit Auszahlung von Fördermitteln | wupp93 |
| | • Zu geringer Eigenkapitalanteil | wupp93 |
| Managementorientierung u. -kompetenz | • Know-how-Defizite (der Gründer) im Bereich Betriebswirtschaft, zu späte oder mangelhafte Ausbildung notwendiger betrieblicher Funktionen | wupp93, hau86 |
| | • Know-how-Defizite (der Gründer) im Bereich Mitarbeiterführung und Teamaufbau | bru86, bru88 |
| | • Unklare Definition des eigentlichen Geschäftes | bru86, bru88 |
| | • Ungelöste Marketing- und Vertriebsprobleme werden durch Neuentwicklungen verdrängt, welche durch staatliche Fördermittel finanziert werden | hau86 |
| | • Know-how-Defizite (der Gründer) im strategischen, konzeptionellen und organisatorischen Bereich | wupp93 |
| | • Fehlendes Verständnis für Management | bru86 |
| | • Grosse operative Probleme führen zu fehlender Strategie, viele „Feuerwehrübungen", Auftrags- und Imageverlust | hau86 |

| | | |
|---|---|---|
| Marketing-orientierung u. -kompetenz | • Produkt trifft nicht auf Anwenderbedürfnisse bzw. ist nicht marktfähig, neues technisches Wirkprinzip ohne echten Kundennutzen, kein Markt vorhanden | wupp93, hau86, hön94 |
| | • Mangelhafte Marketing- und Vertriebsaktivitäten | wupp93, hau86, hön94 |
| | • Mangelhaftes Marketing- und Vertriebskonzept | wupp93, bru86, bru88 |
| | • Know-how-Defizite der Gründer im Bereich Marketing und Vertrieb | wupp93, hön94 |
| | • Unterschätzung der Dauer zur Markterschliessung | wupp93, hön94 |
| | • Unterschätzung der Kosten zur Markterschliessung | wupp93, hön94 |
| | • Unfähigkeit zum „Chefmarketing" (keine Kundenorientierung, keine Minimierung der Kundenrisiken, keine vertrauensbildende Massnahmen, kein professionelles Erscheinungsbild) | hau86, hön94 |
| | • Falsches Timing der Markeinführung (zu früh oder zu spät), d.h. Verpassen des „window of opportunity" | bru86, bru88 |
| | • Zu geringes Wissen über Markt und Konkurrenz | wupp93 |
| | • Keine (geeignete) Marktsegmentierung | hön94 |
| | • Falsche Einschätzung bestehender Beziehungen zwischen Kunden und Wettbewerber | hön94 |
| | • Zu später Kontakt mit Kunden | hön94 |
| | • Weckung zu hoher Erwartungen bei Kunden und Banken (unrealistische Terminzusagen oder Umsatzerwartungen) | hau86 |
| Markt | • Abwartendes, unaufgeschlossenes Kundenverhalten | wupp93, bru88 |
| | • Abhängigkeit von einem einzigen Kunden | bru86, bru88 |
| | • Unerwartete, heftige Reaktion der Konkurrenz | wupp93 |

Bem.: Aus der Studie von wupp93 werden ausschliesslich Hauptprobleme mit einem Anteil von grösser als 10% aufgeführt.

Tab. 11: Problem- und Misserfolgsfaktoren junger Technologieunternehmen

Marketing und Vertrieb bereiten den Gründern JTU besondere Schwierigkeiten. Die meisten JTU scheitern gemäss Wupperfeld deshalb, „weil sie keine geeigneten Marketingstrategien besitzen, die Kundenbedürfnisse nicht genau kennen, zu spät mit Marketingaktivitäten beginnen oder unprofessionell beim Vertrieb vorgehen".[1] Laut einer Studie von Roberts zeigen sieben von zehn bei Venture Capital Unternehmen eingereichte Geschäftspläne grosse Defizite im Marketingteil.[2] In keinem der von ihm analysierten Fälle wurde erwähnt, was das neue Produkt substituieren sollte. In 75% aller Fälle konnte niemand identifiziert werden, der mit dem Unternehmen in Konkurrenz stand. In 60% der Fälle wurde weder explizit noch implizit eine spezifische Marketingstrategie erwähnt. Und nur in 30% der Fälle verfügte das Unternehmen über detaillierte Verkaufspläne. Laut den Aussagen von Venture Capital Unternehmern in einer Studie von Hills tendieren viele Unternehmensgründer sogar dazu, negative Informationen zu ignorieren und die Kenntnisnahme tiefge-

---

[1] Vgl. Wupperfeld, 1994, S. 49ff.
[2] Vgl. Roberts, 1991a, S. 17ff.

hender Marktanalysen - wegen der anfänglichen Begeisterung für die Geschäftsidee - zu vermeiden.[1] Laut einer anderen Studie von Muncy und Humphreys bestehen für den Unternehmensgründer drei grundsätzliche Marketingfallen.[2] Die erste ist die „besseren Mausefalle", die dreierlei Gefahren in sich birgt. Wenn jemand eine bessere Mausefalle baut, heisst das noch nicht, dass die Welt tatsächlich eine solche braucht, dass sie automatisch davon erfährt und dass die Mausefalle, die für die eine Personengruppe besser ist, auch für die andere Gruppe von Vorteil ist. Die zweite Falle ist jene der „Marketing-ist-gleich-Verkauf-Haltung". Der Verkauf ist zwar ein Teil des Marketings, doch dieses umfasst wesentlich mehr. Laut Muncy und Humphreys ist Marketing „ein Prozess, durch den Unternehmen homogene Kundengruppen, deren Bedürfnisse noch nicht genügend befriedigt sind, identifizieren; Produkte entwickeln, welche diese Bedürfnisse zu einem Preis befriedigen, welche die Kunden bereit zu zahlen sind; die Kunden darüber informieren und das Geschäft machen".[3] Die dritte Falle ist jene des „Majoritätsglaubens". Gemäss diesem Glauben sind grosse Märkte auch profitable Märkte. Dies stimmt nicht unbedingt. JTU sollten nach Ansicht dieser Autoren vielmehr Nischen suchen, welche für das JTU genügend profitabel, für dominante Wettbewerber hingegen nicht genügend attraktiv sind.

Laut der Erfahrung von Hönnecke bei der Beratung JTU umfassen die wichtigsten Vermarktungsprobleme folgende zehn Punkte:[1]

- Die Markteintrittsbarrieren und damit auch die Zeit sowie die Kosten der Markteinführungsphase werden häufig unterschätzt.
- Die Innovationshöhe, die an sich den Wettbewerbsvorteil des Produktes ausmacht, kann zugleich auch eine Markteintrittsbarriere darstellen. Je komplexer und neuartiger das Produkt, desto schwieriger ist es für potentielle Kunden, dessen Leistungsfähigkeit zu bewerten.
- Nicht nur das Produkt ist für potentielle Kunden schwer einzuschätzen, sondern auch das junge Unternehmen selbst. Die Kunden fragen sich, ob das Unternehmen in einigen Jahren noch am Markt ist und die notwendigen Serviceleistungen erbringen kann, und ob der Geschäftspartner auch seriös und kompetent genug ist, um mit ihm eine dauerhafte Zusammenarbeit einzugehen.
- Jahrelang bestehende Beziehungen zwischen Kunden und Wettbewerbern, die am Markt bereits etabliert sind, dürfen nicht unterschätzt werden. Ohne einen ersichtlichen und deutlich kommunizierbaren Produktnutzen werden bestehende Geschäftsbeziehungen i.d.R. nicht gelöst.

---

[1] Vgl. Hills, 1984, S. 46ff.
[2] Vgl. Muncy/Humphreys, 1985, S. 88ff.
[3] Vgl. Muncy/Humphreys, 1985, S. 89.

- Unternehmensgründer mit technischem Hintergrund gehen oftmals davon aus, dass sich ein technisch überlegenes Produkt von selbst verkaufe. Für den Kunden zählt jedoch nur, inwieweit die technische Überlegenheit ihm bei der eigenen Leistungserstellung einen Nutzen bringt. Niemand kauft ein Produkt nur wegen eines innovativen Wirkprinzips.
- Fragt man Unternehmensgründer, wer ihre Kunden seien, so werden häufig ganze Branchen oder Technologiefelder genannt. Dahinter verbergen sich jedoch ganz unterschiedliche Kundengruppen mit unterschiedlichem Kaufverhalten. Solange diese nicht bekannt sind, können zum einen keine geeigneten Marketingmassnahmen entwickelt werden, zum anderen ist es ungewiss, welche der unterschiedlichen Kundengruppen aufgrund ihres Anforderungsprofils die Leistung des neuen Unternehmens höher einschätzt als die Leistung des Wettbewerbs.
- Die Zeit, die zwischen dem Erstkontakt mit einem Kunden und dem endgültigen Verkaufsabschluss vergeht, ist meist deutlich länger als erwartet. Wenn nicht frühzeitig Kontakte zu potentiellen Kunden hergestellt werden, wird wertvolle Zeit verschwendet.
- Kunden- oder Interessentenkontakte in der Entwicklungsphase sind unerlässlich, um die Marktfähigkeit des Produktes zu testen. Wenn keine rechtzeitigen Rückmeldungen aus dem Markt erfolgen, besteht die Gefahr, dass das Produkt an den Kundenbedürfnissen vorbei entwickelt wird.
- Ein professionelles Erscheinungsbild ist unbedingt notwendig, um die Markteintrittsbarrieren zu überwinden.
- Es gibt Unternehmensgründer, die Vertriebsaufgaben nur mit Widerwillen und zögernd übernehmen. Wichtig ist, dass jemand im Unternehmen für den Vertrieb verantwortlich und befähigt ist. Der Vertrieb kann nicht neben der Entwicklungstätigkeit erledigt werden, sondern ist eine eigenständige Aufgabe, die mit der notwendigen Personalkapazität belegt werden muss.

Im Gegensatz zu den unternehmensinternen Faktoren wie Marketing und Vertrieb haben „unternehmensexterne Markt- bzw. Wettbewerbsfaktoren, wie z.B. unerwartete, heftige Konkurrenzreaktionen oder sogar der Einbruch des Zielmarktes, deutlich geringere Auswirkungen [auf den Misserfolg JTU]".[2] Trotzdem gibt es laut Kulicke „verbotene Märkte" für JTU. Merkmale solcher Märkte sind ein oder wenige Abnehmer mit konservativem Kaufverhalten (z.B. die Bundespost); langjährige, enge Kunden-Abnehmer-Beziehungen; zeitaufwendige, amtliche Zulassungsverfahren; Anwender, die beim Kaufentscheid starken Reglementierungen unterliegen (z.B. im Medizinbereich); staatliche Verordnungen, die

---

[1] Vgl. Hönnecke, 1994, S. 26ff.
[2] Vgl. Wupperfeld/Kulicke, 1993, S. 38.

Theoretische Basis 57

potentielle Käufer zum Einsatz bestimmter Produkte zwingen (z.B. in der Luftfahrt) sowie Märkte (resp. Produkte) mit schwer zu vermittelndem Kundennutzen.[1]

## 2.4 Beiträge aus dem Bereich Innovationsmanagement

Dieses Kapitel befasst sich mit den Erfolgsfaktoren im Innovationsmanagement i.e.S., resp. jene des New Product Development (NPD).[2] Diese Faktoren beschreiben die zwischen Erfolg und Misserfolg diskriminierenden Grössen in der Entwicklung und der Markteinführung neuer (industrieller) Produkte. Im folgenden wird die Bedeutung dieses Forschungsbereichs für die JTU-Forschung erläutert, und anschliessend werden ausgewählte Ergebnisse vorgestellt.

### 2.4.1 Relevanz dieser Forschungsrichtung

Viele JTU starten ihr Geschäft mit einem Hauptprodukt oder einer kleinen Produktfamilie. In der Anfangsphase gleichen diese Unternehmen daher in vielen Belangen dem Innovationsprozess von grossen Unternehmen. Die folgende Abbildung verdeutlicht diese Analogie (Abb. 10).

**Entwicklungsphasen junger Technologieunternehmen:**

Vorgründung → Gründung → Wachstum → Reife

**Phasen im Innovationsprozess neuer Produkte:**

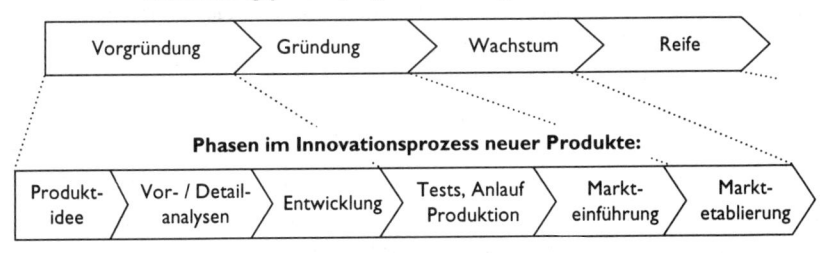

Produktidee → Vor- / Detailanalysen → Entwicklung → Tests, Anlauf Produktion → Markteinführung → Marktetablierung

Abb. 10: Vergleich der Phasen im Innovationsprozess mit den Entwicklungsphasen JTU

Diese Verwandtschaft ermöglicht es, nicht nur die Methoden, sondern auch die Ergebnisse dieser Forschungsrichtung im Bereich der deutlich jüngeren JTU-Forschung als Hilfsmittel zu verwenden. Untersuchungen zum Erfolg bzw. Misserfolg neuer Industrieprodukte erlebten bereits in den 60er Jahren einen Boom. Dieser hat sich bis heute fortgesetzt, so dass zum jetzigen Zeitpunkt auf eine breite theoretische Basis zurückgegriffen werden kann.[3] Wichtige Meilensteine dieser Forschungsrichtung sind die Arbeiten von Maidique et

---

[1] Vgl. Kulicke, 1993, S. 98.
[2] Vgl. die Definition in Kapitel 2.1.2.
[3] Vgl. die umfassende Literaturübersichten in: Moore/Plung, 1985; Calantone/di Benedetto, 1990.

al. in den USA im Projekt SINPRO, jene von Rothwell et al. in England im Projekt SAPPHO und jene von Cooper und Kleinschmidt in Kanada im Projekt NewProd. Das letzte Projekt erstreckte sich mit NewProd II und NewProd III bis in die 90er Jahre. Ähnlich wie die Arbeiten der JTU-Forschung unterscheiden sich auch jene der NPD-Forschung in wichtigen methodischen Punkten. Differenzen bestehen in folgenden Punkten: den Untersuchungszielen (Bestimmung gemeinsam auftretender Erfolgs- oder Misserfolgsgrössen, bzw. der zwischen Erfolg und Misserfolg diskriminierenden Faktoren), den zugrundeliegenden Erfolgskriterien (z.b. Marktanteil, ROI, subjektiver Erfolg), den Untersuchungsobjekten (z.b. Innovationsgrad der Produkte, ausschliesslich Erfolge, ausschliesslich Misserfolge oder Erfolge und Misserfolge), den Untersuchungsbereichen (z.B. Branchen, Unternehmenstypen, Regionen, Zeiträume) sowie den Untersuchungsmethoden (Datenerhebung und -auswertung).[1] Die Vielzahl und die Heterogenität der Studien erfordert synoptische Überblicke bzw. Metaanalysen, um die wesentlichen Ergebnisse herauszustellen und Ordnung in die Vielzahl der Einzelbefunde zu bringen.[2] Aus diesem Grund werden in den nachfolgenden Darstellungen nicht nur wichtige Einzelstudien, sondern auch Synopsen betrachtet.

### 2.4.2 Resultate dieser Forschungsrichtung

Einer der ersten Untersuchungsansätze der NPD-Forschung bestand darin, herauszufinden, welche gemeinsamen Merkmale erfolgreiche Produkte aufweisen. So zeigte eine umfassende Studie von Myers und Marquis, dass die meisten Erfolgsprodukte aus marktinduzierten Projekten hervorgingen (Demand pull) und lediglich 21% technologiegetrieben waren (Technology push).[3] Eine andere Untersuchung von Globe et al. ermittelte für zehn Basisinnovationen die Erfolgsfaktoren: das Erkennen einer technischen Chance, die Identifikation eines Bedarfes, professionelles Forschungs- und Entwicklungsmanagement, fundierte Abschätzung der Risiken, umfassende Entwicklungsressourcen sowie ein technisch ausgerichteter Unternehmer.[4] Roberts und Burke untersuchten sechs erfolgreiche Innovationen bei General Electric.[5] Eine starke Orientierung an Marktbedürfnissen war bei diesen Projekten der Schlüssel zum Erfolg. Falls einem Produkt(-konzept) kein Bedarf gegenüberstand, wurde dieses einem identifizierten Bedarf angepasst. Eine andere Analyse von

---

[1] Vgl. Perillieux, 1987, S. 90; Kotzbauer, 1992, S. 86.
[2] Vgl. Trommsdorff, 1990, S. 18.
[3] Vgl. Myers/Marquis, 1969. Die Studien anderer Autoren kommen jedoch zu anderen Schlüssen und betonen, dass die Rollen von „market pull" und „technology push" nicht konträr sondern komplementär sind (vgl. Kiel, 1984, S. 7ff). Marktinduzierte Produkte sind eher für inkrementale und technologiegetriebene Produkte eher für radikale Verbesserungen verantwortlich.
[4] Vgl. Globe/Levy/Schwarz, 1973.
[5] Vgl. Roberts/Burke, 1974, S. 21ff.

Cooper liess erkennen, dass der Innovationsprozess zielgerichtet und stufenweise erfolgen sollte.[1] Umfassende Marktinformationen in Form von Marktanalysen und Marketinguntersuchungen, besonders in der Anfangsphase der Projekte, waren weitere gemeinsame Merkmale der Erfolgsprodukte.

Ein anderer Untersuchungsansatz bestand in der Analyse erfolgloser Produkte. Drei Untersuchungen von Hopkins, die im Laufe von 16 Jahren durchgeführt wurden, identifizierten Marketingaspekte als die Hauptschwachstelle für die Erfolglosigkeit der betreffenden Produkte.[2] Hauptgründe für die Fehlschläge waren unzureichende Marktanalysen, Produktmängel, wenig effektive Massnahmen der Markteinführung, hohe Kosten, schlechtes Timing und unerwartete Stärke des Wettbewerbs. In ihren Empfehlungen fordern die Autoren mehr und bessere Marktforschung, gezieltere Produktpositionierung, sorgfältigere Konzeptprüfung, professionelleres Testmarketing sowie gründlichere Projektbewertung, insbesondere aber auch eine frühe Vorauswahl der Projekte. Eine Untersuchung von Cooper legte gravierende Schwachstellen im Innovationsprozess offen.[3] Es fehlte insbesondere an der Marktforschung und -analyse, an der Analyse der Wirtschaftlichkeit und am Testmarketing. Cooper erkannte, dass lediglich 15% der Misserfolge durch technische Produktschwächen verursacht wurden.[4] Bei 85% aller analysierten Misserfolge lagen die Gründe in einer mangelnden Ausrichtung auf den Markt. Die sechs empirisch identifizierten Misserfolgstypen waren:

1. „Die bessere Mausefalle, die keiner wollte" (28%): zu gut, zu teuer, zu wenige Kunden,
2. „Das Me-Too-Produkt, das auf Konkurrenzbarrieren trifft" (24%): zu hohe Markentreue der alten Kunden,
3. „Das Produkt mit Wettbewerbsschwächen" (13%): hält Wettbewerbsdruck nicht stand,
4. „Das Produkt mit Umfeldschwächen" (7%): Kundenbedürfnisse, Wettbewerber, Umfeld wurden falsch eingeschätzt,
5. „Das Produkt mit technischen Schwächen" (15%): hielten technisch nicht was sie versprachen sowie
6. „Der Preiseinbruch" (13%): zu hoher Preis, da Preissenkungen der Wettbewerber erfolgte.

---

[1] Vgl. Cooper, 1976.
[2] Vgl. Hopkins, 1980.
[3] Vgl. Cooper, 1975, S. 315ff.
[4] Vgl. Cooper, 1980a, S. 277ff.

In einer anderen Studie ordnete Cooper verschiedene empirisch erfasste Innovationsprozesse anhand typischer Aktivitätsmuster in sieben Klassen ein.[1] Der erfolgreichste Prozess war ein ausgeglichener, vollständiger, marketing- und technologieorientierter Innovationsprozess, der durch eine Vielzahl von unterschiedlichen Prozessstufen ausgezeichnet war. Die tiefsten Erfolgsraten wiesen der entwicklungsdominierte Prozess auf und jene Fälle, in denen der Markteinstieg mit dem Prototypen versucht wurde.

Der grundlegende Mangel der obigen Untersuchungen besteht darin, dass sie sich nur auf eine Seite hin orientieren. Um die eigentlichen Schlüssel zum Erfolg zu ermitteln, müssen Faktoren ausfindig gemacht werden, die für den Unterschied zwischen Erfolg und Misserfolg verantwortlich sind, d.h. es ist notwendig, erfolgreiche und erfolglose Produkte in derselben Studie miteinander zu vergleichen. Die ersten Analysen dieser Art machte Rothwell et al.[2] Die wichtigsten differenzierenden Faktoren waren gemäss diesen Autoren ein besseres Verständnis für die Kundenbedürfnisse, eine grössere Beachtung des Marketings, insbesondere der Aktivitäten während der Markteinführung, eine grössere Effizienz bei den Entwicklungsarbeiten (nicht zu verwechseln mit grösserer Geschwindigkeit), eine häufigere Nutzung externer Technologien, d.h. eine effektive wissenschaftliche Kommunikation mit externen Institutionen sowie eine höhere Autorität - hierarchische Position und Kompetenz - der verantwortlichen Manager. Eine Studie von Kulvik bestätigte diese Resultate und entdeckte zudem die Bedeutung der „Synergie" für den Projekterfolg.[3] Seine zusätzlichen Erfolgsfaktoren waren eine gute Übereinstimmung von Unternehmen und Produkt, die Nutzung von technologischem Know-how, das im Unternehmen bereits vorhanden war, sowie die Vertrautheit des Unternehmens mit den Märkten und den Technologien des neuen Produktes. Eine umfangreichere Untersuchung war jene von Cooper im Jahre 1979.[4] Der wichtigste diskriminierende Faktor zwischen Erfolg und Misserfolg war laut dieser Studie das Angebot eines aus Kundensicht einzigartigen, überlegenen Produktes, das dem Kunden einen echten differenzierenden Vorteil bot. An zweiter Stelle waren profunde Marktkenntnisse durch Marktinformationen und gute Beherrschung von Marktuntersuchung und Markteinführung. An dritter Stellen standen technologische Synergien im Unternehmen hinsichtlich der Entwicklung und der Produktion, sowie eine gute Bewältigung der technologischen Aufgaben im Innovationsprozess. Barrieren des Erfolges waren Produkte mit einem im Vergleich zum Wettbewerb hohen Preis und einem geringen wirtschaftlichen

---

[1] Vgl. Die sieben Prozessklassen heissen „Market Oriented", „Design Dominated", „Balanced, Complete", „Front-End Dominated" „Minimum", „Launch with Prototype" und „Prototype-Dominated" (Cooper, 1983, S. 1ff).
[2] Vgl. Rothwell, 1972; Rothwell et al., 1974, S. 258ff.
[3] Vgl. Kulvik, 1977.
[4] Vgl. Cooper, 1979, S. 93ff.

Kundennutzen, ein dynamischer Markt mit vielen neuen Produkteinführungen sowie ein sehr hart umkämpfter Markt, in dem die Kunden bereits gut befriedigt werden.

Eine Studie von Maidique und Zirger über 158 neue Produkte in der Elektronikindustrie der USA kam zum Schluss, dass der Erfolg eines neuen Produktes in der Regel grösser ausfällt, wenn auf dieses Produkt folgende Punkte zutreffen:[1]

1. Ein gutes Preis-Leistungsverhältnis, das aus einem tiefgehenden Verständnis von Kunden und Markt resultiert.
2. Das Unternehmen betreibt professionelles Marketing und stellt einen signifikanten Teil seiner Ressourcen für den Verkauf und die Promotion des Produktes zur Verfügung.
3. Das Produkt generiert einen hohen Beitrag an die Margen des Unternehmens.
4. Der F&E-Prozess wird sorgfältig geplant und durchgeführt.
5. Die Entwicklungs-, Fertigungs- und Verkaufsfunktionen sind gut verknüpft und koordiniert.
6. Das Produkt wird früh in den Markt eingeführt.
7. Es bestehen Marketing- und Technologiesynergien, die auch optimal genutzt werden.
8. Das Topmanagement unterstützt das Projekt von der Entwicklung bis hin zur Markteinführung tatkräftig.

Die Autoren stellten zudem fest, dass die Nähe des Produktes zu bestehenden Stärken eher in grossen Unternehmen eine Rolle spielte. Hingegen erwiesen sich die technische Überlegenheit und die Betonung des Marketings vor allem in kleineren Geschäftseinheiten als erfolgsrelevant.

Eine Untersuchung von Cooper und Kleinschmidt analysierte die Höhe und Verteilung der Ressourcen Zeit (in Form von Manntagen) und Geld bei mehr als 200 Innovationsprojekten.[2] Was die erfolgreichen Projekte auszeichnete, waren signifikant höhere Ressourcen für die Marketingaktivitäten - insbesondere in den frühen Entwicklungsphasen (d.h. Ideenevaluation, Voranalysen bezüglich Technik und Markt, Marketinganalysen und Wirtschaftlichkeitsprüfung). Gerade diese frühen Phasen im Innovationsprozess, in denen durchschnittlich 7% des Geldes und 16% der Manntage anfallen, sind für den Erfolg entscheidend.

Der m.E. wichtigste Autor der NPD-Forschung, Robert G. Cooper, kommt nach einer über 20jährigen Erfahrung und nach der Analyse von mehr als 1000 Innovationsprojekten zum

---

[1] Vgl. Maidique/Zirger, 1984, S. 192ff.
[2] Vgl. Cooper/Kleinschmidt, 1988, S. 249.

Schluss, dass acht Schlüsselfaktoren erfüllt sein müssen, um den Erfolg neuer industrieller Produkte zu gewährleisten:[1]

1. *Ein einzigartiges, überlegenes Produkt:* Ein differenziertes Produkt muss den Kunden aussergewöhnliche Vorteile und einen überlegenen Wert bieten. Die sieben wichtigsten Elemente sind einzigartige - vom Wettbewerb nicht erhältliche, doch vom Kunden als wichtig erachtete - Produkteigenschaften wie hoher monetärer Wert für die Kunden, überlegene Befriedigung von Kundenbedürfnissen, exzellente Produktqualität in Relation zum Wettbewerb (aus Kundensicht), überlegenes Preis-Leistungsverhältnis und offensichtliche Produktvorteile.

2. *Eine starke Marktorientierung:* Ein marktinduzierter, kundenorientierter Innovationsprozess ist sowohl wichtig für den Erfolg als auch für die zeitliche Effizienz. Ein tiefes Verständnis der Kundenbedürfnisse und -wünsche, der Wettbewerbssituation und der Eigenarten des Marktes ist unentbehrlich. F&E und Marketing sollten sich bezüglich den zeitlichen und finanziellen Ressourcen im Gleichgewicht befinden. Kundeninputs müssen bereits in den ersten Projektphasen erfolgen und im späteren Verlauf immer wieder mit einbezogen werden.

3. *Eine hohe Qualität der frühen Innovationsphasen:* Die sorgfältige Ausführung der „Hausaufgaben" in den ersten Projektphasen bestimmt den Erfolg massgeblich. Eine starke Marketingorientierung ist in den Vor-Entwicklungsaktivitäten - Ideenauswahl, Voranalyse Markt und Technik, detaillierte Marktanalyse und finanzielle Geschäftsanalyse - besonders wichtig.

4. *Klare und frühe Produktdefinitionen:* Das Produkt muss bereits klar definiert sein, bevor die Entwicklung beginnt. Die dabei zu berücksichtigenden vier Schlüsselelemente lauten: Spezifikation des Zielmarktes (wer genau sind die Kunden?), Beschreibung des Produktkonzepts sowie der erzielten Leistungen und Vorteile, Umschreibung der strategischen Positionierung sowie Definition der Anforderungen, Eigenschaften, Besonderheiten und Spezifikationen des Produktes.

5. *Eine funktionsübergreifende Zusammenarbeit im Team:* Die Zusammenarbeit zwischen F&E und Marketing sowie ein starker Teamleiter erhöhen den Erfolg und verkürzen die Zeit bis zum Markteintritt. Die fünf wichtigsten strukturellen Elemente für den Erfolg sind hier die Organisation in einem funktionsübergreifendem Team, fokussierte und aufopfernde Teammitglieder und -leiter (wenige Projekte pro Person), Verantwortlich-

---

[1] Vgl. u.a. Cooper, 1994a, S. 60ff; Booz/Allen/Hamilton, 1982; Cooper, 1990a, S. 27ff; Cooper, 1994b, S. 40ff; Cooper/Kleinschmidt, 1986, S. 71ff; Cooper/Kleinschmidt, 1987, S. 215ff; Cooper/Kleinschmidt, 1993, S. 90ff.

keit des Teams für das ganze Projekt von Anfang bis Ende und nicht nur für eine einzige Phase, ein starker, treibender Projektführer und ein engagiertes, unterstützendes Management.

6. *Konzentration und Fokussierung auf bestimmte Projekte:* Eine strikte Projektevaluation (go/kill) und klare Entscheidungspunkte im NPD-Prozess vermindern, dass unnötig viele Ressourcen durch schwache Projekte gebunden werden.[1] Die Go-Kill-Evaluation sollte insbesondere auf der Produktüberlegenheit (siehe Punkt 1), der Synergien von Marketing und Technik sowie der Marktattraktivität erfolgen.

7. *Eine hohe Ausführungsqualität bei allen Aktivitäten:* Das Qualitätsniveau der vielfältigen Stufen und Aktivitäten im Innovationsprozess ist letztendlich für das Produktergebnis entscheidend. Die Devise lautet hier: "If you don't like the results, then look at the process that delivered them".[2]

8. *Ein formaler Innovationsprozess (Stage-Gate-System):* Ein klar definierter Prozess mit festgelegten Stufen (stages) und Meilensteinen (gates) verhindert viele Mängel der Produktentwicklung. Die Stufen beinhalten multiple, parallele und vorgeschriebene Aktivitäten in den einzelnen Innovationsphasen. Meilensteine sind Entscheidungspunkte, an denen kontrolliert wird, ob das Projekt die (für diesen Meilenstein) zum vornherein festgelegten Kriterien erfüllt oder nicht.

Cooper machte im Verlauf seiner Studien weitere interessante Erkenntnisse: Nach ihm haben die Unterstützung des Projekts durch das Topmanagement sowie die Wettbewerbssituation keinen Einfluss auf den Erfolg.[3] Die Übernahme einer Machtpromotorenrolle durch Spitzenmanager ist zwar eine wichtige Voraussetzung für die Realisierung des Projektes, nicht aber für dessen Erfolg. Erfolglose Projekt werden fast ebenso häufig unterstützt wie erfolgreiche Projekte. Neue Produkte haben ungeachtet der Wettbewerbssituation Erfolg, wenn sie überlegen und gut definiert sind, sorgfältig entwickelt werden und Synergien im Unternehmen nutzen.

Die nachfolgende Tabelle zeigt eine zusammenfassende Darstellung wichtiger Erfolgsfaktoren im Innovationsprozess neuer industrieller Produkte (Tab. 12). Die Grundlage dafür bilden die empirischen Studien von Rothwell et al. (1974 und 1994: rot74, rot94), Robert Cooper (1979 und 1980, coo79 und coo80), Maidique und Zirger (1984, mai84), sowie die Synopsen von Pinto und Slevin (1987, pin87), Lilien und Yoon (1989, lil89), Kotzbauer

---

[1] Weitere Arbeit siehe: Miaoulis/LaPaca, 1986, S. 117ff; Cooper/de Brentani, 1984, S. 149ff.
[2] Zitiert aus: Cooper, 1994, S. 72.
[3] Vgl. Kleinschmidt/Cooper/Geschka, 1996, S. 25ff.

(1992, kot92), Cooper (1994, coo94) und von Kleinschmidt, Geschka und Cooper (1996, kle96).[1] Soweit nichts anderes bemerkt wird, wirken alle Faktoren positiv auf den Erfolg.

| Dimension | Erfolgsfaktoren | Studie |
|---|---|---|
| Projektorganisation und -aktivitäten | • Systematische, formale Projektplanung und -kontrolle | kot92, lil89, coo94, kle94, rot94, pin87 |
| | • Starke Unterstützung durch das Top-Management | kot92, lil89, mai84, rot94, pin87 |
| | • Vorhandensein eines Produkt- oder Projektchampions | kot92, lil89, rot94, pin87 |
| | • Gute Abstimmung zwischen F&E und Marketing | kot92, lil89, mai84 |
| | • Klare, frühe Produktdefinition (vor der Entwicklung) | coo94, kle94, rot94 |
| | • Interdisziplinäres Team, mit kompetenten Teammitgliedern | coo94, rot94, pin87 |
| | • Starker und früher Kontakt mit Kunden und Lieferanten | rot94, pin87 |
| | • Klare Evaluation u. Go/Kill-Entscheidungen bei Meilensteinen | coo94 |
| | • Starke Marktorientierung im ganzen Innovationsprozess | coo94 |
| | • Gute Vorauswahl der Ideen | coo80 |
| | • Durchführung Prototypen-Tests, Testmarktes mit Kunden | coo80 |
| | • Klar definierte Ziele (Projektmission) | pin87 |
| | • Gute Informations- u. Kommunikationskanäle (für Feedback) | pin87 |
| | • Hohes Niveau bzgl. allg. Computereinsatz im Projekt | rot94 |
| | • Gute Vorbereitungen bzgl. Ressourcen und Planung | rot94 |
| | • Hohe Autorität des Projektleiters | rot74 |
| Synergien | • Vorhandene Synergie im Bereich Marketing (Marktforschung, Verkauf, Distribution usw.) | coo79, coo80, lil89, mai84, kot92, kle96 |
| | • Vorhandene Synergie im Bereich Technologie, Produktion | kot92, lil89, coo79, mai84, kle94 |
| Technische Aktivitäten | • Effizientere (nicht schnellere), sorgfältig geplante, qualitativ hochstehende Entwicklungsaktivitäten (Datenbasis-basiert) | rot74, mai84, coo80, coo94, kle96, kot92... |
| | • Häufigere externe Suche nach technischen Ratschlägen | rot74, rot94 |
| | • Kleinere Entwicklungssprünge, modulare Produkte | rot94 |
| | • Professionelles Aufstarten der Produktion | coo80 |
| | • Patente oder anderer Schutz des Know-hows | lil89 |
| Marketingaktivitäten/ -kompetenz | • Professionelle Marketingaktivitäten und gute Marketingkenntnisse - speziell in frühen und späten Phasen (d.h. Idee, Konzept und Markteinführung) | kot92, coo79, mai84, coo94, coo80 |
| | • Erfahrungen, Effizienz, Anstrengungen, Qualität und Aufmerksamkeit bzgl. dem Marketing | rot74, kot92, lil89, coo94, kle96 |
| | • Gute Kenntnisse der Bedürfnisse, Wünsche, Preissensitivität und des Kaufverhaltens der Kunden | rot74, kot92, lil89, coo80 |
| | • Gute Marktkenntnisse | kot92, coo79 |
| | • Starke Marketingkommunikation und -anstrengungen bei der Markteinführung | coo79 |
| | • Substantielle Ressourcen für Promotion und Verkauf | mai84 |

---

[1] Vgl. Rothwell et al., 1974, S. 258ff; Cooper, 1979, S. 93ff; Cooper, 1980b, S. 277ff; Maidique/Zirger, 1984, S. 192ff; Lilien/Yoon, 1989, S. 3ff; Kotzbauer, 1992; Cooper, 1994a, S. 60ff; Kleinschmidt/Geschka/Cooper, 1996, S. 8ff.

# Theoretische Basis

|  |  |  |
|---|---|---|
|  | • Frühe Markteinführung | mai84 |
|  | • Effektive Ausrichtung des Verkaufs und der Distribution auf richtige Kunden | coo80 |
|  | • Marktseitige Ideengeneration (marktinduziert [Demand pull] im Gegensatz zu technikinduziert [Technology push]) (+/-) | kot92 / coo79 |
| Produkt-charakter | • Einzigartiger, differenzierter Kundennutzen | kot92, lil89, coo79, coo80, coo94, kle96 |
|  | • Besseres Produkt als Wettbewerber | coo80 |
|  | • Gutes Preis-Leistungsverhältnis (aus Kundensicht) | mai84 |
|  | • Produkt erlaubt Kostenersparnisse | coo80 |
|  | • Hoher Beitrag an Margen des Unternehmens | mai84 |
|  | • Hoher Innovationsgrad (+/-) | kot92, lil89 |
|  | • Hoher Preis in Relation zum Wettbewerb (-) | kot92, coo79 |
| Markt-charakter | • Grosse Marktattraktivität (wachsender Markt mit starkem Bedürfnis nach Produkt) | kot92, lil89, coo79, kle96 |
|  | • Starker Wettbewerb (+/-) | kot92, lil89, coo79 |
|  | • Grosse Marktdynamik (-) | kot92, coo79 |

Tab. 12: Erfolgsfaktoren im Innovationsprozess

Eine Reihe von Studien der NPD-Forschung hat den Innovationsprozess in kleinen oder jungen Technologieunternehmen untersucht. Als entscheidend für den Unternehmenserfolg erwiesen sich dabei der strategische Unternehmensfokus bezüglich Technologie und Markt - d.h. das Festhalten an einer Kerntechnologie und an bekannten, langfristig bearbeiteten Märkten (Meyer/Roberts)[1] - formalisierte Projektpläne und -methoden anstatt informeller Ad-hoc-Entscheidungen (Boag/Rinholm)[2] sowie eine formale Marketingorganisation im Unternehmen (Johne/Rowntree)[3]. Laut einer explorativen Untersuchung von Yap und Souder unterscheiden sich die bei JTU erfolgreichen Strategien grundsätzlich von jenen Strategien, die bei grösseren Unternehmen zum Erfolg führen.[4] Je nachdem, ob der Markteintritt in neue oder bekannte Märkte bzw. mit neuen oder bekannten Technologien erfolgt, sind für den Erfolg unterschiedliche Faktoren relevant. Pavia konnte dieses Ergebnis nicht bestätigen.[5] Als Erfolgsfaktoren identifizierte sie aber für die von ihr untersuchten JTU die Minimierung der strategischen Abhängigkeiten sowie eine hohe Produktqualität, die einem direkten Kundenbedürfnis entspricht.

---

[1] Vgl. Meyer/Roberts, 1986, S. 806ff.
[2] Vgl. Boag/Rinholm, 1989, S. 109ff.
[3] Vgl. Johne/Rowntree, 1991, S. 247ff.
[4] Vgl. Yap/Souder, 1994, S. 418ff.
[5] Vgl. Pavia, 1990, S. 297ff.

## 2.5 Beiträge aus dem Bereich Technologiemarketing

Der Begriff Technologiemarketing ist ein Schlagwort der betriebswirtschaftlichen Literatur und Praxis.[1] Eine einheitliche Definition dieses Ausdrucks gibt es jedoch nicht.[2] Einerseits beinhaltet Technologiemarketing das allgemeine Marketing-Management technologieintensiver Produkte,[3,4] andererseits umfasst es die Identifikation, Definition und Vermarktung des in einem Unternehmen vorhandenen technologischen Wissens als eigenständigen Erlösträger[5]. Die Vermarktung der Technologie vollzieht sich in diesem Sinn nicht nur über den Verkauf von Produkten, sondern so vollständig wie möglich, d.h. in allen Phasen des Technologie-Lebenszyklus.[6] Die vorliegende Arbeit befasst sich ausschliesslich mit dem Technologiemarketing aus erster Sichtweise, d.h. der Vermarktung technologieintensiver Produkte. Der folgende Abschnitt erläutert die Besonderheiten von Technologiemärkten. Im Anschluss daran werden ausgewählte, für die vorliegende Untersuchung relevante Ergebnisse dieser Forschungsrichtung vorgestellt.

### 2.5.1 Besonderheiten von Technologiemärkten

Das Technologiemarketing ist durch eine Reihe von Besonderheiten geprägt, die alle auf den Eigenarten von Technologiemärkten, Technologieprodukten und Technologien beruhen. Wichtige Merkmale sind u.a. eine grosse Marktdynamik aufgrund des technologischen Fortschritts, gesättigte Märkte, schneller Preiszerfall, weltweiter Wettbewerb (insbesondere bzgl. der Kosten- und Preisvorteile), weniger stabile Wettbewerbsvorteile, schwer abschätzbare Marktpotentiale und Absatzchancen (da oftmals keinerlei Vergangenheitsdaten vorhanden sind), intransparente (sich permanent ändernde) Kunden, anspruchsvolle Kunden, die häufig eine lange Bindung an ein Unternehmen eingehen, hohe Ressourcenbindung in der Entwicklung, Produktion und Vermarktung, länger werdende Entwicklungszeiten, kürzer werdende Produktlebenszeiten, hohe Komplexität der Produkte, zunehmend schnellere technologische Entwicklung, die Verschmelzung bisher abgegrenzter Technologiebereiche sowie ein wachsender Stellenwert der Technologie und der damit verbundenen strategischen Entscheidungen für die Unternehmen.[7]

---

[1] Die Begriffe Technologiemarketing und High-Tech-Marketing sind sich sehr ähnlich und werden in der Praxis häufig synonym verwendet. Diese Arbeit benutzt ausschliesslich den ersten, umfassenderen Begriff.
[2] Vgl. Baaken, 1990, S. 291.
[3] Vgl. z.B. Davidow, 1987.
[4] Angelehnte Marketinggebiete sind das Investitionsgütermarketing (vgl. dazu: Backhaus, 1977; Gmür, 1986, S. 32ff; Rupp, 1988; Hofmaier, 1993; Ritzerfeld, 1993; Godefroid, 1995) und das Innovationsmarketing (vgl. dazu: Strothmann, 1987, S. 181).
[5] Vgl. Mittag, 1985a, S. 38ff; Mittag, 1985b, S. 75ff.
[6] Vgl. Ford/Ryan, 1981, S. 117ff; Ryan, 1984, S. 1ff.
[7] Vgl. Baaken, 1987, S. 1ff; Knetsch, 1987, S. 71; Baaken, 1990, Wolf, 1994, S. 38; S. 291ff; Bieker, 1995, S. 18ff; Bieker, 1996, S. 26;

Ein entscheidendes Wesensmerkmal im Marketing von Technologieprodukten ist ferner das immanente Risiko resp. die Unsicherheit.[1] Laut Moriarty und Kosnik impliziert High-Tech insbesondere grosse Unsicherheit bezüglich der Technologie und des Marktes.[2] Marktseitige Unsicherheiten können durch die folgenden fünf Fragen beschrieben werden:

- Welche Bedürfnisse könnten mit der neuen Technologie befriedigt werden?
- Wie gross ist der potentielle Markt?
- Wie schnell wird sich die Innovation im Markt ausbreiten?
- Wird der Markt Industriestandards herausbilden?
- Wie werden sich die Bedürfnisse in Zukunft ändern?

Quellen für technologische Unsicherheiten können laut diesen Autoren durch die Fragen charakterisiert werden:

- Wird das neue Produkt wie erwartet funktionieren?
- Werden andere Technologien die unsere obsolet werden lassen?
- Gibt es Nebeneffekte durch das Produkt oder den Service?
- Wird der Anbieter qualitativ hochstehenden Service garantieren?
- Wird das Lieferdatum eingehalten?

Backhaus und Voeth unterscheiden aus einer anderen Perspektive hauptsächlich parametrische (vor dem Kauf) und strategische (nach dem Kauf) Unsicherheiten der Kunden beim Einsatz neuer Technologien.[3] Entstehungsfaktoren für parametrische Unsicherheiten sind generelle Informationsmängel oder Probleme der Informationsverarbeitung. Die strategischen Unsicherheiten sind vorwiegend auf den zu führenden Wirtschaftlichkeitsnachweis, die Technologielebensdauer und die anstehende Marktbereinigung zurückzuführen. Wichtiger Kernpunkt des Technologiemarketings ist für beide Autorenteams die Reduktion der Unsicherheiten, welche durch die Einführung neuer Technologien entstehen. Die folgende Tabelle fasst die essentiellen Unterscheidungsmerkmale zwischen dem traditionellen Marketing und dem Technologiemarketing zusammen (Tab. 13).[4]

---

[1] Vgl. Meldrum/Millman, 1991, S. 43ff.
[2] Vgl. Moriarty/Kosnik, 1989, S. 7ff.
[3] Vgl. Backhaus/Voeth, 1995, S. 395ff.
[4] Vgl. Baaken, 1987, S. 12; Meffert/Remmerbach, 1988, S. 345; Bauer/Jung, 1995, S. 20; Unterkofler, 1989, S. 159; Schaible/Hönig, 1991, S. 9.

| Unterscheidungs-merkmal | Traditionelles Marketing | Technologiemarketing |
|---|---|---|
| Situation | Geschäft wie gewohnt | Innovatives, experimentelles Marketing |
| Märkte | Hohe Markttransparenz<br>Geringe Risiken für Marktteilnehmer | Geringe Markttransparenz<br>Hohe Risiken für Marktteilnehmer |
| Wettbewerb | Zwischen gleichartigen Produkten zu unterschiedlichen Konditionen, Verfügbarkeit | Substitutionsprozesse<br>Lösungen mit Systemcharakter<br>Einsatzbereitschaft |
| Zielgruppen | Einkäufer | Entwickler, Anwendungsingenieur |
| Zielsetzungen | Marktabdeckung, Zugewinn von Marktanteilen, Ergebnisorientiert, Wachstum kurzfristig | Nachfrageschöpfung durch neue Technologieoptionen, Wissensorientiert, Transparenz |
| Diffusionsverhalten | Weniger wichtig | Sehr wichtig (Einteilung: Innovatoren, Frühadopter, frühe Mehrheit, späte Mehrheit und Nachzügler) |
| Prognose | Grosse Sicherheit der Prognosen | Geringe Sicherheit, da vielfältige und komplexe Einflussgrössen |
| Risiko | Gering, da Erfahrung vorhanden | Hoch, da erstmaliger Einsatz |
| Investitionsrechnung | Bekannte Verfahren statischer und dynamischer Modelle | Schwer möglich, da Folgekosten schwierig abschätzbar |
| Entscheidungsprozesse | Kurz, wenige Entscheider | Sehr lang, viele Entscheider |
| Organisation | Straff, zentralistisch, hierarchisch, strukturiert und auf Durchsatz optimiert | Kleine dezentrale Einheit, hohe Selbständigkeit, starke horizontale und vertikale Verknüpfung, auf Innovation optimiert |
| Produkte | Existenz von Standards<br>Geringe Erklärungsbedürftigkeit<br>Hohe funktionale Qualität | Entwicklung von Standards<br>Sehr hohe Erklärungsbedürftigkeit<br>Hohe integrale Qualität |
| Distribution | Mehrstufig | Primat der „kurzen" Absatzwege |
| Kommunikation | Image, Kundentreue | Aufklärung, Information |
| Preise | Kostenreduktion, konkurrenzorientierte Preise | Preisdurchsetzungspotential durch technischen Vorsprung, Beratung und Kundenbetreuung |

Tab. 13: Unterschiede zwischen traditionellem Marketing und Technologiemarketing[1]

Diese Merkmale machen neue Konzepte und Kompetenzen für den Erfolg erforderlich. Insbesondere spielen die Geschwindigkeit, die Flexibilität und das Management der kunden- und unternehmensseitigen Risiken im Vergleich zum herkömmlichen Marketing eine entscheidende Rolle. Eine Reihe von Untersuchungen ging auf einzelne dieser Aspekte ein. Eine Analyse von ADL belegt beispielsweise die Konsequenz einer verspäteten Produkteinführung in Technologiemärkten: „Wird die vorgesehene Einführungszeit um 10% überschritten, ... dann kann dies ... zu einer Ertragseinbusse von bis zu 30% führen. Im Ver-

---

[1] In Anlehnung an: Baaken, 1987. S. 12; Meffert/Remmerbach, 1988, S. 345.

gleich dazu wirkt sich eine Überschreitung der Produktionskosten um 10% nur bis zu 20% ertragsmindernd aus. Eine Erhöhung der Entwicklungskosten um 50% verringert den Gesamtertrag lediglich um bis zu 10%".[1] Boag und Dastmalchian erkennen in ihrer Studie vier wesentliche Lücken im Management des High-Tech-Marketings: fehlende strategische Orientierung, mangelhafte Organisationsstrukturen, fehlendes Nischenmarketing und eine zu geringe Kontrolle.[2] Ihre Resultate machen deutlich, dass die Marketingabteilungen unter ungenügender Finanzierung, einer limitierten Anzahl von Mitarbeitern und rudimentären Marketingstrukturen leiden. Insbesondere ist das Marketing nicht spezialisiert, nicht integriert, besitzt zu wenig Entscheidungsmacht, verfügt nur über unvollständige und spontane Planungs- und Kontrollsysteme und übt im Unternehmen keinen Einfluss aus. Beard und Easingwood untersuchten die Bedeutung, die englische Technologieunternehmen den unterschiedlichen Wettbewerbsvorteilen, Strategien und Taktiken beimessen.[3] Danach sind die wichtigsten drei Wettbewerbsvorteile bei der Vermarktung von Technologieprodukten die technische Leistungsfähigkeit (29%), der Preis (20%) und die Produktqualität (18%). Darauf folgen die Promotion (12%), der technische Service (8%), der Vertrieb (6%), die technische Verbesserungsrate (5%) sowie die finanziellen Dienstleistungen (1%). Die Anwendung unterschiedlicher Marketingstrategien und -taktiken ist stark abhängig vom Neuigkeitsgrad der Technologie und des Marktes. In ihrer Studie kommen Boag und Dastmalchian zum Schluss, dass es bei Technologieunternehmen die Diversifikationsstrategie ist, die von den vier möglichen Produkt-Markt-Strategien[4] - Marktdurchdringung, Produktentwicklung, Marktentwicklung und Diversifikation - die grössten Misserfolge verursacht.[5] Die Erfolgsraten für die einzelnen Strategien sind 50% für die Marktdurchdringung, 35% für die Produktentwicklung, 20% für die Marktentwicklung und 5% für die Diversifikation.[6] Laut Buskirk, Reddy und Popper basiert die hohe Misserfolgsrate vieler High-Tech-Unternehmen auf der fehlenden Erkenntnis, dass sich ihr Marktumfeld gewandelt hat und folglich nicht mehr „High-Tech" ist.[7] Viele „ehemalige" High-Tech-Unternehmen müssten einen traditionellen Marketingansatz mit einer Betonung der Marktentwicklung anwenden. Laut Roberts befinden sich Technologieunternehmen häufig in einem Innovationsdilemma. Je grössere Sprünge sie bezüglich der Innovationen machen, desto grösser ist die Wahrscheinlichkeit eines Misserfolgs der Innovation. Je kleinere Sprünge sie jedoch

---

[1] Vgl. Arthur D. Little International, 1988, S. 75f in: Töpfer, 1991, S. 170.
[2] Vgl. Boag/Dastmalchian, 1986, S. 50ff; Boag/Munro, 1986, S. 48ff; Boag/Dastmalchian, 1987, S. 382ff; Boag/ Dastmalchian, 1988b, S. 226ff; Boag, 1987, S. 365ff.
[3] Vgl. Beard/Easingwood, 1992, S. 5ff; Beard/Easingwood, 1996, S. 87ff.
[4] Vgl. Ansoff, 1957, S. 113ff; Ansoff, 1965, S. 109ff.
[5] Vgl. Boag/Dastmalchian, 1988, S. 329ff.
[6] Vgl. Frauenfelder, 1997.
[7] Vgl. Buskirk/Reddy/Popper, 1994, S. 493ff.

machen, desto grösser ist die Wahrscheinlichkeit eines Misserfolgs des gesamten Unternehmens.[1] Aus diesem Grund muss für eine erfolgreiche Unternehmensentwicklung jedes neue Produkt bezüglich den Dimensionen Markt und Technologie beurteilt und die entsprechende Strategie bewusst verfolgt werden.[2]

### 2.5.2 Ausgewählte Studien aus dem Bereich Technologiemarketing

Die Literatur zur Vermarktung von Technologie- oder High-Tech-Produkten besitzt vielfältige Ansatzpunkte aus Theorie und Praxis.[3] Intensiv diskutierte Teilbereiche dieser Forschungsrichtung sind u.a. das Schnittstellenmanagement zwischen F&E und Marketing (Interfunktionale Teams, Job-Rotation, House of Quality),[4] das Zeitmanagement (Simultaneous Engineering, S-Kurven-Konzept, der optimale Zeitpunkt zur Substitution von Technologien),[5] Markteintrittsstrategien (Pioniere, frühe Folger, späte Folger),[6] die Adoptionstheorie (Adopter, Informationssucher, Preisreagierer, Leapfrogger)[7] und die Abnehmerqualifizierung.[8] Die vorliegende Arbeit geht nicht auf diese Konzepte, Methoden oder Lehrsätze ein. Hingegen werden hier einige ausgewählte Studien der Erfolgsfaktorenforschung vorgestellt, die für das Marketing JTU relevant sind.

- **Die Studie von Maidique und Hayes**

Maidique und Hayes untersuchten erfolgreiche amerikanische High-Tech-Unternehmen und identifizierten dabei sechs Charakteristiken, die für den Erfolg ausschlaggebend waren:[9]

1. *Fokussierung auf das Kerngeschäft (Business focus):* Erfolgreiche Unternehmen fokussieren ihre Aktivitäten auf wenige Produkte und Produktlinien. Je kleiner das Unternehmen ist, desto stärker sollte es sich auf sein Kerngeschäft konzentrieren. Eine wichtige unterstützende Massnahme ist dabei ein dauerhaftes, konsequentes Engagement in der F&E, das sich auf ein oder zwei Bereichen beschränkt. Weitere wichtige Mittel sind konsistente Prioritäten im Unternehmen sowie kontinuierlich gefestigte Verhaltens-

---

[1] Vgl. Roberts, 1990b, S. 145ff.
[2] Vgl. Roberts/Berry, 1985, S. 15.
[3] Vgl. u.a. Shanklin/Ryans, 1985; McKenna, 1986; Shanklin/Ryans, 1987; Kadish, 1993; Morone, 1993; Viardot, 1995; Lange, 1986; Baaken/Simon, 1987; Lender, 1991; Schaible/Hönig, 1991; Sommerlatte, 1991; Töpfer/Sommerlatte, 1991; Sommerlatte, 1993; Bauer/Jung, 1995, Bieker, 1995.
[4] Vgl. Souder/Chakrabarti, 1978, S. 88ff; Carroad/Carroad, 1982, S. 28ff; Gupta/Raj/Wilemon, 1985, S. 298ff; Gupta/Raj/Wilemon, 1986, S. 25ff; Hauser/Clausing, 1988, S. 63ff; Gupta/Wilemon, 1990, S. 277ff; Staudt/Mühlemeyer/Kriegesmann, 1991, S. 108ff; Brockhoff, 1995, S. 437ff; Griffin/Hauser, 1996, S. 191ff.
[5] Vgl. Capon/Glazer, 1987, S. 1ff; Backhaus, 1991, S. 11ff; Benkenstein, 1992, S. 8ff; Wolfrum, 1992, S. 23ff.
[6] Vgl. Kalish/Lilien, 1986, S. 194ff; Meffert/Remmerbach, 1988, S. 331ff; Bender, 1988, S. 116ff.
[7] Vgl. Weiber/Pohl, 1994, S. 10, Weiber/Pohl, 1995, S. 409ff.
[8] Vgl. Baaken/Simon, 1987; Arndt et al., 1987, S. 251ff; Gerybadze, 1987, S. 59ff.
[9] Vgl. Maidique/Hayes, 1984, S. 17ff.

muster, z.b. Kundenservice, Stärke durch Akquisition der besten Leute oder Risikobereitschaft.

2. *Anpassungsfähigkeit (Adaptability):* Die Fokussierung des Geschäfts muss mit der Bereitschaft und dem Willen verbunden sein, grosse und schnelle Veränderungen vorzunehmen, falls dies notwendig wird. Eine der grössten Gefahren von High-Tech-Unternehmen ist die Stagnation. Um die nötige organisatorische Flexibilität zu erreichen, braucht es sowohl Beweglichkeit als auch Kühnheit des Managements und der Mitarbeiter.

3. *Organisatorische Kohäsion (Organizational cohesion):* Besitzt ein Unternehmen die treibenden Kräfte und Funktionen für den Erfolg, so benötigt es zusätzlich auch die Fähigkeit zur Integration. Wichtige Elemente, welche die Integration, Loyalität und das Engagement fördern, sind eine offene Kommunikation, bewusste Stellenrotation, integrierende Rollen (z.b. multidisziplinäre, funktionsübergreifende Teams), langfristige Anstellungsverhältnisse und intensives Training der Mitarbeiter.

4. *Kultur des Unternehmertums (Entrepreneurial culture):* Erfolgreiche Unternehmen fördern eine Kultur des Unternehmertums aktiv. Wichtige Charakteristiken sind exzellente Kommunikation, u.a. durch engen physischen Kontakt zwischen den Mitarbeitern auf allen Ebenen, überlappende Verantwortlichkeiten, schnelle Schlüsselentscheidungen durch jene Personen, welche die Probleme zuerst erkennen - und nicht durch jemanden, der keine Ahnung vom Problem hat -, die Machtkonzentration bei einem Führer, der die Ressourcenverteilung sehr schnell ändern kann, der Zugang zu mehreren finanziellen Geldquellen für ein Innovationsvorhaben, kleine Divisionen, grosse Toleranz gegenüber Fehlern sowie gute Möglichkeiten für Mitarbeiter, nicht-spezifizierte spekulative Projekte zu verfolgen.

5. *Sinn für Integrität (Sense of integrity):* Trotz der Individualität und dem Unternehmertum verfolgen erfolgreiche Unternehmen langfristige Zusammenarbeiten mit Mitarbeitern und Partnern. Ehrlichkeit, Fairness und Offenheit werden nicht dem kurzfristigen Profit geopfert. Diese Integrität manifestiert sich zudem in einem gesunden, stolzen Selbstbewusstsein in die eigenen Fähigkeiten und in der Sicherheit in ausgewählten Märkten mit anderen konkurrieren zu können.

6. *Involviertes Top-Management („Hands-on" top management):* Die Geschäftsführer erfolgreicher High-Tech-Unternehmen sind aktiv involviert in die Aktivitäten des Innovationsprozesses und erlauben sich auch „dumme" Fragen zu stellen, um die Kernvorteile und -nachteile neuer Technologien zu verstehen und selber beurteilen zu können.

Maidique und Hayes ziehen das Fazit, dass für den Erfolg eines Unternehmens zwei gegensätzliche Trends verfolgt werden müssen: einerseits Kontinuität, Ordnung und Stabilität, welche durch die drei Faktoren Fokussierung auf das Kerngeschäft, organisatorische Kohäsion und Sinn für Integrität ausgedrückt werden, andererseits schneller Wandel, „Unordnung" und Instabilität, welche durch die drei Faktoren Anpassungsfähigkeit, eine Kultur des Unternehmertums und ein involviertes Top-Management zum Ausdruck kommt. Die erfolgreichen Unternehmen schaffen es, diese paradoxen Trends durch alternierende Perioden von Konsolidierung und Reorientierung des Unternehmens zu managen.

- **Die Studie von Shanklin und Ryans**

Shanklin und Ryans betonen insbesondere die Wichtigkeit einer effektiven Integration von F&E und Marketing für den Erfolg reifer werdender High-Tech-Unternehmen.[1] Die Bedeutung dieses Faktors basiert vorwiegend auf dem Wandel von (dynamischen) Angebots- zu (geordneten) Nachfragemärkten.[2] Beim ersten Typ kreiert der technologische Fortschritt neue Märkte, wobei die F&E eine Schlüsselrolle in bezug auf die Wettbewerbsfähigkeit spielt. Ziel des Management ist in dieser Phase die profitable Kommerzialisierung von F&E-Erzeugnissen. Mit den Jahren entwickeln sich diese Märkte weiter, und die F&E muss nun auf spezifische Marktbedürfnisse reagieren. Der Erfolg von High-Tech-Unternehmen ist einer solchen Phase hauptsächlich von einer effektiven Verbindung zwischen F&E und Marketing abhängig. Dazu braucht es insbesondere innovatives und kreativ-zerstörerisches Management.

- **Die Studie von Davidow**

Davidow beschreibt eingängig die Merkmale eines erfolgreichen High-Tech-Marketings.[3] Nebst vielen rationalen Aspekten betont er nachdrücklich die Hingabe an das Produkt und die Verpflichtung gegenüber den Kunden, die den Unterschied zwischen Erfolg und Misserfolg ausmachen. Sodann ist es die Aufgabe des Marketings aus „technischen Geräten", denen es häufig an signifikanten Vorsprüngen fehlt, „Produkte" zu schaffen, die bedeutende Merkmale für die Kunden aufweisen. Ferner unterstreicht er den Fehler vieler Misserfolgsunternehmen, nur einen sehr kleinen Prozentsatz eines gewaltigen Marktes zu erobern.[4] Statt dessen sollten die Unternehmen Konzepte entwickeln und Mittel bereitstellen, um erheblich mehr als 15% in einem gut geschützten Marktsegment zu erzielen. Sodann betont er die Bedeutung der Marktsegmentierung zwecks Definition der wichtigsten Merkmale einer Kundengruppe und die darauf aufbauende Aufgabe, Produkte zu schaffen, welche die daraus hervorgehenden Bedürfnisse befriedigen. Schliesslich ist es gerade die Marktseg-

---

[1] Vgl. Shanklin/Ryans, 1984, S. 164ff.
[2] D.h. von „supply side" oder „innovation driven" zu „demand side" oder „market driven" Märkten.
[3] Vgl. Davidow, 1987.
[4] Vgl. auch: Lehmann, 1996, S. 103.

mentierung, die es kleinen Unternehmen erlaubt, den Ressourcen eines viel grösseren Konkurrenten „Paroli" zu bieten und gleichzeitig eine verteidigungsfähige Stellung aufzubauen.[1] Bei der Bewertung eines Marketingprogrammes oder einer -abteilung stellt Davidow die folgenden 16 Fragen:[2]

1. *Stimmen die Programme mit dem strategischen Ziel überein?* Das Marketing muss vollständige Produkte erfinden und sie in verteidigungsfähigen Marktsegmenten in beherrschende Positionen bringen. Die meisten Unternehmen versagen, weil sie das Marktsegment, auf das sie abzielen, nie klar definieren.

2. *Versteht die Marketingabteilung, warum die Kunden das Produkt kaufen?* Die Marketingleute können die Kunden nicht von den Vorzügen des Produktes überzeugen, wenn sie diese nicht selbst kennen, und diese Vorteile können nicht vermittelt werden, wenn sie zu kompliziert - d.h. zu wenig offensichtlich - sind.

3. *Gibt es eine Kreuzzugs-Mentalität?* Wenn ein Produkt neue Konzepte für neue Märkte verkörpert, ist ein gewaltiger Arbeitsaufwand erforderlich, um den Kundenkreis zu schulen und den Markt zu erschliessen. Begeisterung, Zuversicht und Hingabe sind ansteckend, und es sind die wichtigsten Zutaten für den Erfolg jedes Produktes. Ohne dieses Engagement kann das Produkt sein wahres Potential nie entfalten.

4. *Ist die Zufriedenheit der Kunden garantiert?* Kein Unternehmen und kein Produkt kann sich lange halten, wenn es diese Zufriedenheit nicht gewährleistet.

5. *Passt das Produkt zu den Absatz- und den Vertriebswegen?* Der zeitliche und finanzielle Aufwand, der benötigt wird um die Vertriebswege aufzubauen, übersteigt oft den Aufwand für die Entwicklung des (technischen) Gerätes.

6. *Wird das Verkaufsförderprogramm funktionieren?* Die erste Sorge ist, ob die Positionierung eines Produktes definiert wurde. Wurde das Produkt tatsächlich günstig positioniert, so lautet die nächste Frage, ob diese Position der Grundpfeiler jedes Stückchens Verkaufsliteratur, Werbung und Verkaufsförderung ist.

7. *Ist das Produkt anders?* Es ist besser anders zu sein, als besser zu sein. Anders zu sein und den Kunden Eigenschaften und Dienstleistungen zu bieten, die sie sonst nirgendwo bekommen können, gehört zu den wichtigsten Zielen, die ein Unternehmen anzustreben hat. Die Marketingabteilungen sollten Unterschiede schaffen und deren Bedeutung auch artikulieren können.

---

[1] Vgl. auch: Ries/Trout, 1986, S. 122ff.
[2] Vgl. Davidow, 1987, S. 201ff.

8. *Gibt es einen Marketingplan?* In der Regel deutet ein ungeschriebener Plan darauf hin, dass es gar keinen gibt. Zudem sollte dieser ständig überarbeitet werden. Wenn der Plan geschrieben und nie wieder gelesen wird, ist er so gut wie kein Plan.

9. *Ist die Preispolitik fair?* Das Marketing sollte der Firmenleitung darlegen können, inwiefern der Preis sowohl für die Kunden wie auch für das Unternehmen fair ist. Wenn es das nicht vermag, so ist es ziemlich wahrscheinlich, dass die Firma dies dem Kunden auch nicht erklären kann.

10. *Sind die Marketingaktivitäten integriert?* Beim Marketing finden Hunderte von Aktivitäten statt. Ein Unternehmen hat nur dann ein echtes Marketingprogramm, wenn alle Teile zusammenpassen.

11. *Steht das Marketing in Kontakt mit den Kunden?* Die einzige Möglichkeit herauszufinden, was im Markt vor sich geht, ist im Markt präsent zu sein. Um effizient zu sein, müssen Marketingleute stets nach Marketinginformationen Ausschau halten und enge Beziehungen zu den Kunden aufbauen.

12. *Respektiert das Marketing die Verkaufsabteilung und umgekehrt?* Häufig auftretende gegenseitige Schuldzuweisungen und Klagen deuten auf ein ernstes Managementproblem hin. Die Durchsetzung eines echten Teamworks ist wichtig.

13. *Treibt das Marketing das Unternehmen an?* Das Marketing ist die Nahtstelle zwischen Kunde und Firma. Es muss also das Unternehmen dazu bringen, auf die Kunden zu reagieren. Das Marketing ist jene Organisation, die den Entwicklungsgruppen die Kundenbedürfnisse bewusst machen und die Produktionsabteilung über Kapazitäten und Kostenfragen in Kenntnis setzen muss.

14. *Werden die Produkte während ihres ganzen Lebenszyklus betreut?* Eine gute Marketingabteilung ist sich stets des Zustandes der gesamten Produktlinie bewusst und betreut die neuen wie die alten Produkte während ihres ganzen Lebens.

15. *Ist ein Prognosesystem eingerichtet?* Kein Geschäft bleibt lange dasselbe. Wenn kein gutes Prognosesystem eingerichtet ist, steht zu erwarten, dass sich durch Veränderungen der Nachfrage Probleme einstellen.

16. *Verfügt das Marketing über eine Qualitätskontrolle?* Der Marketingprozess ist den gleichen Systemen von Qualitätskontrolle zugänglich, die auch anderswo in der Firma eingesetzt werden.

- **Die Studie von Brockhoff und Pearson**

Brockhoff und Pearson untersuchten das Innovationsverhalten von 38 Geschäftseinheiten deutscher Technologieunternehmen bezüglich der Aggressivität und des Risikoverhaltens ihrer Marketing- und Technologiestrategien.[1] Dabei unterschieden sie vier Verhaltenstypen: Marketingführer, Innovatoren, Verteidiger und Technologieführer (Abb. 11).[2] Die erfolgreichste Strategie in bezug auf das relative Umsatzwachstum ist jene der Marketingführer. Sie ist durch eine hohe Aggressivität der Marketingstrategie und eine tiefe Aggressivität der Technologiestrategie gekennzeichnet. Alle anderen Verhaltensweisen sind deutlich nachteiliger und unterscheiden sich untereinander nur noch geringfügig. Brockhoff und Pearson folgern daraus, dass Technologieunternehmen von einer stärkeren Marketingaggressivität profitieren würden. Insbesondere dann, wenn sie dadurch Marktführer in einer Nische werden könnten.

| Aggressivität der Marketingstrategie | | Marketingführer (1.7) [Risikoausgleicher] | Innovatoren (1.2) [Risikonehmer] |
|---|---|---|---|
| | hoch | | |
| | tief | Verteidiger (1.2) [Risikovermeider] | Technologieführer (1.1) [Risikoausgleicher] |
| | | tief | hoch |
| | | Aggressivität der Technologiestrategie | |

Abb. 11: Einfluss der Aggressivität der Marketing- und Technologiestrategie auf die Unternehmensstrategie, den relativen Umsatzwachstum (in runden Klammern) und das Risikoverhalten [in eckigen Klammern][3]

- **Die Studie von Bauer und Jung**

Bauer und Jung untersuchten in ihrer Studie das Marketing von High-Tech-Produkten und kamen dabei zum Schluss, dass sich High-Tech-Unternehmen für den Erfolg folgende Eigenschaften aneignen sollten:[4]

1. *Economies of Speed:* Bei immer längeren Produktentwicklungszeiten und kürzeren Markt- und Produktlebenszyklen gilt ein früher Einstiegszeitpunkt in neue Technologien als Voraussetzung für die Erlangung von Wettbewerbsvorteilen.

---

[1] Vgl. Brockhoff/Pearson, 1992, S. 318.
[2] Vgl. Brockhoff/Chakrabarti, 1988, S. 167ff.
[3] In Anlehnung an: Brockhoff/Pearson, 1992, S. 321.
[4] Vgl. Bauer/Jung, 1995, S. 29ff.

2. *Economies of Marketing:* Von besonderer Bedeutung im Marketing von High-Tech-Unternehmen sind das Solution Selling, genaue Kenntnisse der Kundenwünsche und eine auf die Besonderheiten der High-Tech-Märkte zugeschnittene Gestaltung des Marketing-Mixes.

3. *Economies of Interface:* Die zwei Erfolgsfaktoren 'hohe technologische Kompetenz' und 'intensive Marktorientierung' müssen durch geeignete Massnahmen verknüpft und dem innerbetrieblichen Kommunikationsfluss unterworfen werden.

4. *Economies of Organization:* Zur Förderung der Marktnähe und Reaktionsfähigkeit bei High-Tech-Unternehmen sind flache Organisationshierarchien, kleine, dezentrale Geschäftseinheiten mit intensiver horizontaler und vertikaler Verknüpfung sowie die Förderung des Unternehmergeistes bei allen Mitarbeitern besonders wichtig.

5. *Economies of Skill:* Im Gegensatz zu älteren Unternehmen müssen (neue) High-Tech-Unternehmen von ihrer Konstellation her wenige bzw. keine Restriktionen gewachsener Unternehmen berücksichtigen, sondern können von Anfang an eine effektive Geschäftsabwicklung durchsetzen.

## 2.6 Beiträge aus dem Bereich Marketing-Management

Wird Marketing als marktorientierte Unternehmensführung verstanden, so stellt letztlich jedes Managementproblem ein Problem des Marketing-Managements dar. Der daraus erhobene und insbesondere von der Marketingwissenschaft vertretene Dominanzanspruch hat in der Literatur bereits zu zahlreichen Kontroversen geführt.[1] Tatsächlich berührt die Marketingliteratur verschiedene andere zentrale Themen der betriebswirtschaftlichen Führungs-, Organisations- und Strategieforschung. Eine erschöpfende Analyse der einzelnen Forschungsgebiete ist aufgrund der kaum noch überschaubaren Anzahl an Publikationen nahezu ausgeschlossen. Im folgenden werden daher lediglich einzelne zentrale Studien der Erfolgsfaktorenforschung vor dem Hintergrund des allgemeinen Marketing-Managements vorgestellt. Die in diesen Untersuchungen analysierten Unternehmen operieren - anders als jene im Forschungsbereich Technologiemarketing - nicht nur in Technologiebranchen, sondern zusätzlich in der Konsumgüter-, der Investitions- sowie der Gebrauchsgüterindustrie, im Dienstleistungssektor und anderen Industriebereichen.

### 2.6.1 Ausgewählte Studien aus dem Bereich Marketing-Management

Das vorliegenden Kapitel stellt die Studien von Peters und Waterman, Buzzell und Gale, Brooksbank, Fritz sowie von Kotler, Gregor und Rodgers und von Benoît vor.

---

[1] Vgl. Fritz, 1990, S. 91; Fritz, 1992, S. 38ff.

- **Die Studie von Peters und Waterman**

In ihrem Bestseller „In Search of Excellence" untersuchten Peters und Waterman 62 besonders erfolgreiche amerikanische Grossunternehmen.[1] Das Ziel der Studie bestand darin, die zentralen Faktoren des Unternehmenserfolgs zu entdecken und empirisch zu validieren. Ein eigens dazu entwickelter Bezugsrahmen der Unternehmensstruktur und -kultur, das 7-S-Modell von McKinsey, umfasst die Elemente: structure (Organisationsstruktur), strategy (Strategie), systems (Managementsysteme), staff (Personal), styles (Führungsstil), skills (Fähigkeiten) und als zentrales Element shared values (Ziel- und Wertsystem). Damit die Unternehmensziele erreicht werden, müssen alle sieben Elemente genutzt und aufeinander abgestimmt werden. Quintessenz dieser Studie waren die folgenden acht Grundtugenden, welche erfolgreiches unternehmerisches Handeln auszeichnen:

1. *Primat des Handelns:* Erfolgreiche Unternehmen handeln nach dem Motto „Probieren geht über studieren", sind von nicht zu bremsender Experimentierfreude, erhalten ihre Beweglichkeit durch eine grosse Zahl praktischer Hilfsmittel (z.B. Teambildung) und gehen bewusst gegen grössenbedingte Trägheit an.

2. *Nähe zum Kunden:* Erfolgreiche Unternehmen lernen von ihren Kunden, bieten unvergleichliche Qualität, Serviceleistungen und Zuverlässigkeit (d.h. haltbare, gut funktionierende Produkte) und schaffen es, sogar dem gängigsten Massenartikel den Anstrich des Besonderen zu geben.

3. *Freiraum für Unternehmertum:* Erfolgreiche Unternehmen fördern in allen Bereichen möglichst viele Führungstalente und Neuerer. Durch das Anlegen „weiter Zügel" erhöhen sie die Kreativität und die praktische Risikobereitschaft der Mitarbeiter.

4. *Produktivität durch Menschen:* Erfolgreiche Unternehmen betrachten ihre Mitarbeiter als eigentliche Quelle der Qualitäts- und Produktivitätssteigerung, haben Achtung vor dem Einzelnen, schotten sich nicht gegen das „Fussvolk" ab und betrachten Kapitalanlagen keineswegs als das wichtigste Mittel zur Effizienzsteigerung.

5. *Sichtbar gelebtes Wertsystem:* Erfolgreiche Unternehmen sagen, was sie denken und tun, was sie sagen. Sie sind sich bewusst, dass die Grundphilosophie ihres Unternehmens mehr Einfluss auf die Leistungsfähigkeit hat als technologische oder finanzielle Ressourcen, Organisationsstrukturen, Innovationsraten oder das Timing.

6. *Bindung an das angestammte Geschäft:* Erfolgreiche Unternehmen bleiben ihren Ursprüngen treu und entfernen sich nicht allzuweit von ihrem vertrauten Tätigkeitsgebiet.

---

[1] Vgl. Peters/Waterman, 1983.

7. *Einfacher, flexibler Aufbau:* Erfolgreiche Unternehmen kämpfen stetig gegen die Bürokratisierung an und zeichnen sich durch eine elegante Einfachheit ihrer grundlegenden Strukturen und Systeme aus.

8. *Straff-lockere Führung:* Erfolgreiche Unternehmen handeln nach dem Motto: „Soviel Führung wie nötig, so wenig Kontrolle wie möglich". Sie sind zugleich zentralistisch und dezentralisiert. Sie schaffen einerseits Freiräume für das Unternehmertum, sind jedoch andererseits bei den wenigen Grundwerten, die ihnen am Herzen liegen, fanatische Zentralisten.

Trotz der grossen Popularität dieser Studie sind deren Ergebnisse nicht auf uneingeschränkte Zustimmung gestossen. So wurde u.a. kritisiert, dass zahlreiche der als „exzellent" eingestuften Unternehmen bereits kurze Zeit nach Erscheinen der Studie z.T. beträchtliche Erfolgseinbussen hinnehmen mussten.[1] Zudem widersprechen mehrere spätere Untersuchungen - trotz partiell erfolgreicher Replikationen - den Resultaten von Peters und Waterman deutlich.[2]

- **Die Studien von Buzzell und Gale**

Bereits in den 60er Jahren lancierte General Electric eine umfangreiche Studie über die zentralen Erfolgsfaktoren resp. -determinanten ihrer strategischen Geschäftseinheiten.[3] Die im Verlauf der Jahre erweiterte Untersuchung wurde insbesondere von Buzzel und Gale unter dem Namen PIMS (Profit Impact of Market Strategy) bekannt gemacht.[4] Heute enthält die PIMS-Datenbank die finanziellen und strategischen Daten von über 3000 Geschäftseinheiten. Das gemeinnützige Strategic Planning Institute (SPI) ist seit 1975 zentrale Anlaufstelle dieser bis heute aktualisierten Daten. Die wichtigsten Massstäbe für den Erfolg sind u.a. der Return on Investment (ROI) und der Cash-Flow.[5] Die Gesamtauswertung der PIMS-Datenbank hat 37 grundlegende Einflussfaktoren des ROI und 19 zentrale Determinanten des Cash-Flows erbracht.[6] Oftmals werden jedoch nur sieben z.T. interagierende Erfolgsdeterminanten hervorgehoben.[7] Dies sind die Investitionsintensität, die Produktivität, die Marktposition, das Marktwachstum, die Qualität der Leistungen, die Innovation - einschliesslich der Differenzierung von den Wettbewerbern - sowie die vertikale Integra-

---

[1] Vgl. Business Week, 1984, S. 76ff.
[2] Vgl. Fritz, 1990, S. 93.
[3] Vgl. Herstatt, 1991, S. 202ff.
[4] Vgl. Schoeffler/Buzzell/Heany, 1974, S. 137ff; Buzzell/Gale/Sultan, 1975, S. 97ff.
[5] Vgl. Buzzell/Gale, 1989.
[6] Vgl. Abell/Hammond, 1979, S. 274ff; Kreilkamp, 1987, S. 377.
[7] Vgl. Fritz, 1990, S. 102.

tion. Von allen untersuchten Faktoren scheint der Marktanteil eines Unternehmens den grössten Einfluss auf den ROI und den Cash Flow zu haben.

- **Die Studie von Brooksbank**

Auf der Grundlage einer Reihe empirischer Studien gibt Brooksbank eine Zusammenfassung wichtiger Erfolgsfaktoren, die im Bereich des Marketing-Managements publiziert wurden.[1] Als Bezugsrahmen dient ihm ein Modell mit sechs Einflussbereichen. Nebst der Marketingphilosophie - als Grundhaltung im Unternehmen - wirken sich die folgenden fünf Stufen des Marketingprozesses auf den Unternehmenserfolg aus: Durchführung einer Situationsanalyse, Entwicklung der Marketingziele, Formulierung der Marketingstrategie, Entwerfen einer Marketingorganisation und Implementation der Marketingkontrolle. Die Erfolgsfaktoren des jeweiligen Einflussbereichs sind:

Erfolgsfaktoren der Marketingphilosophie:
- *Grössere Marketingorientierung des allgemeinen Geschäftsansatzes:* Der Ehrgeiz, Kunden (besser als alle anderen Wettbewerber) zufrieden zu stellen, ist kein Lippenbekenntnis, sondern das Fundament der Geschäftsphilosophie.
- *Geschäftsleiter mit grösserem Einfluss und einer grösseren Marketingorientierung:* Eine starke Unternehmensführung schafft es, die grundlegenden Wertvorstellungen zu formen und in jeder Unternehmensaktivität sichtbar zu machen.

Erfolgsfaktoren der Situationsanalyse:
- *Vollständigere Situationsanalysen:* Situationsanalysen der Kunden, des Wettbewerbs, des Marktes und des eigenen Unternehmens sind umfassend, werden regelmässig durchgeführt und dienen der bewussten Gestaltung der Marketingstrategie.
- *Grösserer Gebrauch strategischer Planungsmethoden:* Erfolgreiche Unternehmen nehmen zur Generierung von Marktanalysen und zur Entwicklung eines Marketingplans häufiger SWOT-Analysen[2], Lebenszyklusmodelle oder andere Tools zu Hilfe.
- *Vermehrtes Einbeziehen der Mitarbeiter in den Planungsprozess:* Multifunktionale Teams sind Kernelemente der Unternehmensorganisation und stellen sicher, dass die verschiedenen Funktionen im Unternehmen miteinander kooperieren.
- *Adoption eines langfristigeren Planungshorizontes:* Erfolgreiche Unternehmen planen langfristiger und versuchen die Zukunft aktiv und zum bestmöglichen eigenen Vorteil zu gestalten.

---

[1] Vgl. Brooksbank, 1991, S. 20ff.
[2] SWOT (Strengths-Weaknesses, Opportunities-Threats) steht für die Analyse der Stärkten und Schwächen des Unternehmens sowie jene der Chancen und Gefahren im Unternehmensumfeld.

Erfolgsfaktoren der Marketingziele:
- *Klarer definierte Ziele*: Die Unternehmensziele müssen klar und schriftlich formuliert werden; sie müssen zudem messbar sein und sollten hinsichtlich der Zuteilung von Verantwortung klar definiert werden.
- *Aggressivere und herausfordernde Ziele*: Erfolgreiche Unternehmen setzen aggressivere und offensivere Ziele und streben öfters das Optimum an.
- *Grössere Orientierung an kritischen Schlüsselresultaten:* Erfolgreiche Unternehmen identifizieren Schlüsselresultate und konzentrieren ihre Ressourcen, ihre Zeit und ihr Engagement bewusst auf deren Erreichung.

Erfolgsfaktoren der Marketingstrategie:
- *Strategische Ausrichtung, die mehr am Umsatzvolumen und weniger an Produktivitätsverbesserungen orientiert ist:* Die Erhöhung der Profitabilität sollte sich an einer Erhöhung des Umsatzvolumens orientieren, d.h. an Marktexpansion oder Marktpenetration, und weniger an Produktivitätsverbesserungen, d.h. höhere Preise, tiefere Kosten o.ä.
- *Bessere Marktsegmentierung und -auswahl:* Besonders wichtig ist die Fähigkeit, den Markt in einer einzigartigen, kreativen Art zu segmentieren, welche für die Kunden bedeutungsvoll ist.
- *Bessere Positionierung gegenüber den Wettbewerbern:* Erfolgreiche Unternehmen sind sorgfältiger bei der Auswahl ihrer Wettbewerbsposition, streben verteidigungsfähige Stellungen an und vermeiden den direkten Kampf mit Konkurrenten so weit wie möglich.
- *Klarer definierte Wettbewerbsvorteile:* Erfolgreiche Unternehmen verfügen über einen starken Wettbewerbsvorteil in einem Bereich, der als Schlüssel für den Markterfolg angesehen wird. Sie konkurrieren eher auf der Basis des Produktwertes als auf jener des -preises.
- *Grössere Hingabe zu Innovationen*: Eine günstige Marktposition wird durch konstante Innovationen bezüglich Produkten und Geschäftsabläufen aufrechterhalten.

Erfolgsfaktoren der Marketingorganisation:
- *Grössere organisatorische Flexibilität*: Erfolgreiche Unternehmen zeichnen sich durch eine gute Kommunikation innerhalb der einzelnen Funktionen aus, sind flexibel bezüglich den definierten Aufgaben einer jeden Stelle und benutzen häufiger temporäre Organisationsformen.
- *Höhere Mitarbeitermotivation:* Diese wird durch eine umfassende Beteiligung und eine hohe Verantwortlichkeit der Mitarbeiter sowie durch bewusste Anerkennung ausserordentlicher Leistungen gewährleistet. Wichtig sind zudem die Anstrengungen, „Top-Performer" zu akquirieren und dem Unternehmen zu erhalten.

- *Bessere Ausbildung der Mitarbeiter:* Erfolgreiche Unternehmen trainieren ihre Mitarbeiter regelmässig in allen Bereichen.

Erfolgsfaktoren der Marketingkontrolle:

- *Grössere Orientierung am Zusammentragen von Marketinginformationen:* Wichtig ist der Einsatz formaler Analysen der Kundenzufriedenheit, der direkte Kontakt der Unternehmensführung mit den Kunden, der vermehrte Gebrauch eines Systems zur ständigen Informationssammlung und der Einbezug der Verkäufer in dieses System.

- *Grössere Aufmerksamkeit bezüglich der Leistungsevaluation:* Erfolgreiche Unternehmen betreiben eine stärkere (finanzielle) Kontrolle ihrer Aktivitäten, Ausgaben und Leistungen in bezug auf die gesetzten Ziele.

- **Die Studie von Fritz**

Fritz untersuchte synoptisch die Schlüsselfaktoren des Unternehmenserfolges vor dem Hintergrund der Erfolgsfaktorenforschung.[1] Dabei wurden 40 empirische Untersuchungen durchleuchtet, welche die langfristig gültigen Determinanten des Unternehmenserfolges bestimmten (Tab. 14).

| Schlüsselfaktoren (basierend auf allen 40 Studien) | n[a] | Schlüsselfaktoren (basierend auf den 11 Studien mit grosser Stichprobe und Validitätsnachweis) | n[a] |
|---|---|---|---|
| 1. Qualität der Human-Ressourcen (Management, Mitarbeiter) | 17 | 1. Qualität der Human-Ressourcen | 4 |
| 2. Kundennähe | 13 | 1. Produkt- bzw. Angebotsqualität | 4 |
| 2. Innovationsfähigkeit (neue Produkte oder Anlagen) | 13 | 1. Innovationsfähigkeit | 4 |
| 4. Produkt- bzw. Angebotsqualität | 12 | 1. Investition und Finanzierung | 4 |
| 5. Führungsstil und -system | 10 | 5. Führungsstil und -system | 3 |
| 6. (einfache, unbürokratische) Organisationsstruktur | 8 | 5. Produktion | 3 |
| 6. Konzentration auf einen klaren Geschäftsschwerpunkt | 8 | 5. Diversifikation | 3 |
| 6. Ausgeprägte Organisationskultur | 8 | 8. Kundennähe | 2 |
| 9. Investitionen und Finanzierung | 7 | 8. Organisationsstruktur | 2 |
| 10. Produktion | 6 | 8. Organisationskultur | 2 |

[a]: Anzahl Nennungen

Tab. 14: Die am häufigsten ermittelten Schlüsselfaktoren des Unternehmenserfolges

Fritz stellte beträchtliche methodische Defizite fest und beurteilte die Erfolgsfaktorenforschung „als eine bunte Mischung von oberflächlicher Geschichtenerzählerei, Folklore, Rezeptverkauf, Jagen und Sammeln sowie einigen wenigen Bemühungen um ernstzunehmende eigen-

---

[1] Vgl. Fritz, 1990, S. 91ff.

ständige Forschung".[1] Er kam zum Schluss, dass sich nach dem heutigen Stand der Erfolgsfaktorenforschung mit gutem Marketing allein der Unternehmenserfolg nicht hinreichend erklären lässt. Die Variablen des Marketings sind nebst zahlreichen anderen Elementen lediglich Schlüsselfaktoren des Unternehmenserfolges.[2]

- **Die Studie von Kotler, Gregor und Rodgers**

Ein (strategisches) Marketing Audit „ist eine umfassende, systematische, nicht weisungsgebundene und regelmässige Untersuchung von Marketingumwelt, -zielen, -strategien und -aktivitäten"[3] mit dem Ziel, Probleme und Chancen aufzudecken und einen Massnahmenplan zu erstellen, um die Marketing- und Unternehmensleistung zu verbessern. Die Anfänge der Marketing Audits gehen bis in die frühen 50er Jahre zurück, und sie haben bis heute nichts von ihrer Bedeutung eingebüsst.[4] In ihrer Würdigung des Marketing Audits aus dem Jahr 1988 identifizierten Kotler, Gregor und Rodgers die zehn häufigsten Ergebnisse solcher Untersuchungen:[5]

1. Ungenügende Kenntnisse des Kundenverhaltens und seiner Einstellungen
2. Mangelnde Fähigkeit den Markt in der vorteilhaftesten Weise zu segmentieren
3. Fehlender Marketingplanungsprozess
4. Reduktion des Preises anstatt Erhöhung des Wertes
5. Fehlender Prozess einer marktbasierten Produktevaluation
6. Mangelhafte Erkenntnis der eigenen Marketingstärken und deren Bezug zum Markt
7. Enge, kurzfristige Sicht der Werbung und Promotion
8. Tendenz, Marketing mit Werbung oder Verkauf gleichzusetzen
9. Organisationsstruktur, die mit der Marketingstrategie nicht kompatibel ist
10. Mangelnde Investitionen in die Zukunft, speziell in Human-Ressourcen

---

[1] Fritz, 1990, S. 103.
[2] Vgl. Fritz, 1996, S. 59ff.
[3] Kotler/Bliemel, 1995, S. 1170.
[4] Vgl. Winzeler et al., 1990; Sommer, 1991, S. 13; Kühn/Fasnacht, 1992, S. 4ff.
[5] Vgl. Kotler/Gregor/Rodgers, 1989, S. 57.

- **Die Studie von Benoît**

Benoît kommt in seiner Studie zum Schluss, dass sich erfolgreiche markt-fokussierte Unternehmen durch die sieben folgenden Eigenschaften auszeichnen:[1]

1. Explizite Fokussierung auf Marktanteile und nicht auf Umsatz oder Gewinn
2. Umfassendes Verständnis des Marktsegmentierungsgedankens und dessen Anwendung
3. Kontinuierliche Anstrengungen, das Kunden- und Wettbewerbsverhalten zu erfassen
4. Klare Unterordnung und Koordination aller Funktionen im Hinblick auf explizite Marketingziele
5. Spezifische Ziele für Marketingaktivitäten innerhalb der kurzfristigen und der langfristigen Planung
6. Ausdrückliche Marktorientierung innerhalb der gesamten Organisation
7. Durchsetzung eines Geschäftskonzeptes, das bei guter Rentabilität einen einzigartigen Kundennutzen sicherstellt

Benoît betont, dass der Aufbau eines marketingorientierten Verhaltens in einem verkaufs- oder technisch-orientierten Unternehmen eine langwierige Arbeit ist. Eine diesbezügliche Änderung muss drei Schritte umfassen. Als erstes muss die Identifikation der Führung im Unternehmen sichergestellt werden. Zweitens sind die wesentlichen Veränderungen herbeizuführen, und drittens müssen die angestrebten neuen Verhaltensweisen im Unternehmen verankert werden.

---

[1] Vgl. Benoît, 1986, S. 2ff.

# 3. Bezugsrahmen, Hypothesen und Operationalisierung

Das vorangehende Kapitel legte durch die Darstellung der wichtigsten Ergebnisse der JTU-Forschung und angrenzender Wissenschaftsbereiche die theoretische Basis für die weitere Arbeit. Im folgenden Abschnitt wird auf dieser Grundlage vorerst ein theoretischer Bezugsrahmen für die empirische Untersuchung entwickelt. Anschliessend erfolgt die Definition der Arbeitshypothesen dieser Studie sowie die Operationalisierung der Einflussgrössen auf der Basis des Bezugsrahmens.

## 3.1 Entwicklung eines Bezugsrahmens

Es empfiehlt sich aus mehreren Gründen, ein Modell als theoretisches Gerüst für die vorliegende Untersuchung zu entwickeln. Hauptgrund ist die Tatsache, dass es im Bereich Marketing eine unüberschaubare Anzahl möglicher Variablen gibt, die mit der Zielgrösse, d.h. dem JTU-Erfolg, in Verbindung stehen könnten. Damit die interessierenden Variablen auf eine logische und systematische Weise identifiziert und gemäss einem konsistenten Schema gruppiert werden können, ist ein konzeptioneller Rahmen notwendig. Der Gebrauch eines Modells ermöglicht es einerseits, die resultierenden Aussagen über das Untersuchungsobjekt in ihren theoretischen Kontext zu stellen und vereinfacht andererseits den Vergleich mit anderen Untersuchungen. Zudem ist der Tatsache Rechnung zu tragen, dass der Marketingbegriff mit den unterschiedlichsten Bedeutungen und Inhalten verknüpft wird, die sich im Verlauf der Jahre und Jahrzehnte zudem noch geändert haben. Ein durchschaubares konzeptionelles Modell trägt dazu bei, auch bezüglich dieser Problematik Klarheit zu schaffen.

Die Entwicklung eines neuen Marketingmodells - basierend auf einer umfassenden Synopse im Sinne einer vergleichenden Gegenüberstellung und konsistenten Zusammenführung aller in der Literatur vorhandenen Marketingkonzepte - ist durch die Vielfalt der vorhandenen Ansätze beinahe unmöglich geworden. Aus diesem Grund wird für die vorliegende Untersuchung kein weiteres Modell erarbeitet, sondern es werden bereits bestehende Modelle diskutiert, und in Anlehnung an eines dieser Modelle wird der eigentliche Bezugsrahmen dieser Untersuchung entwickelt. Neben dem bereits präsentierten Modell von Brooksbank (siehe Kapitel 2.6.1) werden im folgenden die Marketingmodelle von Kotler, Narver und Slater sowie von Kohli und Jaworski vorgestellt.[1]

---

[1] Weitere nicht diskutierte Modelle sind u.a. zu finden bei: Carson, 1990, S. 1ff; Romer/Van Doren, 1993, S. 177ff; S. 1ff; Fuller, 1994, S. 34ff.

Kotler publizierte im Jahr 1977 ein Modell zur Prüfung der Marketingeffektivität von Unternehmen, das heute zu den Grundlagen der Marketingwissenschaft gehört.[1,2] Darin zeigt „effektives Marketing in einem Unternehmen oder einer Sparte ... wie stark die fünf Hauptmerkmale einer Marketingorientierung ausgeprägt sind: Kundenorientierung, integrierte Marketingorganisation, adäquate Marketinginformation, strategische Orientierung und effektive Abwicklung".[3] Zu jedem dieser Hauptmerkmale definiert Kotler drei spezifische Fragen, anhand derer der Marketing-Auditor in einem Multiple-choice-Verfahren die Marketingeffektivität beurteilen kann. Kotler stellt in seinem Artikel insbesondere die Sichtweise der Verkaufs- und der Marketingorientierung einander gegenüber. Die Verkaufsorientierung ist geprägt durch die Maximen Umsatzvolumen (statt Gewinn), Kurzfristigkeit (statt Langfristigkeit), Einzelkunden (statt Marktsegmente) sowie Aussendienst (statt Schreibtischarbeit). Merkmale der Marketingorientierung sind demgegenüber Gewinnplanung, das Erkennen langfristiger Trends, Chancen und Gefahren, unterschiedliche Kundentypen und Segmente sowie klare Systeme zur Marktanalyse, -planung und -kontrolle.

Ein weiteres Modell zum Marketing resp. zur Marktorientierung stammt von Kohli und Jaworski.[4] Die Marktorientierung eines Unternehmens wird dabei als die grundsätzliche Anwendung des Marketingkonzepts verstanden. Die drei Säulen des Marketingkonzepts sind laut den Autoren: Kundenorientierung, koordiniertes Marketing und Profitabilität. Ein Unternehmen ist dann marktorientiert, wenn es die drei folgenden Punkte als äusserst wichtig einschätzt:[5] Erstens achtet es auf die Generierung von Marktinformationen über aktuelle und zukünftige Kundenbedürfnisse, Wettbewerber, Technologien, Gesetze, Umweltfaktoren usw. (generation of market intelligence), zweitens sorgt es für die Weiterleitung dieser Informationen an alle Unternehmensfunktionen (dissemination) und drittens für die Entwicklung und Ausführung von Strategien als Antwort auf diese Informationen (responsiveness).[6] In ihrer späteren Studie entwickelten die Autoren zusammen mit Kumar auf dieser Basis eine „valides" Instrument, das es ermöglicht, in Form von 20 Fragen die Marktorientierung eines Unternehmens zu ermitteln.[7] Der Zusammenhang zwischen der

---

[1] Kotler, 1977, S. 67 ff; Kotler 1994, S. 756ff sowie deren deutsche Übersetzungen: Kotler, 1978, S. 78ff; Kotler/Bliemel, 1995, S. 1167ff.
[2] Das Konzept der Marketingorientierung und -effektivität von Kotler ist u.a. Basis der Arbeiten von: Payne, 1988, S. 46ff; D'Aquila Scheer, 1992, S. 6f; Haverila, 1995, S. 8.
[3] Vgl. Kotler/Bliemel, 1995, S. 1167.
[4] Vgl. Kohli/Jaworski, 1990, S. 1ff.
[5] Vgl. Shapiro, 1988, S. 119ff.
[6] Diese Sicht widerspiegeln u.a. auch: Ruekert, 1992, S. 225ff; Atuahene-Gima, 1995, S. 275ff.
[7] Vgl. Kohli/Jaworski/Kumar, 1993, S. 467ff.

Marktorientierung und dem Erfolg eines Unternehmens wurde in einer späteren replikativen Studie von Pitt et al. bestätigt.[1]

Zur gleichen Zeit entwickelten Narver und Slater ihr Modell zur „validen" Messung des Marketings resp. der Marktorientierung eines Unternehmens.[2] Die Marktorientierung umfasst demgemäss drei Verhaltenskomponenten - nämlich Kundenorientierung, Wettbewerbsorientierung und interfunktionale Koordination - sowie zwei Entscheidungskriterien - nämlich langfristiger Zeithorizont und Betonung des Gewinns. Für jede Komponente wurden über ein mehrstufiges Verfahren drei und sechs Indikatoren ermittelt. Die Autoren kommen zum Schluss, dass zwischen der Marktorientierung eines Unternehmens und dessen Erfolg ein enger Zusammenhang existiert, der sich im Gewinn und im Produkterfolg ausdrückt. Dieser Zusammenhang gilt laut einer späteren Studie für alle analysierten Umgebungen und ist insbesondere unabhängig von der Wettbewerbsstärke.[3]

Von allen analysierten Marketingmodellen ist dasjenige von Kotler nicht nur das umfassendste, sondern es nimmt in der marketingwissenschaftlichen Forschung und Lehre auch einen bedeutenden Platz ein. Daher wird der eigentliche Bezugsrahmen dieser Untersuchung auf der Grundlage dieses Konzepts entwickelt. Im folgenden werden jedoch zunächst die einzelnen Komponenten der Marketingeffektivität erläutert.

### 3.1.1 Das Marketingmodell von Kotler

Die erste Anforderung an effektives Marketing ist laut Kotler die Kundenorientierung.[4] Die Schlüsselmanager müssen erkennen, dass es unerlässlich ist, den Markt zu studieren, die zahlreichen Marktchancen zu beurteilen, die ertragreichsten Marktsegmente zu selektieren und grosse Anstrengungen zu unternehmen, um den ausgewählten Kunden in bezug auf deren Bedürfnisse und Wünsche einen höheren Wert offerieren zu können. Die drei wichtigsten Fragenkomplexe in diesem Zusammenhang sind:

- Wird es im Unternehmen als wichtig anerkannt, dass das gesamte Unternehmen auf die Bedürfnisse und Wünsche bewusst ausgewählter Märkte hin ausgerichtet ist?

- Entwickelt das Unternehmen unterschiedliche Angebote und Marketingpläne für unterschiedliche Marktsegmente?

- Herrscht im Unternehmen ein Denken in Systemzusammenhängen (Lieferanten, Absatzkanäle, Wettbewerber, Kunden und Umfeld)?

---

[1] Vgl. Pitt/Caruana/Berthon, 1996, S. 5ff.
[2] Vgl. Narver/Slater, 1990, S. 20ff.
[3] Vgl. Slater/Narver, 1994, S. 46ff.
[4] Vgl. Kotler, 1977, S. 67 ff; Kotler 1994, S. 756ff; Kotler, 1978, S. 78ff; Kotler/Bliemel, 1995, S. 1167ff.

Das zweite Element eines effektiven Marketings ist die integrierte Marketingorganisation, d.h. die Marketingphilosophie eines Unternehmens sollte sich in ihrer Organisationsstruktur widerspiegeln. Dazu müssen die wichtigsten Marketingfunktionen integriert werden und in den Händen eines hoch angesiedelten Marketingmanagers liegen. Das Marketingmanagement muss mit anderen Abteilungen effektiv zusammenarbeiten, und in der Organisation muss ein klar definiertes System zur Entwicklung, Bewertung, Erprobung und Einführung neuer Produkte vorhanden sein. Die drei Kernfragen innerhalb dieser Einflussgrösse lauten:

- Ist das Marketing in der Unternehmenshierarchie hoch angesiedelt, und werden von dort aus wichtige Marketingfunktionen in integrierter Weise gesteuert?

- Arbeitet das Marketing-Management gut mit dem Management der Bereiche Forschung, Produktion, Einkauf, Logistik sowie mit dem Finanz- und Rechnungswesen zusammen?

- Verläuft die Produktentwicklung in einem systematischen Prozess?

Effektives Marketing setzt ferner voraus, dass das Management über die notwendigen, d.h. adäquaten Marketinginformationen verfügt, um zu planen und die Ressourcen korrekt auf die verschiedenen Märkte, Produkte, Regionen und Marketinginstrumente aufzuteilen. Das Management sollte nicht nur die aktuellen Präferenzen, Wahrnehmungen und Kaufgewohnheiten der Kunden kennen, sondern es sollte auch über das Verkaufs- und Gewinnpotential verschiedener Marktsegmente informiert sein. Die drei entscheidenden Fragen in diesem Einflussbereichs sind laut Kotler:

- Wann wurde die letzte Marketingforschungsstudie über Kunden, Kaufeinflüsse, Absatzwege und Konkurrenten durchgeführt?

- Wie gut kennt das Management das Verkaufspotential und die Gewinnträchtigkeit unterschiedlicher Marktsegmente, Kunden, Gebiete, Produkte, Absatzwege und Bestellmengen?

- Welche Anstrengungen werden unternommen, um die Wirksamkeit verschiedener Marketingaufwendungen zu ermitteln und zu verbessern?

Marketingeffektivität hängt zudem davon ab, ob das Management in der Lage ist, mit Hilfe seiner Philosophie, Organisation und Informationsressourcen eine profitable Strategie zu entwickeln. Dies erfordert erstens ein formales System sowohl für die jährliche als auch für die langfristige Marketingplanung, zweitens sollte das System zu einer Kernstrategie führen, die klar, innovativ und empirisch fundiert ist, und schliesslich sollte das Management kontinuierliche Anstrengungen unternehmen, um in der kurz- und mittelfristigen Zukunft nach unvorhergesehenen Entwicklungen im Markt Ausschau zu halten und alternative Massnahmen vorbereiten, die durch diese Entwicklungen erforderlich werden. Die drei Kernfragen der strategischen Orientierung lauten:

- In welchem Umfang wird formale Marketingplanung benutzt?
- Von welcher Qualität ist die gegenwärtige Marketingstrategie?
- In welchem Ausmass werden Eventualfälle durchdacht und Pläne dafür erstellt?

Der letzte Aspekt des effektiven Marketings ist die effektive Abwicklung. Schliesslich tragen auch die besten Marketingpläne keine Früchte, wenn sie nicht auf den verschiedenen Ebenen des Unternehmens wirkungsvoll ausgeführt werden. Das Wohl der Kunden sollte bei allen Mitarbeitern von höchster Bedeutung sein. Das Marketingmanagement muss über genügend Mittel verfügen, um seiner Aufgabe gerecht zu werden, und es benötigt ein System, nach dem es schnell und „intelligent" auf kurzfristige Entwicklungen im Markt reagieren kann. Die drei wichtigsten Fragenkomplexe dieser Einflussgrösse sind:

- Wie stark ist das Marketing-Denken der Geschäftsleitung in der Organisation verankert, und wird es auf allen Ebenen in die Tat umgesetzt?
- Setzt das Management die Marketingmittel wirkungsvoll ein?
- Ist das Management in der Lage, schnell und effektiv auf plötzlich auftretende Entwicklungen zu reagieren?

Zur Verbesserung der Marketingeffizienz schlägt Kotler in erster Linie die Bildung eines Marketingkomitees vor, das mit Spitzenleuten des Unternehmens besetzt werden sollte. Deren Aufgabe besteht darin, die Ergebnisse der Schwachstellenanalyse zu sichten und einen Plan zur Verbesserung des Marketings zu erarbeiten. Ein solcher könnte folgende Massnahmen enthalten: Training der Verantwortlichen, Einsatz von Beratern, Schaffung neuer Positionen in der Marketingorganisation, personelle Umbesetzungen, erhöhte Investitionen in die Marktforschung sowie die Einführung eines verbesserten formalen Planungsprozesses.

### 3.1.2 Der Bezugsrahmen der empirischen Untersuchung

Das im vorherigen Abschnitt diskutierte Konzept zur Marketingeffektivität wird zur Entwicklung des theoretischen Bezugsrahmens dieser Untersuchung in den wesentlichen Punkten übernommen. Dabei werden folgende Änderungen vorgenommen: Zur Beurteilung des Marketings der JTU wird dem Modell von Kotler ein Einflussbereich neu hinzugefügt: der Bereich „Einzigartiger Produktcharakter". Denn gerade für JTU ist das „Produkt" häufig der einzige und wichtigste Wettbewerbsvorteil. Daher darf dieser Punkt bei der Beurteilung JTU nicht fehlen. Eine weitere Änderung im Vergleich zu Kotler betrifft die Produktentwicklung, die zu einem eigenständigen Einflussbereich - „Vollständiger Innovationsprozess" - wird und nicht mehr ein Teilbereich der integrierten Marketingorganisation bildet. An dessen Stelle wird ein neues Element eingefügt: die Systematik bei der Wahl von

Kooperationspartnern im Marketing. Dieser Punkt ist m.E. gerade auch für JTU sehr wichtig. Der vollständige theoretische Bezugsrahmen der empirischen Untersuchung kann somit wie folgt dargestellt werden (Abb. 12). Insgesamt wird die Wirkung der folgenden acht Einflussbereiche auf den JTU-Erfolg untersucht: *„Kundenorientierung"*, *„Integrierte Marketingorganisation"*, *„Adäquate Marketinginformation"*, *„Strategische Orientierung"*, *„Effektive Abwicklung"*, *„Vollständiger Innovationsprozess"*, *„Einzigartiger Produktcharakter"* und der *„Marktcharakter"*, welche die einzige unternehmensexterne Grösse darstellt.

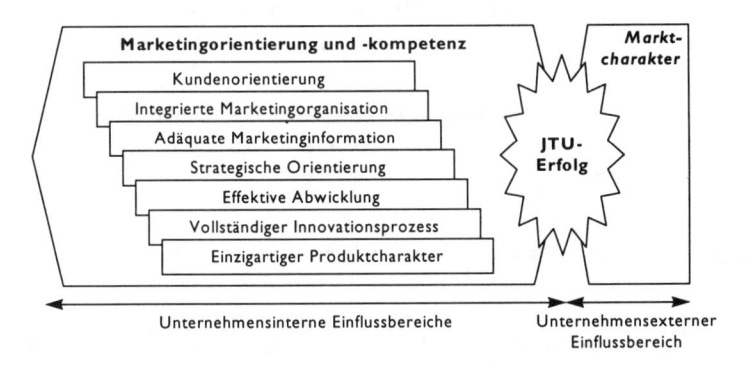

Abb. 12: Bezugsrahmen: Die wichtigsten Einflussbereiche auf den Erfolg JTU

## 3.2 Arbeitshypothesen

Auf der Grundlage des im vorgängigen Abschnitts definierten theoretischen Bezugsrahmens werden im folgenden acht Arbeitshypothesen zum Marketing resp. zur Marketingorientierung und -kompetenz JTU formuliert. Aufgrund des explorativen Ansatzes dieser Untersuchung werden die Hypothesen ziemlich allgemein gehalten. Die Arbeitshypothesen geben lediglich die vermuteten Wirkrichtungen der acht Einflussbereiche auf den JTU-Erfolg wieder. Für die einzelnen Indikatoren eines jeden Einflussbereichs (vgl. nächstes Kapitel) werden keine Hypothesen mehr formuliert.

*Arbeitshypothese 1: Die erfolgreichen JTU zeichnen sich durch eine stärkere „Kundenorientierung" aus als die weniger erfolgreichen JTU.*

*Arbeitshypothese 2: Die erfolgreichen JTU zeichnen sich durch eine „integriertere Marketingorganisation" aus als die weniger erfolgreichen JTU.*

*Arbeitshypothese 3:* Die erfolgreichen JTU zeichnen sich durch „adäquatere Marketinginformationen" aus als die weniger erfolgreichen JTU.

*Arbeitshypothese 4:* Die erfolgreichen JTU zeichnen sich durch eine „strategischere Orientierung" aus als die weniger erfolgreichen JTU.

*Arbeitshypothese 5:* Die erfolgreichen JTU zeichnen sich durch eine „effektivere Abwicklung" aus als die weniger erfolgreichen JTU.

*Arbeitshypothese 6:* Die erfolgreichen JTU zeichnen sich durch einen „vollständigeren Innovationsprozess" aus als die weniger erfolgreichen JTU.

*Arbeitshypothese 7:* Die erfolgreichen JTU zeichnen sich durch Produkte mit einem „einzigartigeren Produktcharakter" aus als die weniger erfolgreichen JTU.

*Arbeitshypothese 8:* Der JTU-Erfolg ist unabhängig vom „Marktcharakter".

## 3.3 Operationalisierung des theoretischen Bezugsrahmens

In diesem Kapitel werden die Einflussbereiche des JTU-Erfolges auf der Grundlage des theoretischen Bezugsrahmens operationalisiert, d.h. für jeden Einflussbereich werden die Indikatoren bestimmt.

### 3.3.1 Operationalisierung des Erfolges

Der JTU-Erfolg ist die abhängige Variable dieser Untersuchung und steht bei den folgenden Ausführungen im Vordergrund. Dabei interessiert weniger der persönliche Erfolg der Unternehmensgründer - z.B. Ansehen, Einkommenssteigerung, Selbstbestätigung durch die Umsetzung eigener Ideen, persönliche Unabhängigkeit - sondern vielmehr der ökonomische Erfolg des Unternehmens. Da in der Gründungsforschung nicht von einer einheitlichen Messkonvention des JTU-Erfolges die Rede sein kann, werden die unterschiedlichen Dimensionen des Erfolges im nachfolgenden Abschnitt diskutiert und anschliessend die Indikatoren auf dieser Grundlage bestimmt.

### 3.3.1.1 Dimensionen des Unternehmenserfolges

Was ist Erfolg? Welche Unternehmen können als „erfolgreich" beurteilt werden? Und welche Kriterien sollten zur Bestimmung des Unternehmenserfolges herbeigezogen werden? Diese Fragen beschäftigen nicht nur die Betriebswissenschaften, sondern auch Grossteile der Bevölkerung.[1] Wie wir bereits in Kapitel 2.3.3 gesehen haben, sind in der Literatur die Definitionen des Unternehmenserfolges beinahe ebenso zahlreich wie die Anzahl der Autoren oder Untersuchungen.[2]

Mögliche Erfolgsmasse können durch die in der folgenden Tabelle erklärten Dimensionen resp. Fragestellungen charakterisiert werden (Tab. 15).

| Erfolgsdimension | Fragestellung |
| --- | --- |
| Aggregationsebene | • Wird der Produkt-, der Abteilungs- oder der Unternehmenserfolg betrachtet? |
| Standpunkt | • Soll bei der Erfolgsbeurteilung vom Blickwinkel der Unternehmensgründer, Manager, Mitarbeiter, Geldgeber, Umweltverbände oder anderen Institutionen bzw. Personen ausgegangen werden? |
| Kriterienwahl | • Werden objektive oder subjektive Merkmale zur Beurteilung des Erfolges herangezogen? |
| Zeitlicher Bezug | • Soll die Bewertung des Erfolges auf der Basis einer statischen oder dynamischen Betrachtungsweise erfolgen? |
| Zeitliche Blickrichtung | • Wird der Erfolg bezüglich der Vergangenheit, der Gegenwart oder der Zukunft betrachtet? |
| Zeithorizont | • Wird der Erfolg über eine kurz-, mittel- oder langfristige Zeitperiode beurteilt? |

Tab. 15: Dimensionen des Unternehmenserfolges[3]

Solange ein neu gegründetes Unternehmen nicht mehr als ein Produkt und eine Abteilung besitzt, ist der Erfolg auf diesen drei Stufen (Unternehmen, Abteilung und Produkt) sehr ähnlich. JTU bieten jedoch normalerweise bereits früh mehrere Produkte an. Daher dürfte der Erfolg auf diesen drei Ebenen schon nach kurzer Zeit nur noch lose zusammenhängen.

In der vorliegenden Untersuchung steht der wirtschaftliche Erfolg der JTU aus dem Blickwinkel der Unternehmen im Mittelpunkt des Interesses. Aufgrund der spärlich verfügbaren,

---

[1] Vgl. die gegenwärtige Diskussion zum Thema „Shareholder Value".
[2] Eine Diskussion unterschiedlicher Erfolgsmasse siehe: Chandler/Hanks, 1993, S. 391ff. Bonoma betont insbesondere, dass (sowohl der subjektive als auch der objektive) Erfolg stark von der Differenz zwischen Erwartung des Management und erzieltem Ergebnis abhängt (Bonoma, 1989, S. 44ff).
[3] Eigene Darstellung in Anlehnung an die Ausführungen von: Gerybadze/Kulicke, 1990, S. 4ff, Kulicke u.a., 1993, S. 141ff; Rüggeberg, 1997, S. 116f.

öffentlichen Information ist es bei JTU häufig nicht möglich, den Erfolg durch Personen beurteilen zu lassen, die keinen Zugriff auf unternehmensinterne Daten haben. Oftmals sind selbst Mitarbeiter der JTU nur schlecht über die wirtschaftliche Lage ihres Unternehmens informiert. Daher ist es unumgänglich, bei der Erfolgsbeurteilung die Unternehmensgründer oder andere Personen des „Topmanagements" beizuziehen.

Bei der Bewertung des Unternehmenserfolges kommen objektive, aber auch subjektive Kriterien zu Anwendung. Objektive, also quantitativ messbare Erfolgskriterien sind z.b. Mitarbeiterzahlen, Umsätze, Deckungsbeiträge, Gewinne, Marktanteile, Kennzahlen der Finanz- und Investitionsrechnung,[1] die Anzahl der erteilten Patente, das Überleben des JTU innerhalb eines definierten Zeitraumes oder die Zuwachsraten und die zeitliche Stabilität all dieser Merkmale. Die subjektive Erfolgsmessung hingegen zielt primär darauf ab, in welchem Umfang quantitativ (von aussen) nicht oder nur schwerlich messbare Erfolgskriterien erfüllt werden. Dies sind z.b. die Wettbewerbsfähigkeit, die Kundenzufriedenheit, die Unabhängigkeit des JTU sowie das technologische Know-how.

Im weiteren können Erfolgsbewertungen sowohl statischer als auch dynamischer Natur sein. Statische Betrachtungen berücksichtigen bei der Bewertung des JTU-Erfolges ausschliesslich den Zustand des Unternehmens zu einem genau definierten Zeitpunkt. Im Gegensatz dazu berücksichtigen dynamische Betrachtungen den Entwicklungsprozess des Unternehmens über eine bestimmte Zeitperiode hinweg.

Auch die zeitliche Blickrichtung der Erfolgsbewertung kann je nach Situation unterschiedlich sein. Zukunftsgerichtet ist das Erfolgsmass, wenn es die langfristige Überlebensfähigkeit des Unternehmens einschätzt.[2] Die gegenwartsorientierte Betrachtungsweise beurteilt den Erfolg in der „erreichten Position zu einem bestimmten Zeitpunkt, als Ausdruck bestehender Erfolgspotentiale. Diese verkörpern das angesammelte produkt- und marktspezifische Know-how des Unternehmens".[3] Vergangenheitsbezogen ist der „Erfolg im klassischen (finanziellen) Sinn ... als Nettogrösse im Sinne einer wertmässigen Differenz zwischen Ertrag und Aufwand zu verstehen".[4]

Bei der Erfolgsbeurteilung der Unternehmensentwicklung ist auch der Zeithorizont zu berücksichtigen. Hier lautet die Frage, ob bei einer dynamischen Betrachtung die letzten resp. die zukünftigen ein bis drei Jahre, oder ein noch längerer Zeitraum ins Visier genom-

---

[1] Niemand in der Gründungsforschung benutzt die herkömmlichen Finanzkennzahlen, die für die Bewertung etablierter Unternehmen Anwendung finden. Bei jungen Unternehmen sind diese Zahlen aufgrund fehlender oder zweifelhafter Rechnungsführung schwierig zu berechnen und zu interpretieren. Zudem sind sie für die Dynamik dieser Unternehmen nicht geeignet. (Vgl. Doutriaux/Simyar, 1987, S. 440)
[2] Vgl. Fritz, 1992, S. 219; Rüggeberg, 1997, S. 116.
[3] Gälweiler, 1987, S. 34, 40 in: Rüggeberg, 1997, S. 116.
[4] Vahlens Grosses Wirtschaftslexikon, 1987, S. 516 in: Rüggeberg, 1997, S. 117.

men werden sollte. Gemäss Kulicke „können nur Analysen, die einen Zeitraum von mindestens fünf Jahren einschliessen, zu ersten Aussagen über den Erfolg oder Misserfolg von JTU führen".[1]

### 3.3.1.2 Indikatoren des Erfolgs

In der vorliegenden Untersuchung werden die Erfolgsparameter betreffend den oben aufgeführten Erfolgsdimensionen gewählt (Tab. 16). Der JTU-Erfolg ist vom Standpunkt der Unternehmensgründer oder des Topmanagements aus zu betrachten und soll sich auf das gesamte Unternehmen beziehen. Basis dieser Beurteilung ist die gesamte Vergangenheit des JTU.

| Erfolgsdimension | Fragestellung |
| --- | --- |
| Aggregationsebene | Unternehmen |
| Standpunkt | Unternehmensgründer oder Topmanagement |
| Kriterienwahl | Objektive und subjektive Merkmale |
| Zeitlicher Bezug | Dynamische Betrachtungsweise |
| Zeitliche Blickrichtung | Vergangenheitsorientiert |
| Zeithorizont | Langfristig, d.h. aus aktueller Sicht bezüglich der gesamten bisherigen Unternehmensentwicklung |

Tab. 16: Dimensionen des JTU-Erfolges für die vorliegende Untersuchung

Da es schwierig ist, a priori ein statistisches Erfolgsmass für eine empirische Untersuchung zu definieren, werden verschiedene objektive und subjektive Erfolgsindikatoren in die Untersuchung mit einbezogen (Tab. 17). So können in der Auswertungsphase unterschiedliche Erfolgsmasse generiert und eines für die weitere Analyse ausgewählt werden (s. Kapitel 5.1.2.4). Das subjektive Mass des JTU-Erfolges dieser Untersuchung besteht aus zwölf Indikatoren, resp. Zielen, zu denen die befragten Unternehmensgründer nähere Angaben machen.[2] Die objektiven Erfolgsmasse basieren auf Angaben zur Anzahl der Mitarbeiter im JTU, zur Umsatzhöhe sowie zur Zeitdauer bis zum Erreichen der Gewinnschwelle des Unternehmens.

---

[1] Kulicke, 1993, S. 140.
[2] Vgl. die Erfolgsindikatoren anderer Untersuchungen wie z.B.: Raffée/Fritz, 1990, S. 13ff; Reuber/Fischer, 1994, S. 369.

| Komponenten | Verwendete Indikatoren |
|---|---|
| Subjektive Erfolgsmerkmale | • Hohes Umsatzniveau<br>• Hohes Umsatzwachstum<br>• Hohe Gewinne<br>• Hoher Marktanteil<br>• Hoher Mitarbeiterzuwachs<br>• Hohe Mitarbeiterzufriedenheit<br>• Hohe Kundenzufriedenheit<br>• Hohe Rentabilität des investierten Kapitals<br>• Gute Wettbewerbsfähigkeit des Unternehmens<br>• Erreichung der technischen Entwicklungs- und Produktionsziele<br>• Finanzielle Unabhängigkeit des Unternehmens<br>• Überleben des Unternehmens |
| Objektive Erfolgsmerkmale | • Anzahl Mitarbeiter für sämtliche Jahre seit der Gründung<br>• Höhe des Umsatzes für sämtliche Jahre seit der Gründung<br>• Geplante Dauer bis zum Erreichen der Gewinnschwelle<br>• Reale Dauer bis zum Erreichen der Gewinnschwelle (Falls diese noch nicht erreicht wurde, zusätzlich noch die minimale Dauer bis die Gewinnschwelle erreicht werden dürfte.) |

Tab. 17: Indikatoren des „Unternehmenserfolges"

### 3.3.2 Operationalisierungen im Marketing

In den folgenden acht Abschnitten werden die Indikatoren für die Einflussbereiche „Kundenorientierung", „Integrierte Marketingorganisation", „Adäquate Marketinginformation", „Strategische Orientierung", „Effektive Abwicklung", „Vollständiger Innovationsprozess", „Einzigartiger Produktcharakter" und „Marktcharakter" definiert. Dabei werden zusammengehörende Indikatoren gemäss der Aufstellung in der folgenden Tabelle zu „Komponenten" zusammengefasst (Tab. 18).

| Einflussbereich | Komponenten |
|---|---|
| Kundenorientierung | • Marketingkonzept, Marktsegmentierung und Marketingsystemsicht |
| Integrierte Marketingorganisation | • Marketingfunktion, Marketing und andere Funktionen und Marketingpartner |
| Adäquate Marketinginformation | • Externe Marketinganalysen, interne Marketinganalysen und allgemeine Marktkenntnisse |
| Strategische Orientierung | • Marketingstrategie, Marketingplanung und Eventualfälle |
| Effektive Abwicklung | • Marketingphilosophie, Marketingressourcen und Reaktionsfähigkeit |
| Vollständiger Innovationsprozess | • Organisation und Aktivitäten |
| Einzigartiger Produktcharakter | • Wettbewerbsfähigkeit im Marketingmix und Nutzen |
| Marktcharakter | • Äussere und innere Marktkräfte |

Tab. 18: Die Einflussbereiche und Komponenten auf den JTU-Erfolg

### 3.3.2.1 Indikatoren im Einflussbereich „Kundenorientierung"

Die Indikatoren des Einflussbereichs „Kundenorientierung" basieren auf drei Fragen zur Marketingeffektivität (vgl. das Modell von Kotler im Kapitel 3.1.1). Die drei Komponenten dieses Einflussbereichs lauten: Marketingkonzept,[1] Marktsegmentierung[2] und Marketingsystemsicht (Tab. 19).

| Komponenten | Verwendete Indikatoren |
|---|---|
| Marketing-konzept | • Anstrengungen, das gesamte Unternehmen auf die Bedürfnisse und Wünsche der Zielmärkte auszurichten<br>• Anstrengungen, die Zielmärkte des Unternehmens bewusst auszuwählen<br>• Anstrengungen, die Zielmärkte mit Blick auf das langfristige Wachstum und Gewinnpotential des Unternehmens auszuwählen |
| Marktsegmentierung | • Anstrengungen, unterschiedliche Angebote für unterschiedliche Marktsegmente zu entwickeln<br>• Anstrengungen, unterschiedliche Marketingpläne für unterschiedliche Marktsegmente zu entwickeln |
| Marketing-systemsicht | • Anstrengungen, Chancen und Gefahren, welche aus Änderungen im Unternehmensumfeld resultieren, schnell zu erkennen<br>• Anstrengungen, eine Analyse des Unternehmensumfeldes bei der Unternehmensplanung zu berücksichtigen |

Tab. 19: Indikatoren im Einflussbereich „Kundenorientierung"

### 3.3.2.2 Indikatoren im Einflussbereich „Integrierte Marketingorganisation"

Die Indikatoren dieses Einflussbereichs bestehen aus drei Komponenten, die sich auf unterschiedliche Ebenen der Unternehmensorganisation beziehen (Tab. 20). Die Indikatoren der ersten Komponente befassen sich mit dem Marketing als Unternehmensfunktion (nebst den anderen Funktionen wie Produktion, Finanzen oder F&E). Die Indikatoren der zweiten Komponente liegen auf einer höheren Ebene: Sie untersuchen die Beziehungen zwischen den verschiedenen Unternehmensfunktionen. Die Indikatoren der dritten Komponente schliesslich bewegen sich auf der obersten Ebene und befassen sich mit der „unternehmensexternen Marketingorganisation", d.h. mit denjenigen Unternehmen, die als Kooperationspartner im Bereich Marketing tätig sind. Dabei untersucht die vorliegende Arbeit weniger die Anzahl oder die Art dieser Partner, sondern vielmehr, wie systematisch diese ausgewählt wurden.

---

[1] „Das Marketingkonzept besagt, dass der Schlüssel zur Erreichung unternehmerischer Ziele darin liegt, die Bedürfnisse und Wünsche des Zielmarktes zu ermitteln und diese dann wirksamer und wirtschaftlicher zufriedenzustellen als die Wettbewerber." (Kotler/Bliemel, 1995, S. 25.)

[2] Die Marktsegmentierung ist „die Unterteilung des Marktes in klar abgegrenzte Käufergruppen, die jeweils spezielle Produkte bzw. einen eigenen Marketing-Mix erfordern." (Kotler/Bliemel, 1995, S. 422.)

| Komponenten | Verwendete Indikatoren |
|---|---|
| Marketingfunktion | • Anstrengungen, die Verkaufs- und Marketingaktivitäten zu koordinieren<br>• Anstrengungen, eine eigenständige Marketinggruppe oder -organisation aufzubauen |
| Marketing und andere Funktionen | • Anstrengungen, keine Unternehmensfunktion (Entwicklung, Produktion, Verkauf, Marketing, Finanzen) in bezug auf die notwendigen Ressourcen wie Zeit, Geld und Mitarbeiter zu vernachlässigen<br>• Anstrengungen, die Marketingaktivitäten mit anderen Unternehmensaktivitäten wie Forschung und Entwicklung, Finanzen, Einkauf, Produktion usw. zu koordinieren |
| Marketingpartner | • Anstrengungen, die Kooperationspartner im Marketing und Verkauf systematisch auszuwählen, d.h. mögliche Partner systematisch zu suchen und diese anhand festgelegter Kriterien zu evaluieren und auszuwählen<br>• Anstrengungen, die Kooperationspartner im Marketing und Verkauf bei ihrer Arbeit zu unterstützen |

Tab. 20: Indikatoren im Einflussbereich „Integrierte Marketingorganisation"

### 3.3.2.3 Indikatoren im Einflussbereich „Adäquate Marketinginformation"

Wie in den zwei obigen Einflussbereichen werden auch im Einflussbereich „Adäquate Marketinginformation" drei verschiedene Komponenten unterschieden (Tab. 21): die externe und die interne Marketinganalyse sowie die allgemeinen Marketingkenntnisse. Die Indikatoren der ersten Komponente umfassen die Anstrengungen der JTU, *externe* Marketinginformationen zu beschaffen - z.B. über die Kunden, Wettbewerber und Märkte. Die Indikatoren der zweiten Komponente verdeutlichen die Anstrengungen der JTU, wichtige *interne* Marketinginformationen zu ermitteln - z.B. über die eigenen Stärken und Schwächen, die Verkaufspotentiale und die Kosteneffizienz. Die Indikatoren der dritten und letzten Komponente bringen das im JTU existierende Know-how über den Markt, die Kunden und die Wettbewerber zum Ausdruck. Die Höhe der Marketinginformation im JTU ist letztlich nicht nur abhängig von den Anstrengungen zur Beschaffung dieser Informationen, sondern auch von der Höhe der Ausgangskenntnisse.[1]

---

[1] Es wird davon ausgegangen, dass die internen Marketinginformationen in jedem Unternehmen neu erarbeitet werden müssen. Frühere Kenntnisse oder Erfahrungen bringen dem Unternehmen in diesem Sinne nichts.

| Komponenten | Verwendete Indikatoren |
|---|---|
| Externe Marketinganalysen | • Anstrengungen, Kunden und deren (un-)ausgesprochene Bedürfnisse, Wünsche, Muss- und Sollanforderungen, Kaufeinflüsse usw. zu analysieren<br>• Anstrengungen, Informationen über die Kundenzufriedenheit zu ermitteln<br>• Anstrengungen, Wettbewerber und deren Produkte, Preise, Strategien, Stärken und Schwächen, Marktanteile usw. zu analysieren<br>• Anstrengungen, Zielmärkte und deren Volumen, Potential, Chancen, Risiken, Eintrittsbarrieren, Trends usw. zu analysieren<br>• Anstrengungen, das gesamte Unternehmensumfeld, d.h. Kunden, Lieferanten, Wettbewerber, Absatzkanäle usw. zu analysieren |
| Interne Marketinganalyse | • Anstrengungen, die eigenen Stärken und Schwächen zu analysieren<br>• Anstrengungen, das Verkaufspotential sowie die Profitabilität verschiedener Marktsegmente, Kunden, Produkte und Regionen zu ermitteln<br>• Anstrengungen, Informationen über die Kosteneffizienz verschiedener Marketingaufwendungen zu ermitteln |
| Allgemeine Marktkenntnisse | • Sehr gute Kenntnisse der Märkte und deren Erfolgsfaktoren<br>• Sehr gute Kenntnisse der Kunden und deren kritischer Kauffaktoren<br>• Sehr gute Kenntnisse über die Wettbewerber, deren Produktvorteile und Erfolgspositionen |

Tab. 21: Indikatoren im Einflussbereich „Adäquate Marketinginformation"

### 3.3.2.4 Indikatoren im Einflussbereich „Strategische Orientierung"

Die Indikatoren im Einflussbereich „Strategische Orientierung" können bezüglich des zeitlichen Aktionshorizontes in drei unterschiedliche Komponenten eingeteilt werden (Tab. 22): die Marketingstrategie, die Marketingplanung und Eventualfälle. Die Indikatoren der ersten Komponente befassen sich mit den Anstrengungen der JTU, wichtige strategische Marketingfragen zu beantworten. Die Indikatoren der zweiten Komponente beziehen sich auf die Planungsaufgaben im Bereich Marketing. Und die beiden Indikatoren der letzten Komponente befassen sich mit der Handhabung von Eventualfällen. Dies sind Vorfälle innerhalb oder ausserhalb des Unternehmens, welche plötzlich auftreten und einen grossen positiven oder negativen Einfluss auf die Entwicklung des entsprechenden JTU haben können.

| Komponenten | Verwendete Indikatoren |
|---|---|
| Marketingstrategie | • Anstrengungen, die eigene strategische Position gegenüber den Wettbewerbern klar zu definieren<br>• Anstrengungen, kritische Schlüsselresultate für den Unternehmenserfolg zu identifizieren und sich daran zu orientieren<br>• Anstrengungen, eine klare, realisierbare und gut begründete Marketingstrategie zu entwickeln |

| | |
|---|---|
| Marketing-<br>planung | • Anstrengungen, kurze und mittelfristige Verkaufsprognosen durchzuführen<br>• Anstrengungen, durch eine formale Marketingplanung klare kurzfristige Ziele und konkrete Massnahmen mit Aufgaben, Terminen und Verantwortlichkeiten zu definieren<br>• Anstrengungen, langfristige Marketingpläne zu definieren und regelmässig zu aktualisieren |
| Eventualfälle | • Anstrengungen, wichtige Eventualfälle, d.h. kritische Ereignisse zu identifizieren, die erheblichen Einfluss auf das Unternehmen haben könnten<br>• Anstrengungen, Aktionspläne für das Eintreffen dieser Eventualfälle zu erstellen |

Tab. 22: Indikatoren im Einflussbereich „Strategische Orientierung"

### 3.3.2.5 Indikatoren im Einflussbereich „Effektive Abwicklung"

Auch die Indikatoren dieses Einflussbereichs lassen sich in drei unterschiedliche Komponenten einteilen. Die erste Komponente umfasst Indikatoren der allgemeinen „Marketingphilosophie" im Unternehmen, die zweite befasst sich mit den Ressourcen im Marketing der JTU und die dritte Komponente untersucht die Reaktionsfähigkeit der JTU als Ausdruck der effektiven Abwicklung.

| Komponenten | Verwendete Indikatoren |
|---|---|
| Marketingphilo-<br>sophie | • Anstrengungen, alle Mitarbeiter gut zu motivieren<br>• Anstrengungen, eine starke Kundenorientierung bei allen Mitarbeitern zu kommunizieren<br>• Anstrengungen, ein professionelles und verlässliches Erscheinungsbild des Unternehmens zu gewährleisten, d.h. eigene Büros, professionelle Prospekte, gute Erreichbarkeit usw.<br>• Anstrengungen, professionelle, effektiv gesteuerte und kontrollierte Verkaufs- und Marketingaktivitäten zu gewährleisten<br>• Anstrengungen, die Wirksamkeit verschiedener Marketingaufwendungen ständig zu verbessern |
| Marketing-<br>ressourcen | • Grosses Know-how im Marketing und Verkauf in Relation zum Branchendurchschnitt<br>• Grosse Erfahrungen im Marketing und Verkauf in Relation zum Branchendurchschnitt<br>• Anstrengungen, ausreichende Ressourcen für das Marketing und den Verkauf zu gewährleisten, d.h. Zeit, Geld und genügend Mitarbeiter |
| Reaktions-<br>fähigkeit | • Anstrengungen, umgehend die notwendigen Korrekturmassnahmen einzuleiten, sobald sichtbar wird, dass Ziele nicht erreicht werden<br>• Anstrengungen, immer die aktuellsten Informationen über das Unternehmen, die Kunden, den Markt, die Wettbewerber usw. zu ermitteln |

Tab. 23: Indikatoren im Einflussbereich „Effektive Abwicklung"

## 3.3.2.6 Indikatoren im Einflussbereich „Vollständiger Innovationsprozess"

Die Indikatoren im Bereich „Vollständiger Innovationsprozess" werden in zwei Komponenten eingeteilt: die Organisation und die Aktivitäten.[1]

| Komponenten | Verwendete Indikatoren |
| --- | --- |
| Organisation | • Intensität des Kontaktes mit potentiellen Kunden<br>• Interdisziplinarität des Teams (insbesondere hinsichtlich der Technik- und Marketingkompetenzen der Beteiligten)<br>• Formalität der Organisation, d.h. klare und schriftliche Planung, Ziele, Aufgaben und Meilensteine |
| Aktivitäten | • Durchführung einer Marktanalyse der Produktidee<br>• Erarbeitung einer Marktstudie des Produktkonzeptes<br>• Durchführung einer Wirtschaftlichkeitsprüfung des Produktkonzepts<br>• Durchführung von Produkttests zusammen mit (potentiellen) Kunden<br>• Durchführung von Markttests (Testverkäufe in begrenztem Gebiet)<br>• Erarbeitung eines Planes zur Markteinführung<br>• Identifikation konkreter Positionierungsmerkmale für die Produkte<br>• Bewusste Kommunikation der Positionierungsmerkmale der Produkte an die Kunden |

Tab. 24: Indikatoren im Einflussbereich „Vollständiger Innovationsprozess"

## 3.3.2.7 Indikatoren im Einflussbereich „Einzigartiger Produktcharakter"

Dieser Einflussbereich umfasst zwei Komponenten: Die erste Komponente umfasst die Indikatoren der Wettbewerbsfähigkeit des wichtigsten Produktes bezüglich der vier Elemente des Marketingmixes (product, place, promotion, price), und die zweite Komponente umfasst die Indikatoren des Produktnutzens.[2]

| Komponenten | Verwendete Indikatoren |
| --- | --- |
| Wettbewerbs-<br>fähigkeit im<br>Marketingmix | • Befriedigte das Produkt Bedürfnisse, die andere Firmen nicht befriedigen konnten?<br>• Wurde das Produkt über einen besseren, d.h. grösseren, schnelleren, zuverlässigeren oder qualifizierteren Verkauf vertrieben als Konkurrenzprodukte?<br>• Wurde das Produkt mit besseren Werbe-, Verkaufsförderungs-, PR- oder Direct-Mail-Massnahmen vertrieben als Konkurrenzprodukte?<br>• Bot das Produkt ein wesentlich besseres Preis/Leistungsverhältnis an als Konkurrenzprodukte? |
| Nutzen | • Bedingt das Produkt für den Einsatz Anpassungskosten seitens der Kunden (z.B. durch zusätzliche Räume oder Geräte)?<br>• Wurde das Produkt entwickelt, weil potentielle Kunden konkret danach verlangten?<br>• Waren die Kunden/Interessenten gegenüber dem Produkt sehr aufgeschlossen? |

---

[1] Vgl. Cooper, 1994, S. 73.
[2] Vgl. u.a. Cooper, 1979, S. 100ff; Cooper, 1980b, S. 18ff; Cooper, 1994. S. 61.

- Erzielt das Produkt Kosteneinsparungen beim Kunden?
- Bedingt das Produkt für die optimale Nutzung Lernanstrengungen der Kunden, z.B. durch Umstellungen?
- Zeichnet sich das Produkt durch einfach wahrnehmbare Produktvorteile aus?
- Wurde das Produkt gebaut, weil eine Technologie dem Unternehmen neu dies ermöglichte?
- Enthält das Produkt komplexe, schwer imitierbare Technologien?

Tab. 25: Indikatoren im Einflussbereich „Einzigartiger Produktcharakter"

### 3.3.2.8 Indikatoren im Einflussbereich „Marktcharakter"

Die Operationalisierung des Marktcharakters orientiert sich weitgehend an einem Modell von Porter zur Attraktivität eines Marktes oder Marktsegmentes (Tab. 26).[1] Laut Porter lassen sich fünf Kräfte unterscheiden, welche die inhärente langfristige Attraktivität des gesamten Marktes bzw. eines jeden Marktsegmentes bestimmen: die Macht der Kunden gegenüber dem Unternehmen, die Macht der Lieferanten gegenüber dem Unternehmen, die Bedrohung durch potentielle neue Anbieter,[2] die Bedrohung durch Substitutionsprodukte sowie die Rivalität innerhalb des Marktes. Die ersten vier Kräfte lassen sich in der Komponente der äusseren Marktkräfte zusammenfassen. Die Indikatoren der fünften Kraft, die inneren Marktkräfte also, sind in der zweiten Komponente enthalten und umfassen nebst der Wettbewerbsdynamik auch die Wettbewerbsintensitäten in bezug auf fünf wichtige Elemente des Marketingmix.

| Komponenten | Verwendete Indikatoren |
|---|---|
| Äussere Marktkräfte | • Besassen die Kunden gegenüber dem Unternehmen eine grosse Macht?. D.h. konnten sich die Kunden sehr gut über verschiedene Wettbewerbsprodukte informieren, zwischen ähnlichen Produkten auswählen oder auf den Kauf unseres Produktes ohne weiteres verzichten?<br>• Besassen die Lieferanten gegenüber Unternehmen eine grosse Macht?. D.h. War das Unternehmen sehr stark auf die Lieferanten, diese aber nicht auf das Unternehmen angewiesen?<br>• Waren die Markteintrittsbarrieren im Zielmarkt sehr hoch? D.h. Erforderte der Markteintritt sehr viel Kapital? Hatten etablierte Unternehmen viele Vorteile? Hatten die Kunden durch den Kauf grosse Umstellungskosten zu tragen? Waren die Vergeltungsmassnahmen der etablierten Wettbewerber stark? usw.<br>• War der Zielmarktes stark durch Ersatzprodukte bedroht, die z.B. mit neueren Technologien den Markt umstürzen konnten? |

---

[1] Vgl. Porter, 1992; Porter, 1997; S. 25ff.
[2] Diese Gefahr wird ausgedrückt durch die Höhe der Markteintrittsbarrieren.

| Innere Markt-<br>kräfte | • Wettbewerbsdynamik |
|---|---|
| | • Wettbewerbsintensität um einzigartige Produktvorteile |
| | •           "            im Preis |
| | •           "            im persönlichen Verkauf |
| | •           "            in der Werbung, PR und der Verkaufsförderung |
| | •           "            um bestehende Vertriebskanäle |

Tab. 26: Indikatoren im Einflussbereich „Marktcharakter"

# 4. Methodik der empirischen Untersuchung

## 4.1 Untersuchungsdesign

Jede Untersuchung mit dem Ziel, kritische Erfolgsfaktoren - d.h. die zwischen Erfolg und Misserfolg diskriminierenden Faktoren - zu identifizieren, ist auf eine Stichprobe mit möglichst grosser Heterogenität des Erfolges angewiesen. Würden nur erfolgreiche Unternehmen in die Stichprobe mit einbezogen, so könnte von einem gemeinsam auftretenden Merkmal nicht behauptet werden, es sei erfolgsrelevant, dasselbe Merkmal könnte in gleichem Masse auch bei den erfolglosen Unternehmen auftreten. Die Ergebnisse verschiedener Untersuchungen auf dem Gebiet der JTU-Forschung zeigen, dass es äusserst schwierig ist, erfolglose resp. konkursite Unternehmen zu identifizieren und zu einer Teilnahme an einer breiten empirischen Untersuchung zu motivieren.[1] In der vorliegenden Arbeit wurden ausschliesslich Unternehmen, die zum Befragungszeitpunkt noch aktiv waren, in die Stichprobe aufgenommen. Da auch in dieser Gruppe die Spannweite zwischen Erfolg und Misserfolg sehr gross ist, kann die resultierende Abweichung, die aus dem Nicht-Einbezug tatsächlich gescheiterter Firmen entstand, als relativ klein betrachtet werden.

Da eine statische Sichtweise der dynamischen Entwicklung vieler JTU nicht gerecht wird, ist die vorliegende Forschungsarbeit als Querschnittuntersuchung mit zwei rückblickenden Komponenten konzipiert worden: d.h. die Befragung der Unternehmen fand zwar zu einem Zeitpunkt statt, doch die meisten Fragen bezogen sich auf zwei verschiedene Zeitabschnitte in der Vergangenheit der JTU (vgl. Abb. 13). Der erste zeitliche Fokus dieser Studie bezieht sich auf die Situation in der Gründungsphase: die Jahre eins und zwei nach der Unternehmensgründung resp. nach der Geschäftsaufnahme. Es ist anzunehmen, dass sich viele Gründer noch gut an diesen Zeitabschnitt erinnern, auch wenn dieser schon viele Jahre zurückliegt. Die Gründung eines Unternehmens bringt in den meisten Fällen einen entscheidenden Einschnitt im Leben mit sich, den sich viele Gründer auch nach Jahren erstaunlich gut ins Gedächtnis zurückrufen können. Die Erfahrung zeigt aber auch, dass bei Unternehmensgründungen, die mehr als 15 Jahre zurückliegen, eine Rekonstruktion der damaligen Gründungssituation nur noch schwierig vorgenommen werden kann.[2] Die untersuchten Unternehmen sollten daher höchstens 15 Jahre alt sein. Der zweite zeitliche Fokus dieser Studie richtet sich auf die Unternehmenssituation in den letzten zwei Jahren der JTU,

---

[1] Vgl. u.a. Kulicke, 1987, S. 73; Kuipers, 1990, S. 143.
[2] Vgl. Rüggeberg, 1997, S. 139.

d.h. konkret, die Zeit von Mitte 1995 und bis Mitte 1997.[1] Die Befragten dürften keinerlei Probleme gehabt haben, sich daran zu erinnern. Um mögliche Dynamiken in der Unternehmensentwicklung auszugleichen, wurden die beiden betrachteten Zeiträume auf zwei Jahre festgelegt. Der Vergleich der beiden Untersuchungszeitpunkte lässt erwarten, dass eine Reihe grundsätzlich neuer Forschungsresultate gewonnen werden können. Eine alternative Längsschnittuntersuchung mit einer Datenerhebung zum Gründungszeitpunkt und einer wiederholten Messung nach einigen Jahren war aus Zeitgründen im Rahmen der vorliegenden Untersuchung nicht durchführbar. Zudem hätte sie nicht per se garantieren können, dass die Messergebnisse wesentlich besser ausgefallen wären.

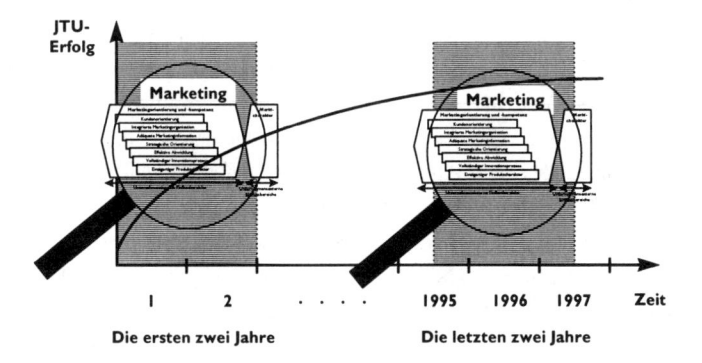

Abb. 13: Design der Untersuchung

Bei vielen Unternehmen kann erst einige Jahre nach der Gründung ein valides Urteil über deren Erfolg oder Misserfolg abgegeben werden.[2] Daher müssen die untersuchten JTU ein entsprechendes Mindestalter aufweisen. Diese Überlegungen führten zum Entscheid, ausschliesslich zwischen 1984 und 1993 - also in einem Zeitraum von 10 Jahren - gegründete JTU in die Untersuchung mit einzubeziehen. Der längste Erinnerungszeitraum zwischen Gründungsjahr und Untersuchungszeitpunkt (August/September 1997) betrug somit 13½ Jahre, kürzeste Zeitraum zur Beurteilung des Erfolges 3½ Jahre.

---

[1] Da die letzten zwei Jahre für einige Unternehmen das dritte und vierte und für andere Unternehmen das zwölfte und dreizehnte Geschäftsjahr waren, ist der Vergleich dieser Daten untereinander nur bedingt möglich. Die gewählte Konstellation beruht jedoch auf der Annahme, dass die Veränderungen im Marketing in den ersten paar Jahren wesentlich grösser sind als später. Zudem ist es für die Befragten wesentlich schwieriger, einen x-beliebigen Zeitabschnitt, z.B. das fünfte und sechste Geschäftsjahr, in Erinnerung zu rufen, wenn dieses schon mehrere Jahre zurückliegt.
[2] Gemäss Kulicke ist dies frühestens nach fünf Jahren möglich (Kulicke et al., 1993, S. 140).

Aus einer Reihe möglicher Erhebungsverfahren wurde die schriftliche postalische Befragung mittels Fragebogen gewählt.[1] Diese Methode hat einige wesentliche Vorteile:[2] Sie ist relativ schnell, kostengünstig und umfassend, der organisatorische Aufwand ist selbst für grosse Datenmengen relativ gering, die Einflussgefahr durch unterschiedliche Interviewer ist ausgeschlossen, die grosse Anonymität der Befragten erhöht die Antwortbereitschaft auf heikle Fragen, und da der Zeitpunkt und die Zeitdauer zur Beantwortung der Fragen durch den Befragten selbst bestimmt werden können, sind überlegte Antworten möglich.

Die schriftliche postalische Befragung mittels Fragebogen weist nebst den erwähnten Vorteilen aber auch einige Nachteile auf, darunter in erster Linie die geringe Rücklaufquote der versandten Fragebögen. Dieses Faktum fällt in der vorliegenden Untersuchung insbesondere daher ins Gewicht, weil die Anzahl der JTU in der definierten Grundgesamtheit relativ klein ist (vgl. Kapitel 4.2.1). Das Anschreiben einer grossen Stichprobe in Erwartung eines kleinen Rücklaufes war deshalb gar nicht möglich. Um eine ausreichende statistische Basis zu erhalten, musste eine hohe Rücklaufquote erreicht werden. Zu diesem Zweck wurden folgende Massnahmen ergriffen: Alle Unternehmensgründer wurden durch einen vierphasigen Prozess zur Teilnahme an der Untersuchung motiviert. In der ersten Phase wurde jeder Unternehmensgründer telefonisch kontaktiert und persönlich angefragt, ob er an der Untersuchung teilnehmen könnte. In der zweiten Phase (noch am gleichen Tag) wurde dem Gründer der Fragebogen mit Begleitbrief und frankiertem Rückantwortcouvert zugesandt. Beim Begleitbrief wurde besonders auf die folgenden Punkte Wert gelegt: persönliche Adressierung, Betonung der Wichtigkeit der Untersuchung, Zusicherung strengster Vertraulichkeit sowie Bekanntgabe eines baldigen Abgabetermins. Ferner stellte der Brief eine Belohnung in Form eines Kurzberichtes zu den Untersuchungsergebnissen in Aussicht. Die dritte Phase setzte drei bis vier Wochen nach der zweiten Phase ein und betraf alle JTU, die sich bis zu jenem Zeitpunkt noch nicht gemeldet hatten. Diesen JTU wurde nun ein Erinnerungsschreiben mit erneut beigelegtem erstem Begleitbrief, Fragebogen und frankiertem Rückantwortcouvert zugesandt. In der vierten und letzten Phase wurden alle JTU, die auch auf das Erinnerungsschreiben nicht reagiert hatten, nochmals telefonisch kontaktiert und für die Teilnahme an der Untersuchung motiviert.

Ein weiterer Nachteil der schriftlichen Befragung ist i.d.R. die erschwerte Rückfragemöglichkeit bei unverständlichen Fragen. Dieses Problem konnte durch möglichst leicht verständliche und präzise Fragestellungen sowie durch die Angabe einer Telefonnummer für allfällige Rückfragen weitgehend vermieden werden. Zu diesem Zweck wurde der Fragebogen von insgesamt elf Personen getestet. Vier dieser Personen hatten relativ gute Kennt-

---

[1] Vgl. Rossi/Wright/Anderson, 1983; Berekoven/Eckert/Ellenrieder, 1996; Schnell/Hill/Esser, 1995.
[2] Vgl. Müller-Böling/Klandt, 1993, S. 42f; Grote, 1995, S. 14ff.

nisse, drei Personen eher geringe Kenntnisse im Bereich Marketing, und die vier letzten Personen waren reale Unternehmensgründer. Diese Gründerpersonen wurden während des Ausfüllens des Fragebogens beobachtet, allfällige Unklarheiten und Kommentare wurden sofort diskutiert und aufgenommen.

Da Geschäftsführer von Unternehmen häufig Fragebögen erhalten, besteht die Gefahr, dass diese aufgrund der hohen Arbeitsbelastung der Geschäftsführer an Mitarbeiter zur Bearbeitung weitergegeben werden. Dadurch können die Ergebnisse verfälscht werden. Um dies zu vermeiden, wurde bei der vorliegenden Untersuchung - besonders in der ersten Phase - der direkte Kontakt mit den Unternehmensgründern gesucht. Als Gütekontrolle in dieser Problematik dienten zudem zwei in den Fragebogen integrierte Fragen nach der Funktion und der Gründeraktivität der ausfüllenden Person.

Weitere Untersuchungsprobleme entstehen durch die unbewusste Beeinflussung der Antwortenden durch die Art der Frageformulierung und die Fragesituation an sich. Auch wenn grösste Vorsichtsmassnahmen getroffen worden sind, so können Fragestellungen dennoch suggestiv wirken. Die Diskussion jeder Frage mit mehreren Personen sollte dies verhindern. Zudem können die Befragten in einer Weise antworten, von der sie annehmen, dass sie von ihnen erwartet oder erwünscht wird. Auch dieses Phänomen kann zu erheblichen Verzerrungen der Ergebnisse führen. Da jedoch die wenigsten Befragten in einem Abhängigkeitsverhältnis stehen, da die Vertraulichkeit der Datenhandhabung mehrfach betont wurde und allen Unternehmensgründern eine eigene, starke Persönlichkeit attestiert wird, kann m.E. angenommen werden, dass solche Verzerrungen unwesentlich sind.

Schliesslich ist auch die Vermutung zulässig, dass erfolgreiche Unternehmensgründer eher bereit sind, an einer Untersuchung über den Erfolg teilzunehmen als weniger erfolgreiche Gründer. Dieses Problem kann, abgesehen von der allgemeinen Motivation zur Teilnahme, letztlich nicht gelöst werden. Doch kann die Heterogenität der Unternehmen bezüglich des Erfolgs resp. Misserfolgs (vgl. Kapitel 5.1.2) Aufschluss über mögliche Verfälschungen dieser Art geben.

Der Fragebogen umfasst sieben Seiten und ist in sechs Kapitel eingeteilt: „Allgemeine Angaben", „Organisation im Unternehmen", „Wichtigstes Produkt resp. Innovation", „Aktivitäten im Marketing", „Probleme der Unternehmensentwicklung" und „Erfolg des Unternehmens". Die meisten Fragen weisen eine siebenstufige Likert- oder Ratingskala auf.[1] Diese beiden Skalierungsarten werden in den sozialwissenschaftlichen Disziplinen häufig benutzt, und sie gehören zu den wenigen Methoden, die es ermöglichen, qualitative Aussagen statistisch zu erfassen und mit multivariaten Analyseverfahren auszuwerten (vgl. Kapitel 4.3.4). Um Fehler bei der Dateneingabe in das Auswertungsprogramm zu entdecken, wurde einerseits die Verteilung jeder Variablen einer Sinnprüfung unterzogen, und andererseits wurden alle Daten zweifach eingegeben und auf deren Gleichheit hin überprüft.

## 4.2 Datenerhebung

### 4.2.1 Erhebung der Grundgesamtheit

Zur Bestimmung der jungen Technologieunternehmen (gemäss Definition aus Kapitel 2.1.4) musste relativ viel Zeit investiert werden, da weder beim Bundesamt für Statistik noch bei anderen Organisationen und Verbänden diesbezüglich detaillierte Angaben vorlagen. Aus Expertengesprächen und in Analogie zu Deutschland kann geschätzt werden, dass in der Schweiz pro Jahr ca. 30 bis 40 neue, selbständig-originär gegründete Technologieunternehmen entstehen.[2] Für die Zeit von 1984 bis 1993 ist daher mit ca. 300 bis 400 JTU zu rechnen. Um eine möglichst vollständige Liste dieser Unternehmen zu generieren, wurden mehrere Adressquellen benutzt. Die wichtigste Quelle war die Schweizer Wirtschafts-CD-ROM, die Daten zu sämtlichen Schweizer Unternehmen enthält.[3] Eine weitere Quelle war das Bundesamt für Statistik, welches für diese Untersuchung zusätzliche Adressen zur Verfügung stellte.[4] Ergänzende Quellen zur Identifikation JTU waren Zeitungsberichte,[5] Broschüren des Wettbewerbs „Technologiestandort Schweiz",[6] Mitgliederlisten von Jung-

---

[1] Im Fall der Likert-Skalierung gibt der Antwortende seine Einstellung, d.h. seine Zustimmung oder Ablehnung, gegenüber einer vorgegebenen Aussage wieder. Diese kann er meistens in Form einer ganzen Zahl - z.B. 1 = stimme zu, 2 = stimme teilweise zu, 3 = stimme nicht zu - anzeigen. Rating-Skalen sind mit der Likert-Skalen verwandt, drücken aber nicht den Grad der Zustimmung oder Ablehnung aus, sondern die Ausprägung einer anderen Variable, z.B. Güte, Schulleistung, Lautstärke usw. (vgl. Nieschlag/Dichtl/Hörschgen, 1997, S. 693ff, S. 701ff.

[2] Gemäss Kulicke entstehen in Deutschland in den alten Bundesländern pro Jahr ca. 300 neue TU (Kulicke et al., 1993, S. 5). Da die Relation von Deutschland zu der Schweiz in sehr vielen Bereichen das Verhältnis von ungefähr 10:1 aufweist, kann daraus für die Schweiz mit ca. 30 neuen TU gerechnet werden.

[3] Die Schweizer Wirtschafts-CD-ROM wird von Orell Füssli und Teledata herausgegeben. Die Selektion der Daten basierte auf den Kriterien Gründungsjahr (1984 - 1993), Kanton (deutschschweizer Kantone), Gesellschaftsform (AG und GmbH) und Branche (ausgewählte Branchen siehe Anhang A).

[4] Die Auswahl dieser Daten beruhte auf den Merkmalen Unternehmensalter (2-15 Jahre), Kanton (deutschschweizer Kantone), Gesellschaftsform (AG und GmbH), Anzahl Mitarbeiter (>3) und Branchenzugehörigkeiten gemäss NOGA (ausgewählte Branchen siehe Anhang A).

[5] Alle zwischen 1985 und 1993 in der Rubrik „Innovation" geschriebenen Artikel der Schweizer Wirtschaftszeitschrift „Cash" wurden systematisch nach Namen von möglichen JTU durchsucht.

[6] Dieser Preis wird seit 1988 jährlich an innovative Schweizer Projekte verliehen, die als Belohnung ihre Innovationen an den Messen CeBit und Hannover-Messe ausstellen dürfen.

unternehmer-Vereinigungen sowie Mieterlisten von in Schweizer Technoparks ansässigen Firmen. Insgesamt konnten 444 Adressen möglicher JTU identifiziert werden. Ein gemeinsames Merkmal aller Adressquellen war die lückenhafte, unpräzise oder zweideutige Information über die Tätigkeit, den Gründungszeitpunkt oder die Gründungsart der JTU. Aufgrund dieses Befundes wurden diese entscheidenden Fragen als Teilnahmekriterien an den Anfang des Fragebogens gesetzt: Entwickelt das Unternehmen eigene technischer Produkte? Hat das Unternehmen zwischen 1984 und 1993 seine Geschäftstätigkeit aufgenommen? War die Gründung selbständig und wurde dadurch ein neues System geschaffen? Erfüllte ein JTU eines dieser drei Kriterien nicht, wurde es für die weitere Untersuchung ausgeschlossen.

### 4.2.2 Der Fragebogenversand

Vor dem eigentlichen Fragebogenversand wurde versucht, alle 444 identifizierten Unternehmen telefonisch zu kontaktieren und die Gründer persönlich für eine Teilnahme an der Untersuchung zu motivieren. Dies war in 56 Fällen nicht möglich, da das Unternehmen oder der Unternehmensgründer nicht erreicht werden konnte (Tab. 27). In 104 Fällen wurde der Unternehmensgründer zwar erreicht, doch erfüllte das Unternehmen nicht alle Teilnahmekriterien (79 Fälle) oder der Gründer wollte explizit nicht an der Untersuchung teilnehmen (25 Fälle). Schliesslich bedeutete das den Ausschluss von 160 der 444 ursprünglich identifizierten Unternehmen. An die verbleibenden 284 Adressen wurde ein Fragebogen verschickt. Davon wurden 196 retourniert, was einer totalen Rücklaufquote von 69% entspricht. Leider konnte nur ein Teil davon in die statistische Basis aufgenommen werden. Da 64 angeschriebene Unternehmen (22.4%) nicht alle Teilnahmekriterien erfüllten, kam der Fragebogen, wie vorgesehen, unausgefüllt zurück. 11 Fragebögen (5.6%) wurden aus Gründen wie „fehlende Zeit", „wir machen nie mit" oder „die Fragestellung trifft nicht zu" leer zurückgesandt. Weitere sieben Fragebögen (3.6%) waren in wesentlichen Punkten unvollständig. Ausserdem befanden sich unter den angeschriebenen Unternehmen drei JTU (1.5%), die sich noch immer in der eigentlichen Startphase befanden. Nach Ausschluss all dieser nicht verwertbaren Fragebögen konnten schliesslich 111, d.h. 39.1%, der versandten Fragebögen für die statistische Auswertung verwendet werden.

| Ursprünglich identifizierte Unternehmen | 444 | |
|---|---|---|
| *Unternehmen resp. Gründer nicht kontaktiert:* | | |
| • Korrekte Adresse/Telefonnummer konnte nicht ausfindig gemacht werden | 29 | |
| • Unternehmen ist telefonisch nicht erreichbar, d.h. das Telefon wird nicht abgenommen oder ist ständig besetzt[a] | 14 | |
| • Gründer ist während der Zeit der Untersuchung abwesend | 13 | |
| *Unternehmen kontaktiert, aber:* | | |
| • Entwickeln keine technischen Produkte | 29 | |
| • Vor 1984 oder nach 1993 gegründet | 25 | |
| • Keine selbständige Gründung | 25 | |
| • Wollen explizit nicht teilnehmen. Begründung: „Keine Aktivitäten mehr" | 14 | |
| • Wollen explizit nicht teilnehmen. Begründungen: „Keine Zeit", „Geheimhaltung", "Wir machen nie mit", „Ohne Grund" | 11 | |
| **Nicht in der Stichprobe** | **160** | |
| **Fragebogen verschickt** | **284** | **100.0%** |
| **Fragebogen zurückerhalten** | **196** | **69.0%** |
| *Ausschluss des Unternehmens:* | | |
| • Entwickeln keine technischen Produkte | 17 | 8.7%[b,c] |
| • Vor 1984 oder nach 1993 gegründet | 22 | 11.2%[b,c] |
| • Keine selbständige Gründung | 36 | 18.4%[b,c] |
| • Fragebogen unausgefüllt, da „Keine Zeit", „Wir machen nie mit", „Fragestellung trifft nicht zu" und „Ohne Begründung" | 11 | 5.6%[b] |
| • Fragebogen unbrauchbar, da in wesentlichen Punkten unvollständig | 7 | 3.6%[b] |
| • Fragebogen unbrauchbar, da Unternehmen immer noch in der Startphase, d.h. Produktentwicklung ohne jeglichen Umsatz | 3 | 1.5%[b] |
| **Fragebogen verwertbar** | **111** | **39.1%** |

[a] Es wurde angenommen, dass es sich bei diesen Unternehmen um Briefkastenfirmen handelt oder dass sie insolvent geworden sind.
[b] Die Prozentzahlen beziehen sich auf die zurückerhaltenen Fragebögen.
[c] Mehrfachnennungen sind möglich.

Tab. 27: Statistik des Fragebogenversandes

Eine erste Auswertung zeigte, dass beinahe 90% der verwertbaren Fragebögen durch einen Unternehmensgründer ausgefüllt worden waren (Tab. 28). Die Antworten geben daher zum grössten Teil den Standpunkt der tatsächlichen Gründer der JTU wieder. In drei Fällen war zum Befragungszeitpunkt keiner der Gründer mehr im Unternehmen tätig, so dass nur neun Unternehmensgründer (8%) das Ausfüllen des Fragebogens delegierten.

| Hat ein Gründer den Fragebogen ausgefüllt? | Anzahl | Prozent |
|---|---|---|
| Ja | 99 | 89.2% |
| Nein | 12 | 10.8% |
| **Total** | **111** | **100%** |

Tab. 28: Anteil der Gründer unter den antwortenden Personen

In knapp 92% der Fälle war die Funktion des Antwortenden die des Geschäftsleiters oder des VR-Präsidenten. 5.4% der Fragebögen wurden entweder durch den F&E-, den Finanz- oder den Marketing/Verkaufsleiter ausgefüllt (Tab. 29). Dies verdeutlicht, dass die Antworten in der überwiegenden Mehrheit die Sichtweise des „Topmanagements" der JTU wiedergeben.

| Funktion | Anzahl | Prozent |
|---|---|---|
| Geschäftsleiter | 96 | 86.5% |
| VR-Präsident | 6 | 5.4% |
| Leiter F&E | 4 | 3.6% |
| Leiter Finanzen | 2 | 1.8% |
| Leiter Marketing/Verkauf | 1 | 0.9% |
| Mitarbeiter | 1 | 0.9% |
| Keine Angaben | 1 | 0.9% |
| **Total** | **111** | **100%** |

Tab. 29: Funktion der antwortenden Personen im JTU

Aufgrund der obigen Resultate kann die Qualität der erhaltenen Antworten als sehr befriedigend beurteilt werden. Nur in einem Fall wurde der Fragebogen durch eine Person ausgefüllt, die weder an der Gründung teilnahm noch eine führende Funktion im JTU innehatte.

## 4.3 Datenauswertung

Die Daten der Fragebögen wurden mit dem Programmpaket SPSS ausgewertet.[1] Dabei kamen Häufigkeitsauszählungen, Kreuztabellen, Korrelationsanalysen, Gruppenvergleiche und drei multivariate Analysemethoden zum Einsatz: die Faktor-, die Cluster- und die Diskriminanzanalyse. In diesem Kapitel werden nach einer kurzen Einführung in die statistischen Grundbegriffe die wichtigsten dieser Verfahren kurz erläutert.

---

[1] Dabei wurde die Windows-Version 7.5 verwendet.

## 4.3.1 Statistische Grundbegriffe

### 4.3.1.1 Skalenniveaus

Der „Massstab", nach dem untersuchte Daten resp. Ausprägungen einer Variablen bewertet werden, heisst Skala.[1] Die Statistik kennt vier verschiedene Typen von Skalen, welche sich einerseits durch einen unterschiedlichen Informationsgehalt und andererseits durch die Anwendbarkeit unterschiedlicher Rechenoperationen resp. die empirische Relevanz auszeichnen (Tab. 30). Den kleinsten Informationsgehalt besitzen Nominalskalen. Sie stellen die Kategorisierung resp. Codierung qualitativer Variablenausprägungen dar und besitzen dementsprechend keine empirische Relevanz. Zwei Beispiele dafür sind das Geschlecht (männlich, weiblich) oder der Zivilstand (ledig, verheiratet, geschieden, verwitwet). Ordinalskalen stellen das nächst höhere Messniveau dar und erlauben Variablenausprägungen mit Hilfe von Rangwerten (d.h. ordinalen Zahlen) zu ordnen. Ein Beispiel dafür sind Einkommensklassen (0 - 3000 Fr., 3000 - 6000 Fr., > 6000 Fr.). Die nächst höheren Messniveaus, die Intervallskalen, zeichnen sich durch gleich grosse Skalenabschnitte aus und erlauben daher arithmetischen Operationen wie die Addition oder Subtraktion.[2] Ein typisches Beispiel dafür ist die Temperaturskala nach Celsius. Das höchste Messniveau stellen Ratioskalen dar. Sie besitzen die gleichen Eigenschaften wie Intervallskalen, unterscheiden sich jedoch von diesen durch einen natürlichen Nullpunkt. Zudem sind hier die mathematischen Operationen der Multiplikation und der Division möglich. Das Gewicht, die Körperlänge oder das reale Einkommen in Fr. sind Beispiele dafür. Die folgende Tabelle enthält eine Zusammenfassung der verschiedenen Skalenniveaus.

| Skalenniveau | Skalenart | Empirische Relevanz | Beispiel |
|---|---|---|---|
| Nominal | Nicht metrisch | Keine | Geschlecht |
| Ordinal | Nicht metrisch | Ordnungen der Zahlen | Einkommensklassen |
| Intervall | Metrisch | Differenzen der Zahlen | Temperaturskala in Celsius |
| Ratio (Verhältnis) | Metrisch | Verhältnisse der Zahlen | Gewicht |

Tab. 30: Die Skalenniveaus der Statistik

---

[1] Weiterführende Literatur für alle statistischen Verfahren siehe u.a.: Hartung, 1995; Bamberg/Baur, 1989; Backhaus et al. 1996, Bühl/Zöfel, 1996; Norušis, 1990a; Norušis, 1990b.

[2] Oftmals werden (ordinale) Skalen benutzt, von denen man annimmt, sie seien intervallskaliert. Dies ist z.B. bei Ratingskalen der Fall (Eine Person ordnet einer Variablen einen Wert auf einer Skala von 1 bis 7 zu). Solange die Annahme gleicher Skalenabstände unbestätigt ist, handelt es sich streng genommen um Ordinalskalen.

## 4.3.1.2 Die Irrtumswahrscheinlichkeit p

Die analytische Statistik befasst sich u.a. mit Verfahren, mit denen objektiv unterschieden werden kann, ob etwa ein auftretender Mittelwertunterschied zwischen zwei Gruppen oder eine Korrelation zwischen zwei Merkmalen zufällig zustande gekommen ist. Vergleicht man etwa zwei Mittelwerte, so kann man zu diesem Zweck zwei Hypothesen formulieren:

*Hypothese 0 (Nullhypothese):* Die beiden Stichproben entstammen der gleichen Grundgesamtheit, d.h. der gemessene Mittelwertunterschied ist zufällig zustande gekommen.

*Hypothese 1 (Alternativhypothese):* Die beiden Stichproben entstammen verschiedenen Grundgesamtheiten, d.h. der Mittelwertunterschied ist nicht zufällig zustande gekommen.

Die nach bestimmten Verfahren der Prüfstatistik berechnete Irrtumswahrscheinlichkeit p gibt an, mit welcher Wahrscheinlichkeit man sich irrt, wenn die Nullhypothese verworfen und die Alternativhypothese angenommen wird. Das Ziel besteht i.d.R. darin, die Nullhypothese mit einem möglichst kleinen p zu verwerfen. Bezüglich der Irrtumswahrscheinlichkeit p hat sich in der Literatur die folgende Symbolisierung durchgesetzt, welche auch für diese Arbeit verwendet wird.

| Irrtumswahrscheinlichkeit | Bedeutung | Symbolisierung |
|---|---|---|
| $p > 0.05$ | Nicht signifikant | - oder ns |
| $p \leq 0.05$ | Signifikant | * |
| $p \leq 0.01$ | Sehr signifikant | ** |
| $p \leq 0.001$ | Höchst signifikant | *** |

Tab. 31: Symbolisierung der Irrtumswahrscheinlichkeit p

### 4.3.2 Korrelationen

Korrelationen geben die Stärke und Richtung eines linearen Zusammenhangs zwischen zwei Variablen an. Die Masszahl des Zusammenhangs heisst Korrelationskoeffizient und wird mit r abgekürzt. Der Koeffizient liegt immer zwischen -1 und 1, wobei ein positiver Wert einen gleichläufigen (je grösser x, desto grösser y) und ein negativer Wert einen gegenläufigen (je grösser x, desto kleiner y) Zusammenhang bedeutet. Zur verbalen Beschreibung des Korrelationskoeffizienten sind die folgenden Abstufungen üblich (Tab. 32).

| Korrelationskoeffizient r | Interpretation |
|---|---|
| $0.0 \leq |r| < 0.2$ | Sehr geringe Korrelation |
| $0.2 \leq |r| < 0.5$ | Geringe Korrelation |
| $0.5 \leq |r| < 0.7$ | Mittlere Korrelation |
| $0.7 \leq |r| < 0.9$ | Hohe Korrelation |
| $0.9 \leq |r| < 1.0$ | Sehr hohe Korrelation |

Tab. 32: Interpretation der Korrelationskoeffizienten

Für zwei ratioskalierte oder intervallskalierte (normalverteilte) Variablen wird r mit der Korrelation nach Pearson berechnet. Ist mindestens eine der Variablen ordinalskaliert (oder nicht normalverteilt) wird r mit der *Korrelation nach Spearman* berechnet. Diese basiert nicht auf den tatsächlichen Variablenausprägungen - wie die Pearson-Korrelation - sondern auf den Rängen der Variablenausprägungen (d.h. die Variablenausprägungen der Stichprobe werden der Grösse nach aufgelistet resp. rangiert und die Rangzahlen werden für die weiteren Berechnungen benutzt).

### 4.3.3 Gruppenvergleiche

#### 4.3.3.1 Gruppenvergleiche metrischer oder ordinalskalierter Variablen

Mittelwertvergleiche zweier oder mehrerer verschiedener Stichproben gehören zu den häufig verwendeten statistischen Verfahren. Bei der Wahl des richtigen Testverfahrens spielen einerseits die Abhängigkeit der Stichproben und andererseits die Skalenniveaus der Variablen eine Rolle. Zwei Stichproben sind voneinander abhängig, wenn jedem Wert resp. Fall der ersten Stichprobe auf sinnvolle und eindeutige Weise genau ein Wert resp. Fall der zweiten Stichprobe zugeordnet werden kann. Ein typisches Beispiel ist die Messung einer Variablen zu verschiedenen Zeitpunkten bei gleichen Untersuchungsobjekten. Kann keine Zuweisung in diesem Sinne gemacht werden, sind die Stichproben unabhängig. Tab. 33 zeigt, je nach Abhängigkeit der Stichproben und je nach vorhandenen Skalenniveaus, die zu benutzenden Mittelwerttests.

| Anzahl Stichproben | Abhängigkeit der Stichproben | Tests für intervallskalierte (normalverteilte) Variablen | Tests für ordinalskalierte (oder nicht normalverteilte) Variablen |
|---|---|---|---|
| 2 | Unabhängig | T-Test nach Student | Mann-Whitney-U-Test |
| 2 | Abhängig | T-Test für abhängige Stichproben | Wilcoxon-Test |
| >2 | Unabhängig | Einfache Varianzanalyse | Kruskal-Wallis-H-Test |
| >2 | Abhängig | Einfache Varianzanalyse mit Messwiederholung | Friedman-Test |

Tab. 33: Übersicht der gängigen Mittelwerttests[1]

Die vorliegende Arbeit benutzt den Mann-Whitney-U-Test und den Wilcoxon-Test. Mit dem ersten wurden die Marketingvariablen daraufhin geprüft, ob sie sich bezüglich der Gruppe der erfolgreichen und der Gruppe der weniger erfolgreichen JTU unterscheiden. Der letzte Test wurde benutzt, um Unterschiede zwischen dem Marketingverhalten in den beiden ersten und den beiden letzten Jahre festzustellen.

### 4.3.3.2 Gruppenvergleiche nominalskalierter Variablen

Ist eine der zu untersuchenden Variablen nominalskaliert, lässt sich ein möglicher Zusammenhang nicht mit einem der obigen Tests nachweisen, sondern muss mit der Kreuztabellierung aufgedeckt werden. Dabei werden die beobachteten Häufigkeiten der einzelnen Gruppenkategorien i.d.R. in einer Tabelle dargestellt: der sogenannten Kreuztabelle. Die Frage, ob sich die beobachteten von den erwarteten Häufigkeiten signifikant unterscheiden, kann mit Hilfe des *Chi-Quadrat-Test* beantwortet werden. Die Kreuztabellierung wird in der vorliegenden Studie benutzt, um einerseits den Einfluss spezieller Randbedingungen auf den Erfolg der JTU zu bestimmen und andererseits, um die Erfolgsraten verschiedener Marketingtypen zu berechnen.

### 4.3.4 Multivariate Analysemethoden

Die multivariaten Analysen sind statistische Verfahren, bei denen nicht nur eine, sondern verschiedene Einflussfaktoren resp. Variablen gemessen und analysiert werden. Man unterscheidet zwischen struktur-prüfenden und struktur-entdeckenden Verfahren. Bei den ersteren liegt das Ziel in der Überprüfung von Zusammenhängen zwischen Variablen, bei den letzteren in der Entdeckung von Zusammenhängen zwischen Variablen. In der vorliegenden Untersuchung wurden drei struktur-entdeckende Methoden der multivariaten Analysen, die Faktor-, die Cluster- und die Diskriminanzanalyse, verwendet.[2]

---

[1] In Anlehnung an: Bühl/Zöfel, 1996, S. 98.
[2] Die Diskriminanzanalyse kann auch als struktur-prüfendes Verfahren benutzt werden.

Die *Faktoranalyse* ist ein Verfahren, das eine grössere Anzahl (mindestens intervallskalierter) Variablen auf eine kleinere Anzahl voneinander unabhängiger Dimensionen resp. Faktoren reduziert. Dabei werden diejenigen Variablen, die untereinander stark korrelieren, zu einem Faktor zusammengefasst. Die Variablen verschiedener Faktoren sind nur schwach miteinander korreliert. Die Faktoranalyse leistet somit einen Beitrag zur Entdeckung von untereinander unabhängigen Erklärungsvariablen resp. Einflussfaktoren. Die Berechnung der Faktoren erfolgt normalerweise mit der Hauptkomponentenanalyse. Eine daran anschliessende Faktorrotation, z.b. die Methode der (rechtwinkligen) Varimax-Rotation, kann dazu beitragen, die Interpretation der Faktoren zu erleichtern. Faktoranalysen gelten dann als sinnvoll oder erfolgreich, wenn bestimmte Gütekriterien - wie z.b. der Bartlett-Test oder das Kaiser-Meyer-Olkin-Kriterium[1] (KMO- oder MSA-Kriterium) - erfüllt werden und die berechneten Faktoren einfach zu interpretieren sind.

Das Ziel der *Clusteranalyse* ist die Einteilung einer Stichprobe in möglichst homogene Gruppen (Cluster) von Fällen, welche untereinander möglichst heterogen sind. Ähnlich wie die Faktoranalyse ist also auch die Clusteranalyse ein Verfahren zur Reduktion der Daten. Sie verringert aber nicht die Zahl der Variablen, sondern die Zahl der Fälle. Bei der Clusteranalyse müssen zwei Entscheidungen gefällt werden. Einerseits muss ein Mass für die Ähnlichkeit zwischen verschiedenen Variablen der untersuchten Fälle und andererseits ein Verfahren und eine Methode zur Fusionierung der Fälle gewählt werden. Unter den sechs bei SPSS zur Verfügung stehenden Ähnlichkeitsmassen ist die quadratische Euklidische Distanz die gebräuchlichste und wird auch in dieser Untersuchung benutzt. Für die Fallfusionierung können grundsätzlich hierarchische und partitionierende Verfahren herangezogen werden. Während hierarchische Verfahren die Gruppen entweder durch Zusammenfügen einzelner Fälle (agglomerativ) oder durch Aufspaltung der Gesamtmenge (divisiv) bilden, gehen partitionierende Verfahren von einer vorgegebenen Startpartition aus, die solange verbessert wird, bis keine Verbesserungen der Lösung mehr erreicht werden. Partitionierende Verfahren spielen besonders bei der Analyse zahlreicher Variablen und Fälle eine Rolle, da wesentlich weniger Rechenleistung benötigt wird. Die hierarchischen Verfahren in SPSS lassen sieben verschiedene Fusionierungsmethoden zu.[2] Die vorliegende Untersuchung benutzte dafür die Methode nach Ward.

Mit Hilfe der *Diskriminanzanalyse* kann u.a. die Frage beantwortet werden, welche Variablen sich zur Unterscheidung (Diskriminierung) zweier oder mehrerer Gruppen eignen. Formal zählt es damit zu den struktur-prüfenden Verfahren, mit dem die Abhängigkeit

---

[1] Der KMO-Wert liegen immer zwischen 0 und 1. Damit die Faktoranalyse als sinnvoll erscheint, sollte der Wert gemäss Backhaus mindestens 0.5 betragen. Ein Wert von 0.6 und 0.7 wird z.B. als „mittelmässig" bis „ziemlich gut" beurteilt (Backhaus et al., 1996, S. 206).
[2] Eine Diskussion der Eigenschaften der verschiedener Methoden ist in: Backhaus et al., 1996, S. 297ff.

metrisch skalierter Merkmalsvariablen von einer nominal skalierten Gruppierungsvariablen untersucht wird. Im Mittelpunkt der Analyse steht die Berechnung einer linearen Diskriminanzfunktion, deren Koeffizienten die Gruppen möglichst gut trennen. In der vorliegenden Untersuchung wurde eine schrittweise Diskriminanzanalyse verwendet. Dies hat den Vorteil, dass nur diejenigen Merkmalsvariablen/Faktoren in die Diskriminanzfunktion aufgenommen werden, die signifikant zur Verbesserung der Diskriminanz beitragen. Der Algorithmus wählt aus der Menge der Merkmalsvariablen die wichtigsten aus, wobei sich aus der Auswahlfolge die relative Wichtigkeit erkennen lässt.

# 5. Resultate der empirischen Untersuchung

## 5.1 Beschreibung des Untersuchungssamples

Die folgenden zwei Abschnitte beschreiben einige wichtige Merkmale der untersuchten JTU sowie deren Erfolg. Die Angaben im ersten Abschnitt dienen vor allem der Veranschaulichung der statistischen Basis. Der zweite Abschnitt enthält die Definition des Massstabes für den Erfolg (nachstehend „Erfolgsmass" genannt) und bildet somit die Grundlage für die nachfolgenden statistischen Auswertungen.

### 5.1.1 Strukturmerkmale der JTU

Der weitaus grösste Teil der untersuchten JTU (57.7%) hat ihren Hauptsitz in der Agglomeration Zürich (Tab. 34). Die übrigen Unternehmen sind in der Ostschweiz (14.4%) oder in einer der Regionen Bern (10.8%), Zentralschweiz (9.0%) und Basel (8.1%) ansässig.

| Region (Kantone) | Anzahl | Prozent |
|---|---|---|
| Zürich (ZH, AG) | 64 | 57.7% |
| Ostschweiz (SG, TG, GR, GL) | 16 | 14.4% |
| Bern (BE, FR, NE) | 12 | 10.8% |
| Zentralschweiz (LU, ZG, SZ, NW, OW) | 10 | 9.0% |
| Basel (BS, BL, SO) | 9 | 8.1% |
| Total | 111 | 100.0% |

Tab. 34: Regionale Verteilung der JTU

Die folgende Tabelle (Tab. 35) zeigt die Branchenverteilung der JTU gemäss einem vereinfachten Schlüssel in Anlehnung an die in der Schweizer Wirtschafts-CD-ROM verwendete Branchenstruktur.[1] Ein Drittel der mit einbezogenen JTU ist in der EDV-Branche tätig. Ein weiteres Drittel entwickelt elektrische oder elektronische Apparate oder Artikel. Knapp 15% der JTU sind im technischen System- oder Anlagenbau tätig, und jedes zehnte Unternehmen produziert Güter der Mess- oder Analysetechnik. Die restlichen JTU verteilen sich mit je 4.5% auf die Bereiche Chemie, Bio- und Gentechnologie sowie Lasertechnik, Sicherheitsapparate und andere.

---

[1] Vgl. die Angaben im Anhang A sowie: Orell Füssli/Teledata, 1997.

| Branche | Anzahl | Prozent |
|---|---|---|
| EDV Soft- oder Hardware | 37 | 33.3% |
| Elektrische oder elektronische Apparate oder Artikel | 35 | 31.5% |
| Elektronische Systeme oder Anlagen | 16 | 14.4% |
| Mess- und Analysetechnik | 13 | 11.7% |
| Chemie, Biotechnologie und Gentechnologie | 5 | 4.5% |
| Sonstiges (Lasertechnik, Sicherheitsapparate usw.) | 5 | 4.5% |
| **Total** | **111** | **100%** |

Tab. 35: Branchenverteilung der JTU

Die Verteilung der Gründungszeitpunkte der 111 untersuchten JTU ist in Abb. 14 dargestellt. Das Durchschnittsalter dieser Unternehmen beträgt 8½ Jahre. Im Schnitt haben elf Unternehmen desselben Jahrganges an der Untersuchung teilgenommen. Geht man von einer geschätzten Anzahl von jährlich 30 bis 40 schweizerischen Neugründungen JTU aus, heisst dies, dass insgesamt ein Drittel bis ein Viertel der in der Schweiz im betrachteten Zeitrum gegründeten JTU an der Untersuchung teilgenommen haben. Die Resultate dieser Studie dürften daher als recht repräsentativ für die Schweiz betrachtet werden.

Zwischen 1989 und 1992 ist unter den mitwirkenden JTU ein auffälliger Rückgang festzustellen. Die Vermutung liegt nahe, dass dieses Phänomen nicht rein zufällig zustande gekommen ist, sondern dass mit dem Beginn der Rezession im Jahr 1989/90 die Zahl der technologieorientierten Unternehmensgründungen tatsächlich zurückgegangen ist. Die Handelsregistereintragungen der betreffenden Jahre bestätigen eine entsprechende Tendenz.[1] Zwischen 1982 und 1989 ist der „Zuwachs der Eintragungen" - sowohl gesamthaft als auch spezifisch, z.B. die Anzahl der neu registrierten Aktiengesellschaften - kontinuierlich gestiegen, während 1989 bis 1993 eine rückläufige Tendenz einsetzte. Möglicherweise haben einige potentielle Firmengründer angesichts des schwieriger werdenden konjunkturellen Umfeldes ihr Vorhaben verschoben oder ganz davon abgelassen.

---

[1] Eine Überprüfung der Handelsregister-Publikationen des Bundesamtes für Statistik aus den Jahren 1983 bis 1997 zeigt eine ähnliche Tendenz sowohl für den Zuwachs der Aktiengesellschaften als auch in der Summe aller Eintragungen.

Häufigkeit

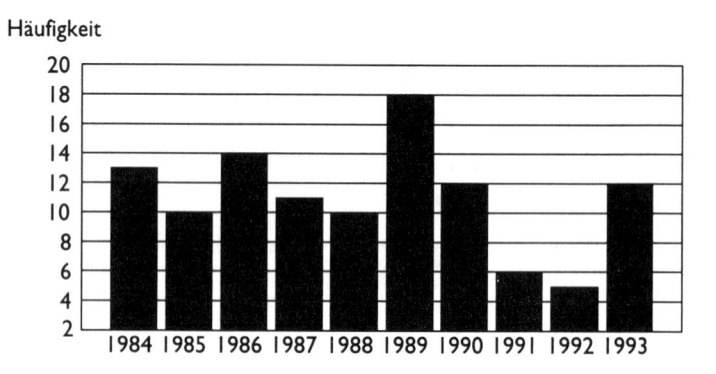

[Balkendiagramm: 1984: 14, 1985: 10, 1986: 14, 1987: 11, 1988: 10, 1989: 18, 1990: 12, 1991: 6, 1992: 4, 1993: 12]

Abb. 14:    Gründungsjahr der JTU

In 92.8% der insgesamt 111 Fälle nahmen eine bis drei Personen (aktiv) an der Geschäftsgründung teil (Tab. 36). Ein Drittel der JTU, nämlich 37 Fälle, wurde durch eine Einzelperson gegründet. In 41.4% der Fälle war es ein Zweierteam und in 18% ein Dreierteam. Lediglich in 7.2% der Fälle nahmen mehr als drei Gründer aktiv am Geschäftsleben teil. Bemerkenswert ist die Tatsache, dass in 62% der JTU, d.h. in 69 Fällen, auch nach durchschnittlich 8½ Jahren immer noch alle an der Unternehmensgründung beteiligten Personen aktiv im Unternehmen tätig waren.

| Gründer: Am Anfang | Heute 0 | 1 | 2 | 3 | 4 | 5 | Total | Prozent |
|---|---|---|---|---|---|---|---|---|
| 1 |  | 37 |  |  |  |  | 37 | 33.3% |
| 2 | 2 | 19 | 25 |  |  |  | 46 | 41.4% |
| 3 |  | 6 | 9 | 5 |  |  | 20 | 18.0% |
| 4 | 1 |  | 1 | 3 | 1 |  | 6 | 5.4% |
| 5 |  |  |  |  |  | 1 | 1 | 0.9% |
| 6 |  |  |  | 1 |  |  | 1 | 0.9% |
| Total | 3 | 62 | 35 | 9 | 1 | 1 | 111 | 100% |
| Prozent | 2.7% | 55.9% | 31.5% | 8.1% | 0.9% | 0.9% | 100% |  |

Tab. 36:    Anzahl aktive Gründer im Gründungsteam und Anzahl heute im JTU noch tätige Gründer

Naturgemäss hat ein Grossteil der Gründer und Mitarbeiter in JTU eine technische Ausbildung erfahren. Diese Vermutung lässt sich auch statistisch belegen (Tab. 37). Bei 60% der JTU ist der Personenanteil mit technischer Ausbildung in den ersten zwei Jahren grösser als 60%. In den letzten zwei Jahre war dieser Anteil auf 72% angewachsen. 17% der JTU hingegen wiesen in den ersten zwei Jahren einem Technikeranteil von 40% oder weniger auf. Dieser Anteil war in den letzten zwei Jahren auf 13% gesunken.

| Personen mit tech. Ausbildung: Erste 2 Jahre | Letzte 2 Jahre 80 - 100 % | 60 - 80% | 40 - 60% | 20 - 40% | 0 - 20% | Total | Prozent |
|---|---|---|---|---|---|---|---|
| 80 - 100%[b] | 41 | 2 | | | | 43 | 39.1% |
| 60 - 80% | 14 | 5 | 3 | | | 22 | 20% |
| 40 - 60% | 9 | 3 | 12 | 2 | | 26 | 23.6% |
| 20 - 40% | 2 | 3 | 2 | 3 | 1 | 11 | 10% |
| 0 - 20% | | | | 2 | 6 | 8 | 7.3% |
| Total | 66 | 13 | 17 | 7 | 7 | 110[a] | 100% |
| Prozent | 60% | 11.7% | 15.5% | 6.4% | 6.4% | 100% | |

[a] Ein JTU machte keine Angaben.
[b] 80 - 100% heisst grösser als 80 und kleiner gleich 100%.

Tab. 37: Anteil der Personen im JTU mit technischer Ausbildung in den beiden ersten und letzten Jahren

JTU generieren ihren Umsatz nur in wenigen Fällen durch eine einzige Tätigkeit oder ein einzelnes Produkt.[1] Gerade in den ersten Jahren versuchen viele JTU durch Handel, Beratung oder andere Dienstleistungen zusätzliche Einnahmequellen zu erschliessen. Nach einer Studie von Roberts ist der Anteil von JTU mit eigenen Produkten - im Gegensatz zu Unternehmen, die ausschliesslich Beratung oder Auftragsforschung betreiben - innerhalb von fünf bis sieben Jahre nach der Gründung von 62% auf 84% angestiegen.[2] Um die JTU dieser Untersuchung anhand ihrer typischen Tätigkeiten in Gruppen einteilen zu können, wurden folgende Bedingungen definiert (Tab. 38).

| Gruppe | Bedingung für Gruppenzugehörigkeit |
|---|---|
| Eigenprodukte[a] | Der Umsatzanteil durch selbständig entwickelte oder produzierte Produkte beträgt mindestens 60%. |
| Auftragsprodukte[b] | Der Umsatzanteil durch Produkte, die das Unternehmen im Auftrag Dritter entwickelte oder produzierte, beträgt min. 60%. |
| Eigen- & Auftragsprodukte | Die Umsatzanteile durch Eigen- und Auftragsprodukte betragen zusammen mindestens 60%. |
| Eigenprodukte & Handel | Die Umsatzanteile durch Eigenprodukte und Handel betragen zusammen mindestens 60%. |
| Auftragsprodukte & Beratung | Die Umsatzanteile durch Auftragsprodukte und Beratung betragen zusammen mindestens 60%. |
| Sonstige Kombination | Alle nach diesem System nicht klassifizierbaren Unternehmen wurden in diese Restgruppe eingeteilt. |

[a] Eigenprodukte entwickelt oder produziert das Unternehmen selbständig - ohne Auftrag Dritter.
[b] Auftragsprodukte entwickelt oder produziert das Unternehmen im Auftrag Dritter.

Tab. 38: Bedingungen zur Definition von JTU-Gruppen

---

[1] Vgl. u.a. Bräunling/Pleschak/Sabisch, 1994, S. 51; von Wichert-Nick/Kulicke, 1994, S. 22ff.
[2] Vgl. Roberts, 1991a, S. 166ff.

Aus Tab. 39 wird ersichtlich, dass der Anteil von Unternehmen mit Eigenprodukten als primäre Umsatzquelle innerhalb von durchschnittlichen 8½ Jahren von 36% auf 44% angestiegen ist. Der Anteil von JTU mit Auftragsprodukten als primäre Umsatzquelle sank in dieser Zeit minimal, nämlich von 27% auf 24%. Es ist eine bemerkenswerte Tatsache, dass innerhalb der durchschnittlichen 8½ Jahre beinahe die Hälfte aller JTU ihre primäre Umsatzquelle geändert haben. Inwieweit dieser Prozess bewusst gesteuert wurde oder nicht, kann aufgrund der erhobenen Daten nicht gesagt werden.

| Umsatzanteil:<br>Erste 2 Jahre | Eigen-<br>prod. | Auf-<br>trags-<br>prod. | Eigen- &<br>Auftrags-<br>prod. | Eigen-<br>prod. &<br>Handel | Auftrags-<br>prod. &<br>Beratung | Sonst.<br>Kombi-<br>nation | Tot. | Proz. |
|---|---|---|---|---|---|---|---|---|
| Eigenprodukte | 29 | 3 | 3 | 2 | 1 | 2 | 40 | 36.0% |
| Auftragsprod. | 6 | 19 | 1 | | | 4 | 30 | 27.0% |
| Eigen- & Auftragsprodukte | 2 | 2 | | | 1 | | 5 | 4.5% |
| Eigenprod. & Handel | 1 | 1 | | 3 | | 1 | 6 | 5.4% |
| Auftragsprod. & Beratung | | 1 | | | | 1 | 2 | 1.8% |
| Sonstige Kombination | 11 | 2 | | | 4 | 10 | 28 | 25.2% |
| **Total** | **49** | **27** | **5** | **6** | **6** | **18** | **111** | **100%** |
| Prozent | 44.1% | 24.3% | 4.5% | 5.4% | 5.4% | 16.2% | 100% | |

Tab. 39: Hauptumsatzquellen der JTU in den ersten und letzten zwei Jahren

Tab. 40 zeigt die primären Zielkunden der JTU. Während öffentliche Betriebe oder Forschungsinstitutionen für JTU in den ersten und letzten zwei Jahren als Zielkunden beinahe die gleiche Bedeutung haben, ändert sich der Schwerpunkt auf der privaten Seite stark. Die Bedeutung von Grossunternehmen als primären Zielkunden steigt mit den Jahren von 19.8% auf 31.6% deutlich an. Diese Änderung geht vorwiegend zu Lasten der kleineren Unternehmen, die als primäre Zielkunden an Bedeutung verlieren.

Resultate der empirischen Untersuchung 121

| Zielkunden:<br>Erste 2 Jahre | Priv.<br>GU | Priv.<br>MU | Priv.<br>KU | Öffentl.<br>Betriebe | Öffentl.<br>For.-Inst. | keine<br>Angaben | Total | Prozent[d] |
|---|---|---|---|---|---|---|---|---|
| Private GU[a] | 17 | | | 1 | | 2 | 20 | 19.8% |
| Private MU[b] | 11 | 16 | 2 | 2 | | 1 | 32 | 31.7% |
| Private KU[c] | | 8 | 17 | 2 | | 4 | 31 | 30.7% |
| Öffentl. Betriebe | 2 | | 1 | 8 | | 1 | 12 | 11.8% |
| Öffentl. Forschungsinst. | | 1 | | | 5 | | 6 | 5.9% |
| Keine Angaben | | | 1 | | 1 | 8 | 10 | - |
| Total | 30 | 25 | 21 | 13 | 6 | 16 | 111 | 100% |
| Prozent[d] | 31.6% | 26.3% | 22.1% | 13.7% | 6.3% | - | 100% | |

[a] GU: Grossunternehmen (>500 Mitarbeiter)
[b] MU: Mittlere Unternehmen (50-499 Mitarbeiter)
[c] KU: Kleinunternehmen (1-49 Mitarbeiter)
[d] Die Prozentangaben berücksichtigen die „fehlenden Angaben" nicht.

Tab. 40: Primäre Zielkunden der JTU in den ersten und letzten zwei Jahren

Interessant ist auch die geographische Verteilung der Zielmärkte (Tab. 41). 66.4% der JTU betrachten in den ersten zwei Jahren die Schweiz oder eine Region der Schweiz als primäre Zielmärkte. Dieser Anteil geht nach durchschnittlich 8½ Jahren auf 39.2% zurück. Umgekehrt exportieren 33.8% der JTU In den ersten zwei Jahren ihre Produkte europa- oder sogar weltweit. Nach durchschnittlich 8½ Jahren wächst dieser Anteil sogar auf 60.8% an.

| Zielmarkt:<br>Erste 2 Jahre | Regional | Schweiz | Europa | Welt | k.A. | Total | Prozent[a] |
|---|---|---|---|---|---|---|---|
| Regional | 9 | 5 | 5 | 3 | 1 | 23 | 21.5% |
| Schweiz | 1 | 23 | 17 | 7 | | 48 | 44.9% |
| Europa | | 1 | 4 | 16 | | 21 | 19.7% |
| Welt | | 1 | 1 | 12 | 1 | 15 | 14.1% |
| Keine Angaben | | | 2 | | 2 | 4 | - |
| Total | 10 | 32 | 27 | 38 | 4 | 111 | 100% |
| Prozent[a] | 9.3% | 29.9% | 25.2% | 35.6% | - | 100% | |

[a] Die Prozentangaben berücksichtigen die „fehlenden Angaben" nicht.

Tab. 41: Geographische Verteilung der Zielmärkte JTU in den ersten und letzten zwei Jahren

Tab. 42 zeigt den Wandel des Exportanteils am totalen Umsatz der JTU. Während in den ersten zwei Jahren 15.3% der JTU mehr als 60% ihrer Leistungen exportierten, waren es nach durchschnittlich 8½ Jahren bereits beinahe ein Drittel aller JTU mit diesem Exportanteil. Die Zahl der Unternehmen mit einem Exportanteil von weniger als 20% sank in dieser Zeit von knapp 70% auf ca. 55% ab. Der mittlere Exportanteil der JTU betrug in den ersten zwei Jahren 22.5% und stieg mit den Jahren auf 35.3% an.

| Exportanteil: Erste 2 Jahre | Letzte 2 Jahre 0 - 20 % | 20 - 40% | 40 - 60% | 60 - 80% | 80 - 100% | Total | Prozent |
|---|---|---|---|---|---|---|---|
| 0 - 20% | 59 | 5 | 3 | 7 | 4 | 78 | 70.3% |
| 20 - 40% | 1 |   | 3 | 1 |   | 5 | 4.5% |
| 40 - 60% | 1 | 1 | 1 | 4 | 4 | 11 | 10% |
| 60 - 80% |   |   |   | 2 | 2 | 4 | 3.6% |
| 80 - 100% |   | 1 |   |   | 12 | 13 | 11.7% |
| Total | 61 | 7 | 7 | 14 | 22 | 111 | 100% |
| Prozent | 54.9% | 6.3% | 6.3% | 12.6% | 19.8% | 100% |   |

Tab. 42: Exportanteil am Umsatz in den ersten und den letzten zwei Jahren

Natürlich investieren JTU in den ersten zwei Jahren ihrer Existenz unterschiedliche Summen in ihre Unternehmen (Tab. 43). Etwas mehr als die Hälfte der JTU investierte bis Fr. 100'000.-, ein Drittel zwischen Fr. 100'000.- und Fr. 500'000.- und knapp 17% der JTU mehr als Fr. 500'000.-. Das in den beiden ersten Jahren investierte Kapital betrug durchschnittlich bescheidene Fr. 36'300.-. Der kleinste investierte Betrag war Fr. 2'000.- und der grösste war Fr. 3'000'000.-.

| Investiertes Kapital in 1000 Fr. | Anzahl | Prozent |
|---|---|---|
| 0 - 50 | 27 | 30.3% |
| 50 - 100 | 18 | 20.2% |
| 100 - 200 | 18 | 20.2% |
| 200 - 500 | 11 | 12.4% |
| 500 - 1000 | 8 | 9.0% |
| 1000 - 2000 | 4 | 4.5% |
| > 2000 | 3 | 3.4% |
| Total | 89[a] | 100% |

[a] 22 JTU machten keine Angaben.

Tab. 43: Investiertes Kapital in den ersten zwei Jahren

## 5.1.2 Erfolg JTU

Die Ausführungen in Kapitel 3.3.1 liessen deutlich werden, welche Probleme die Definition eines Masses für den JTU-Erfolg aufwirft. Aus diesem Grund werden in den folgenden zwei Abschnitten mehrere mögliche Erfolgsmasse definiert, deren Zusammenhänge diskutiert und auf dieser Grundlage schliesslich eines davon für die weiteren statistischen Analysen ausgewählt. Bei der Definition möglicher Erfolgsmasse wird zwischen subjektiven und objektiven Massen unterschieden. Subjektive Masse beruhen auf qualitativen Daten, d.h. auf der persönlichen, „subjektiven" Meinung der Gründer. Objektive Masse hingegen basieren auf quantitativen Daten der JTU, d.h. auf den Mitarbeiter- und Umsatzzahlen, sowie auf der Zeitdauer bis zum Erreichen der Gewinnschwelle.

Resultate der empirischen Untersuchung 123

### 5.1.2.1 Subjektive Erfolgsmasse

Die Gründer der JTU wurden befragt, wie wichtig ihnen zwölf aus der Theorie hergeleitete wirtschaftliche (Ziel-)Variablen seien und bis zu welchem Grad sie diese Ziele erreicht hätten. Die Durchschnittswerte der Wichtigkeit und des Erreichungsgrades sind für alle zwölf Erfolgsvariablen - nach ihrer Wichtigkeit geordnet - in der folgenden Abbildung dargestellt (Abb. 15).

Überleben des Unternehmens
Hohe Kundenzufriedenheit
Erreichen der technischen Ziele
Finanzielle Unabhängigkeit
Gute Wettbewerbsfähigkeit
Hohe Mitarbeiterzufriedenheit
Hohe Gewinne
Hoher Marktanteil
Hohes Umsatzwachstum
Hohe Rentabilität des investierten Kapitals
Hohes Umsatzniveau
Hoher Mitarbeiterzuwachs

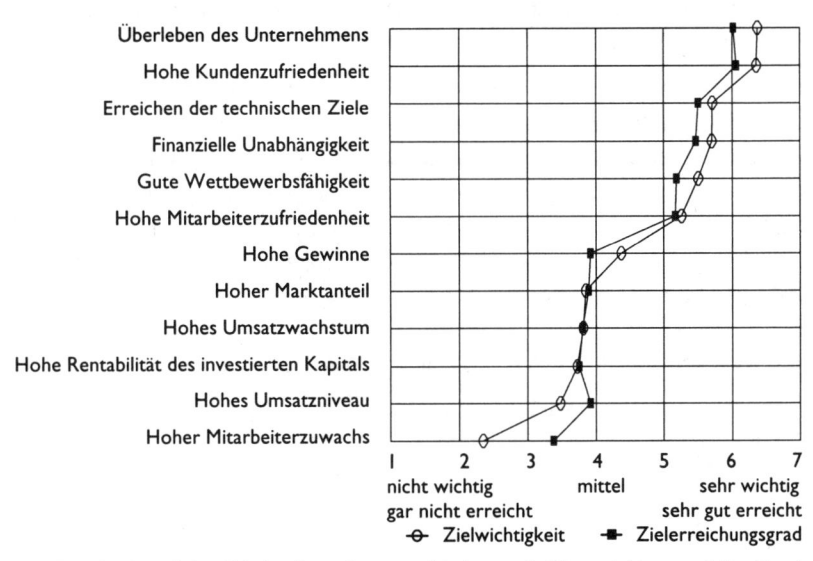

1   2   3   4   5   6   7
nicht wichtig   mittel   sehr wichtig
gar nicht erreicht   sehr gut erreicht
-⊖- Zielwichtigkeit   -■- Zielerreichungsgrad

Abb. 15: Durchschnittliche Wichtigkeit der verschiedenen Erfolgsvariablen und ihr Erreichungsgrad

Als erstes fällt auf, dass die Wichtigkeit und der Erreichungsgrad für beinahe alle Zielvariablen sehr nahe beieinander liegen. Es wird vermutet, dass dies kein Zufall ist, sondern dass die Ursache dafür in der „befangenen" Wahrnehmung der Gründer liegt. Solange nicht der Konkurs eines Unternehmens eintritt - der Fall also, in dem absolut klar wird, dass die wesentlichen wirtschaftlichen Ziele nicht erreicht wurden -, passen sich in der subjektiven Perzeption der Gründer die Wichtigkeit und das Erreichen einer Zielvariablen unbewusst aneinander an.

Ferner ist auffällig, dass die Resultate der zwölf Variablen sowohl bezüglich der Wichtigkeit als auch des Erreichungsgrades in zwei Gruppen eingeteilt werden können. Die erste Gruppe zeichnet sich durch einen Zielerreichungsgrad (resp. Wichtigkeit) von grösser als fünf aus, während der Zielerreichungsgrad (resp. Wichtigkeit) der zweiten Gruppe kleiner als vier (resp. fünf) ist. Die erste Gruppe umfasst die Ziele: Überleben, Kundenzufriedenheit, technische Zielerreichung, finanzielle Unabhängigkeit, Wettbewerbsfähigkeit und Mitarbeiterzufriedenheit. Die zweite Gruppe umfasst die Grössen: Gewinne, Marktanteil, Umsatzwachstum, Rentabilität, Umsatzniveau und Mitarbeiterzuwachs. Bei den Zielen der ersten Gruppe handelt es sich um Primärziele, da sie das grundsätzliche Überleben eines Unternehmens repräsentieren. Interessant ist, wie hoch die Unternehmensgründer ihre finanzielle Unabhängigkeit bewerten. Die Ziele der zweiten Gruppe können als sekundär betrachtet werden, da sie für die Gründer weit weniger wichtig sind und „demnach" auch weit weniger gut erreicht wurden.

Die in Abb. 15 veranschaulichten Daten werden im folgenden benutzt, um drei verschiedene subjektive Erfolgsmasse (es1, es2 und es3) zu berechnen. Der Mittelwert aller zwölf Zielerreichungsgrade drückt das erste subjektive Erfolgsmass (es1) aus. Das zweite subjektive Erfolgsmass (es2) berechnet sich aus der Summe der mit der Wichtigkeit multiplizierten (gewichteten) Zielerreichungsgrade. Ein solches Erfolgsmass wird u.a. von Raffée und Fritz in ihrer Untersuchung des Unternehmenserfolges angewandt.[1] Das dritte Erfolgsmass (es3) ist ebenfalls gewichtet, doch ist das Gewicht abhängig vom Zielerreichungsgrad, wobei ein überdurchschnittlicher Zielerreichungsgrad positiv bewertet resp. „belohnt" und ein unterdurchschnittlicher Zielerreichungsgrad negativ bewertet resp. „bestraft" wird (Tab. 44).

| Zielerreichungsgrad: e | Gewicht: g | | | Punkte: | | | |
|---|---|---|---|---|---|---|---|
| 7 | 3 | 3 | 6 | 9 | 12 | 15 | 18 | 21 |
| 6 | 2 | 2 | 4 | 6 | 8 | 10 | 12 | 14 |
| 5 | 1 | 1 | 2 | 3 | 4 | 5 | 6 | 7 |
| 4 | 0 | 0 | 0 | 0 | 0 | 0 | 0 | 0 |
| 3 | -1 | -1 | -2 | -3 | -4 | -5 | -6 | -7 |
| 2 | -2 | -2 | -4 | -6 | -8 | -10 | -12 | -14 |
| 1 | -3 | -3 | -6 | -9 | -12 | -15 | -18 | -21 |
| | | 1 | 2 | 3 | 4 | 5 | 6 | 7 |
| | | | | | | | | Zielwichtigkeit: w |

Tab. 44:   Punktverteilung für Erfolgsmass es3

Die folgende Tabelle zeigt eine Aufstellung der drei subjektiven Erfolgsmasse und deren mathematische Berechnungen (Tab. 45). Alle drei Erfolgsmasse könne sowohl aufgrund der Histogramme als auch der Kolmogorov-Smirnov-Tests als annähernd normalverteilt erachtet werden.[2]

---

[1] Vgl. Raffée/Fritz, 1990, S. 7ff.
[2] Gemäss dem Kolmogorov-Smirnov-Test ergeben sich für es1, es2 und es3 mit p=0.709 (K-S Z=0.701), p=0.996 (K-S Z=0.407) und mit p=0.597 (K-S Z=0.768) deutlich nichtsignifikante Werte. Die subjektiven Erfolgsmasse sind also hinreichend normalverteilt.

## Subjektive Erfolgsmasse

| | |
|---|---|
| es1 = | Mittelwert($e_i$); i=1..12; |
| | Mittelwert der Zielerreichungsgrade e. |
| es2 = | Mittelwert ($w_i \cdot e_i$); i=1..12; |
| | Mittelwert der mit der Zielwichtigkeit w gewichteten Zielerreichungsgrade e. |
| es3 = | Mittelwert ($g_i \cdot e_i$); i=1..12; |
| | Mittelwert der mit den Gewichten g (Tab. 44) multiplizierten Zielerreichungsgrade e. |

Bem.: N von es1, es2 und es3 ist 105.

Tab. 45: Definition der subjektiven Erfolgsmasse

### 5.1.2.2 Objektive Erfolgsmasse

Aufgrund der Mitarbeiter- und Umsatzzahlen, sowie der Zeitdauer bis zur Erreichung der Gewinnschwelle werden sieben verschiedene objektive Erfolgsmasse eo1 bis eo7 berechnet (Tab. 46). Das erste objektive Erfolgsmass (eo1) ist der durchschnittliche Mitarbeiterzuwachs pro Jahr, ausgehend von der Mitarbeiterdifferenz zwischen dem Jahr 1996 und dem Gründungsjahr. Das zweite objektive Erfolgsmass (eo2) ist der durchschnittliche Mitarbeiterzuwachs pro Jahr, ausgehend von der Mitarbeiterzahl im Jahr 1996. Das dritte objektive Erfolgsmass (eo3) ist der durchschnittliche Umsatzzuwachs pro Jahr, ausgehend von der Umsatzdifferenz zwischen dem Jahr 1996 und dem Gründungsjahr. Das vierte objektive Erfolgsmass (eo4) ist der durchschnittliche Umsatzzuwachs pro Jahr, ausgehend vom Umsatz im Jahr 1996. Das fünfte objektive Erfolgsmass (eo5) steht für den Umsatz pro Mitarbeiter im Jahr 1996. Das sechste objektive Erfolgsmass (eo6) drückt die Zeitdauer in Jahren bis zur Erreichung der Gewinnschwelle aus, während das siebte und letzte Erfolgsmass (eo7) die Zeitdifferenz zwischen dem geplanten und dem realen Erreichen der Gewinnschwelle in Jahren angibt.

### Objektive Erfolgsmasse

| | |
|---|---|
| eo1 = | (M(1996) - M(Gründungsjahr)) / (1997 - Gründungsjahr) |
| | Durchschnittlicher Mitarbeiterzuwachs pro Jahr, ausgehend von der Mitarbeiterdifferenz zwischen dem Jahr 1996 und dem Gründungsjahr |
| eo2 = | M(1996) / (1997 - Gründungsjahr) |
| | Durchschnittlicher Mitarbeiterzuwachs pro Jahr, ausgehend von der Mitarbeiterzahl im Jahr 1996 |
| eo3 = | (U(1996) - U(Gründungsjahr)) / (1997 - Gründungsjahr) |
| | Durchschnittlicher Umsatzzuwachs pro Jahr, ausgehend von der Umsatzdifferenz zwischen dem Jahr 1996 und dem Gründungsjahr |
| eo4 = | U(1996) / (1997 - Gründungsjahr) |
| | Durchschnittlicher Umsatzzuwachs pro Jahr, ausgehend vom Umsatz im Jahr 1996 |
| eo5 = | U(1996) / M(1996) |

| | Umsatz pro Mitarbeiter im Jahr 1996 |
|---|---|
| eo6 = | J(Reale Gewinnschwelle) |
| | Anzahl Jahre bis Gewinnschwelle erreicht wurde |
| eo7 = | J(Reale Gewinnschwelle) - J(geplante Gewinnschwelle) |
| | Anzahl Jahre Differenz zwischen dem geplanten und realen Erreichen der Gewinnschwelle |

Bem.: N von eo1, eo2 ist 107. N von eo3 ist 82. N von eo4, eo5 ist 84. N von eo6 ist 95. N von eo7 ist 86.

Tab. 46: Definition der objektiven Erfolgsmasse

Für alle objektiven Erfolgsmasse besteht gemäss Kolmogorov-Smirnov-Test mit p≤0.005 eine höchst signifikante Abweichung von der Normalverteilung.[1] Im folgenden wird, stellvertretend für alle anderen objektiven Erfolgsmasse, eo1 näher betrachtet (Tab. 47 und Abb. 16).

| Mitarbeiterzuwachs pro Jahr | Anzahl | Prozent |
|---|---|---|
| -1 - 0 | 10 | 9.3% |
| 0 | 16 | 14.8% |
| 0 - 1 | 52 | 48.1% |
| 1 - 2 | 8 | 7.4% |
| 2 - 4 | 13 | 12.0% |
| 4 - 8 | 6 | 5.6% |
| > 8 | 3 | 2.8% |
| **Total** | **108[a]** | **100%** |

[a] 3 JTU machten keine Angaben.

Tab. 47: Gruppierter durchschnittlicher Mitarbeiterzuwachs pro Jahr, ausgehend von der Mitarbeiterdifferenz (eo1)

Es ist erstaunlich, dass jedes vierte JTU zwischen der Gründung und dem Untersuchungszeitpunkt die Anzahl der im Unternehmen beschäftigten Personen beibehalten oder sogar abgebaut hat (Tab. 47). Knapp die Hälfte aller JTU haben jährlich keinen oder maximal einen neuen Mitarbeiter angestellt. Ungefähr jedes fünfte JTU hat pro Jahr zwischen einem und vier neuen Arbeitsplätzen geschaffen, und lediglich 8.4% der JTU hatten einen jährlichen Mitarbeiterwachstum von mehr als vier Personen. In dieser Gruppe befinden sich auch drei „Shooting Starts" mit 28, 36 und 48 neuen Mitarbeitern pro Jahr - in Abb. 16 mit einem Stern bezeichnet.

---

[1] Es gelten: eo1: p≤0.0005 (K-S Z=3.697), eo2: p≤0.0005 (K-S Z=3.809), eo3: p≤0.0005 (K-S Z=3.383), eo4: p≤0.0005 (K-S Z=3.408), eo5: p≤0.0005 (K-S Z=2.656), eo6: p=0.004 (K-S Z=1.761) und eo7: p≤0.0005 (K-S Z=2.342).

Resultate der empirischen Untersuchung 127

Wird jedes Unternehmen gemäss seiner Anzahl zusätzlicher Mitarbeiter zwischen dem Gründungsjahr und dem Jahr 1996 rangiert, ergibt sich daraus das folgende Bild (Abb. 16).

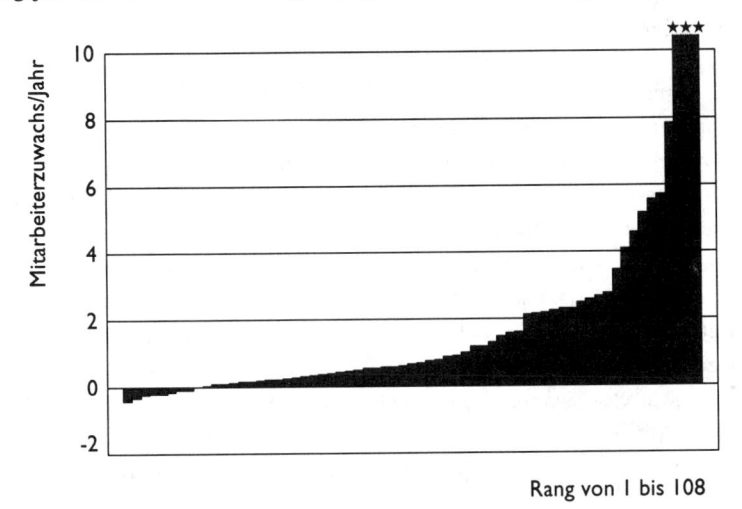

Abb. 16: Rangierter durchschnittlicher Mitarbeiterzuwachs pro Jahr, ausgehend von der Mitarbeiterdifferenz zwischen dem Jahr 1996 und dem Gründungsjahr (eo1)

Die Darstellung macht deutlich, das nur ganz wenige JTU einen wirklich grossen Mitarbeiterzuwachs pro Jahr verzeichnen konnten. Die direkte volkswirtschaftliche Arbeitsplatzrelevanz der untersuchten JTU ist daher für die untersuchte Zeit, die Geschäftsjahre 4 bis 14, eher bescheiden - auch wenn die totale Mitarbeiterzahl aller JTU von 319 in den ersten zwei Jahren auf 2396 in den letzten zwei Jahren angewachsen ist.[1] Nur 3% aller identifizierten JTU sind für über 50% aller geschaffenen Arbeitsplätze verantwortlich. Diese Resultate bestätigen ähnliche Studien von Kulicke et al. für die Situation in Deutschland.[2] Die Autoren kommen darin zum Schluss, „dass kurz- und mittelfristig unter den deutschen Rahmenbedingungen die direkten Arbeitsplatzeffekte [durch JTU] verschwindend gering sind".[3] Eine andere Untersuchung von Autio et al. verglich die Wachstumsraten von finnischen und amerikanischen JTU und kam zum Ergebnis, dass die grössten amerikanischen TU wesentlich grösser wurden als die grössten finnischen TU, obwohl die Unternehmen beider Länder eine ähnliche Wachstumsverteilung aufwiesen.[4] Damit JTU auch in der

---

[1] Von diesen 2396 Stellen wurden 52%, d.h. 1254, allein durch die drei „Shooting Stars" geschaffen resp. übernommen.
[2] Vgl. Kulicke et al., 1987, S. 246ff; Kulicke, 1988, S. 86f; Kulicke et al. 1993, S. 3.
[3] Vgl. Kulicke et al., 1993, S. 3.
[4] Vgl. Autio et al., 1989, S. 152f in: Salonen, 1995, S. 12.

Schweiz eine grössere Arbeitsplatzrelevanz erreichen könnten, müssten entweder mehr solche Unternehmen gegründet werden oder aus den bereits existierenden Unternehmen müssten mehr „Shooting Stars" entstehen.

### 5.1.2.3 Zusammenhänge zwischen den Erfolgsmassen

Die Zusammenhänge zwischen den oben definierten subjektiven und objektiven Erfolgsmassen wurden mit der Rangkorrelation nach Spearman berechnet (Tab. 48).[1] Die subjektiven Erfolgsmasse es1, es2 und es3 sind untereinander stark positiv und höchst signifikant miteinander korreliert. Erstaunlicherweise lassen alle drei Erfolgsmasse eine sehr signifikante, wenn auch geringe negative Korrelationen mit den Erfolgsmassen der Gewinnschwelle eo6 und eo7 erkennen, d.h. die Gründer bewerten ihren subjektiven Erfolg tendenziell positiver, wenn die Gewinnschwelle lange nicht erreicht worden war (resp. wird). Die Tabelle zeigt aber auch, dass die objektiven Erfolgsmasse eo1, eo2, eo3, eo4 sowie eo6 und eo7 stark und höchst signifikant miteinander korrelieren. Anders verhält es sich mit dem Umsatz pro Mitarbeiter (eo5). Dieses Erfolgsmass korreliert mit den Erfolgsmassen des Umsatzwachstums nur gering und mit den anderen Erfolgsmassen überhaupt nicht.

|     | es1 | es2 | es3 | eo1 | eo2 | eo3 | eo4 | eo5 | eo6 | eo7 |
|-----|-----|-----|-----|-----|-----|-----|-----|-----|-----|-----|
| es1 | 1.000 | | | | | | | | | |
| es2 | .777*** | 1.000 | | | | | | | | |
| es3 | .827*** | .862*** | 1.000 | | | | | | | |
| eo1 | .293** | .186 | .217* | 1.000 | | | | | | |
| eo2 | .242* | .172 | .151 | .913*** | 1.000 | | | | | |
| eo3 | .190 | .170 | .193 | .801*** | .793*** | 1.000 | | | | |
| eo4 | .194 | .227* | .206 | .762*** | .799*** | .924*** | 1.000 | | | |
| eo5 | .176 | .199 | .203 | .048 | -.034 | .387*** | .462*** | 1.000 | | |
| eo6 | -.412** | -.322** | -.346*** | -.238* | -.072 | -.027 | -.041 | -.084 | 1.000 | |
| eo7 | -.380** | -.293** | -.304** | -.169 | -.060 | .017 | -.005 | .059 | .767*** | 1.000 |

Tab. 48: Korrelationen zwischen den subjektiven und objektiven Erfolgsmassen

Festzuhalten bleibt, dass nur minimale Zusammenhänge zwischen objektiven und subjektiven Erfolgsmassen existieren. Dieser fehlende Zusammenhang wird auch in der folgenden Abbildung deutlich, die den Zusammenhang zwischen eo1 und es1 graphisch darstellt (Abb. 17). Dieses Ergebnis bestätigt die Resultate vieler vergleichbarer Studien.[2]

---

[1] Die Berechnungen der Signifikanzniveaus basieren auf der zweiseitigen Betrachtung.
[2] Vgl. u.a. Stuart/Abetti, 1987, S. 223; Sapienza/Smith/Gannon, 1988, S. 45ff; Roberts, 1991a, S. 249; Rüggeberg, 1997, S. 151. Eine der wenigen Studien, in der die objektiven und subjektiven Erfolgsmasse stark korrelierten ist: Dess/Robinson, 1984 in: Covin/Prescott, 1990, S.44.

Resultate der empirischen Untersuchung 129

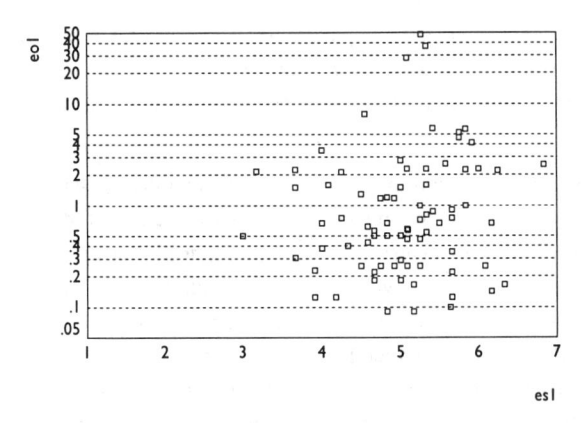

Abb. 17: Scatterplot des subjektiven Erfolges (es1) mit dem - logarithmisch skalierten - objektiven Erfolg (eo1)

### 5.1.2.4 Wahl eines Erfolgsmasses

Der Erfolg der JTU ist die entscheidende abhängige Variable für die nachfolgenden statistischen Auswertungen, von der viele Aussagen abhängen. Da es nicht sehr sinnvoll wäre, die kritischen Erfolgsfaktoren bezüglich aller in Kapitel 5.1.2.1 und 5.1.2.2 definierten Erfolgsmasse zu bestimmen, wird die Analyse auf *ein* ausgesuchtes Erfolgsmass beschränkt. Aus diesem Grund ist eine korrekte, auf die Ziele der Studie abgestimmte Definition resp. Auswahl des Erfolgsmasses äusserst wichtig. Dabei gilt besonders auch abzuwägen, ob besser ein objektives oder ein subjektives Erfolgsmass zu wählen ist.

Im Rahmen der vorliegenden Untersuchung ist m.E. einem subjektiven Kriterium als Erfolgsmass den Vorzug zu geben. Dies hauptsächlich deshalb, weil viele JTU-Gründer nie das Ziel verfolgten, ein möglichst grosses Unternehmen aufzubauen.[1,2] Viele streben vielmehr „den Aufbau einer kleinen überschaubaren Einheit [an] ... d.h., ein innovatives, möglichst hochprofitables Spezialunternehmen mit einem leicht managebaren Mitarbeiterstamm und geringen Entscheidungsbefugnissen externer Kapitalgeber".[3] Diese Unternehmen auf der Basis der Mitarbeiter- oder Umsatzzahlen als erfolglos zu klassifizieren, wäre aus Schweizer Perspektive bei der vorliegenden Fragestellung nach den Erfolgsfaktoren - im

---

[1] Diese Aussage bezieht sich in erster Linie auf die Situation in der Schweiz und Deutschland. Anders verhält es sich mit m.E. in den USA, wo der „American Dream" Sinnbild für persönlichen Reichtum durch den Aufbau eines möglichst grossen, eigenen Unternehmens ist.
[2] Dies wird auch in Abb. 15 sichtbar, aus der hervorgeht, dass „Mitarbeiterzuwachs" und „Hohes Umsatzniveau" für die Gründer wenig wichtig sind.
[3] Vgl. Kulicke, 1993, S. 140.

Gegensatz zur möglichen Fragestellung nach den Wachstumsfaktoren - fragwürdig. Zudem wäre eine reliable statistische Auswertung der vorliegenden Daten - aufgrund der geringen Anzahl von JTU mit einem hohem Mitarbeiter- und Umsatzwachstum - nur schwer möglich.

Von den drei subjektiven Erfolgsmassen ist es2 am wenigsten geeignet - obwohl es in der Forschung durchaus Verwendung findet[1] -, denn es ist zweifelhaft, dass eine Erfolgsvariable mit sehr hohem Zielerreichungsgrad (e=7) und sehr kleiner Zielwichtigkeit (w=1) die gleiche Punktzahl erreichen soll wie eine andere Erfolgsvariable mit sehr geringem Zielerreichungsgrad (e=1) und sehr hoher Zielwichtigkeit (w=7). Es verbleiben also noch die Erfolgsmasse es1 und es3. Durch die hohe, höchst signifikante Korrelation (r=0.827) zwischen diesen beiden Erfolgsmassen spielt es für die nachfolgenden Untersuchungen nur eine geringe Rolle, welches Mass davon ausgewählt wird. Aufgrund seiner einfacheren Berechnung wurde es1 - der Mittelwert der zwölf Zielerreichungsgrade - als abhängige Variable für die nachfolgenden Analysen ausgewählt.

## 5.2 Bestimmung der kritischen Erfolgsvariablen

Im folgenden werden die in Kapitel 3.3.2 identifizierten Marketingindikatoren resp. -variablen jedes Einflussbereichs daraufhin geprüft, ob sie eine Trennung in unterschiedlich erfolgreiche Gruppen von JTU ermöglichen. Im Anschluss an die Bestimmung der beiden Erfolgsgruppen werden die Einflüsse spezifischer Rahmenbedingungen - Branche, Gründungsjahr und Unternehmenstyp - auf den Erfolg untersucht, bevor die Variablen der einzelnen Einflussbereiche einer Analyse unterzogen werden. Dabei werden zuerst rein deskriptive Unterschiede zwischen den ersten und den letzten zwei Jahren erwähnt, bevor auf die diskriminierende Wirkung jeder Variablen zwischen erfolgreichen und weniger erfolgreichen Unternehmen eingegangen wird.

### 5.2.1 Gruppen unterschiedlich erfolgreicher JTU

Die Identifikation von Unterschieden zwischen erfolgreichen und weniger erfolgreichen JTU verlangt die Einteilung der vorhandenen Stichprobe in zwei Gruppen. Als Gruppierungsvariable dient das Erfolgsmass es1. War der Erfolg eines JTU grösser oder gleich dem Median von es1, wurde dieses in die Gruppe der erfolgreichen Unternehmen aufgenommen. War der Erfolg kleiner als der Median von es1, so wurde das JTU in die Gruppe der weniger erfolgreichen Unternehmen eingeteilt. Vier Fälle von JTU konnten wegen fehlender Angaben nicht eingeordnet werden und wurden deshalb für die weitere Analyse ausge-

---

[1] Vgl. u.a. die Untersuchungen von: Slevin/Covin, 1987, S. 90; Raffée/Fritz, 1990, S. 7ff.

schlossen. Die absolute und prozentuale Verteilung der Fälle beider Gruppen wird in der folgenden Tabelle ersichtlich (Tab. 49).

| Erfolgsgruppen bezüglich es1 | Anzahl Fälle | Prozent |
|---|---|---|
| Gruppe 1: Erfolgreiche JTU | 56 | 52.3% |
| Gruppe 2: Weniger erfolgreiche JTU | 51 | 47.7% |
| Total | 107 | 100.0% |

Tab. 49: Einteilung der JTU in Gruppen bezüglich dem Erfolgsmass es1

Basierend auf dieser Gruppierung lassen sich die durchschnittlichen Ausprägungen aller Marketingvariablen für beide Gruppen graphisch darstellen. Die entsprechenden Abbildungen machen einen möglichen Unterschied im Marketing auf einfache Weise sichtbar. Um zusätzlich dazu die Unterschiede in den Marketingvariablen zwischen den ersten und letzten zwei Jahren aufzuzeigen, ist das obige Vorgehen getrennt auf die beiden Zeitabschnitte angewandt worden. Die daraus resultierenden Abbildungen werden jeweils nebeneinander dargestellt.

Ist zwischen den Erfolgsgruppen eine Differenz im Durchschnitt der Variablenausprägungen vorhanden, so ist nicht auszuschliessen, dass dieser Mittelwertunterschied per Zufall zustande gekommen ist, d.h. es bleibt offen, ob der Mittelwertunterschied signifikant ist oder nicht. Um dies zu überprüfen, wird der Mann-Whitney-U-Test benutzt. Dieser zeigt an, ob bezüglich einer Marketingvariablen ein signifikanter - d.h. nicht zufälliger - Unterschied zwischen der Gruppe der erfolgreichen und der Gruppe der weniger erfolgreichen JTU existiert.

Zusätzlich zum Mann-Whitney-U-Test wurde mit der Rangkorrelation nach Spearman versucht, signifikante Zusammenhänge zwischen den einzelnen Marketingvariablen und dem Erfolgsmass es1 zu erkennen. Die Resultate beider statistischer Tests bestätigen sich gegenseitig.[1] Abgesehen von einer Ausnahme war in allen Fällen, in denen der Mann-Whitney-U-Test signifikant war, auch der Korrelationskoeffizient signifikant. Die Korrelationsanalyse hat in 72 der 150 Variablen, der Mann-Whitney-U-Test aber nur in 46 der 150 Variablen einen signifikanten Zusammenhang resp. Unterschied angezeigt. Die Basis der nachfolgenden Diskussionen bilden daher die Mann-Whitney-U-Tests. Die Signifikanzniveaus werden für beide Zeitabschnitte gemäss der üblichen Notation angezeigt und durch einen Punkt voneinander getrennt.[2]

---

[1] Die vollständigen Tabellen der Korrelationskoeffizienten und der Signifikanzen des Mann-Whitney-U-Tests sind im Anhang B.
[2] Vgl. Kapitel 4.3.1.2.

### 5.2.2 Einflüsse spezieller Rahmenbedingungen auf den Erfolg

Zunächst soll geprüft werden, ob zwischen den Rahmenbedingungen Branche, Gründungsjahr und Unternehmenstyp und dem Erfolgsmass es1 ein statistischer Zusammenhang besteht. Dazu wird die Kreuztabellierung verwendet und mit dem Chi-Quadrat-Test nach Pearson geprüft, ob sich in den Zellen der Kreuztabelle die beobachteten von den erwarteten Häufigkeiten signifikant unterscheiden. Der Chi-Quadrat-Test setzt voraus, dass nur in maximal 20% der Zellen erwartete Häufigkeiten von kleiner als fünf auftreten (5-20%-Regel). Zudem müssen die Spalten- und Zeilensummen stets grösser als Null sein. Dies hat zur Folge, dass einzelne Kategorien soweit zusammengefasst werden müssen, bis diese Voraussetzungen erfüllt sind. In den Zellen der Kreuztabellen wird nebst den beobachteten und erwarteten Häufigkeiten auch das standardisierte Residuum gezeigt. Gemäss Faustregel signalisiert es bei einem Wert von zwei oder grösser eine signifikante Abweichung zwischen der beobachteten und der erwarteten Häufigkeit.[1]

#### 5.2.2.1 Der Einfluss der Branche

Vor der eigentlichen Analyse mussten aufgrund der 5-20%-Regel die Bereiche „Chemie, Bio- und Gentechnologie" und „Sonstige Unternehmen (Lasertechnik, Sicherheitsapparate u.a.)" zusammengefasst werden. Es könnte spekuliert werden, dass JTU bestimmter Branchen grundsätzlich erfolgreicher sind als JTU anderer Branchen. Der Chi-Quadrat-Test zeigt jedoch klar (p=0.305), dass die JTU in keiner Branche wesentlich erfolgreicher oder erfolgloser sind. Es existiert lediglich eine sehr schwache Tendenz bei EDV-Unternehmen, welche eher erfolgreicher sind (Std. Res.=1.0), und bei JTU im elektrischen System- und Anlagenbereich, welche eher weniger erfolgreich sind (Std. Res.=-1.2). Trotz der geschilderten Tendenzen gibt es keine grundsätzlichen statistischen Zusammenhänge zwischen dem Erfolg der JTU und der Branche, in der sie arbeiten.

#### 5.2.2.2 Der Einfluss des Gründungsjahres

Wie bei der Branche mussten auch in bezug auf die Gründungsjahre aufgrund der 5-20%-Regel einzelne Kategorien zusammengefasst werden. Naheliegend war die Vereinigung jeweils zweier aufeinanderfolgender Jahrgänge, d.h. 1984 mit 1985, 1986 mit 1987, usw. Für die Beziehung zwischen diesen Gründungsjahren und dem JTU-Erfolg wurde vermutet, dass kein statistischer Zusammenhang existiert. Der Chi-Quadrat-Test bestätigt diese These (p=0.230). Sehr schwache, nicht signifikante Tendenzen sind auch hier erkennbar. JTU, die in den Jahren '84 und '85 gegründet wurden, sind tendenziell eher erfolgreich (Std. Res. = 0.9) während JTU, deren Gründung in die Jahre '90 oder '91 fiel, eher weniger erfolgreich

---

[1] Vgl. Bühl/Zöfel, 1996, S. 227.

sind (Std. Res. = -1.0). Doch auch hier konnten keine signifikanten statistischen Zusammenhänge zwischen dem Gründungszeitpunkt und dem Erfolg der JTU festgestellt werden.

### 5.2.2.3 Der Einfluss des Unternehmenstyps

In Kapitel 5.1.1 (Tab. 39) wurden die JTU gemäss ihren Hauptumsatzquellen in fünf Kategorien eingeteilt. Ein Chi-Quadrat-Test aufgrund dieser Kategorien scheiterte leider auch hier an der 5-20%-Regel. Die Anzahl der Kategorien wurde daher von sechs auf drei reduziert, wobei die Kategorien „Eigenprodukte" / „Eigenprodukte & Handel", „Auftragsprodukte" / „Auftragsprodukte & Beratung" und „Eigen- und Auftragsprodukte" / „Sonstige Kombination" zusammengeführt wurden. Die Ergebnisse zeigen auch hier, dass es weder für die beiden ersten (p=0.541) noch für die beiden letzten Jahre (p=0.888) einen signifikanten statistischen Zusammenhang zwischen den Unternehmenstypen und dem Erfolg gibt. Demnach sind JTU mit einem hohem Umsatzanteil an Eigenprodukten gleich erfolgreich bzw. erfolglos wie JTU mit einem hohen Umsatzanteil an Auftragsprodukten.

Für den Fortgang der Untersuchung bedeuten diese Ergebnisse, dass bezüglich des gewählten Erfolgsmasses es1 keine getrennten Analysen hinsichtlich Branche, Gründungsjahr und Unternehmenstyp erforderlich sind.[1]

### 5.2.3 Der Einflussbereich „Kundenorientierung"

#### 5.2.3.1 Unterschiede zwischen den ersten und den letzten zwei Jahren

Die folgende Abbildung zeigt die durchschnittlichen Variablenausprägungen des Einflussbereichs „Kundenorientierung" über alle JTU für die ersten und die letzten zwei Jahre (Abb. 18). Sowohl die Abbildung als auch der für jede Variable einzeln durchgeführte Wilcoxon-Test zeigen deutlich, dass alle untersuchten Aktivitäten der Kundenorientierung in den letzten zwei Jahren höchst signifikant stärker ausgeprägt sind als noch in der Gründungsphase. Konkret bedeutet dies, dass die JTU mit den Jahren wesentlich mehr Anstrengungen im Bereich der Kundenorientierung unternommen haben.

---

[1] Neben der soeben beschriebenen a-priori-Untersuchung wurde mit der Anwendung der schrittweisen multiplen Regressionsanalyse (Rückwärts-Methode) auf die Marketingfaktoren (siehe Kapitel 5.3.1) die speziellen Rahmenbedingungen auch einer a-posteriori-Untersuchung unterzogen. Wie oben unterstützte aber auch diese Analyse die These der Unabhängigkeit zwischen Branche, Gründungsjahr oder Unternehmenstyp und JTU-Erfolg.

Ausrichtung Unternehmen auf Zielmärkte ***
Bewusste Auswahl der Zielmärkte ***
Marktauswahl anhand Wachstum/Gewinnpot. ***
Unterschiedliche Angebote für Marktsegmente ***
Unterschiedliche M.-Pläne für Marktsegmente ***
Schnelles Erkennen von Chancen/Gefahren ***
Einbezug Umfeldanalyse in Ug.-Planung ***

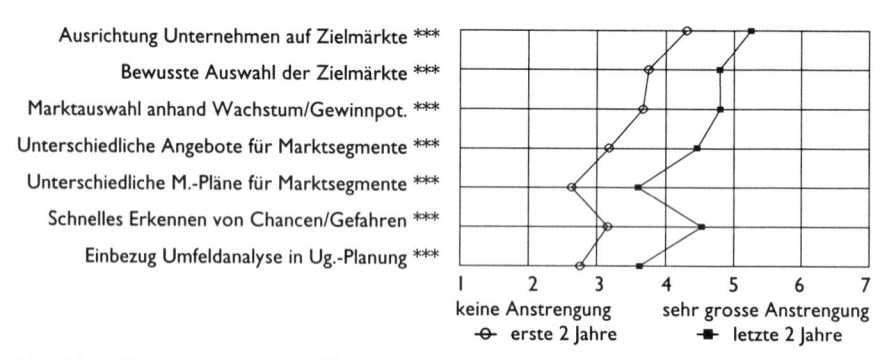

```
1     2     3     4     5     6     7
keine Anstrengung       sehr grosse Anstrengung
     -⊖- erste 2 Jahre      -■- letzte 2 Jahre
```

Abb. 18: Kundenorientierung: Unterschiede zwischen den ersten und den letzten zwei Jahren

Da dieses höchst signifikante Ergebnis nicht nur auf diesen Einflussbereich, sondern in gleichem Masse auch auf die Einflussbereiche „Integrierte Marketingorganisation", „Adäquate Marketinginformation", „Strategische Orientierung", „Effektive Abwicklung" und „Innovationsprozess" zutrifft (vgl. später), soll dieser Sachverhalt hier kurz diskutiert werden. Die Vermutung liegt nahe, dass die Anstrengungen, d.h. die Investitionen an Zeit oder Geld, bezüglich einer Variablen nur darum gewachsen sind, weil auch die Mitarbeiterzahl der JTU mit den Jahren entsprechend angestiegen ist. Diese Vermutung kann widerlegt werden, wenn der Wilcoxon-Test ausschliesslich auf Unternehmen angewandt wird, die keinen oder einen negativen Mitarbeiterzuwachs verzeichneten. Dies trifft immerhin auf jedes vierte untersuchte JTU zu (vgl. Abb. 16). Die Signifikanzwerte der Wilcoxon-Tests für diese JTU-Gruppe decken sich - abgesehen von minimalen Abweichungen - mit denjenigen der gesamten Stichprobe. Das bedeutet, auch JTU ohne Mitarbeiterzuwachs unternehmen mit den Jahren signifikant grössere Anstrengungen im Marketing. Eine andere Vermutung geht dahin, dass JTU ihre Anstrengungen nicht objektiv, sondern rein subjektiv, intensiviert haben. Die Befragten könnten tatsächlich den selbst-voreingenommenen, womöglich falschen Eindruck haben: „Wir haben seit der Gründung viel gelernt und machen heute im Marketing alles viel besser und viel intensiver." Diese Mutmassung kann zwar mit statistischen Mitteln nicht entkräftet werden. Da sich aber jede Frage auf eine detailliert beschriebene Aktivität oder Situation bezieht, kann m.E. davon ausgegangen werden, dass die Angaben der Gründer ausreichend objektiv sind oder zumindest die tatsächliche Tendenz aufzeigen. Zudem basieren die nachfolgenden Diskussionen der Marketingvariablen nicht nur auf den absoluten Variablenausprägungen, sondern auch auf den Rängen der Variablenausprägungen.

Die grössten Anstrengungen im Einflussbereich der Kundenorientierung sind auf dem Gebiet der Unternehmensausrichtung auf die Wünsche und Bedürfnisse der Zielmärkte unternommen worden. Die Anstrengungen im Bereich einer bewussten Auswahl der Zielmärkte mit Blick auf das langfristige Wachstum und Gewinnpotential des Unternehmens stehen an zweiter Stelle. Deutlich weniger Anstrengungen unternehmen die JTU bei der Ausarbeitung segmentspezifischer Angebote und Marketingpläne. Und während sich die Unternehmen in den letzten zwei Jahren relativ stark bemühen, Chancen und Gefahren, die aus Änderungen im Unternehmensumfeld resultieren, schnell zu erkennen, sind die Anstrengungen, solche Umfeldanalysen in die Unternehmensplanung einzubeziehen, deutlich geringer.

### 5.2.3.2 Erfolgsvariablen im Einflussbereich „Kundenorientierung"

Der Mann-Whitney-U-Test zeigt in fünf der sieben Variablen der Kundenorientierung signifikante Unterschiede zwischen den erfolgreichen und den weniger erfolgreichen JTU (Abb. 19). Für die ersten zwei Jahre sind - abgesehen vom Bemühen, Chancen und Gefahren schnell zu erkennen und den Anstrengungen, eine Umfeldanalyse in die Unternehmensplanung mit einzubeziehen - alle Variablen erfolgsrelevant. Die grössten differenzierenden Wirkungen für beide Untersuchungszeitpunkte zeigen die Bemühungen der JTU, segmentspezifische Marketingpläne zu entwickeln und deren Anstrengungen, Zielmärkte mit Blick auf das langfristige Wachstum und Gewinnpotential des Unternehmens auszuwählen. Sehr signifikante Unterschiede zeigen sich zwischen den beiden Erfolgsgruppen in der Gründungsphase zudem bei den Anstrengungen, das gesamte Unternehmen auf die Zielmärkte auszurichten, sowie segmentspezifische Angebote zu entwickeln. Ein letzter signifikanter Unterschied zwischen den beiden Erfolgsgruppen in den ersten zwei Jahren besteht ferner im Bemühen der JTU, die Zielmärkte des Unternehmens bewusst auszuwählen.

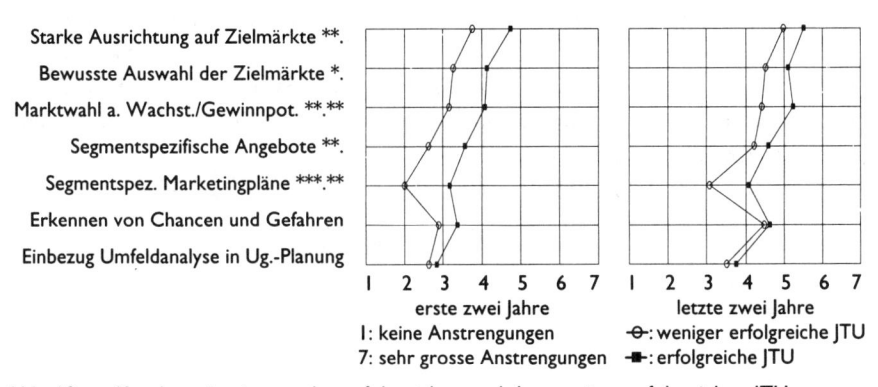

Abb. 19: Kundenorientierung der erfolgreichen und der weniger erfolgreichen JTU

Im Gegensatz zur Situation in der Gründungsphase sind in den letzten zwei Jahren bei den JTU nur noch zwei Variablen im Einflussbereich der Kundenorientierung erfolgsentscheidend. Die erfolgreichen JTU unternehmen signifikant grössere Anstrengungen, ihre Märkte mit Blick auf das langfristige Wachstums- und Gewinnpotential auszuwählen sowie segmentspezifische Marketingpläne zu erarbeiten. Daher kann die aufgestellte Arbeitshypothese bezüglich der Komponenten des Marketingkonzepts (Variablen 1 bis 3) und der Marketingsegmentierung (Variablen 4 und 5) für die Gründungsphase vollständig bestätigt werden, für die letzten zwei Jahre jedoch nur teilweise.

### 5.2.4 Der Einflussbereich „Integrierte Marketingorganisation"

#### 5.2.4.1 Unterschiede zwischen den ersten und den letzten zwei Jahren

Wie im Einflussbereich „Kundenorientierung" sind auch bei der „Integrierten Marketingorganisation" alle Variablen in den letzten zwei Jahren höchst signifikant stärker ausgeprägt als noch in der Gründungsphase (Abb. 20). Bezüglich der Objektivität der Variablenwerte gelten die gleichen Überlegungen wie in Kapitel 5.2.3.1.

JTU unternehmen nur mittelmässige Anstrengungen, ihre Marketing- und Verkaufsaktivitäten zu koordinieren. Die Bemühungen der JTU, eine eigene Marketinggruppe/-organisation aufzubauen, sind insbesondere in der Gründungsphase sehr schwach. Vermutlich schenken die vorwiegend „technologieverliebten" Unternehmensgründer dieser Aufgabe allgemein zu wenig Beachtung. Häufig fehlt ihnen nicht nur das Know-how, sondern sie setzen sich aus persönlichem Interesse viel lieber mit der Forschung und Entwicklung als mit dem Marketing und dem Verkauf ihrer Produkte auseinander. Etwas grössere Anstrengungen unternehmen die JTU bei der Abstimmung des Marketings auf die anderen Unternehmensbereiche wie Entwicklung, Produktion oder Finanzen. Insbesondere wird darauf geachtet, dass keine dieser Funktionen hinsichtlich der notwendigen Ressourcen wie Zeit, Geld und Mitarbeiter vernachlässigt wird. Was die Kooperation der JTU mit anderen Unternehmen angeht, fallen die geringen Bemühungen um eine systematische Suche und Evaluation potentieller Partner auf. Deutlich höher wird die Unterstützung von Kooperationspartnern im Marketing und Verkauf bewertet.

Resultate der empirischen Untersuchung 137

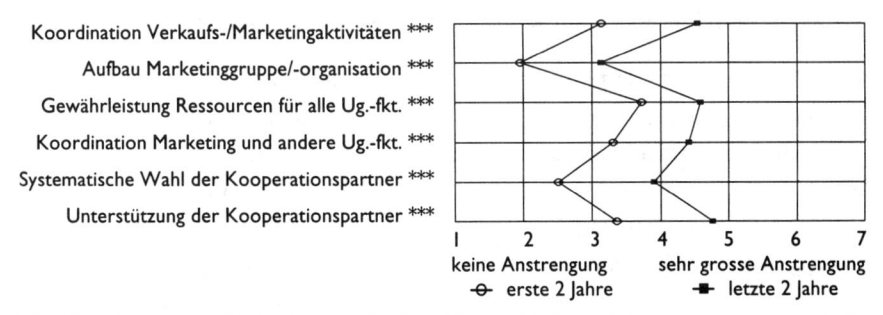

Koordination Verkaufs-/Marketingaktivitäten ***
Aufbau Marketinggruppe/-organisation ***
Gewährleistung Ressourcen für alle Ug.-fkt. ***
Koordination Marketing und andere Ug.-fkt. ***
Systematische Wahl der Kooperationspartner ***
Unterstützung der Kooperationspartner ***

1  2  3  4  5  6  7
keine Anstrengung    sehr grosse Anstrengung
-○- erste 2 Jahre    -■- letzte 2 Jahre

Abb. 20: Integrierte Marketingorganisation: Unterschiede zwischen den ersten und den letzten zwei Jahren

### 5.2.4.2 Erfolgsvariablen im Einflussbereich „Integrierte Marketingorganisation"

Im Einflussbereich „Integrierte Marketingorganisation" konnten mit dem Mann-Whitney-U-Test weder für die Gründungsphase noch für die letzten zwei Jahre signifikante Unterschiede zwischen der Gruppe der erfolgreichen und der Gruppe der weniger erfolgreichen JTU erkannt werden (Abb. 21). Ein tendenzieller, jedoch nicht signifikanter Unterschied zwischen den Erfolgsgruppen ist für die Gründungsphase bei der Variablen 'Unterstützung der Marketingpartner' sichtbar. Erstaunlicherweise unternehmen aber die erfolgreichen JTU weniger Anstrengungen, ihre Kooperationspartner im Marketing und Verkauf bei ihrer Arbeit zu unterstützen. Trotz dieser Tendenz muss die für diesen Einflussbereich aufgestellte Arbeitshypothese für die vorliegende Stichprobe für beide Zeitpunkte abgelehnt werden.

Koordination Marketingaktivitäten
Aufbau Marketinggruppe/-organisation
Gewährleistung Ressourcen für Ug.-fkt.
Koordination Marketing mit Ug.-fkt.
Systematische Wahl Marketingpartner
Starke Unterstützung Marketingpartner

1  2  3  4  5  6  7        1  2  3  4  5  6  7
   erste zwei Jahre            letzte zwei Jahre
1: keine Anstrengungen           -○-: weniger erfolgreiche JTU
7: sehr grosse Anstrengungen     -■-: erfolgreiche JTU

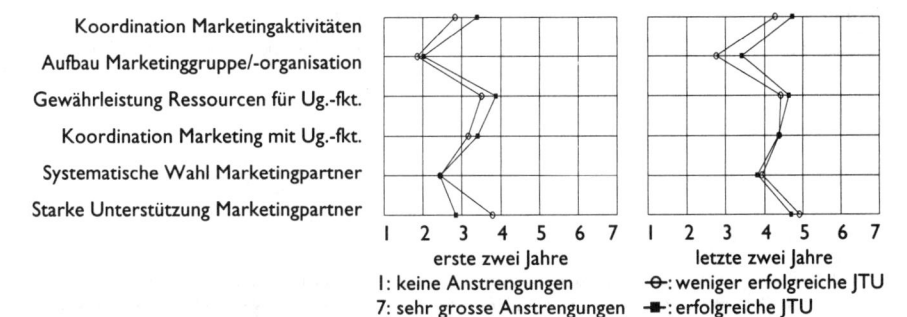

Abb. 21: Integrierte Marketingorganisation der erfolgreichen und der weniger erfolgreichen JTU

## 5.2.5 Der Einflussbereich „Adäquate Marketinginformation"

### 5.2.5.1 Unterschiede zwischen den ersten und den letzten zwei Jahren

Im Einflussbereich „Adäquate Marketinginformation" ergibt der Wilcoxon-Test, dass alle Variablen in den letzten zwei Jahren höchst signifikant stärker ausgeprägt sind als noch zu Beginn der Unternehmensentwicklung (Abb. 22). Die Überlegungen bezüglich der Objektivität der Resultate (vgl. Kapitel 5.2.3.1) gelten auch hier.

Interessant ist die Reihenfolge der Marketingvariablen für die externe Marketinganalyse. Die grössten Anstrengungen werden für die Analyse der Kunden/-zufriedenheit unternommen. Diesen Bemühungen folgt der Aufwand für die Analyse der Wettbewerber, der Zielmärkte und schliesslich des Unternehmensumfeldes. Was die interne Marketinganalyse anbelangt, liegen die grössten Anstrengungen im Bereich der eigenen Stärken und Schwächen. Weit geringer sind die Aufwendungen, das Verkaufspotential sowie die Profitabilität verschiedener Marktsegmente, Kunden, Produkte und Regionen zu ermitteln. Beinahe keine Anstrengungen unternehmen die JTU, um Informationen über die Kosteneffizienz verschiedener Marketingaufwendungen zu ermitteln.

Die Gründer der JTU geben sich mittelmässige bis gute Zeugnisse, was ihre Kenntnisse des Marktes, der Kunden und der Wettbewerber anbelangt. Dabei ist auffallend, dass die Kenntnisse des Marktes und des Wettbewerbs - trotz unterdurchschnittlicher Anstrengungen im Bereich der Markt- und Wettbewerbsanalyse - als relativ gut beurteilt werden. Dies ist erstaunlich, machten doch 50 - 60% der befragten Unternehmensgründer im Fragebogen keine spezifische Angaben zum Markt.[1] Möglicherweise sind einige Gründer davor zurückgeschreckt, diese Zahlen „auszuhändigen". Doch ist es naheliegend, dass ein Teil der Befragten die verlangten Angaben gar nicht machen konnte,[2] denn generell haben die Gründer eine sehr hohe Antwortbereitschaft an den Tag gelegt.[3] Fazit: Die Befragten überschätzen ihre Kenntnisse des Marktes, der Kunden und der Wettbewerber tendenziell.

---

[1] 64% der Befragen machten keine Angaben zum Marktvolumen im angestrebten Zielmarkt, 78% keine zum weltweiten Marktvolumen, 58% keine zum Wachstum im Zielmarkt, 32% keine zur Anzahl der Wettbewerber im Zielmarkt, 55% keine zum Marktanteil des grössten Wettbewerbers und 50% machten keine Angaben zum eigenen Marktanteil im Zielmarkt.
[2] Die Gründer sind bei diesen Fragen speziell darauf hingewiesen worden, die Angaben nur dann zu machen, wenn die entsprechenden Daten bekannt sind.
[3] Eine andere kritische Frage nach der Höhe des investierten Kapitals im Unternehmen ist im Schnitt „nur" in 23% der Fälle unbeantwortet geblieben.

Resultate der empirischen Untersuchung 139

```
Analyse der Kunden ***
Ermittlung der Kundenzufriedenheit ***
Analyse der Wettbewerber ***
Analyse der Zielmärkte ***
Analyse des Unternehmensumfeldes ***
Analyse eigener Stärken und Schwächen ***
Ermittlung Verkaufspotential und Profitabilität ***
Ermittlung Kosteneffizienz Marketingausgaben ***
Sehr gute Kenntnisse des Marktes ***
Sehr gute Kenntnisse der Kunden ***
Sehr gute Kenntnisse der Wettbewerber ***
```

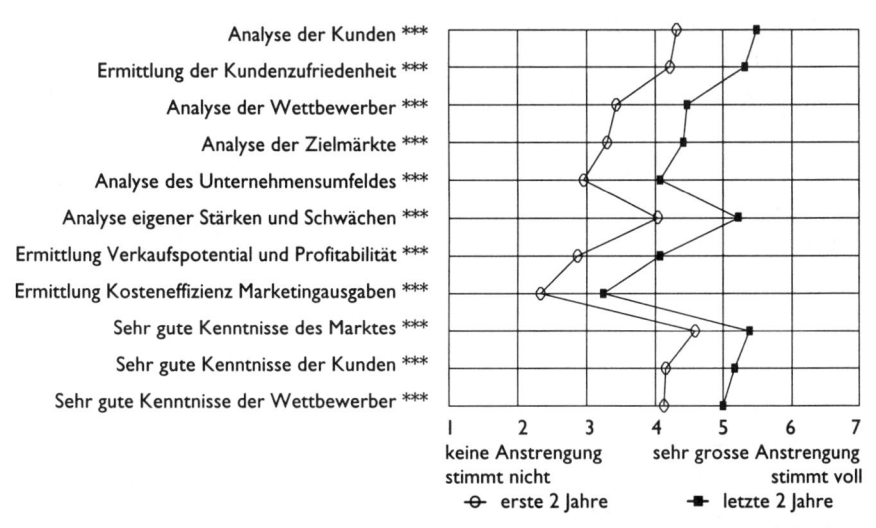

  1    2    3    4    5    6    7
  keine Anstrengung      sehr grosse Anstrengung
  stimmt nicht           stimmt voll
  -⊖- erste 2 Jahre      -■- letzte 2 Jahre

Abb. 22: Adäquate Marketinginformation: Unterschiede zwischen den ersten und den letzten zwei Jahren

### 5.2.5.2 Erfolgsvariablen im Einflussbereich „Adäquate Marketinginformation"

Bei acht von elf Variablen im Einflussbereich „Adäquate Marketinginformation" ergeben sich zwischen den beiden Erfolgsgruppen signifikante Mittelwertunterschiede (Abb. 23). Davon wirken sieben Variablen für die ersten zwei Jahre und fünf Variablen für die letzten zwei Jahre erfolgsdifferenzierend. Auch wenn Mittelwertunterschiede vorhanden sind, können bei den Anstrengungen, die Kunden und deren Zufriedenheit zu analysieren und bei den Kenntnissen der Wettbewerber zu keinem Zeitpunkt signifikante Unterschiede zwischen den erfolgreichen und den weniger erfolgreichen JTU festgestellt werden. Hingegen weisen die Anstrengungen bei der Wettbewerbs- und der Zielmarktanalyse für beide untersuchten Zeitpunkte eine sehr diskriminierende Wirkung auf. JTU mit grösseren Aktivitäten in diesen Bereichen sind wesentlich erfolgreicher als Unternehmen, bei denen diese Tätigkeiten weniger ausgeprägt sind. Nebst diesen Variablen sind auch die Anstrengungen bei der Analyse des Unternehmensumfeldes, die Aktivitäten zur Analyse der eigenen Stärken und Schwächen, die Bemühungen zur Ermittlung des Verkaufspotentials und der Profitabilität der Märkte, die Anstrengungen, die Kosteneffizienz im Marketing zu ermitteln sowie die Höhe der Kundenkenntnisse in der Gründungsphase erfolgsrelevant. JTU, die ursprünglich eine stärkere Ausprägung dieser Variablen aufweisen, gehören eher in die Gruppe der erfolgreichen Unternehmen. Zusätzlich zu den bereits erwähnten höchst signifikanten Unterschieden der Variablen 'Analyse der Wettbewerber' und 'Analyse der Zielmärkte' sind in den letzten zwei Jahren die Variablen 'Analyse der eigenen Stärken und Schwächen', 'Ermittlung des Verkaufspotentials und der Profitabilität' sowie die 'Kenntnisse des Marktes' erfolgsdifferenzierend.

Obwohl nicht alle Variablen dieses Einflussbereichs signifikante Unterschiede zwischen den Erfolgsgruppen aufzeigen, sind überall eindeutige Tendenzen sichtbar. Dies zeigt klar, wie wichtig es für JTU ist, eine genügend hohe Aktivität im Bereich „Adäquate Marketinginformation" zu entwickeln. JTU mit grösseren Anstrengungen in diesem Bereich sind erfolgreicher. Die Arbeitshypothese kann daher für beide Zeitpunkte teilweise angenommen werden.

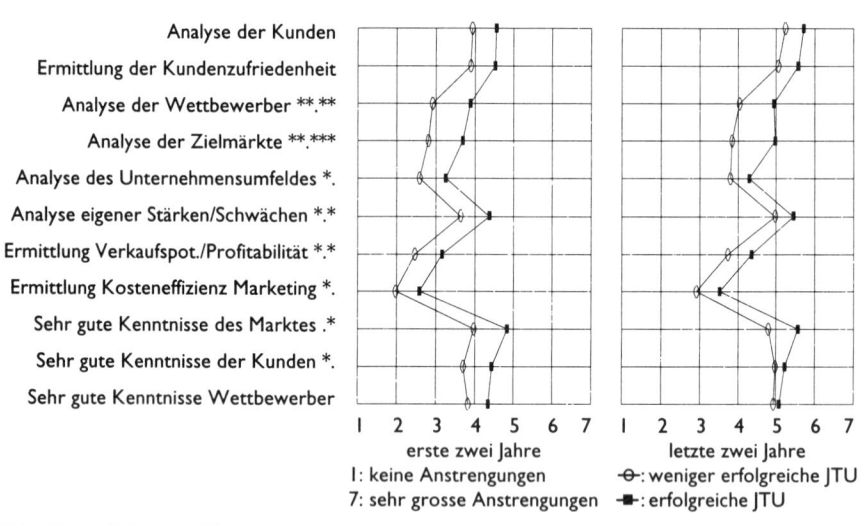

Abb. 23: Adäquate Marketinginformation der erfolgreichen und der weniger erfolgreichen JTU

### 5.2.6 Der Einflussbereich „Strategische Orientierung"

#### 5.2.6.1 Unterschiede zwischen den ersten und den letzten zwei Jahren

Die „Strategische Orientierung" der JTU ist in den letzten zwei Jahren höchst signifikant stärker ausgeprägt als noch in der Gründungsphase (Abb. 24). Dieser Unterschied ist, wie bei den oben diskutierten Einflussbereichen, unabhängig vom jährlichen Mitarbeiterzuwachs der JTU (vgl. Kapitel 5.2.3.1).

Auffällig ist, wie tief alle Variablen im Einflussbereich „Strategische Orientierung" für die Gründungsphase bewertet werden. Die Komponenten der Marketingstrategie (oberste drei Variablen) werden im Schnitt noch knapp besser bewertet als die Komponenten der Marketingplanung (Variablen vier bis sechs). Bei der Vorbereitung auf Eventualfälle - d.h. auf kritische Ereignisse, die beträchtlichen Einfluss auf das Unternehmen ausüben könnten - werden zwar einige Anstrengungen unternommen, diese zu identifizieren, doch weitaus weniger, um konkrete Aktionspläne für das Eintreffen solcher Eventualfälle zu erstellen. Die schwache Ausprägung des letzten Punktes ist verständlich, denn selbst mittlere oder grosse Unternehmen mit wesentlich mehr Ressourcen weisen in diesem Punkt z.T. Schwächen auf.

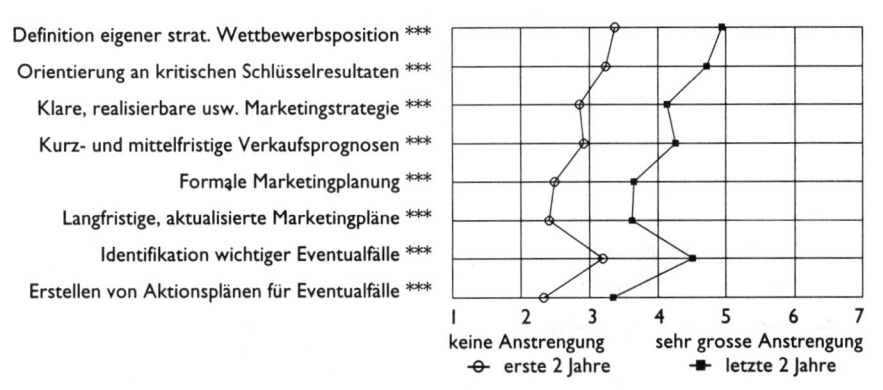

Definition eigener strat. Wettbewerbsposition ***
Orientierung an kritischen Schlüsselresultaten ***
Klare, realisierbare usw. Marketingstrategie ***
Kurz- und mittelfristige Verkaufsprognosen ***
Formale Marketingplanung ***
Langfristige, aktualisierte Marketingpläne ***
Identifikation wichtiger Eventualfälle ***
Erstellen von Aktionsplänen für Eventualfälle ***

1  2  3  4  5  6  7
keine Anstrengung     sehr grosse Anstrengung
-⊖- erste 2 Jahre    -■- letzte 2 Jahre

Abb. 24: Strategische Orientierung: Unterschiede zwischen den ersten und den letzten zwei Jahren

### 5.2.6.2 Erfolgsvariablen im Einflussbereich „Strategische Orientierung"

Alle Variablen im Einflussbereich „Strategische Orientierung" zeigen sowohl für die Gründungsphase als auch für die letzten zwei Jahre Mittelwertunterschiede zwischen den erfolgreichen und den weniger erfolgreichen JTU an (Abb. 25). Dabei sind die Ausprägungen der erfolgreichen JTU immer stärker als die der weniger erfolgreichen JTU. In der Gründungsphase sind fünf der acht Mittelwertunterschiede signifikant, für die letzten zwei Jahre sind es deren drei.

Die Anstrengungen der JTU, ihre eigene strategische Position gegenüber den Wettbewerbern klar zu definieren wie auch kritische Schlüsselresultate für den Unternehmenserfolg zu identifizieren und sich daran zu orientieren, sind für die letzten zwei Jahre signifikant und für die ersten zwei Jahre sehr signifikant erfolgsdifferenzierend. Zudem sind in der Gründungsphase JTU mit einer formaleren Marketingplanung erfolgreicher. Weiter sind in dieser Phase auch die Variablen der Eventualfälle, d.h. die Identifikation und das Erstellen von Aktionsplänen, erfolgsrelevant. JTU mit grösseren Anstrengungen in diesen Bereichen sind erfolgreicher.

Für die letzten zwei Jahre weisen alle drei Variablen der Marketingstrategie - Wettbewerbsposition, Schlüsselresultate und klare Marketingstrategie - signifikante Mittelwertunterschiede auf. Erfolgreiche JTU unterscheiden sich zu diesem Zeitpunkt aber weder in der Komponente Marketingplanung (Variablen vier bis sechs) noch in der Komponente Eventualfälle (letzte zwei Variablen). Die Arbeitshypothese kann für die Gründungsphase bei allen Variablen teilweise angenommen werden. Für die letzten zwei Jahre ist bei allen Variablen zwar auch eine entsprechende Tendenz sichtbar, jedoch nur in der Komponente Marketingstrategie (erste drei Variablen) wird sie signifikant.

Def. strat. Wettbewerbsposition **.*
Orient. an krit. Schlüsselresultaten **.*
Entwicklung klarer Marketingstrategie .*
Erstellen von Verkaufsprognosen
Arbeit mit formaler Marketingplanung *.
Erstellen langfrist./akt. Marketingpläne
Identifikation wichtiger Eventualfälle *.
Erstellen Aktionspläne f. Eventualfälle *.

1 2 3 4 5 6 7    1 2 3 4 5 6 7
erste zwei Jahre    letzte zwei Jahre
1: keine Anstrengungen    ⊖: weniger erfolgreiche JTU
7: sehr grosse Anstrengungen    ■: erfolgreiche JTU

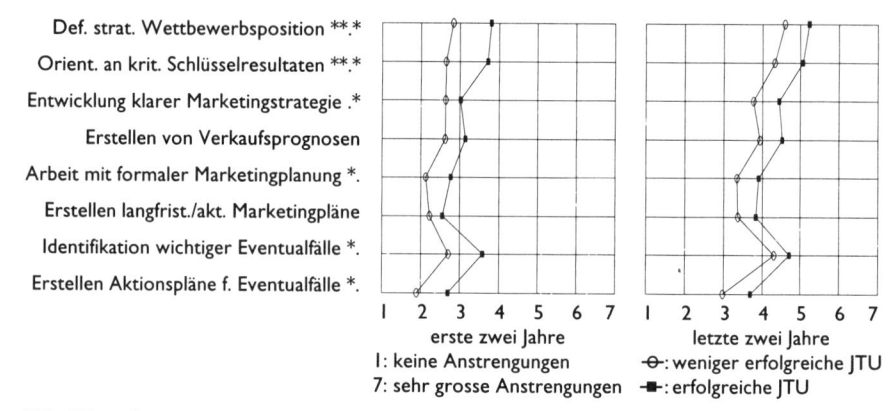

Abb. 25: Strategische Orientierung der erfolgreichen und der weniger erfolgreichen JTU

## 5.2.7 Der Einflussbereich „Effektive Abwicklung"

### 5.2.7.1 Unterschiede zwischen den ersten und den letzten zwei Jahren

Alle Variablen im Einflussbereich „Effektive Abwicklung" sind in den letzten zwei Jahren höchst signifikant stärker ausgeprägt als noch in den ersten zwei Jahren (Abb. 26). Überdurchschnittliche Anstrengungen werden für die fünf Variablen gute Motivation der Mitarbeiter, Kommunikation der Kundenorientierung im Unternehmen, professionelles Erscheinungsbild des Unternehmens, schnelle Einleitung von Korrekturmassnahmen und immer aktuelle Informationen im Unternehmen unternommen. Im Gegensatz dazu sind die anderen Variablen im Bereich „Effektive Abwicklung", insbesondere diejenigen der Marketingprofessionalität, -kompetenz und -erfahrung, schwach ausgeprägt. Vergleicht man die Erfahrung und das Know-how im Marketing und Verkauf mit demjenigen in der Forschung und Entwicklung (nicht graphisch dargestellt), erkennt man, dass eine sehr grosse Diskrepanz zwischen diesen beiden Unternehmensfunktionen besteht. Die Kompetenz im F&E-Bereich ist sowohl für die ersten als auch für die letzten zwei Jahre um ca. 1.5 Punkte besser als die

Kompetenz im Marketing und Verkauf. Dieses Resultat wird durch eine Untersuchung von Roberts bestätigt.[1] Er erkannte, dass eine anfänglich fehlende Marketingkompetenz von JTU häufig auch noch nach Jahren nicht beseitigt wird.

Gute Motivation der Mitarbeiter ***
Kommunikation Kundenorientierung im Ug. ***
Professionelles Erscheinungsbild des Ug. ***
Wirksamkeit Marketingausgaben verbessern ***
Know-how im Marketing und Verkauf ***
Erfahrungen im Marketing und Verkauf ***
Ausreichend Ressourcen f. Marketing/Verkauf ***
Professionelle Marketing-/Verkaufsaktivitäten ***
Schnelle Einleitung von Korrekturmassnahmen ***
Aktuelle Informationen im Unternehmen ***

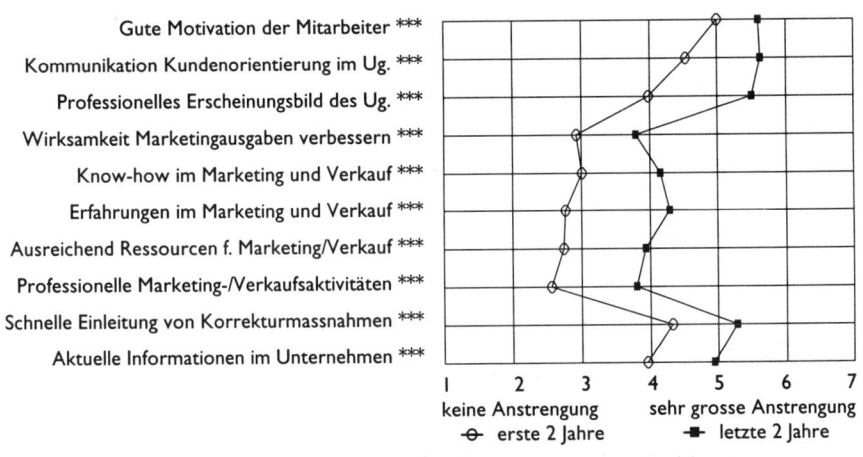

1　2　3　4　5　6　7
keine Anstrengung　　sehr grosse Anstrengung
-⊖- erste 2 Jahre　　-■- letzte 2 Jahre

Abb. 26: Effektive Abwicklung: Unterschiede zwischen den ersten und den letzten zwei Jahren

### 5.2.7.2 Erfolgsvariablen im Einflussbereich „Effektive Abwicklung"

Ein beachtlicher Teil der Variablen im Einflussbereich „Effektive Abwicklung" weist signifikante Mittelwertunterschiede zwischen den Erfolgsgruppen auf. Die Hälfte der Variablen sind sowohl für die Gründungsphase als auch für die letzten zwei Jahre signifikant erfolgsdifferenzierend, nämlich die Erfahrungen und das Know-how im Marketing und Verkauf, die Anstrengungen, die Wirksamkeit im Marketing ständig zu verbessern, immer aktuelle interne und externe Informationen zu besitzen und schnell Korrekturmassnahmen einzuleiten, sobald sichtbar wird, dass Ziele nicht erreicht werden. Zwei weitere Variablen, die Anstrengungen, ein professionelles Erscheinungsbild sowie die notwendigen Ressourcen im Marketing und Verkauf zu gewährleisten, sind zusätzlich auch für die letzten zwei Jahre erfolgsdifferenzierend. Im Gegensatz dazu zeigen die Variablen der Mitarbeitermotivation, die Kommunikation der Kundenorientierung sowie die professionellen Marketingaktivitäten lediglich Tendenzen, aber keine signifikanten Unterschiede zwischen beiden Erfolgsgruppen an. Die Arbeitshypothese zum Einflussbereich „Effektive Abwicklung" kann daher für beide Zeitpunkte teilweise bestätigt werden.

---

[1] Roberts, 1991a, S. 182ff.

Motivation der Mitarbeiter
Kommunikation Kundenorientierung
Gewährleist. prof. Erscheinungsbild .**
Wirksamkeit Marketing verbessern *.*
Know-how im Marketing/Verkauf *.*
Erfahrungen im Marketing/Verkauf ***.*
Gewährleist. nötiger M-Ressourcen .*
Professionelle Marketingaktivitäten
Schnelle Korrekturmassnahmen **.*
Immer aktuelle Informationen im Ug. *.*

   1  2  3  4  5  6  7     1  2  3  4  5  6  7
      erste zwei Jahre          letzte zwei Jahre
  1: keine Anstrengungen      ⊖: weniger erfolgreiche JTU
  7: sehr grosse Anstrengungen ■: erfolgreiche JTU

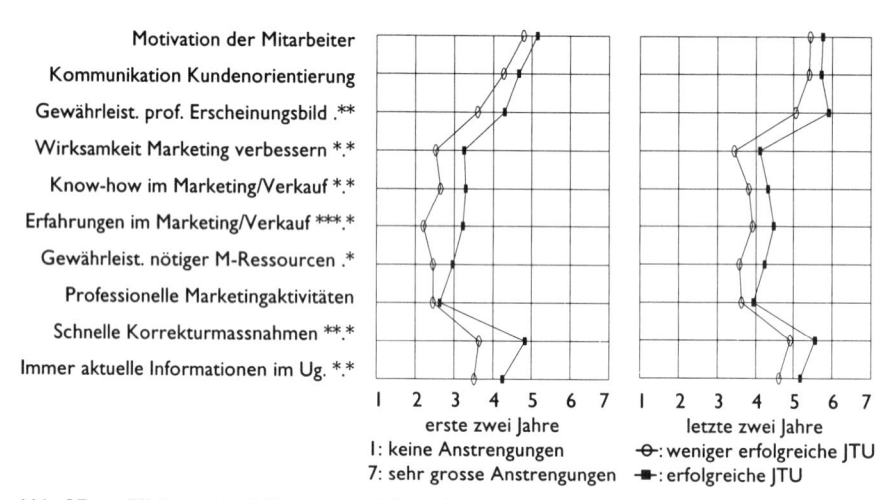

Abb. 27:   Effektive Abwicklung der erfolgreichen und der weniger erfolgreichen JTU

## 5.2.8   Der Einflussbereich „Vollständiger Innovationsprozess"

### 5.2.8.1   Unterschiede zwischen den ersten und den letzten zwei Jahren

Abgesehen von einer Variablen zeigt der Wilcoxon-Test für alle Marketingvariablen aus dem Einflussbereich „Vollständiger Innovationsprozess" signifikante Veränderungen in den letzten zwei Jahren im Vergleich zur Gründungsphase (Abb. 24). Die grössten Unterschiede zwischen den beiden Zeitpunkten weisen typische Marketingaktivitäten wie die Marktanalyse der Produktidee, die Marktstudie des Produktkonzeptes, die Wirtschaftlichkeitsprüfung des Produktkonzepts oder der Plan zur Markteinführung auf. Ein grosser Unterschied wird zudem bei der Formalität der Organisation ersichtlich. Es ist auffallend, dass die Ausprägungen der unterschiedlichen Variablen durch eine sehr grosse Spannweite von „nicht gemacht" bis „sehr detailliert gemacht" charakterisiert sind. Die kennzeichnenden Aktivitäten im Innovationsprozess JTU sind einerseits der intensive Kontakt mit potentiellen Kunden und die Durchführung von Produkttests zusammen mit (potentiellen) Kunden. Andererseits ist offensichtlich, dass der Innovationsprozess, insbesondere in der Gründungsphase, beinahe in allen theoretisch erfolgsrelevanten Marketingaktivitäten schwache Ausprägungen besitzt. In diesen wichtigen Punkten - formale Projektorganisation, Durchführung von Marktanalysen/-studien der Produktidee und des Produktkonzeptes, Durchführung von Markttests in einem begrenzten Gebiet und Erarbeitung eines Planes zur Markteinführung - existiert ein hohes Verbesserungspotential.

Resultate der empirischen Untersuchung    145

Intensiver Kontakt mit potentiellen Kunden **
Interdisziplinarität des Teams **
Formale Organisation ***
Marktanalyse Produktidee ***
Marktstudie Produktkonzeptes ***
Wirtschaftlichkeitsprüfung Produktkonzept ***
Produkttest mit (potentiellen) Kunden ***
(begrenzter) Markttest **
Plan zur Markteinführung ***
Identifikation Positionierungsmerkmale
Kommunikation Positionierungsmerkmale ***

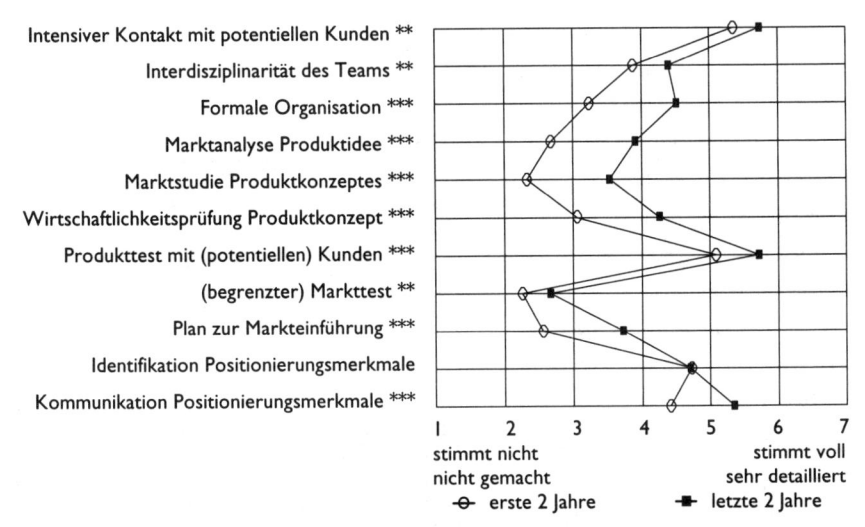

```
        1     2     3     4     5     6     7
     stimmt nicht                 stimmt voll
     nicht gemacht               sehr detailliert
     -⊖- erste 2 Jahre           -■- letzte 2 Jahre
```

Abb. 28:   Vollständiger Innovationsprozess: Unterschiede zwischen den ersten und den letzten zwei Jahren

### 5.2.8.2   Erfolgsvariablen im Einflussbereich „Vollständiger Innovationsprozess"

Obwohl die Literatur im Bereich des Innovationsprozesses viele Erfolgsfaktoren beschreibt,[1] erweisen sich in der vorliegenden Untersuchung nur zwei der elf Faktoren in signifikanter Weise als erfolgsdifferenzierend (Abb. 29). Die verwendeten Indikatoren sind möglicherweise zu unpräzis, oder aber die Aktivitäten im Innovationsprozess JTU weisen bezüglich der untersuchten Stichprobe tatsächlich keine erfolgsrelevanten Differenzierungsmerkmale auf.[2]

Die einzige Variable, die in der Gründungsphase zwischen erfolgreichen und weniger erfolgreichen JTU eine Differenzierung zuliess, war der Grad der Detaillierung bei der Wirtschaftlichkeitsprüfung des Produktkonzepts. JTU, die diese Aufgabe detaillierter durchgeführt haben, waren erfolgreicher. Die einzige differenzierende Variable für die letzten zwei Jahre war der Detaillierungsgrad des Markteinführungsplanes. Doch trotz dieses Zusammenhangs muss die Arbeitshypothese insgesamt für beide Zeitpunkte abgelehnt werden.

---

[1] Vgl. Kapitel 2.4.2.
[2] Auch eine zusätzliche Aufteilung der JTU bezüglich des Unternehmenstyps - d.h. in JTU mit Auftrags- oder Eigenprodukten - erbrachte mit geringen Abweichungen die gleichen Resultate.

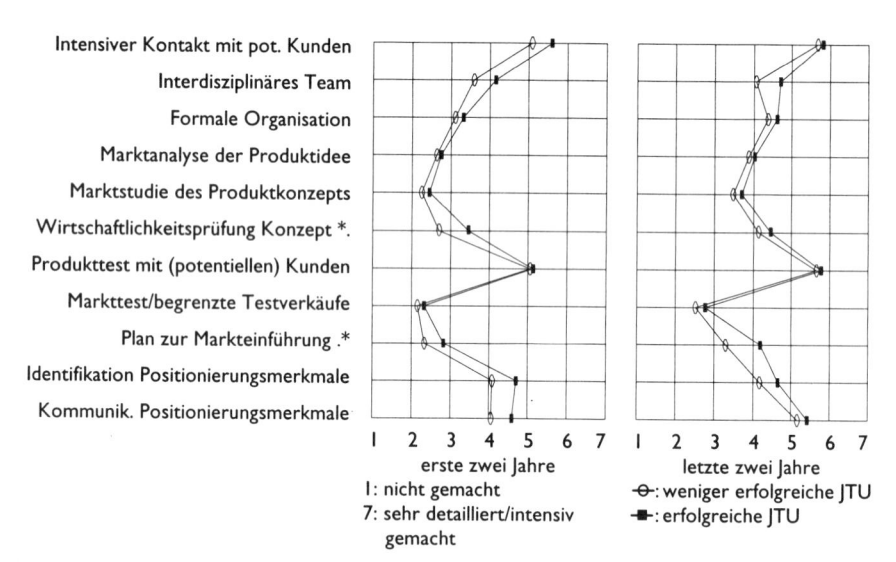

Abb. 29: Vollständiger Innovationsprozess der erfolgreichen und der weniger erfolgreichen JTU

## 5.2.9 Der Einflussbereich „Einzigartiger Produktcharakter"

### 5.2.9.1 Unterschiede zwischen den ersten und den letzten zwei Jahren

Im Gegensatz zu allen bisher diskutierten Einflussbereichen zeigt der Wilcoxon-Test bezüglich des Produktcharakters nur wenige signifikante Unterschiede zwischen den untersuchten Zeitabschnitten (Abb. 30). Lediglich in fünf von zwölf Produktcharakteren unterscheiden sich die Resultate zwischen den ersten und den letzten zwei Jahren signifikant. Von diesen Unterschieden betreffen drei die Marketingmix-Variablen. Die neueren Produkte werden bezüglich Verkauf, Werbung und Preis-Leistungsverhältnis signifikant besser eingeschätzt als diejenigen der ersten zwei Jahre. Ferner wird für die letzten zwei Jahre das Kundeninteresse, das sich im konkreten Verlangen der (potentiellen) Kunden nach dem Produkt äussert, und die Aufgeschlossenheit der Kunden gegenüber dem Produkt signifikant höher beurteilt.

Sehr erstaunlich ist die grosse Differenz zwischen den beiden Variablen 'Bedürfnisbefriedigung' und 'Preis-Leistungsverhältnis' im Marketingmix sowie zwischen den beiden Variablen 'Produktverkauf' und 'Produktwerbung'. Es ist verständlich, dass die Gründer dem Produktverkauf und der Produktwerbung in den ersten zwei Jahren in Relation zu ihren Konkurrenten sehr schlechte Noten geben. Es erstaunt jedoch, dass dieses anfängliche Defizit selbst nach durchschnittlich 8½ Jahren noch nicht behoben worden ist. Dieses

Resultat bestätigt einerseits die starke Technologieorientierung vieler JTU und andererseits die bereits erwähnte Untersuchung von Roberts[1], die besagt, dass eine anfänglich fehlende Kompetenz im Marketing und Verkauf nur selten beseitigt wird.

War einzigartig in der Bedürfnisbefriedigung
Besseres Preis/Leistungsverhältnis als Wettbew. *
Besserer Produktverkauf als Wettbewerber ***
Bessere Produktwerbung als Wettbewerber ***
Keine Anpassungskosten beim Kunden
(Potentielle) Kunden verlangten konkret danach *
Kunden waren Produkten ggü. aufgeschlossen ***
Erzielte Kosteneinsparungen beim Kunden
Keine Lernanstrengungen zur Nutzung
Einfach wahrnehmbare Produktvorteile
Technik bot neu diese Möglichkeit
Enthielt komplexe schwer imitierbare Technik

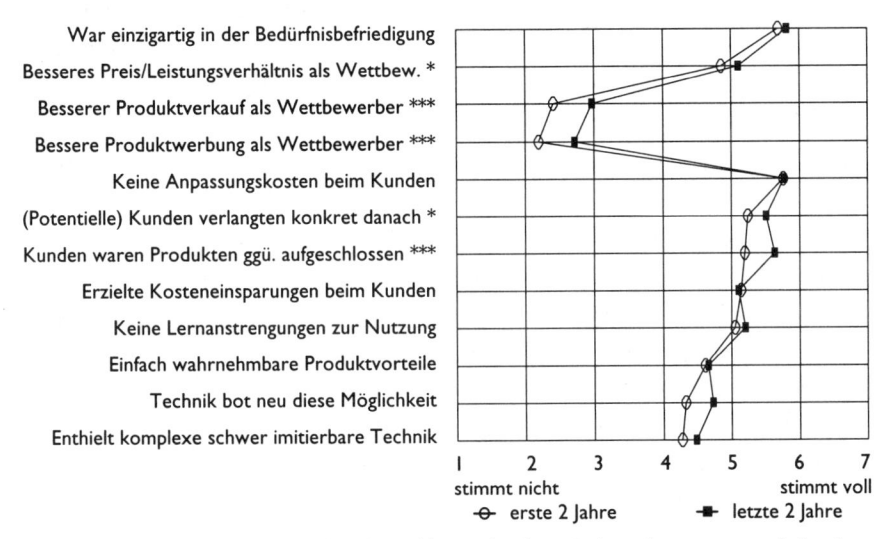

1   2   3   4   5   6   7
stimmt nicht        stimmt voll
-⊖- erste 2 Jahre   -■- letzte 2 Jahre

Abb. 30: Einzigartiger Produktcharakter: Unterschiede zwischen den ersten und den letzten zwei Jahren

### 5.2.9.2 Erfolgsvariablen im Einflussbereich „Einzigartiger Produktcharakter"

Ähnlich wie beim Einflussbereich „Vollständiger Innovationsprozess" zeigten nur wenige Variablen aus dem Einflussbereich „Einzigartiger Produktcharakter" signifikante Unterschiede im Erfolg der JTU (Abb. 31). Vermutlich ist das Urteil der Unternehmensgründer, die in vielen Fällen auch die Entwickler der Produkte waren, bezüglich der untersuchten Punkte zu wenig objektiv. Die Befragten beurteilen die Vor- und Nachteile „ihrer" Produkte nicht aus der Sicht des Kunden, sondern aus der Sicht des Entwicklers oder Verkäufers, d.h. die Vorteile werden im Schnitt zu hoch und die Nachteile zu tief bewertet.

JTU, deren Produkte grosse Kosteneinsparungen beim Kunden erzielten und im Gegenzug dazu keine Anpassungskosten verursachten, gehörten signifikant häufiger in die Gruppe der erfolgreichen Unternehmen. Diese Aussage trifft sowohl für die Gründungsphase als auch für die letzten zwei Jahre zu. Waren die Werbe- und Kommunikationsmassnahmen besser als jene der Wettbewerber, war auch das JTU erfolgreicher. Dieses Merkmal ist für die

---

[1] Roberts, 1991a, S. 182ff.

letzten zwei Jahre signifikant, während sich in den ersten beiden Jahren lediglich eine Tendenz in diese Richtung abzeichnet (p<0.10). Aufschlussreich ist eine weitere Tendenz: Produkte, die komplexe, schwer imitierbare Technologien enthalten oder die technologisch auf dem neusten Stand sind, werden eher von weniger erfolgreichen JTU hergestellt. Dies gilt jedoch ausschliesslich für die Gründungsphase. Die Arbeitshypothese muss daher grösstenteils abgelehnt werden. Nur einige wenige Variablen des Kundennutzens sind erfolgsdifferenzierend.

Bessere einzigart. Bedürfnisbefriedigung
Besseres Preis/Leistungsverhältnis
Besserer Produktverkauf
Bessere Produktwerbung/-kommunik. .*
Keine Anpassungskosten der Kunden *.*
(Potentielle) Kunden verlangten danach
Kunden waren Produkt ggü. offen
Erzielung Kosteneinsparungen *.*
Keine Lernanstrengungen zur Nutzung
Einfach wahrnehmbare Produktvorteile
Technik bot neu diese Möglichkeit
Komplexe schwer imitierbare Technik

1 2 3 4 5 6 7
erste zwei Jahre
1: trifft gar nicht zu
7: trifft voll zu

1 2 3 4 5 6 7
letzte zwei Jahre
-⊖-: weniger erfolgreiche JTU
-■-: erfolgreiche JTU

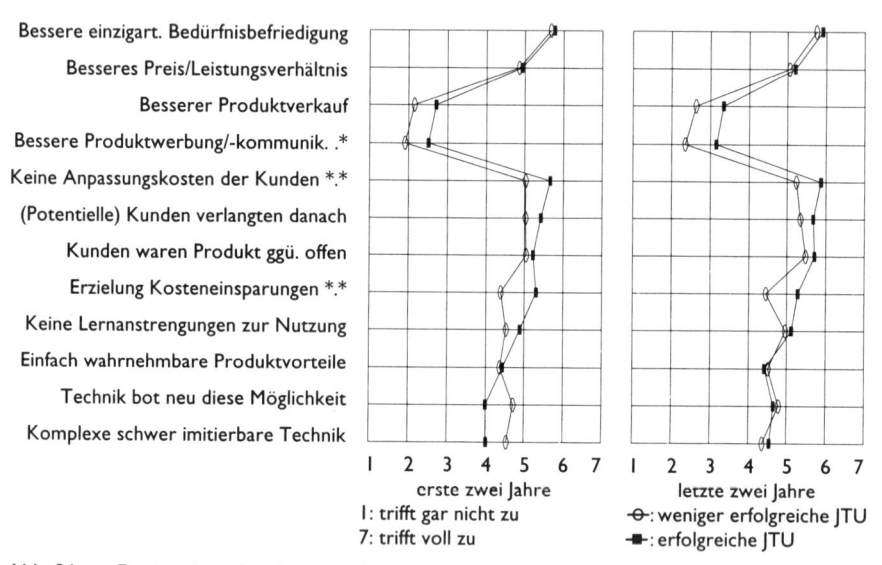

Abb. 31: Einzigartiger Produktcharakter der erfolgreichen und der weniger erfolgreichen JTU

### 5.2.10 Der Einflussbereich „Marktcharakter"

#### 5.2.10.1 Unterschiede zwischen den ersten und den letzten zwei Jahren

Die gesamten Marktkräfte, verstanden als Ausdruck der äusseren und inneren Marktkräfte, wirken in den letzten zwei Jahren mit einer einzigen Ausnahme in allen Variablen signifikant stärker als noch während der Gründungsphase (Abb. 32). Für dieses Phänomen lassen sich m.E. zwei Gründe aufführen: Erstens sind die Marktkräfte in den letzten Jahren tatsächlich stärker geworden. Die treibenden Faktoren dahinter sind u.a. der beschleunigte technologische Wandel, die Verkürzung der Produktlebenszyklen, die bereits siebenjährige Wirtschaftskrise in Europa, die Globalisierung der Märkte sowie die schnelleren Veränderungen bezüglich der Marktanforderungen. Der zweite Grund ist psychologischer Natur.

Durch grössere Anstrengungen im Bereich der Umfeldanalyse verbessern sich die Markt- und Wettbewerbskenntnisse, und die Marktkräfte werden intensiver erlebt.

Aufschlussreich ist die Reihenfolge der Wettbewerbsintensitäten der fünf untersuchten Marketingmix-Variablen. In den ersten zwei Jahren ist der Wettbewerb um Produktvorteile am stärksten, danach folgt der Wettbewerb um den Preis, im persönlichen Verkauf, in der Kommunikation (Werbung, PR und Verkaufsförderung) und schliesslich um bestehende Vertriebskanäle. Die ersten zwei Mix-Variablen sind in technologieintensiven Märkten typisch. Die wichtigsten Wettbewerbsargumente liegen im Preis-Leistungsverhältnis. Besonders bemerkenswert ist, dass der Wettbewerb um den Preis in den letzten zwei Jahren den ersten Rang eingenommen hat, noch vor dem Wettbewerb um Produktvorteile. Auch dies ist Ausdruck der erwähnten stärker werdenden Marktkräfte.

Die Marktdynamik, als die Geschwindigkeit, mit der sich die Kundenwünsche ändern und die Rate, mit der neue Produkte in den Markt eingeführt werden, ist in den ersten zwei Jahren mittelgross eingestuft worden. Ähnlich wie der Preiswettbewerb hat aber auch die Dynamik innerhalb der letzten Jahre höchst signifikant an Intensität zugelegt.

Von den vier externen Kräften der Branchenstruktur haben drei signifikant zugenommen: die Macht der Kunden, die Höhe der Markteintrittsbarrieren und die Bedrohung durch Ersatzprodukte. Im Gegensatz dazu hat die Macht der Lieferanten, ursprünglich auf einem mässig starken Niveau, höchst signifikant abgenommen. Da JTU besonders in der Gründungsphase stark auf ihre Lieferanten angewiesen sind - nicht aber umgekehrt - ist dieser Sachverhalt leicht nachvollziehbar.

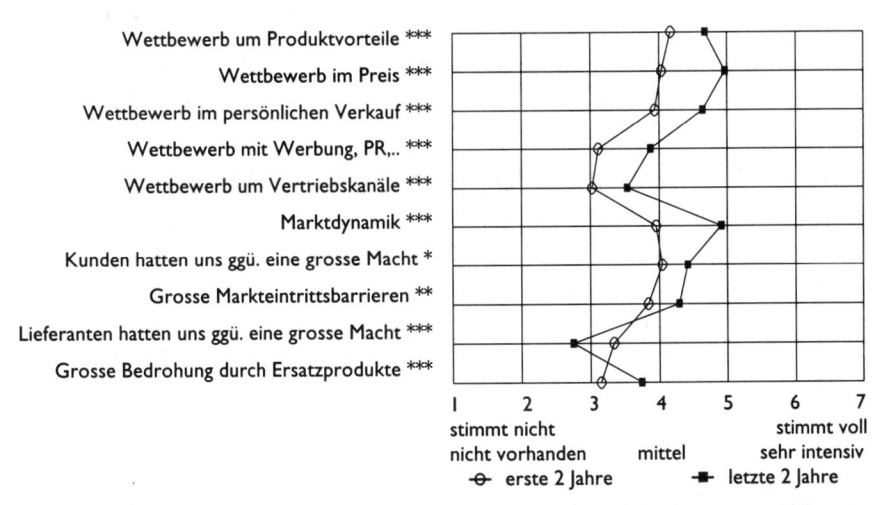

Abb. 32: Marktcharakter: Unterschiede zwischen den ersten und den letzten zwei Jahren

## 5.2.10.2 Erfolgsvariablen im Einflussbereich „Marktcharakter"

Keine der zwölf Variablen des Marktcharakters konnte eine signifikante Wirkung auf den Erfolg der JTU nachgewiesen werden (Abb. 33). Dieses Ergebnis entspricht zahlreichen anderen Untersuchungen im Bereich der Innovations- und Gründungsforschung.[1] Die externen, unkontrollierbaren Variablen haben einen wesentlich kleineren Einfluss auf den Erfolg als die internen, vom Management kontrollierbaren Variablen. Es spielt also für JTU weniger eine Rolle, in welchem Umfeld sie sich befinden, sondern viel wichtiger sind die Anstrengungen, welche die Gründer oder die Manager der JTU unternehmen, um erfolgreich zu werden. Der Erfolg liegt also zu einem grossen Teil in deren Händen.[2] Die vorliegende Arbeitshypothese kann daher vollständig bestätigt werden.

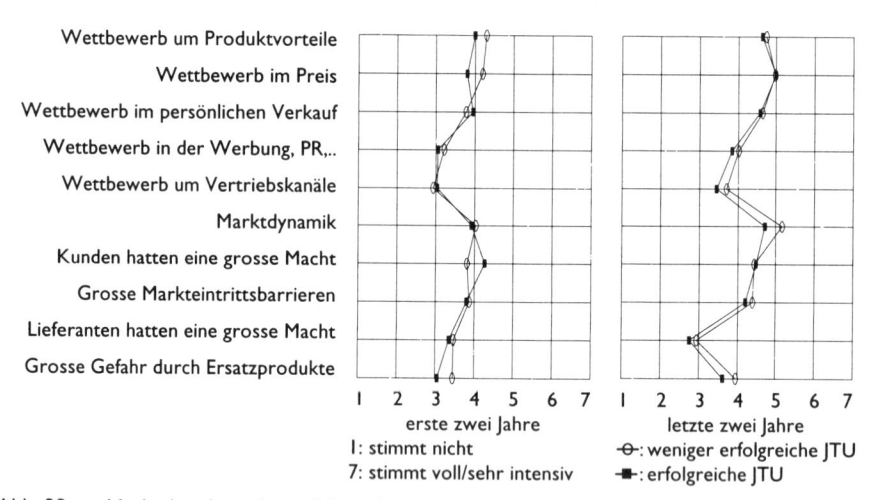

Abb. 33: Marktcharakter der erfolgreichen und der weniger erfolgreichen JTU

## 5.2.11 Die wichtigsten Erfolgs- und Misserfolgsvariablen

Anhand der bisherigen Ausführungen konnte gezeigt werden, dass ein Grossteil der Variablen im Marketing eng mit dem Erfolg der JTU verknüpft ist. Durch die Zuteilung der Variablen zu Einflussbereichen und die Anwendung des Mann-Whitney-U-Tests wurde jedoch kaum ersichtlich, welche der Variablen am stärksten mit dem Erfolg zusammenhängen. Um dies zu bestimmen, wurde jede Marketingvariable mit dem Erfolgsmass es1 der JTU korreliert und anhand des Durchschnitts der Korrelationskoeffizienten r in den

---

[1] Vgl. u.a. Cooper, 1979, S. 19.
[2] Dieses Ergebnis bestätigt viele andere Untersuchungen im Bereich der Innovations- oder der JTU-Forschung: Das Management resp. deren Aktivitäten ist hauptverantwortlich für den Erfolg.

ersten und den letzten zwei Jahren rangiert.[1] Interessante Resultate dieser Analyse sind die Marketingvariablen mit den grössten und den kleinsten Korrelationswerten. Von den 75 Marketingvariablen sind die Variablen mit den 15 grössten Korrelationskoeffizienten in der folgenden Tabelle aufgelistet (Tab. 50). Die Sterne zeigen jeweils die Signifikanzen der Korrelationskoeffizienten für die ersten und die letzten zwei Jahren an.

| Rang | Marketingvariable | Einflussbereich | Korr.-koeff. |
|---|---|---|---|
| 2. | Schnelle Einleitung von Korrekturmassnahmen | Effektive Abwicklung | 0.326 \*\*\*.\*\*\* |
| 3. | Erfahrung im Marketing und Verkauf | Effektive Abwicklung | 0.324 \*\*\*.\*\* |
| 5. | Know-how im Marketing und Verkauf | Effektive Abwicklung | 0.295 \*\*\*.\*\* |
| 7. | Professionelles Erscheinungsbild des JTU | Effektive Abwicklung | 0.275 \*.\*\*\* |
| 11. | Ausreichend Ressourcen für Marketing/Verkauf | Effektive Abwicklung | 0.259 \*.\*\*\* |
| 12. | Wirksamkeit Marketingausgaben verbessern | Effektive Abwicklung | 0.252 \*\*.\*\* |
| 14. | Immer aktuelle Informationen im Unternehmen | Effektive Abwicklung | 0.244 \*.\*\* |
| 1. | (Intensive) Analyse der Märkte | Adäquate Information | 0.378 \*\*\*.\*\*\* |
| 4. | (Intensive) Analyse Stärken und Schwächen im JTU | Adäquate Information | 0.303 \*\*\*.\*\*\* |
| 6. | (Intensive) Analyse der Wettbewerber | Adäquate Information | 0.289 \*\*\*.\*\* |
| 13. | Sehr gute Kenntnisse des Marktes | Adäquate Information | 0.250 \*.\*\*\* |
| 15. | (Intensive) Analyse des Unternehmensumfeldes | Adäquate Information | 0.243 \*\*.\* |
| 8. | Orientierung an kritischen Schlüsselresultaten | Strat. Orientierung | 0.274 \*\*.\*\* |
| 10. | Definition strategischer Position ggü. Wettbewerb | Strat. Orientierung | 0.261 \*\*.\*\* |
| 9. | Volle Ausrichtung JTU auf Bedürfnisse der Zielmärkte | Kundenorientierung | 0.270 \*\*\*.\*\* |

Tab. 50: Die 15 wichtigsten Erfolgsvariablen, geordnet nach den Einflussbereichen und den mittleren Korrelationskoeffizienten

Aus obiger Tabelle wird ersichtlich, dass unter den 15 wichtigsten Variablen sieben aus dem Bereich „Effektive Abwicklung", fünf aus dem Bereich „Adäquate Marketinginformation", zwei aus dem Bereich „Strategische Orientierung" und eine aus dem Bereich „Kundenorientierung" stammen. Unter den ersten sieben Rängen sind sogar ausschliesslich Variablen der Einflussbereiche „Effektive Abwicklung" und „Adäquate Marketinginformation" zu finden. Nicht vertreten, und daher weit weniger erfolgsrelevant, sind die Einflussbereiche „Integrierte Marketingorganisation", „Vollständiger Innovationsprozess", „Einzigartiger Produktcharakter" und „Marktcharakter".

Im Einflussbereich „Effektive Abwicklung" widerspiegeln die Variablen in erster Linie eine hohe allgemeine Kompetenz im Marketing, signalisiert durch grosse Erfahrungen, profundes Know-how und professionelle Arbeit, verbunden mit dem Bemühen, schnell Korrekturmassnahmen einzuleiten. Im Einflussbereich „Adäquate Marketinginformation" äussert sich der Erfolg der JTU besonders in erheblichen Anstrengungen auf dem Gebiet der Markt-, Wettbewerbs- und Unternehmensanalyse. Auf dem Gebiet „Strategische Orientie-

---

[1] Die Spearman-Korrelationskoeffizienten aller Marketingvariablen für die ersten und die letzten zwei Jahre sind im Anhang C zu finden.

rung" zeichnen sich die erfolgreichen JTU primär durch zwei Aktivitäten aus. Erstens versuchen sie vermehrt, kritische Schlüsselresultate für das Unternehmen zu identifizieren und sich daran zu orientieren, und zweitens unternehmen sie grössere Anstrengungen, ihre strategische Wettbewerbsposition gegenüber den Wettbewerbern zu definieren. Die stärkste signifikante Korrelation aus dem Einflussbereich „Kundenorientierung" ist die Anstrengung, das gesamte Unternehmen auf die Bedürfnisse und Wünsche der Zielmärkte auszurichten.

| Rang | Marketingvariable | Einflussbereich | Korr. Koeff. |
|---|---|---|---|
| 1. | Grosse Gefahr durch Ersatzprodukte | Marktcharakter | -.180 *.* |
| 2. | Grosse Markteintrittsbarrieren | Marktcharakter | -.116 |
| 3. | Grosse Macht der Lieferanten | Marktcharakter | -.111 |
| 4. | Intensiver Kommunikationswettbewerb im Markt | Marktcharakter | -.104 |
| 8. | Intensiver Vertriebswettbewerb im Markt | Marktcharakter | -.065 |
| 9. | Intensiver Preiswettbewerb im Markt | Marktcharakter | -.060 |
| 10. | Intensiver Produktwettbewerb im Markt | Marktcharakter | -.038 |
| 5. | Produkt ist stark induziert durch Technik | Produktcharakter | -.088 |
| 6. | Produkte ist schwer imitierbar | Produktcharakter | -.071 * |
| 7. | Grosse Unterstützung der Partner | Marketingorganisation | -.066 |

Tab. 51: Die zehn wichtigsten Misserfolgsvariablen, geordnet nach den Einflussbereichen und den mittleren Korrelationskoeffizienten

Von den 75 untersuchten Marketingvariablen sind die zehn am schwächsten mit dem Erfolg korrelierten Variablen in der obigen Tabelle zusammengestellt (Tab. 51). Da nur zwei Variablen signifikante Korrelationen aufweisen und die Koeffizienten zudem sehr klein sind, können nur wenige substantielle Aussagen gemacht werden. Erstens: Grosse Kräfte der Industriestruktur und ein intensiver Wettbewerb sind dem Erfolg der JTU wenig zuträglich. Zweitens, die grösste Bedrohung für den Erfolg JTU entsteht durch Substitutionsprodukte, d.h. Ersatzprodukte, die den eigenen Zielmarkt mit neueren Technologien umstürzen können. Und drittens sind JTU, die in der Gründungsphase Produkte mit schwer imitierbaren Technologien vertreiben, signifikant weniger erfolgreich als andere JTU.

## 5.3 Analyse der Erfolgsfaktoren im Marketing JTU

Beruhend auf den 75 im vorherigen Kapitel diskutierten Marketingvariablen werden im folgenden Abschnitt die grundlegenden Dimensionen resp. Faktoren im Marketing der JTU mittels Faktoranalyse identifiziert. Basierend auf diesen Faktoren können im Marketingverhalten der JTU mit Hilfe der Clusteranalyse fünf typische Muster definiert werden. Eine Kreuztabellierung veranschaulicht anschliessend die Erfolgsraten der verschiedenen JTU-Typen. Im letzten Abschnitt werden unter Verwendung der Diskriminanzanalyse die eigentlichen Erfolgsfaktoren im Marketing der JTU, d.h. die zwischen den erfolgreichen von den weniger erfolgreichen JTU am besten differenzierenden Marketingfaktoren, identifiziert und diskutiert.

### 5.3.1 Dimensionen im Marketing JTU

Die Faktoranalyse ist das geeignete statistische Instrument, um aus der unübersichtlichen Anzahl von 75 Marketingvariablen die unabhängigen Dimensionen im Marketing der JTU zu extrahieren. Bei der Berechnung der Dimensionen resp. Faktoren wurde die Methode der Hauptkomponentenanalyse auf die Marketingvariablen der ersten zwei Jahre angewandt. Eine anschliessende Varimax-Rotation mit Kaiser-Normalisation trug dazu bei, die Faktorinterpretation zu erleichtern. Die Faktoranalyse erzeugte 22 Faktoren mit Eigenwert grösser als eins und neun Faktoren mit Eigenwert grösser als zwei. Diese Faktoren erklären zusammen 78% der totalen Varianz. Um die Anschaulichkeit der Faktoren zusätzlich noch zu erhöhen, wurde eine grössere Faktorreduktion angestrebt. Mehrere Analysen zeigten, dass u.a. eine Reduktion der 75 Marketingvariablen auf 12 Marketingfaktoren eine sehr gut interpretierbare Lösung hervorbrachte (Tab. 52). Aufgrund der einfacheren Faktorinterpretation wurde dieser Lösung den Vorzug gegeben. Die Eigenwerte dieser Faktoren sind alle grösser als 1.7. Die Faktoren erklären zusammen 61.3% der totalen Varianz. Mit einem KMO-Wert von 0.613 kann die Verwendung der Faktoranalyse in der vorliegenden Untersuchung als sinnvoll betrachtet werden.[1]

| Nr. | Marketingfaktoren (Varianz)[a] | Marketingvariablen (des Fragebogens) | Einflussbereich (vgl. Abb. 12 auf S. 89) | Faktorladung |
|---|---|---|---|---|
| F1 | Konzentration auf Strategie, Planung und Effizienz (20.6%) | Entwicklung klarer Marketingstrategie | Strategische Orientierung | .751 |
| | | Erstellen langfrist./akt. Marketingpläne | Strategische Orientierung | .714 |
| | | Arbeit mit formaler Marketingplanung | Strategische Orientierung | .677 |
| | | Erstellen von Verkaufsprognosen | Strategische Orientierung | .700 |
| | | Identifikation wichtiger Eventualfälle | Strategische Orientierung | .604 |
| | | Erstellen Aktionspläne für Eventualfälle | Strategische Orientierung | .579 |
| | | Def. strat. Wettbewerbsposition | Strategische Orientierung | .530 |
| | | Orient. an krit. Schlüsselresultaten [b] | Strategische Orientierung | .474 |
| | | Aufbau Marketinggruppe/-organisation | Integrierte Organisation | .538 |
| | | Koordination Marketingaktivitäten | Integrierte Organisation | .548 |
| | | Koordination Marketing mit Ug.-fkt. | Integrierte Organisation | .511 |
| | | Systematische Wahl Marketingpartner | Integrierte Organisation | .509 |
| | | Wirksamkeit Marketing verbessern | Effektive Abwicklung | .789 |
| | | Professionelle Marketingaktivitäten | Effektive Abwicklung | .717 |
| | | Gewährleistung nötiger M-Ressourcen | Effektive Abwicklung | .565 |
| | | Ermittlung Kosteneffizienz Marketing | Adäquate Information | .688 |
| | | Ermittlung Verkaufspot./Profitabilität | Adäquate Information | .590 |
| | | Interdisziplinäres Team | Innovationsprozess | .417 |

---

[1] Vgl. Kapitel 4.3.4.

| F2 | Vollständigkeit im Innovations- prozess (10.1%) | Marktanalyse der Produktidee | Innovationsprozess | .803 |
|---|---|---|---|---|
| | | Marktstudie des Produktkonzepts | Innovationsprozess | .707 |
| | | Wirtschaftlichkeitsprüfung Konzept | Innovationsprozess | .684 |
| | | Plan zur Markteinführung | Innovationsprozess | .674 |
| | | Markttest/begrenzte Testverkäufe | Innovationsprozess | .356 |
| | | Starke Unterstützung Marketingpartner | Integrierte Organisation | .390 |
| F3 | Marktkennt- nisse & Markt- ausrichtung (9.5%) | Sehr gute Kenntnisse Wettbewerber | Adäquate Information | .733 |
| | | Sehr gute Kenntnisse der Kunden | Adäquate Information | .722 |
| | | Sehr gute Kenntnisse des Marktes | Adäquate Information | .577 |
| | | Immer aktuelle Informationen im Ug. | Effektive Abwicklung | .618 |
| | | Schnelle Korrekturmassnahmen | Effektive Abwicklung | .457 |
| | | Starke Ausrichtung auf Zielmärkte | Kundenorientierung | .528 |
| F4 | Marktkräfte (8.8%) | Wettbewerb im Preis | Marktcharakter | .677 |
| | | Wettbewerb im persönlichen Verkauf | Marktcharakter | .623 |
| | | Wettbewerb in der Werbung, PR,... | Marktcharakter | .610 |
| | | Wettbewerb um Vertriebskanäle | Marktcharakter | .472 |
| | | Wettbewerb um Produktvorteile | Marktcharakter | .438 |
| | | Kunden hatten eine grosse Macht | Marktcharakter | .664 |
| | | Lieferanten hatten eine grosse Macht | Marktcharakter | .444 |
| | | Grosse Markteintrittsbarrieren | Marktcharakter | .587 |
| | | Grosse Gefahr durch Ersatzprodukte | Marktcharakter | .559 |
| | | Hohe Marktdynamik | Marktcharakter | .498 |
| F5 | Analyse- tätigkeit (7.4%) | Analyse der Wettbewerber | Adäquate Information | .652 |
| | | Analyse eigener Stärken/Schwächen | Adäquate Information | .603 |
| | | Analyse der Kunden | Adäquate Information | .540 |
| | | Analyse des Unternehmensumfeldes | Adäquate Information | .457 |
| | | Analyse der Zielmärkte | Adäquate Information | .417 |
| | | Ermittlung der Kundenzufriedenheit | Adäquate Information | .358 |
| | | Kommunik. Positionierungsmerkmale | Innovationsprozess | .372 |
| F6 | Marketing- kompetenz & Marktwahl (7.4%) | Know-how im Marketing/Verkauf | Effektive Abwicklung | .650 |
| | | Erfahrungen im Marketing/Verkauf | Effektive Abwicklung | .606 |
| | | Bewusste Auswahl der Zielmärkte | Kundenorientierung | .516 |
| | | Marktwahl a. Wachstum/Gewinnpot. | Kundenorientierung | .514 |
| | | Orient. an krit. Schlüsselresultaten [b] | Strategische Orientierung | .476 |
| F7 | Umfeldanalyse & Marktseg- mentorien- tierung (7.0%) | Erkennen von Chancen und Gefahren | Kundenorientierung | .465 |
| | | Einbezug Umfeldanalyse in Ug.-Planung | Kundenorientierung | .605 |
| | | Segmentspezifische Angebote | Kundenorientierung | .592 |
| | | Segmentspezifische Marketingpläne | Kundenorientierung | .560 |
| | | Gewährleistung Ressourcen für Ug.-fkt. | Integrierte Organisation | .424 |
| F8 | Produkt- akzeptanz (6.9%) | Keine Lernanstrengungen zur Nutzung | Produktcharakter | .801 |
| | | Keine Anpassungskosten der Kunden | Produktcharakter | .757 |
| | | Einfach wahrnehmbare Produktvorteile | Produktcharakter | .713 |
| | | Erzielung grosser Kosteneinsparungen | Produktcharakter | .654 |
| F9 | Formale Technologie- & Mitarbeiter- orientierung (6.2%) | Besserer Produktverkauf | Produktcharakter | -.623 |
| | | Bessere Produktwerbung/-kommunik. | Produktcharakter | -.553 |
| | | Motivation der Mitarbeiter | Effektive Abwicklung | .554 |
| | | Identifikation Positionierungsmerkmale | Innovationsprozess | .405 |
| | | Formale Organisation | Innovationsprozess | .381 |

| F10 Einfache Technik & Kundenorientierung (5.9%) | Komplexe schwer imitierbare Technik | Produktcharakter | -.662 |
|---|---|---|---|
| | Technik bot neu diese Möglichkeit | Produktcharakter | -.614 |
| | Kommunikation Kundenorientierung | Effektive Abwicklung | .523 |
| | Gewährleistung prof. Erscheinungsbild | Effektive Abwicklung | .461 |
| F11 Kundennutzen (5.4%) | Kunden waren Produkt ggü. offen | Produktcharakter | .607 |
| | Besseres Preis/Leistungsverhältnis | Produktcharakter | .474 |
| | Bessere einzigart. Bedürfnisbefriedigung | Produktcharakter | .443 |
| F12 Kundennähe (4.9%) | (Potentielle) Kunden verlangten danach | Produktcharakter | .418 |
| | Produkttest mit (potentiellen) Kunden | Innovationsprozess | .736 |
| | Intensiver Kontakt mit pot. Kunden | Innovationsprozess | .505 |

[a]: Prozent der erklärten Varianz nach der Rotation. Die Summe ergibt 100%.
[b]: Die Variable 'Orient. an krit. Schlüsselresultaten' wurde sowohl in den Faktor 1 als auch in den Faktor 6 aufgenommen, da die Faktorladungen mit 0.476 und 0.474 beinahe identisch sind.

Tab. 52: Die zwölf Faktoren im Marketing JTU

Die zwölf Marketingfaktoren können wie folgt beschrieben werden:

Der erste Marketingfaktor (F1) integriert 18 Marketingvariablen, u.a. sämtliche Variablen des Einflussbereichs „Strategische Orientierung", einen Grossteil der Variablen aus dem Bereich „Integrierte Marketingorganisation" sowie einige Variablen der Bereiche „Effektive Abwicklung" und „Adäquate Marketinginformation". JTU mit einer starken Ausprägung dieses Faktors zeichnen sich durch besondere Anstrengungen im Management ihrer Marketingstrategie und ihrer Marketingplanung aus. Ferner zeichnen sich diese JTU durch ihr Bemühen um gut koordinierte, professionelle und effiziente Marketingaktivitäten aus. Als Etikette für diesen Faktor wird demnach „Konzentration auf Strategie, Planung und Effizienz" vergeben.

Nahezu alle Aktivitäten aus dem Einflussbereich „Vollständiger Innovationsprozess" sind im zweiten Faktor (F2) enthalten. Eine hohe Ausprägung dieses Faktors zeigt sich vor allem in der Erarbeitung detaillierter Marketinganalysen im gesamten Verlauf der Produktentwicklung. Zudem ist eine hohe Ausprägung dieses Faktors Anzeichen für eine ausführliche Planung der Markteinführung und für die Durchführung von Markttests in einem begrenzten Gebiet. Dieser Faktor wird mit „Vollständigkeit im Innovationsprozess" bezeichnet.

Der dritte Marketingfaktor (F3) setzt sich aus zwei elementaren Komponenten zusammen. Die erste Komponente widerspiegelt nebst den Marktkenntnissen, dem Verständnis für die Kunden und deren kritischen Kauffaktoren auch das Wissen um die Wettbewerber und deren Erfolgspositionen. In ihren Bemühungen um aktuelle Kunden-, Markt- und Wettbewerbsinformationen und in ihrer Fähigkeit, unverzüglich Korrekturmassnahmen einzuleiten, kommt bei diesen Unternehmen die zweite Komponente besonders stark zum Ausdruck: eine starke Ausrichtung auf die Zielmärkte. Aus diesem Grund wird dieser Faktor mit dem Label „Marktkenntnisse & Marktausrichtung" versehen.

Alle zehn Variablen des Einflussbereichs „Marktcharakter" sind im vierten Faktor (F4) vereinigt. JTU mit starker Ausprägung dieses Faktors sind nicht nur durch eine hohe Marktdynamik und einen starken Wettbewerb in allen Variablen des Marketingmixes ausgesetzt, sondern auch grossen Kräften durch die Teilnehmer der Industriestruktur. Dieser Marketingfaktor wird daher mit dem Namen „Marktkräfte" versehen.

Der fünfte Marketingfaktor (F5) integriert nahezu alle Aktivitäten aus dem Einflussbereich „Adäquate Marketinginformation". Er drückt insbesondere die Anstrengungen der JTU aus, sich externe Marketinginformationen - d.h. Informationen über Wettbewerber, Kunden, Märkte und das allgemeine Umfeld - zu beschaffen und zu analysieren. Neben der externen Informationsanalyse umfasst dieser Faktor auch die interne Marketinganalyse der eigenen Stärken und Schwächen und wird aus diesem Grund mit dem Etikett „Analysetätigkeit" versehen.

Der sechste Marketingfaktor (F6) zeichnet sich, wie Faktor drei, durch zwei verschiedene Komponenten aus. Die erste Komponente drückt das Know-how und die Erfahrungen der JTU im Bereich Marketing und Verkauf im Verhältnis zum Branchendurchschnitt aus. Die zweite Komponente zeigt die Anstrengungen, welche die JTU unternommen haben, um ihre Zielmärkte bewusst und mit Blick auf langfristiges Wachstum und Gewinnpotential zu wählen. Dieser Faktor wird mit „Marketingkompetenz & Marktwahl" beschrieben.

Vier von sieben Variablen des Einflussbereichs 'Kundenorientierung' sind im siebten Faktor (F7) zusammengefasst und verdeutlichen die grundlegende Anwendung des Marketingkonzeptes. D.h. Werden Chancen und Gefahren im Umfeld des JTU erkannt? Werden diese Informationen in die Unternehmensplanung mit einbezogen? Und werden daraus segmentspezifische Marketingpläne und Angebote kreiert? Der siebte Marketingfaktor wird mit „Umfeldanalyse & Marktsegmentorientierung" etikettiert.

Sämtliche Variablen des achten Faktors (F8) stammen aus dem Einflussbereich „Einzigartiger Produktcharakter". Der Faktor umfasst die Merkmale: 'Keine Lernanstrengungen zur Nutzung', 'Keine Anpassungskosten der Kunden', 'Einfach wahrnehmbare Produktvorteile' und 'Erzielung grosser Kosteneinsparungen'. Da alle diese Merkmale die Problematik der Produktakzeptanz beim Kunden zum Ausdruck bringen, wird dieser Faktor mit dem Label „Produktakzeptanz" ausgestattet.

Die Deutung des neunten Faktor (F9) ist etwas schwieriger. Die zwei Marketingvariablen 'Besserer Produktverkauf' und 'Bessere Produktwerbung und -kommunikation' laden[1] negativ, d.h. der eigene Verkauf und die eigene Werbung werden nicht besser, sondern

---

[1] Die negative „Ladung" dieser Variablen wird am negativen Wert der Faktorladung (siehe Tab. 52) sichtbar. Eine negativ ladende Variable bedeutet, dass sie vor der Faktorinterpretation ins Gegenteil gesetzt werden muss und erst dann interpretiert werden darf.

schlechter eingeschätzt als die der Wettbewerber. Dies drückt m.E. eine 'Technologieorientierung' aus, d.h. eine Haltung, bei der Produkte eher über die technischen Eigenschaften oder den Preis und weniger über die anderen Elemente im Marketingmix (Vertrieb/Verkauf und Kommunikation/Werbung) an die Kunden gebracht werden. Als zusätzliche Variablen umfasst dieser Faktor auch die Anstrengung zur Motivation der Mitarbeiter sowie die formale Organisation des Innovationsprozesses. Für diesen Faktor wird daher das Etikett „Formale Technologie- & Mitarbeiterorientierung" vergeben.

Auch der zehnte Marketingfaktor (F10) enthält mit 'Komplexe, schwer imitierbare Technik' und 'Technik bot neu diese Möglichkeit' zwei negativ ladende Variablen. Die beiden Variablen können umgedeutet werden in einfache, leicht imitierbare Technik, die schon längere Zeit vorhanden ist. Die zweite Komponente besteht aus den Anstrengungen bei allen Mitarbeitern eine starke Kundenorientierung zu kommunizieren und der Gewährleistung eines professionellen Unternehmensbildes. Dieser Faktor wird mit „Einfache Technik & Kundenorientierung" etikettiert.

Der elfte Faktor (F11) enthält, wie Faktor Acht, ausschliesslich Merkmale des Einflussbereichs „Einzigartiger Produktcharakter". Dieser Faktor integriert jedoch weniger die Variablen der Akzeptanz als vielmehr jene der tatsächlichen Leistungsfähigkeit und des Produktnutzen bei der Befriedigung der Kundenbedürfnisse. Faktor 11 wird daher mit dem Label „Kundennutzen" versehen.

Die drei Marketingvariablen des zwölften Faktors (F12) schliesslich lauten: 'Kunden verlangten danach', 'Produkttest mit Kunden' und 'Intensiver Kontakt mit Kunden' und drükken alle die Nähe der JTU zum Kunden aus. „Kundennähe" steht daher auf dem Etikett dieses Marketingfaktors.

### 5.3.2 Verhaltensmuster im Marketing JTU

Nach der Identifikation der zwölf Marketingfaktoren im vorherigen Abschnitt können diese nun zur Definition typischer Verhaltensmuster im Marketing JTU eingesetzt werden. Dabei wird die hierarchische Clusteranalyse benutzt. Als Datenbasis für diese Analyse dienen Faktorladungen, die durch die vorausgegangene Faktoranalyse für jeden Fall, d.h. für jedes JTU, berechnet werden konnten. Zur Fusionierung der Fälle wurde die Methode von Ward gewählt. Dieser Algorithmus wird in der Literatur nicht nur als sehr gut beurteilt,[1] sondern dieses Verfahren erzielte mit der vorliegenden Datenbasis auch die besten Resultate.[2] Da

---
[1] Vgl. Backhaus et al., 1996, S. 298.
[2] Während mit dem Fusionierungsverfahren „average linkage within groups" beinahe die identischen Resultate wie mit der Methode nach Ward erzielt wurden, hatten andere Verfahren, z.B. „single linkage" oder „average linkage between groups", wesentlich grössere Probleme bei der Gruppierung der Fälle. Diese äusserten sich hauptsächlich in der Bildung von Gruppen mit genau einem Fall.

die Methode von Ward auf Ausreisser empfindlich reagiert,[1] wurden die JTU mit extremen Faktorwerten vor der eigentlichen Analyse identifiziert und ausgeschlossen.[2] Neun zusätzliche Fälle wurden auf diese Weise disqualifiziert, während 98 Fälle gruppiert werden konnten. Als Ähnlichkeitsmass für die Analyse diente die quadrierte Euklidische Distanz. Diese wird bei Verwendung der Methode von Ward empfohlen.[3]

Mit der Clusteranalyse konnten fünf Gruppen resp. Typen von JTU identifiziert werden. Die nachfolgende Abbildung zeigt die Mittelwerte der zwölf Marketingfaktoren für jeden JTU-Typ (Abb. 34).

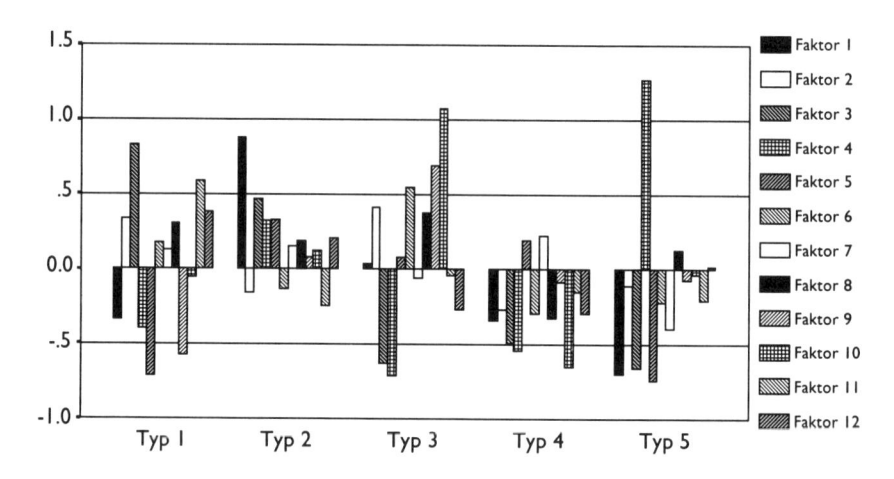

Abb. 34: Mittelwerte der Marketingfaktoren der verschiedenen JTU-Typen

Auffallende Ausprägungen der zwölf Marketingfaktoren sind noch etwas einfacher in der folgenden Tabelle dargestellt (Tab. 53).[4]

---

[1] Vgl. Backhaus et al. (1996), S. 298.
[2] Die Identifikation der Ausreisser erfolgte mit Hilfe der Clusteranalyse und dem Fusionierungsverfahren „average linkage between groups".
[3] Vgl. Norušis, 1990b, S. 78.
[4] Die Identifikation der herausragenden Marketingfaktoren basiert auf Abb. 34 und Abb. 40 im Anhang E.

|         | sehr hoch              | hoch         | tief      | sehr tief              |
|---------|------------------------|--------------|-----------|------------------------|
| Typ 1:  | F3!, F11!, F12!        | F2, F8       | F1, F4    | F5, F9!                |
| Typ 2:  | F1!, F5!               | F3, F4, F12  | F2        | F11!                   |
| Typ 3:  | F2!, F8!, F6!, F9!, F10! | -          | F12       | F3, F4!                |
| Typ 4:  | F7!                    | F5           | F3, F4,F11 | F2!, F6!, F8!, F10!, F12! |
| Typ 5:  | F4!                    | -            | F6, F11   | F1!, F3!, F5!, F7!     |

Bem.: Das Ausrufezeichen bedeutet, dass dieser JTU-Typ bezüglich dieses Faktors im Vergleich zu den anderen JTU-Typen die höchste oder tiefste Ausprägung aufwies.

Tab. 53: Ausprägungen der Marketingfaktoren der verschiedenen JTU-Typen

Aufgrund dieser Faktorausprägungen können die fünf identifizierten Verhaltensmuster im Marketing JTU wie folgt charakterisiert werden:

*JTU-Typ 1: Kundenorientierte Nischenanbieter*

*Marktkenner mit grosser Kundennähe und sehr hohem Kundennutzen (14.3% der JTU)*

JTU des Typs 1 besitzen sehr profunde Marktkenntnisse und eine sehr starke Ausrichtung auf den Markt (F3). Ferner zeichnen sie sich im Vergleich zu den anderen vier Typen nicht nur durch Produkte mit dem bei weitem höchsten Kundennutzen aus (F11), sondern sie weisen auch die stärkste Ausprägung des Faktors Kundennähe auf (F12). Im Vergleich zu den anderen JTU stechen sie zudem durch einen sehr vollständigen Innovationsprozess (F2) und durch eine sehr hohe Produktakzeptanz (F8) hervor. Auffallend negativ ausgeprägt ist hingegen sowohl die formale Technologie- und Mitarbeiterorientierung (F9) als auch der Faktor Analysetätigkeit (F5). Der erste Faktor bedeutet u.a., dass die Werbung und der Verkauf dieser JTU wesentlich besser ist als bei den Wettbewerbern. Der zweite Faktor bringt zum Ausdruck, dass die Anstrengungen dieser JTU im Bereich der Kunden-, Markt- und Wettbewerbsanalyse im Vergleich zu den anderen JTU sehr klein sind. Ähnlich verhält es sich auch mit dem ersten Faktor, der Konzentration auf Strategie, Planung und Effizienz (F1), der bei dieser Gruppe relativ schwach ausgeprägt ist. JTU dieses Typs sind in Märkten tätig, die von relativ niedrigen Marktkräften umgeben sind (F4) und können als typische Nischenunternehmen betrachtet werden.

*JTU-Typ 2: Marketingprofis*

*JTU mit ausgeprägtem Marketingprozess umgeben von starken Marktkräften (32.7% der JTU)*

Hauptmerkmal dieser JTU ist die ausserordentlich hohe Konzentration auf die Strategie, Planung und Effizienz (F1). Zudem unternehmen diese JTU - im Gegensatz zu den andern JTU-Typen - sehr grosse Anstrengungen im Bereich der Analysetätigkeit (F5). Ferner zeichnen sie sich durch hohe Marktkenntnisse, eine starke Marktausrichtung (F3) und eine grosse Kundennähe aus (F12). Die Marktkräfte, denen diese JTU ausgesetzt sind, sind relativ stark (F4). Schwach ausgeprägte Faktoren sind bei diesem Typ insbesondere die Vollständigkeit beim Innovationsprozess (F2) und der Kundennutzen (F11), welcher sogar am schlechtesten von allen Typen beurteilt wird. Das heisst nicht, dass die Produkte dieser JTU keinen Kundennutzen bieten, sondern dass dieser im Vergleich zu anderen Unternehmen nicht so einmalig ist - oder auch, dass die Befragten den Nutzen „objektiv" und nicht aus der Sicht des in sein Produkt verliebten Entwicklers beurteilen. Die sehr stark ausgeprägten Faktoren eins und fünf zeugen von einem sehr hochstehenden Marketingprozess, d.h. die Aktivitäten der Marketinganalyse, -planung, -implementierung und -kontrolle werden mit sehr grossen Anstrengungen durchgeführt. Der ausgeprägte Marketingprozess dieser JTU unterscheidet sie insbesondere von JTU des Typs 1, bei denen die Faktoren eins und fünf schwach ausgeprägt sind.

*JTU-Typ 3: Zielstrebige Nischenanbieter*

*Mitarbeiter- und kundenorientierte JTU mit einfacher Technik in schwachem Markt (14.3% der JTU)*

Die JTU dieser Gruppe verfügen in fünf der zwölf Marketingfaktoren über die stärksten Faktorausprägungen aller JTU-Typen. Die grössten Unterschiede zu anderen Unternehmen zeigen sich in der Einfachheit der Technik, in der Kundenorientierung (F10) sowie in der formalen Technologie- und Mitarbeiterorientierung (F9), die im Vergleich zu den anderen JTU-Gruppen wesentlich stärker ausgeprägt sind. Weiter zeichnen sich diese JTU durch die grösste Marketingkompetenz und die gründlichste Marktwahl (F6) aller Typen aus. Noch stärker als die JTU des Typs 1 führen diese Unternehmen einen vollständigen Innovationsprozess durch (F2) und entwickeln (folglich) Produkte mit einer sehr grossen Kundenakzeptanz (F8). Demgegenüber besitzen die Unternehmen dieses Typs eher geringe Marktkenntnisse, eine eher mässige Marktausrichtung (F3) und eine weit geringere Kundennähe als etwa die Unternehmen der Typen 1 oder 2. Die Marktkräfte sind bei diesem JTU-Typ (F4) im Vergleich zu den anderen Typen am schwächsten ausgeprägt.

*JTU-Typ 4: Techniker*

*Technikfokussierte, marketinglose JTU in schwachem Markt (24.5% der JTU)*

Charakteristisches Merkmal der JTU des Typs 4 ist die schwache Ausprägung beinahe sämtlicher Marketingfaktoren: fünf der zwölf Faktoren weisen sogar die tiefsten Werte aller JTU-Gruppen auf. Weitere vier Dimensionen weisen ähnlich tiefe Werte auf. Eine Ausnahme bildet der Faktor Umfeldanalyse und Marktsegmentorientierung (F7), der stärker ausgeprägt ist als bei jeder anderen JTU-Gruppe. Die zweite Ausnahme bildet der ebenfalls gut ausgeprägte Faktor Analysetätigkeit (F5). Sehr stark negativ erweisen sich - im Gegensatz zur Gruppe 3 - die Faktoren Vollständigkeit im Innovationsprozess (F2) sowie die Produktakzeptanz (F8). Die tiefsten Ausprägungen aller Gruppen weisen zudem die Faktoren Marketingkompetenz und Marktwahl (F6) sowie die einfache Technik und Kundenorientierung (F10) auf. Dies alles deutet auf sehr technikfokussierte Unternehmen hin, die zwar eine sehr spezialisierte Technik, aber wenig Know-how im Bereich Marketing besitzen. So erstaunt es kaum, dass nebst der schlechten Produktakzeptanz auch die Faktoren Kundennutzen (F11) und Kundennähe (F12) tiefe bis sehr tiefe Werte aufweisen. Die schlechten Marktkenntnisse und die geringe Marktausrichtung (F3) unterstützt die bereits betonte Technikfokussierung dieser JTU zusätzlich. Die Marktkräfte, die diese JTU umgeben, sind relativ gering (F4).

*JTU-Typ 5: Ehrgeizige, überforderte JTU*

*Marketinglose JTU inmitten grosser Marktkräfte (14.3% der JTU)*

Wie die Unternehmen vom Typ 4 sind auch die JTU dieser Gruppe durch sehr schwache Ausprägungen vieler Marketingfaktoren gekennzeichnet. Äusserst tiefe Werte erzielen die Konzentration auf Strategie, Planung und Effizienz (F1), die Analysetätigkeiten (F5), die Marktkenntnisse und Marktausrichtung (F3) sowie die Umfeldanalyse und Marktsegmentorientierung (F7). Diese vier Faktoren besitzen die tiefsten Mittelwertausprägungen aller JTU-Typen. Sehr tiefe Werte zeigen sich zudem bei den beiden Faktoren Marketingkompetenz und Marktwahl (F6) und beim Faktor Kundennutzen (F11). All dies verdeutlicht, dass bei diesen JTU wesentliche Elemente eines Marketingkonzeptes oder Marketingprozesses fehlen. Ein herausragender Attribut dieser JTU ist einzig der Faktor Marktkräfte (F4), der im Vergleich zu den anderen JTU-Typen am stärksten ausgeprägt ist. Unternehmen dieser Gruppe sind daher - sowohl bezüglich der Wettbewerbsintensität in allen Elementen des Marketingmix als auch bezüglich des äusseren Drucks von seiten der vier Elemente der Industriestruktur - sehr starken Kräften ausgesetzt.

### 5.3.3 Erfolgsraten einzelner Marketing-Verhaltensmuster

Im vorangegangenen Kapitel konnten im Marketing JTU fünf Verhaltensmuster identifiziert werden. Daran anschliessend lautet nun die wichtigste Frage: Welche JTU-Typen weisen die höchsten Erfolgsraten auf? Zur Beantwortung dieser Frage wurden die fünf verschiedenen Marketingtypen den beiden Erfolgsgruppen (vgl. Kapitel 5.2.1) mittels Kreuztabellierung gegenübergestellt und die Verteilung mit dem Chi-Quadrat-Test auf statistische Unabhängigkeit geprüft (Tab. 54). Das Ergebnis zeigt einen höchst signifikanten Zusammenhang ($p < 0.0005$) auf.

|  | Weniger erfolgreiche JTU: Anzahl (Zeilenprozent) | Erfolgreiche JTU: Anzahl (Zeilenprozent) | Totale Anz. JTU |
|---|---|---|---|
| Typ 1: | 2 (14.3%) | 12 (85.7%) | 14 |
| Typ 2: | 11 (34.4%) | 21 (65.6%) | 32 |
| Typ 3: | 5 (35.7%) | 9 (64.3%) | 14 |
| Typ 4: | 18 (75%) | 6 (25%) | 24 |
| Typ 5: | 11 (78.6%) | 3 (21.4%) | 14 |
| Totale Anz. JTU | 47 (48%) | 51 (52%) | 98 |

Bem.: Pearson $CHI^2$ = 21.855, Freiheitsgrade = 4, Signifikanzniveau p < 0.0005, Fehlende Fälle = 13

Tab. 54: Die fünf Marketingtypen JTU und deren Erfolgsraten

Wird der Marketingcharakter der einzelnen JTU-Typen mit dieser Aufstellung in Beziehung gesetzt, so wird deutlich, dass einzelne Marketingfaktoren den Erfolg nicht erklären können. Vielmehr ist es ein komplexes Bündel sich gegenseitig beeinflussender Faktoren, die zusammentreffen müssen, damit sich die Erfolgswahrscheinlichkeit tatsächlich erhöht. JTU des Typs 1, also „Kundenorientierte Nischenanbieter", weisen mit einer Erfolgsrate von 85.7% die höchste Erfolgswahrscheinlichkeit aller JTU-Typen auf. Dies ist aus management-theoretischer Sicht erstaunlich, wenn man bedenkt, dass diese JTU relativ geringe Anstrengungen im Bereich des Marketingprozesses - also bei der Marketinganalyse, -planung, -implementierung und -kontrolle - unternehmen. Im Gegensatz zu den geringen Ausprägungen dieser typischen Marketingaktivitäten zeichnen sich diese JTU jedoch besonders durch sehr hohe Marktkenntnisse und eine starke Marktausrichtung aus. Die hohe Erfolgsrate dieses Typs zeigt deutlich, wie wichtig die Strategie der Marktnische für den Erfolg von JTU ist. Die erfolgreichste Gruppe von JTU konzentriert sich also auf einen Markt mit relativ geringen Marktkräften, in dem sie die Kunden sehr gut kennt. Dies gestattet ihnen Produkte mit einem hohen und einzigartigen Kundennutzen zu entwickeln und diese dann erfolgreich zu vermarkten.

Aus obiger Tabelle ist ebenfalls ersichtlich, dass die JTU des Typs 2: „Marketingprofis" und die JTU des Typs 3: „Zielstrebige Nischenanbieter" beinahe die gleichen Erfolgsraten aufweisen. Zwei Drittel der Unternehmen gehören zu den erfolgreichen JTU, während ein Drittel weniger erfolgreich ist. Dies ist erstaunlich, sind diese Unternehmen doch von komplett unterschiedlichen Marktkräften umgeben. Doch „kompensieren" JTU vom Typ 2 die starken Marktkräfte mit enormen Anstrengungen im Bereich Marketinganalyse, -strategie und -effizienz.[1] Zudem zeichnen sich diese Unternehmen durch sehr gute Marktkenntnisse

---

[1] Der Faktor Marktkräfte korreliert signifikant positiv mit der Anzahl Wettbewerber in den ersten (r=0.322**) und den letzten zwei Jahren (r=0.282**). Zudem korrelieren dieser Faktor höchst signifikant negativ mit dem eigenen Marktanteil in den ersten (r=-0.448***) und den letzten zwei Jahren (r=-0.329**).

und eine starke Marktausrichtung aus, was ihnen ermöglicht, in den hart umkämpften Märkten zu überleben. Die JTU des Typs 3 hingegen sind in einem sehr schwachen Markt tätig. Ihren Erfolg sichern sie sich insbesondere durch eine allgemein starke Marketingorientierung, u.a. eine ausgeprägte Kunden- und Mitarbeiterorientierung, eine hohe Marketingkompetenz und eine gründliche Marktauswahl.

Die schlechtesten Erfolgsaussichten haben die JTU des Typs 4 „Techniker" und des Typs 5 „Ehrgeizige, überforderte JTU". Nur jedes vierte resp. jedes fünfte JTU dieser Gruppe gehört zu den erfolgreichen Unternehmen. Die restlichen 75% bis 79% sind weniger erfolgreich. Auch hier mag es wie bei den Gruppen 2 und 3 erstaunen, dass die eine JTU-Gruppe in einem Markt mit starken Kräften und die andere JTU-Gruppe in einem Markt mit schwachen Kräften kämpft. Und trotzdem sind beide Gruppen - im Gegensatz zu den Typen 2 und 3 - weit weniger erfolgreich. Bei den JTU des Typs 4 kann der Misserfolg offensichtlich durch eine zu starke Technikfokussierung, zu wenig Kundennähe, eine viel zu geringe Marketingkompetenz und zu geringe Anstrengungen bei der Marktwahl erklärt werden. Trotz intensiver Analysetätigkeit können die geringen Ausprägungen der anderen Marketingfaktoren nicht kompensiert werden. Denn selbst grosse Aktivitäten im Bereich der Kunden-, Markt- und Wettbewerbsanalyse nützen ohne eine bessere Kompetenz im Marketing und ohne entsprechende Konzentration auf die Marketingstrategie, -planung und -effizienz wenig. Auch die schlechte Erfolgsrate der JTU des Typs 5 ist relativ einfach zu erklären. Diese JTU unternehmen - im Gegensatz zu den JTU des Typs 2, die ebenfalls von starken Marktkräften umgeben sind - viel zu geringe Anstrengungen im Bereich des Marketingprozesses. Ohne eine gezielte Analyse-, Strategie- und Effizienztätigkeit und ohne eine genügende Marketingkompetenz und Sorgfalt bei der Marktauswahl ist der Misserfolg dieser JTU vorprogrammiert.

Zusätzliche Erkenntnisse können gewonnen werden, wenn die fünf JTU-Typen unter dem Gesichtspunkt des objektiven Erfolgsmerkmals eo1 untersucht werden. Von den acht JTU mit den grössten Mitarbeiterzuwächsen pro Jahr[1] gehören drei (37.5%) zum Typ 1, vier (50%) zum Typ 2 und ein JTU (12.5%) gehört dem Typ 3 an.[2] Bei den Typen 4 und 5 gibt es keine Unternehmen mit einem grossen Mitarbeiterzuwachs. Von den drei „Shooting Stars" (vgl. Kapitel 5.1.2.2) sind zwei Unternehmen der Gruppe 1 und ein Unternehmen ist der Gruppe 2 zugeordnet. Die sowohl nach subjektivem *und* nach objektivem Erfolgsmass erfolgreichen JTU gehören also hauptsächlich dem Typ 1 „Kundenorientierte Nischenan-

---

[1] Der Mitarbeiterzuwachs eo1 dieser JTU ist grösser als 4 (vgl. Abb. 16).
[2] Eine Kreuztabellierung bezüglich der fünf JTU-Typen und den zwei objektiven Erfolgsgruppen (eo1>4 und eo1≤4) generierte diese Zahlen. Der Chi-Quadrat-Test zur Prüfung der Signifikanz konnte aufgrund der 5-20%-Regel nicht angewandt werden.

bieter" und dem Typ 2 „Marketingprofis" an. Diese besitzen also das Potential für künftige Grossunternehmen.

### 5.3.4 Erfolgsfaktoren im Marketing JTU

Die in Kapitel 5.3.1 erkannten Dimensionen resp. Faktoren im Marketing JTU können zur Beantwortung einer weiteren bedeutenden Frage herangezogen werden: Welches sind die Erfolgsfaktoren im Marketing JTU? - oder anders ausgedrückt: Welche Faktoren im Marketing JTU besitzen die diskriminierendsten Wirkungen zwischen der Gruppe der erfolgreichen und der Gruppe der weniger erfolgreichen Unternehmen? Eine Antwort darauf ermöglicht u.a. die schrittweise Diskriminanzanalyse.[1] Wichtige Resultate dieser Analyse sind in der folgenden Tabelle dargestellt (Tab. 55).[1]

| Nr. | Namen der einbezogenen Marketingfaktoren [a] | Std. Koeff. | Wilks Lambda | F-Wert |
|---|---|---|---|---|
| 3 | Marktkenntnisse & Marktausrichtung | 0.547 | 0.921 | 8.223 |
| 8 | Produktakzeptanz | 0.510 | 0.874 | 6.821 |
| 6 | Marketingkompetenz & Marktauswahl | 0.476 | 0.835 | 6.187 |
| 7 | Umfeldanalyse & Marktsegmentorientierung | 0.401 | 0.807 | 5.567 |
| 1 | Konzentration auf Strategie, Planung und Effizienz | 0.355 | 0.784 | 5.069 |
| 10 | Einfache Technik und Kundenorientierung | 0.308 | 0.767 | 4.607 |

[a]: geordnet nach dem F-Wert.

**Gruppenzentroide**

| Erfolgreiche JTU | -0.568 | Weniger erfolgreiche JTU | 0.524 |
|---|---|---|---|

**Kanonische Diskriminanzfunktion**

| Eigenwert | 0.304 | Chi-Quadrat | 24.666 |
|---|---|---|---|
| Kanonische Korrelation | 0.483 | Freiheitsgrade | 6 |
| Wilks Lambda | 0.767 | Signifikanz | <0.0005 |
| Richtig klassifizierte JTU | 68.4% | | |

Tab. 55: Resultate der stufenweisen Diskriminanzanalyse zur Bestimmung der Erfolgsfaktoren im Marketing JTU

Sechs der zwölf Faktoren werden bei der Diskriminanzanalyse berücksichtigt. Mit einer Signifikanz von weniger als 0.0005 unterscheiden sich die mittleren Werte der kanonischen Diskriminanzfunktion für die beiden Erfolgsgruppen höchst signifikant. Die Vorhersage der Gruppenzugehörigkeit aufgrund der Werte der Diskriminanzfunktion ist mit einer Wahr-

---

[1] Vgl. Kapitel 4.3.4.

scheinlichkeit von 68.4% richtig. Zieht man in Betracht, dass eine rein zufällige Verteilung der Fälle in zwei Gruppen eine Trefferquote von 50% ergibt, so kann dieses Resultat bestenfalls mit genügend bis gut bezeichnet werden. Zu bedenken ist jedoch, dass viele Fälle bezüglich des gewählten Erfolgsmasses keine eindeutigen Erfolge oder Misserfolge darstellen, sondern dazwischen liegen. Werden z.B. mit der gleichen Analyse die besten 33% und die schlechtesten 33% der JTU verglichen, ergibt sich eine Trefferquote von 83.1%. Analysiert man die erfolgreichsten 25% mit den erfolglosesten 25% JTU, so steigt die Trefferquote sogar auf 93.3% an. Die Resultate dieser drei Diskriminanzanalysen sind sich indessen sehr ähnlich. Sämtliche bereits erkannten diskriminierenden Marketingfaktoren (F3, F8, F6, F7, F1, F10) werden - mit einer Ausnahme - auch in die neuen beiden Diskriminanzfunktionen mit einbezogen.[1]

Andere mögliche Verfahren zur Identifikation der Erfolgsfaktoren im Marketing JTU sind eine Korrelationsanalyse bezüglich des Erfolgsmasses es1 oder ein Mann-Whitney-U-Test bezüglich der beiden Erfolgsgruppen. Diese zusätzlichen Untersuchungen (vgl. Tab. 77 im Anhang F) ergeben sehr ähnliche Resultate wie die obige Diskriminanzanalyse, und zwar sowohl was die Anzahl als auch was die Wichtigkeit der identifizierten Erfolgsfaktoren betrifft. Bevor die einzelnen Erfolgsfaktoren diskutiert werden, veranschaulicht die folgende Abbildung die Unterschiede zwischen den Faktormittelwerten beider Erfolgsgruppen graphisch (Abb. 35).

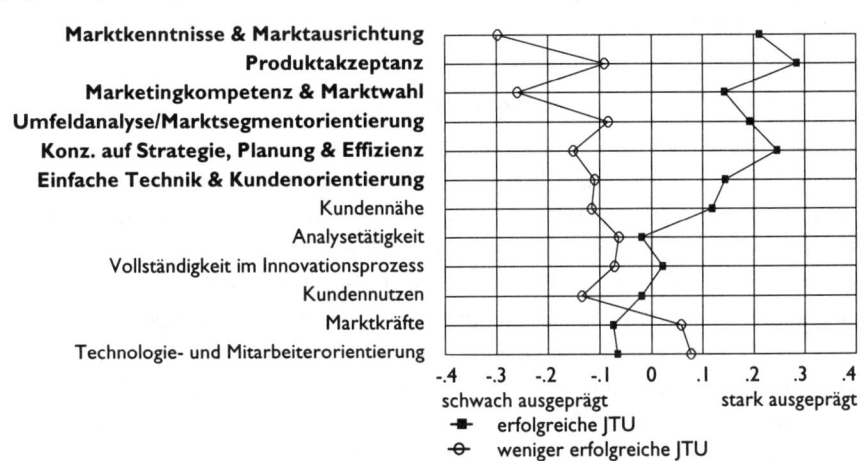

Abb. 35: Marketingfaktoren: Unterschied zwischen den erfolgreichen und den weniger erfolgreichen JTU (geordnet nach der Grösse des Korrelationskoeffizienten)

---

[1] Für die Variablenselektion wurde das Verfahren von Wilks angewandt. Die minimale (maximale) Wahr-

Die sechs wichtigsten (oben fett markierten) Erfolgsfaktoren im Marketing JTU sind:

*Erfolgsfaktor 1: Gute Marktkenntnisse verbunden mit starker Marktausrichtung (F3)*

Sowohl mit dem Mann-Whitney-U-Test als auch mit Hilfe der Korrelations- und der Diskriminanzanalyse wurde dieser Faktor als wichtigster Diskriminator zwischen erfolgreichen und weniger erfolgreichen JTU identifiziert. Als Erfolgsfaktor integriert er zwei unterschiedliche Elemente, die Marktkenntnisse und die Marktausrichtung. Die Marktkenntnisse umfassen das Wissen über die Märkte und deren kritischer Erfolgsfaktoren, über die Kunden und deren kritischer Kauffaktoren sowie über die Wettbewerber und deren Produktvorteile und Erfolgspositionen. Das zweite Element, die Marktausrichtung, ist gemäss der vorliegenden Statistik eng mit dem ersten verknüpft - d.h. im gleichen Faktor enthalten - und baut logischerweise auf diesem auf. Gute Marktkenntnisse allein nützen wenig, wenn nicht das gesamte Unternehmen bewusst auf die Bedürfnisse und Wünsche dieser Märkte ausgerichtet wird. Eine starke Marktausrichtung hängt gemäss der vorliegenden Statistik von zwei zusätzlichen Marketingvariablen ab: erstens von den stetigen Anstrengungen um aktuelle Informationen über das eigene Unternehmen, die Kunden, den Markt und die Wettbewerber zu sammeln, und zweitens von der Fähigkeit, ohne Zeitverzögerung notwendige Korrekturmassnahmen einzuleiten, falls angestrebte Ziele nicht erreicht werden. Einzig die ideale Verbindung von guten Marktkenntnissen mit einer starken Marktausrichtung kann den Erfolg langfristig sichern.

*Erfolgsfaktor 2: Einfache Produktakzeptanz (F8)*

Der zweitwichtigste diskriminierende Faktor zwischen den erfolgreichen und den weniger erfolgreichen JTU dieser Untersuchung ist eine einfache Produktakzeptanz. Diese besteht im wesentlichen aus geringen bis gar keinen Lernanstrengungen, um das Produkt optimal nutzen zu können, fehlenden Anpassungskosten seitens der Kunden für den Produkteinsatz, einfach wahrnehmbaren Produktvorteilen sowie der Erzielung von Kosteneinsparungen auf Kundenseite. Aus Sicht des Innovationsmanagements liegt es auf der Hand, dass ein Produkt als Resultat eines Innovationsprozesses nicht notwendigerweise eine einfache Produktakzeptanz aufweist. Im Gegenteil, eine einfache Produktakzeptanz wird meistens nur dann erreicht, wenn diese frühzeitig und bewusst im Produktdesign berücksichtigt wird. Dieser Zusammenhang ist bereits in Kapitel 5.3.2 „Verhaltensmuster im Marketing JTU" deutlich geworden. Eine einfache Produktakzeptanz trat immer bei denjenigen JTU-Typen auf, die sich durch einen vollständigen Innovationsprozess auszeichneten. Dabei darf nicht

---

scheinlichkeit des F-Wertes, damit ein Faktor in die Analyse aufgenommen wurde, war 0.20 (0.25).
[1] Eine vollständige Tabelle dieser Resultate ist im Anhang F zu finden.

vergessen werden, dass eine möglichst einfache Produktakzeptanz nicht nur Ziel eines jeden Innovationsprozesses an sich sein sollte, sondern sie hilft wesentlich mit, die Produkteigenschaften vorteilhaft an die Kunden zu kommunizieren. Denn letztlich zählt weniger das, was wirklich ist, sondern vielmehr das, was die Kunden davon halten.

*Erfolgsfaktor 3: Gründliche Marktwahl beruhend auf hoher Marketingkompetenz (F6)*

Ein weiterer wichtiger Erfolgsfaktor basiert auf den zwei Elementen Marketingkompetenz und Marktwahl. Eine hohe Marketingkompetenz ist die Basis für beinahe jede erfolgreiche Marketingaktivität. Dabei muss die Marketingkompetenz - d.h. das Know-how und die Erfahrungen der JTU resp. der Mitarbeiter der JTU im Bereich Marketing und Verkauf - hoch sein, jedoch nicht absolut gesehen, sondern im Vergleich zum Wettbewerb. Dieser Unterschied ist speziell in jungen Märkten wichtig, in denen sich neu gegründete und bereits etablierte Unternehmen befinden und alle gleichermassen die notwendigen Lernerfahrungen im Marketing und Verkauf dieses Marktes sammeln müssen. In solchen Märkten haben gerade junge Unternehmen dank ihrer Flexibilität und ihres Reaktionsvermögens einen entscheidenden Wettbewerbsvorteil im Vergleich zu konkurrierenden, starren Grossunternehmen. Bemerkenswert ist die Tatsache, dass die Marketingkompetenz *gemeinsam* mit der gründlichen Marktwahl einen Erfolgsfaktor verkörpert. Denn nicht nur vom statistischen, sondern auch vom theoretischen Standpunkt aus ist die gründliche Marktwahl - als Ausdruck grosser Anstrengungen, Zielmärkte bewusst und mit Blick auf das langfristige Wachstum und Gewinnpotential des Unternehmens auszuwählen - eines der Wesensmerkmale des modernen strategischen Marketings. Dies ist mit Gewissheit eine der schwierigsten und zugleich kritischsten Fragen, mit der ein JTU konfrontiert wird.

*Erfolgsfaktor 4: Intensive Umfeldanalyse mit starker Marktsegmentorientierung (F7)*

Der vierte Erfolgsfaktor im Marketing JTU basiert auf der grundlegenden Anwendung des Marketingkonzepts.[1] D.h. Werden Chancen und Gefahren im Umfeld des JTU erkannt? Werden diese Informationen in die Unternehmensplanung mit einbezogen? Und werden daraus segmentspezifische Marketingpläne und Angebote entwickelt? Erfolgreiche JTU unternehmen markant grössere Anstrengungen in bezug auf alle diese Fragenkomplexe. Ähnlich wie beim ersten Erfolgsfaktor „Gute Marktkenntnisse verbunden mit starker Marktausrichtung" kann auch hier erkannt werden, dass die Anstrengungen, Chancen und Gefahren im Umfeld des JTU zu erkennen, allein nicht genügen um erfolgreich zu sein. Diese Aktivitäten werden nur dann erfolgswirksam, wenn es den JTU gelingt, diese Kenntnisse in der Unternehmensplanung und -aktivität zu berücksichtigen und daraus segment-

---

[1] Vgl. Kapitel 5.3.1.

spezifische Marketingpläne und Angebot zu entwickeln. JTU mit starken Ausprägungen des gesamten Marketingprozesses weisen eine höhere Erfolgsrate auf.

*Erfolgsfaktor 5: Starke Konzentration auf Strategie, Planung und Effizienz (F1)*

Aus den Erfolgsraten der verschiedenen JTU-Typen wird deutlich,[1] dass eine starke Ausprägung dieses Faktors nicht als notwendige Grundvoraussetzung für den Erfolg JTU gelten kann. Dieser Erfolgsfaktor ist jedoch bei der gemeinsamen Betrachtung aller JTU von entscheidender Bedeutung.[2] Er setzt sich aus wesentlichen Elementen des Marketingprozesses zusammen. Erstes Erfolgselement dieses Faktors sind die strategischen Aktivitäten, u.a. die Entwicklung einer klaren, realisierbaren und gut begründeten Marketingstrategie sowie die Definition der eigenen strategischen Position gegenüber den Wettbewerbern. Ein weiteres erfolgsrelevantes Element umfasst die Planungsaktivitäten, u.a. die Durchführung von Verkaufsprognosen oder die Definition klarer kurzfristiger Ziele und konkreter Massnahmen mit Aufgaben, Terminen und Verantwortlichkeiten durch eine formale Planung. In die gleiche Gruppe gehören auch Planungsaktivitäten bezüglich der Identifikation und Vorbereitung von Eventualfällen (d.h. kritischen Ereignissen, die grossen Einfluss auf das Unternehmen haben könnten). Ein weiteres Element dieses Erfolgsfaktors hat organisatorischen Charakter. Erfolgreiche JTU unternehmen grössere Anstrengungen ihre Verkaufs- und Marketingaktivitäten intern und extern zu koordinieren, d.h. ihre Zusammenarbeit mit den anderen Unternehmensaktivitäten wie F&E und Produktion zu optimieren. Gleichzeitig sind auch die Bemühungen dieser JTU, eine eigenständige Marketinggruppe resp. -organisation aufzubauen erheblich grösser. Dieser Punkt muss jedoch insofern relativiert werden, da keine Aussage möglich ist, ob diese Aktivität Ursache oder Wirkung erfolgreicher JTU ist.[3] Ein weiteres Erfolgselement dieses Faktors umfasst alle Aktivitäten zur Steigerung der Effizienz im Unternehmen. Die erfolgreichen JTU unternehmen grössere Anstrengungen, professionelle, gut gesteuerte und kontrollierte Verkaufs- und Marketingaktivitäten zu gewährleisten, die Wirksamkeit der Marketingaktivitäten ständig zu verbessern, Informationen über die Kosteneffizienz verschiedener Marketingaufwendungen zu ermitteln und das Verkaufspotential sowie die Profitabilität verschiedener Marksegmente, Kunden, Produkte und Regionen zu ermitteln. Ein weiterer erfolgsrelevanter Punkt ist die Anstrengung der JTU, für das Marketing ausreichende Ressourcen bereitzustellen, d.h. genügend Zeit, Geld und Mitarbeiter. Einige technikverliebte Gründer vergessen manchmal, dass für die Vermarktung der Produkte mindestens ebensoviele Ressourcen einzusetzen sind, wie für

---

[1] Vgl. Kapitel 5.3.2 und Kapitel 5.3.3.
[2] Die stufenweise Diskriminanzanalyse der erfolgreichsten und erfolglosesten 33% (25%) der JTU erhebt diesen Faktor bezüglich der Wichtigkeit auf den zweiten (dritten) Rang (vgl. Anhang F).
[3] Vgl. Roberts, 1991a, S. 271f.

die Entwicklung verwendet wurden. Diese Ressourcen müssen nicht nur frühzeitig in die Planung mit einbezogen, sondern auch frühzeitig beschafft werden.

*Erfolgsfaktor 6: Einfache Technik verbunden mit starker Kundenorientierung (F10)*

Der letzte Erfolgsfaktor besteht aus zwei unterschiedlichen Elementen. Das erste Element weist darauf hin, dass JTU mit einer einfachen Technik resp. Technologie erfolgreicher sind als andere JTU. High-Tech-Erzeugnisse, als Inbegriff für komplexe, schwer imitierbare technologische Produkte, die gebaut werden, bloss weil die Technik erstmalig diese Möglichkeit bietet, garantieren noch keinen Erfolg. Die vorliegende Untersuchung bestätigt dies: Die erfolgreichen JTU vermarkten nämlich Produkte mit einfacheren Technologien.[1] Das zweite Element dieses Erfolgsfaktors beinhaltet einerseits die Anstrengungen, eine starke Kundenorientierung bei allen Mitarbeitern zu kommunizieren, und andererseits auch das Bemühen, ein professionelles und verlässliches Erscheinungsbild des Unternehmens zu gewährleisten, d.h. eigene Büros, professionelle Prospekte, gute Erreichbarkeit usw. Diesem Element wird gerade in der Anfangsphase der JTU - in einer Zeit also, die häufig durch mangelnde Ressourcen geprägt ist - nicht selten zu wenig Beachtung geschenkt. JTU werden das Vertrauen ihrer Kunden jedoch nur schwer erreichen, wenn sie nicht professionell arbeiten.

## 5.4 Spezielle Probleme JTU

Zum Abschluss der empirischen Analyse werden im folgenden wichtige Probleme der Vermarktung und Entwicklung JTU diskutiert. Zunächst werden die Unterschiede verschiedener Probleme zwischen den ersten und den letzten zwei Jahren erörtert, bevor ein Vergleich der Problemausprägungen in der Gruppe der erfolgreichen und der Gruppe der weniger erfolgreichen JTU erstellt wird.

### 5.4.1 Probleme im Verlauf der Unternehmensentwicklung

Die Unternehmensgründer beurteilen die Probleme der Unternehmensentwicklung im Durchschnitt als relativ klein bis mittelgross (Abb. 36). Das grösste Problem der Gründungsphase war das Misstrauen der Kunden in bezug auf die langfristige Existenz des JTU. Die potentiellen Kunden fragen sich: „Gibt es das Unternehmen in Zukunft überhaupt noch?" Dieses Problem wurde zwar für die letzten zwei Jahre höchst signifikant kleiner beurteilt, fällt aber immer noch stark ins Gewicht. Ein damit zusammenhängender Faktor,

---

[1] Dies bestätigt die Bedenken von Oakey und Cooper (Oakey/Cooper, 1991, S. 79ff). Sie sind der Meinung, dass eine vorbehaltlose (staatliche) Unterstützung von „High-Tech" als Garant für Wachstum zu wenig differenziert ist.

die Professionalität der Arbeitsweise im JTU, ist in der Gründungsphase der JTU der zweitgrösste Problemkomplex. Auch hier hat sich die Situation in den letzten zwei Jahren höchst signifikant entschärft. Die professionelle Arbeitsweise eines JTU ist aus Sicht des Autors deshalb als besonders kritisch anzusehen, weil sie eine wichtige vertrauensbildende Massnahme ist, und die Akzeptanz des JTU bei den Kunden entscheidend erhöhen kann. Die folgende Darstellung verdeutlicht ferner, dass die Uneinigkeit der Unternehmensgründer bezüglich der Unternehmensstrategie im Schnitt nur geringe Probleme verursacht. Dies könnte auch damit zusammenhängen, dass ein beträchtlicher Teil der Mitgründer das Unternehmen verlassen hat, sobald ernsthafte Problem aufgetaucht sind.

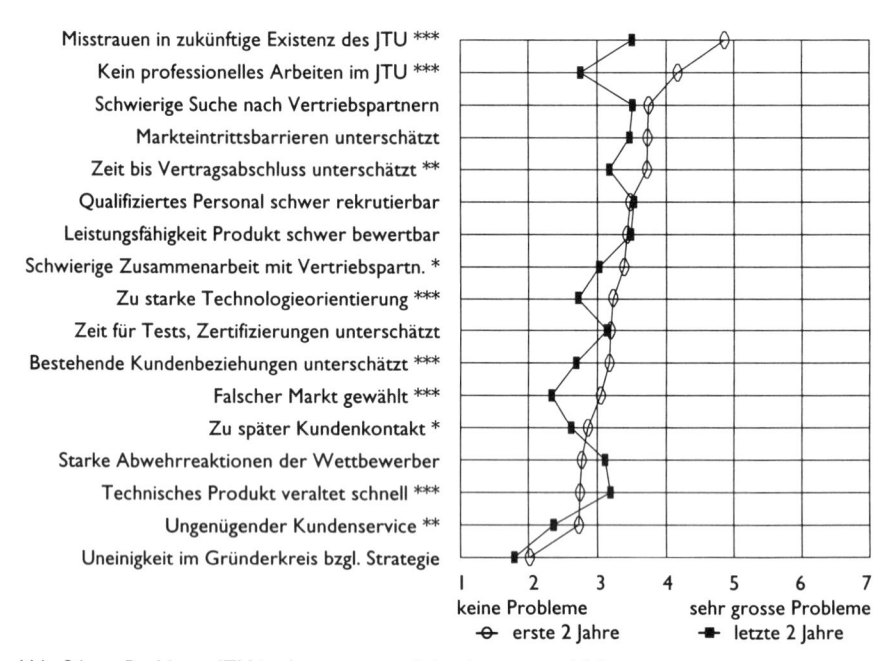

Abb. 36: Probleme JTU in den ersten und den letzten zwei Jahren

Aus obiger Abbildung ist ferner ersichtlich, dass im Schnitt nur vier der angesprochenen Probleme mit den Jahren zugenommen haben, und davon ist sogar nur eines, die schnelle Veralterung des Produktes, signifikant grösser geworden. Dies deutet auf den stärker gewordenen Wettbewerb hin. Diese Aussage ist konsistent mit jener im Abschnitt 5.2.10.1 über den Marktcharakter. Beinahe gleich geblieben sind die Probleme der Rekrutierung qualifizierten Personals, die schwierige Bewertung der Produkte durch die Kunden sowie die Unterschätzung der Zeit, die für Zertifizierungen, Tests, Genehmigungen u.ä. eingeräumt werden muss.

### 5.4.2 Probleme unterschiedlich erfolgreicher JTU

Die einzigen Probleme, die in keiner Lebensphase eine Unterscheidung zwischen erfolgreichen und weniger erfolgreichen JTU erlauben, stehen im Zusammenhang mit der Rekrutierung qualifizierten Personals und mit einer starken Abwehrreaktion der Wettbewerber (Abb. 37). In der Gründungsphase kämpften die weniger erfolgreichen JTU signifikant häufiger mit den folgenden sieben Problembereichen: unprofessionelle Arbeitsweise, Unterschätzung der bestehenden Markteintrittsbarrieren, Produkte, deren Leistungsfähigkeit durch die Kunden nur schwer bewertet werden können, eine zu starke Konzentration auf die Technologie und im Gegenzug eine zu schwache Konzentration auf den eigentlichen Kundennutzen, falsch gewählten Zielmärkte, zu später Kundenkontakt sowie Produkte, die schnell veralten. Auffallend ist, dass keines dieser Probleme im Verlauf der Jahre behoben werden konnte. Im Gegenteil, die Signifikanz der Mittelwertunterschiede ist sogar noch grösser geworden. Dies bestätigt erneut, dass anfänglich fehlendes Know-how im Marketing und Vertrieb i.d.R. auch mit den Jahren nicht korrigiert wird. In den letzten zwei Jahren zeichnen sich die erfolgreichen JTU in 15 der 17 Problemkomplexe durch signifikant geringere Schwierigkeiten aus. Dies ist ein Hinweis darauf, dass die Managementkompetenz der erfolgreichen JTU tatsächlich besser geworden ist. Sie sind nun durchs Band weg eher in der Lage, die anstehenden Schwierigkeiten anzugehen und auch zu lösen.

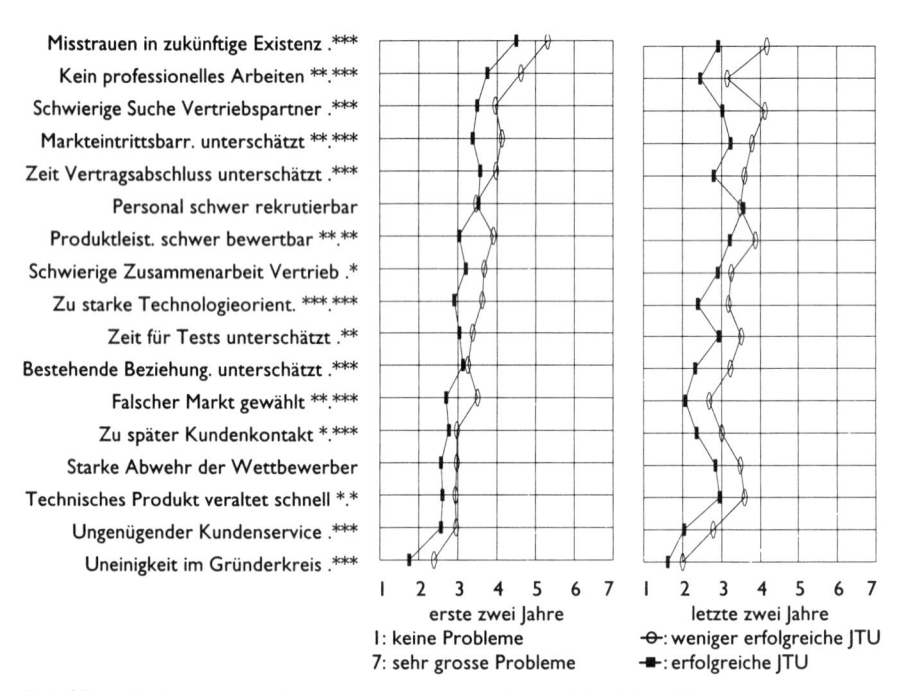

Misstrauen in zukünftige Existenz .***
Kein professionelles Arbeiten **.***
Schwierige Suche Vertriebspartner .***
Markteintrittsbarr. unterschätzt **.***
Zeit Vertragsabschluss unterschätzt .***
Personal schwer rekrutierbar
Produktleist. schwer bewertbar **.**
Schwierige Zusammenarbeit Vertrieb .*
Zu starke Technologieorient. ***.***
Zeit für Tests unterschätzt .**
Bestehende Beziehung. unterschätzt .***
Falscher Markt gewählt **.***
Zu später Kundenkontakt *.***
Starke Abwehr der Wettbewerber
Technisches Produkt veraltet schnell *.*
Ungenügender Kundenservice .***
Uneinigkeit im Gründerkreis .***

1  2  3  4  5  6  7      1  2  3  4  5  6  7
     erste zwei Jahre           letzte zwei Jahre
1: keine Probleme          -⊖-: weniger erfolgreiche JTU
7: sehr grosse Probleme    -■-: erfolgreiche JTU

Abb. 37: Probleme der erfolgreichen und der weniger erfolgreichen JTU

# 6. Zusammenfassung, Gestaltungsempfehlungen und Ausblick

Im folgenden Abschnitt werden die wichtigsten Ergebnisse dieser Untersuchung zusammengefasst. Im Anschluss daran werden daraus einige wesentliche Empfehlungen für die Gestaltung des Marketings in JTU abgeleitet. Ein Ausblick mit Anregungen für zukünftige Forschungsarbeiten schliesst diese Arbeit ab.

## 6.1 Zusammenfassung der Ergebnisse

Die vorliegende Studie untersuchte den Einfluss, den das Marketing auf den Unternehmenserfolg JTU ausübt. Zu diesem Zweck wurden wichtige Arbeiten aus der JTU-Forschung und angrenzenden Forschungsrichtungen vorgestellt. Zu den in diesem Kontext relevanten Forschungsbereichen gehören die Entwicklungsmodelle JTU, die Untersuchungen des JTU-Erfolges und -Misserfolges, das Innovationsmanagement (resp. die NPD-Forschung), das Technologiemarketing sowie das allgemeine Marketing-Management. Auf dieser theoretischen Basis wurde - in Anlehnung an eine Studie von Kotler aus dem Jahr 1977 - ein Bezugsrahmen für eine empirische Untersuchung des Marketings entwickelt. Dieses Modell unterscheidet die acht folgenden Einflussbereiche eines effektiven Marketings: „Kundenorientierung", „Integrierte Marketingorganisation", „Adäquate Marketinginformation", „Strategische Orientierung", „Effektive Abwicklung", „Vollständiger Innovationsprozess", „Einzigartiger Produktcharakter" sowie „Marktcharakter". Zu jedem Einflussbereich wurde dessen hypothetische Wirkung auf den JTU-Erfolg in einer Arbeitshypothese formuliert. Pro Einflussbereich wurden zwischen sechs und zwölf Indikatoren entwickelt, mit denen dieser Bereich in einer empirischen Untersuchung zu messen war. Total wurden so 75 Variablen für die Darstellung des Marketings und zwölf Variablen für die Berechnung eines Erfolgsindizes generiert. Dieser wurde aus dem Mittelwert der Erreichungsgrade von zwölf Unternehmenszielen errechnete. Um die Dynamik der JTU zu berücksichtigen, wurden sämtliche Marketingvariablen für zwei unterschiedliche Zeitpunkte erhoben: die ersten zwei Jahre nach der Gründung und die letzten zwei Jahre vor der Datenerhebung.

Im Rahmen des empirischen Teils der Untersuchung wurden 284 Fragebögen an potentielle JTU in der deutschsprachigen Schweiz verschickt. Alle Unternehmen waren in Technologiebranchen tätig, zwischen 3½ und 13½ Jahren alt, entwickelten eigene technische Produkte (Hardware oder Software) und waren aus selbständigen, originären Gründungen hervorgegangen. Von den versandten Fragebögen wurden 196 (69%) zurückgeschickt, und 111 (39%) konnten ausgewertet werden.

In einer erste Analyse der Daten zeigte der Wilcoxon-Test, dass sich die Marketingvariablen der JTU für die beiden untersuchten Zeitperioden bezüglich allen Einflussbereichen und -variablen, mit Ausnahme des Produktcharakters, höchst signifikant unterscheiden. Das bedeutet, die JTU unternahmen in den letzten zwei Geschäftsjahren wesentlich grössere Anstrengungen im Marketing als in der Gründungsphase. Daraufhin wurde mittels Mann-Whitney-U-Test geprüft, welche Marketingvariablen eine signifikante Unterscheidung zwischen der Gruppe der erfolgreichen und der Gruppe der weniger erfolgreichen JTU ermöglichen. Die Arbeitshypothesen konnten demgemäss wie folgt verifiziert resp. falsifiziert werden:

*Arbeitshypothese 1: Die erfolgreichen JTU zeichnen sich durch eine stärkere „Kundenorientierung" aus als die weniger erfolgreichen JTU.*

*Teilweise bestätigt:* **5 von 7 Marketingvariablen der ersten zwei Jahre und 2 von 7 Marketingvariablen der letzten zwei Jahre zeigen einen signifikanten Zusammenhang mit dem JTU-Erfolg.**

*Arbeitshypothese 2: Die erfolgreichen JTU zeichnen sich durch eine „integriertere Marketingorganisation" aus als die weniger erfolgreichen JTU.*

*Nicht bestätigt:* **Zu keinem Zeitpunkt zeigt auch nur eine der 6 Marketingvariablen einen signifikanten Zusammenhang mit dem JTU-Erfolg.**

*Arbeitshypothese 3: Die erfolgreichen JTU zeichnen sich durch eine „adäquatere Marketinginformation" aus als die weniger erfolgreichen JTU.*

*Teilweise bestätigt:* **7 von 11 Marketingvariablen der ersten zwei Jahre und 5 von 11 Marketingvariablen der letzten zwei Jahre zeigen einen signifikanten Zusammenhang mit dem JTU-Erfolg.**

*Arbeitshypothese 4: Die erfolgreichen JTU zeichnen sich durch eine „strategischere Orientierung" aus als die weniger erfolgreichen JTU.*

*Teilweise bestätigt:* **5 von 8 Marketingvariablen der ersten zwei Jahre und 3 von 8 Marketingvariablen der letzten zwei Jahre zeigen einen signifikanten Zusammenhang mit dem JTU-Erfolg.**

*Arbeitshypothese 5: Die erfolgreichen JTU zeichnen sich durch eine „effektivere Abwicklung" aus als die weniger erfolgreichen JTU.*

*Teilweise bestätigt:* **5 von 10 Marketingvariablen der ersten zwei Jahre und 7 von 10 Marketingvariablen der letzten zwei Jahre zeigen einen signifikanten Zusammenhang mit dem JTU-Erfolg.**

*Arbeitshypothese 6:* Die erfolgreichen JTU zeichnen sich durch einen „vollständigeren Innovationsprozess" aus als die weniger erfolgreichen JTU.

*Nicht bestätigt:* **Nur 1 von 11 Marketingvariablen der ersten zwei Jahre und 1 von 11 Marketingvariablen der letzten zwei Jahre zeigen einen signifikanten Zusammenhang mit dem JTU-Erfolg.**

*Arbeitshypothese 7:* Die erfolgreichen JTU zeichnen sich durch Produkte mit einem „einzigartigeren Produktcharakter" aus als die weniger erfolgreichen JTU.

*Nicht bestätigt:* **Nur 2 von 12 Marketingvariablen der ersten zwei Jahre und 3 von 12 Marketingvariablen der letzten zwei Jahre zeigen einen signifikanten Zusammenhang mit dem JTU-Erfolg.**

*Arbeitshypothese 8:* Der JTU-Erfolg ist unabhängig vom „Marktcharakter".

*Bestätigt:* **Zu keinem Zeitpunkt zeigt eine der 6 Variablen des Marktcharakters einen signifikanten Zusammenhang mit dem JTU-Erfolg.**

Vergleicht man den Zusammenhang zwischen dem JTU-Erfolg und den Einflussbereichen über alle 75 Marketingvariablen, so wird deutlich, dass unter den 15 wichtigsten Variablen sieben aus dem Bereich „Effektive Abwicklung", fünf aus dem Bereich „Adäquate Marketinginformation", zwei aus dem Bereich „Strategische Orientierung" und eine Variable aus dem Bereich der „Kundenorientierung" stammen. Das spiegelt in etwa die Wichtigkeit jedes Einflussbereichs auf den JTU-Erfolg wider.

Im Anschluss an die Analyse jedes der acht Einflussbereiche resp. jeder einzelnen der 75 Marketingvariablen wurden mittels Faktoranalyse die zwölf folgenden unabhängigen Dimensionen resp. Faktoren im Marketing JTU identifiziert:

1. Konzentration auf die Strategie, Planung und Effizienz

2. Vollständigkeit im Innovationsprozess

3. Marktkenntnisse und Marktausrichtung

4. Marktkräfte

5. Analysetätigkeit

6. Marketingkompetenz und Marktwahl

7. Umfeldanalyse und Marktsegmentorientierung

8. Produktakzeptanz

9. Formale Technologie- und Mitarbeiterorientierung

10. Einfache Technik und Kundenorientierung

11. Kundennutzen

12. Kundennähe

Diese Marketingfaktoren wurden im folgenden verwendet, um in einer Clusteranalyse fünf typische Verhaltensmuster im Marketing JTU zu ermitteln. Anhand der herausragenden Marketingfaktoren wurden diese als „kundenorientierte Nischenanbieter", „Marketingprofis", „zielstrebige Nischenanbieter", „Techniker" und „ehrgeizige, überforderte JTU" bezeichnet. Die erfolgreichste Gruppe von JTU waren die kundenorientierten Nischenanbieter. 86% dieser JTU gehören in die Gruppe der erfolgreichen und 14% in die Gruppe der weniger erfolgreichen Unternehmen (Abb. 38). Die Marketingprofis sowie die zielstrebigen Nischenanbieter weisen mit 66% und 64% beinahe die gleichen Erfolgsraten auf. Die Techniker und die ehrgeizigen, überforderten JTU waren mit Erfolgsraten von lediglich 25% resp. 21% am wenigsten erfolgreich.

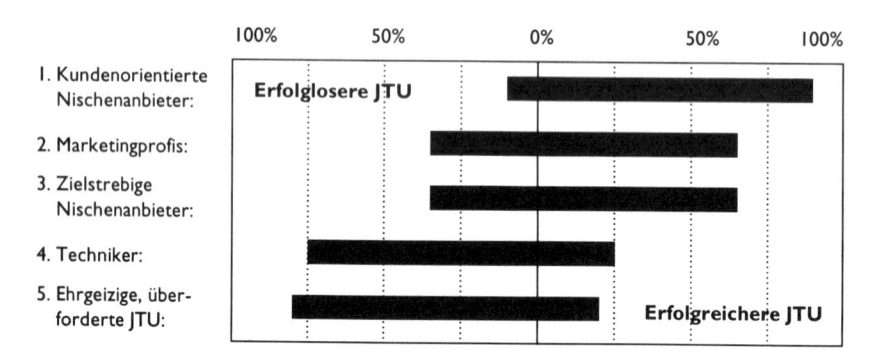

Abb. 38: Erfolgsraten verschiedener JTU-Typen

Die Resultate machen deutlich, dass der Erfolg keineswegs von einzelnen Marketingfaktoren abhängt. Vielmehr ist es ein komplexes Bündel sich gegenseitig beeinflussender Faktoren, das als Ganzes die Erfolgswahrscheinlichkeit zu erhöhen vermag. Die Analyse des vierten Faktors „Marktkräfte" bringt zum Ausdruck, dass die erfolgreichste JTU-Gruppe in

Märkten mit schwachen bis mittelgrossen Kräften operiert. JTU vom Typ 2 und 5 arbeiten in Märkten mit sehr hohen, JTU vom Typ 3 und 4 arbeiten in Märkten mit sehr schwachen Kräften. JTU können also in „jeder" Marktkonstellation erfolgreich sein, sofern sie ihre Marketingaktivitäten den Gegebenheiten entsprechend anpassen.

In einem folgenden Schritt wurde mittels Diskriminanzanalyse untersucht, welche der zwölf Marketingfaktoren eine signifikante Unterscheidung zwischen erfolgreichen und weniger erfolgreichen JTU ermöglichen, d.h. welche der zwölf Marketingfaktoren die eigentlichen kritischen Erfolgsfaktoren im Marketing der JTU darstellen. Geordnet nach ihrer Wichtigkeit sind dies die folgenden Faktoren:

1. Gute Marktkenntnisse verbunden mit einer starken Marktausrichtung

2. Eine einfache Produktakzeptanz

3. Eine gründliche Marktwahl beruhend auf einer hohen Marketingkompetenz

4. Eine intensive Umfeldanalyse mit einer starken Marktsegmentorientierung

5. Eine starke Konzentration auf Strategie, Planung und Effizienz

6. Eine einfache Technik verbunden mit einer starken Kundenorientierung

Die Ergebnisse bestätigen zunächst, dass die Anstrengungen im Bereich Marketing einen grossen Einfluss auf den Unternehmenserfolg ausüben. Im weiteren wurde erkannt, dass der wichtigste Erfolgsfaktor im Marketing JTU „Gute Marktkenntnisse verbunden mit einer starken Marktausrichtung" ist, d.h. die aktuellen Kenntnisse der Kunden, der Wettbewerber und des Marktes, schnelle Korrekturmassnahmen sowie eine starke und bewusste Marktausrichtung. Der zweitwichtigste Erfolgsfaktor für JTU ist eine einfache Produktakzeptanz. Demnach sollten sich Produkte durch möglichst geringe Lernanstrengungen und Anpassungskosten, aber auch durch damit verbundene grosse Kosteneinsparungen und einfach wahrnehmbare Produktvorteile auszeichnen. Ein weiterer Erfolgsfaktor beruht auf den gelungenen Anstrengungen, die Zielmärkte bewusst und anhand des Wachstums- und Gewinnpotentials auszuwählen, sowie auf einem hohen Know-how und ausreichenden Erfahrungen im Bereich Marketing (relativ zum Wettbewerb). Auch das Erkennen von Chancen und Gefahren durch eine intensive Umfeldanalyse, der Einbezug dieser Informationen in die Unternehmensplanung sowie die Generierung segmentspezifischer Marketingpläne und -angebote tragen als weiterer wichtiger Faktor zum Erfolg bei. Zudem betreiben erfolgreiche Unternehmen signifikant grössere Anstrengungen zur Entwicklung einer Marketingstrategie, zur Erstellung von Marketingplänen und zur effizienten Ausführung der konkreten Marketingmassnahmen. Schliesslich stellte sich auch wider Erwarten heraus, dass JTU mit einfacheren Technologien im Schnitt erfolgreicher sind als JTU mit komplexen, schwer imitierbaren Technologien.

## 6.2 Gestaltungsempfehlungen

In den folgenden beiden Abschnitten werden Empfehlungen zur Gestaltung des Marketings JTU formuliert. Damit wird das vierte und letzte Ziel dieser Untersuchung erreicht. Die Hinweise des ersten Abschnitts sind auf den spezifischen Marketingstand jedes JTU-Typs zugeschnitten. Sie dienen in erster Linie den Geschäftsleitern bereits gegründeter JTU sowie Beratungsinstitutionen. Im zweiten Abschnitt werden Ratschläge erläutert, die für sämtliche JTU-Typen Geltung haben, was besonders für potentielle Unternehmensgründer oder Ausbildungsinstitutionen von Interesse sein kann.

### 6.2.1 Gestaltungsempfehlungen für das Marketing jedes JTU-Typs

Werden die Erfolgsraten jedes JTU-Typs in Abhängigkeit der Stärke der vorherrschenden Marktkräfte aufgetragen, ergibt sich folgendes aufschlussreiches Bild (Abb. 39).

Erfolgsraten

| | Stärken jedes Typs: |
|---|---|
| 100% | Typ 1: F3!, F11!, F12!, F2, F8 |
| 80% (Typ 1) | Typ 2: F1!, F5!, F3, F4, F12 |
| 60% (Typ 3) (Typ 2) | Typ 3: F2!, F6!, F8!, F9!, F10! |
| 40% | Typ 4: F7!, F5 |
| 20% (Typ 4) (Typ 5) | Typ 5: keine |

Marktkräfte: -1, -0.5, 0, 0.5, 1, 1.5

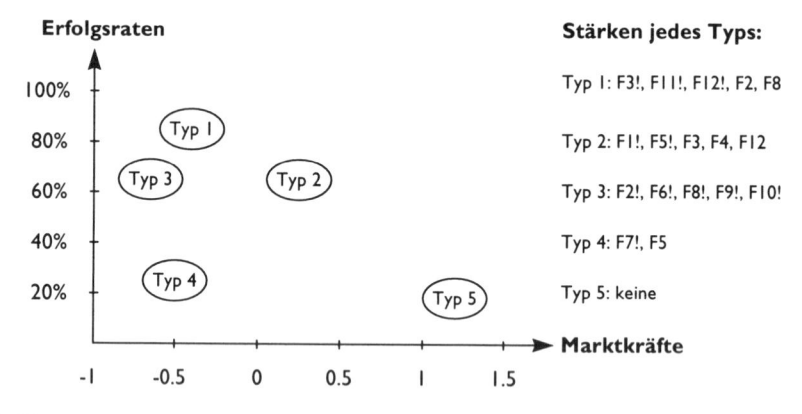

Abb. 39: Erfolgsraten jedes JTU-Typs in Abhängigkeit der Marktkräfte

Diese Abbildung verdeutlicht klar, dass die JTU unabhängig von den umgebenden Marktkräften erfolgreich sein können. Die Marketingfaktoren verdeutlichen jedoch auch, dass das Marketing JTU mit zunehmenden Marktkräften besser geplant und professioneller durchgeführt werden muss. Im folgenden werden konkrete Verbesserungsvorschläge für die Ausgestaltung des Marketings jedes JTU-Typs gegeben:

## Gestaltungsempfehlungen für das Marketing JTU vom Typ 1:

Die JTU des Typs 1, kundenorientierte Nischenanbieter, stellen die erfolgreichste JTU-Gruppe dar. Wichtig für sie ist die Beibehaltung ihrer Stärken: ein enger Kontakt mit den Kunden, gute Kenntnisse des Marktes und des Wettbewerbs sowie die Ausrichtung des Unternehmens auf die anvisierten Zielmärkte. Diese JTU sollten auch künftig die Vollständigkeit der Aktivitäten im Innovationsprozess (insbesondere die marketingbezogenen Aktivitäten) beibehalten und Produkte mit einer schnellen Akzeptanz bei den Kunden und einem einmalig hohen Kundennutzen entwickeln.

## Gestaltungsempfehlungen für das Marketing JTU vom Typ 2:

Die JTU dieses Typs zeichnen sich bereits durch eine starke Konzentration auf den Marketingprozess aus, also durch eine starke Analysetätigkeit und die Konzentration auf Strategie, Planung und Effizienz. Für diesen Unternehmenstyp ist dies ein wichtiger Erfolgsfaktor und sollte daher in hohem Masse beibehalten werden. Bereits erheblich sind für diese JTU zudem auch die Anstrengungen der Kundennähe, die profunden Marktkenntnisse sowie die bewusste Ausrichtung auf die Zielmärkte. In diesen Punkten ist jedoch Verbesserungspotential durchaus noch vorhanden. Wichtigste Massnahme, um den Erfolg dieser JTU noch zu verstärken, ist die Einführung eines vollständigeren Innovationsprozesses sowie eine vermehrte Beachtung des Faktors „schnelle Produktakzeptanz".

## Gestaltungsempfehlungen für das Marketing JTU vom Typ 3:

JTU des Typs 3 heben sich von den anderen JTU durch eine hohe Marketingkompetenz und eine fachkundige Wahl der Zielmärkte ab. Zudem haben sie aus Sicht des Marketings bereits einen vollständigen Innovationsprozess und können daher mit einer guten Produktakzeptanz rechnen. Diese Stärken sind beizubehalten. Intensiviert werden sollte jedoch primär der Kontakt dieser JTU zu den Kunden. Weiteres Verbesserungspotential liegt im Bereich des Marketingprozesses, insbesondere bei jenen JTU, die in neue, stärker umkämpfte Märkte eintreten möchten. Um dieses Ziel erfolgreich zu erreichen, sollten stärkere Anstrengungen im Bereich der Markt-, Wettbewerbs-, Kunden- und Eigenanalyse unternommen sowie vermehrte Aktivitäten in der Marketingstrategie, -planung und -effizienz angestrebt werden.

## Gestaltungsempfehlungen für das Marketing JTU vom Typ 4:

Charakterisierende Faktoren dieser JTU beruhen auf den Fähigkeiten einer chancenorientierten Umfeldanalyse, der Orientierung an spezifischen Marktsegmenten sowie den hohen

Anstrengungen im Bereich der Analysetätigkeit. Diese Merkmale sind zwar durchaus positiv zu bewerten, garantieren aber noch keinen Erfolg. Solange die allgemeine Marketingkompetenz dieser JTU schwach ist, sollten sie in jedem Fall vermeiden, in Märkte mit noch stärkeren Marktkräften einzusteigen. Für die JTU dieser Gruppe ist es wichtig, die allgemeine Marketingkompetenz zu verbessern - eventuell durch Anstellung eines kompetenten Mitarbeiters oder eines neuen Unternehmensleiters. Zudem sollten grössere Anstrengungen zur Analyse und zur Auswahl ihrer Zielmärkte unternommen werden, um das Unternehmen bewusst auf diese (gewählten) Märkte auszurichten. Weitere zu empfehlende Schritte bestehen darin, die Vollständigkeit des Innovationsprozesses zu erhöhen, eine bessere Kundennähe zu garantieren und dadurch Produkte mit einer höheren Akzeptanz beim Kunden und einem besseren Kundennutzen zu entwickeln. Der Zieltyp dieser JTU sind die Unternehmen von Typ 1 oder 3.

*Gestaltungsempfehlungen für das Marketing JTU vom Typ 5:*

Die JTU des Typs 5 besitzen in keinem der Marketingfaktoren irgendwelche Stärken. Und trotzdem, oder gerade deshalb, operieren sie in Märkten mit sehr grossen Kräften. Es ist ihnen daher anzuraten, ihren Markt zu wechseln. Zunächst muss jedoch die allgemeine Markt- und Marketingkompetenz im Unternehmen verbessert werden. Wie bei den JTU des Typs 4 ist es auch hier angebracht, neues Personal mit geeigneten Fähigkeiten zu suchen und für eine Mitarbeit im Unternehmen zu gewinnen. Mit dem auf diese Weise eingebrachten Know-how könnten im Marketing dieser Unternehmen neue Impulse ausgelöst werden. Was die Gestaltungsempfehlungen betrifft, so gelten die gleichen Ratschläge wie für die JTU vom Typ 4. Der Zieltyp dieser JTU sind die Unternehmen vom Typ 2 oder 3.

### 6.2.2 Gestaltungsempfehlungen für das Marketing JTU

Die Zuordnung eines JTU zu einem bestimmten Typ ist nicht immer einfach vorzunehmen. Aus diesem Grund werden im folgenden in kurzen, etwas plakativen Sätzen die wichtigsten Empfehlungen für das Marketing JTU zusammengefasst, nicht zuletzt auch für potentielle Unternehmensgründer. Jede der sechs Empfehlungen basiert auf einem Erfolgsfaktor im Marketing JTU. Diese Gestaltungsempfehlungen lauten:

1. **Lerne den Markt, die Wettbewerber und die Kunden kennen, und richte das Unternehmen aufgrund dieser (aktuellen) Informationen und mit Hilfe einer effizienten Durchsetzung von Korrekturmassnahmen bewusst auf die ausgewählten Zielmärkte aus. (F3)**

2. **Entwickle Produkte, die eine schnelle Akzeptanz ermöglichen. D.h. die Produkte müssen sich aus Kundensicht durch einfach wahrnehmbare Vorteile,**

geringe Anpassungskosten, minimale Lernanstrengungen sowie durch hohe Kosteneinsparungen auszeichnen. (F8)

3. Achte darauf, dass im Unternehmen solides Know-how und Erfahrungen im Marketing und Vertrieb vorhanden ist, und benutze diese Kompetenz, um Zielmärkte bewusst im Hinblick auf ihr Wachstums- und Gewinnpotential auszuwählen. (F6)

4. Achte auf die Chancen und Gefahren, die das Unternehmensumfeld bietet, und beziehe diese Informationen in die Unternehmensplanung mit ein. Benutze diese Information insbesondere zur Formulierung segmentspezifischer Marketingpläne und Angebote. (F7)

5. Entwickle eine klare, einfache und gut begründete Unternehmensstrategie, leite konkrete Massnahmen daraus ab, plane die einzelnen Schritte und sorge für eine effiziente und gut kontrollierte Ausführung dieser Aktivitäten. (F1)

6. Denke daran: Komplexe Technologien allein sind noch nichts wert, es sei denn sie äussern sich in der einzigartigen Befriedigung von Kundenbedürfnissen. Je komplexer die Technologie, desto professioneller ist das Erscheinungsbild des Unternehmens zu gestalten, damit eine schnelle Produkt- und Unternehmensakzeptanz erreicht werden kann. (F10)

### 6.2.3 Kritische Würdigung der vorliegenden Arbeit

Es gibt Hunderte von Faktoren, die Einfluss auf den Erfolg junger Technologieunternehmen ausüben. Die vorliegende Studie versuchte einige kritische Erfolgsfaktoren im Marketing dieser Unternehmen zu entdecken und daraus Gestaltungsempfehlungen abzuleiten. Der Leser muss sich jedoch bewusst sein, dass diese Untersuchung nicht mehr als einen Einblick in ein weites, erst teilweise erforschtes Gebiet gewähren kann. Zudem darf nicht darüber hinweggesehen werden, dass es sich sowohl beim Untersuchungsgegenstand „JTU" als auch bei den Begriffen des Marketings und des Erfolgs um Phänomene von sehr grosser Komplexität handelt. In diesem Sinne können Ratschläge für das Marketing nur Leitlinien darstellen, die im Einzelfall zu überprüfen sind. Ferner sollte nicht vergessen werden, dass der Marketingbereich nur eine der verschiedenen Einflussdimensionen auf den JTU-Erfolg darstellt. Nicht zu vernachlässigen sind weitere potentielle Erfolgsfaktoren wie Unternehmensgründer, technologische und finanzielle Basis oder Managementorientierung und -kompetenz. Schliesslich sind es nicht einzelne Faktoren, die den Erfolg ermöglichen, sondern die Summe und das Zusammenspiel all dieser Faktoren. Fehlt nur ein entscheidender Faktor, kann der Misserfolg dadurch bereits vorprogrammiert sein. Daher soll die vorliegende Arbeit und ihre Resultate nochmals kritisch hinterfragt werden.

Jede empirische Untersuchung stellt sich die Frage der Validität - d.h.: Repräsentieren die Daten resp. die Indikatoren das tatsächliche Phänomen? - und der Reliabilität - d.h.: Wie genau wird das Phänomen gemessen? Solange keine bewährte Theorie zum Marketing JTU existiert, kann auch keine absolute Sicherheit im Hinblick auf die Validität der Operationalisierung gewährt werden. Die vorliegende Studie versuchte jedoch, durch gewisse spezielle Massnahmen eine maximale Validität zu erreichen. Zu diesem Zweck wurde das Modell des Marketings JTU an ein bereits existierendes und bewährtes Marketingmodell (von Kotler) angelehnt. Sodann wurden für jeden Einflussbereich mehrere Indikatoren definiert. Ferner wurden die Fragen zu jedem Indikator so einfach, explizit und neutral wie nur möglich formuliert. Und schliesslich wurden die Fragen elf mal getestet, wobei vier Testläufe mit tatsächlichen Unternehmensgründern stattfanden.

Bei postalischen Untersuchungen mit Fragebögen kann nie absolute Reliabilität garantiert werden. Es kann immer vorkommen, dass einige Ursachen für fehlende Reliabilität unentdeckt bleiben. Zudem können die Befragten trotz sorgfältiger Vorkehrungen gewisse Fragen falsch verstehen, nicht-vertraute Wörter oder Fachausdrücke können zu falschen Interpretationen führen, die Antwortenden können sich nicht mit genügender Klarheit an vergangene Situationen erinnern oder sie geben absichtlich falsche bzw. inkonsistente Antworten. Bei Verdacht auf solche irreführenden Angaben wurden die entsprechenden Fragebögen ausgeschieden. Die einzige Massnahme, diese Art von Fehlern zu minimieren, war ein im Fragebogen eingebauter „Lügendetektor": einige wichtige Indikatoren wurden zweifach, d.h. an unterschiedlichen Stellen, erhoben. Eine weitere Quelle fehlender Reliabilität rührt von den Messkalen her. Antwortet ein Befragter auf einem ordinalen Skalenniveau, erfordert dies eine persönliche Beurteilung. Um die Reliabilität dieser Antworten zu erhöhen, sollten bei ordinalen Skalen möglichst wenige Abstufungen - z.B. zwischen „stimmt nicht" und „stimmt voll" - angeboten werden. Im Gegenzug nimmt jedoch die Aussagefähigkeit dieser Antworten ab. Aus diesem Grund wurden für alle ordinalskalierten Antworten sieben mögliche Ausprägungen vorgegeben. Zwei weitere mögliche Fehlerquellen, jene der zu kleinen Stichprobe (d.h. <50) und jene einer falschen Dateneingabe, konnten in dieser Untersuchung durch eine breite Stichprobe und eine doppelte Dateneingabe mit Datenvergleich weitgehend ausgeschlossen werden.

Eine weitere Frage, die sich eine empirische Studie stellen muss, lautet: Inwieweit sind die Ergebnisse generalisierbar? In dieser Untersuchung konnten die Daten von 25-33% sämtlicher in der Schweiz überhaupt existierenden JTU ausgewertet werden. Die Forschungsergebnisse dürften daher für diese Gruppe von Unternehmen repräsentativ sein. Jedoch sind die vorliegenden Resultate nach Meinung des Autors nicht ohne weiteres auf Unternehmen übertragbar, die keine technischen Produkte entwickeln, älter als 14 Jahre sind oder nicht aus selbständig-originären Gründungen hervorgingen. Hingegen sollten die Ergebnisse dieser Studie auf JTU in anderen Regionen, in spezifischen Technologiebranchen oder auf bestimmte Unternehmenstypen (Auftragsforschung oder Eigenentwicklung) übertragbar sein.

Eine letzte Frage befasst sich mit der Kausalität der untersuchten Ergebnisse. Ist „gutes" Marketing Ursache oder Wirkung des JTU-Erfolges? Statistisch kann durch die vorliegende Untersuchung weder das eine noch das andere bewiesen bzw. widerlegt werden. Der Autor vermutet, dass letztlich eine gegenseitige, positive oder negative Wechselwirkung stattfindet, d.h. „gutes" Marketing ist Ursache *und* Wirkung des JTU-Erfolges.

## 6.3 Ausblick

Natürlich kann eine derart breit angelegte Studie eine Vielzahl von Punkten nur unvollständig untersuchen. Zusätzlich zu den bereits bestehenden Forschungsfragen eröffneten sich im Verlauf dieser Untersuchung einige neue Fragenkomplexe, die aus Sicht des Autors eingehend untersuchten werden sollten.

Zunächst wäre es aufschlussreich zu erfahren, ob die neuen Erkenntnisse dieser Studie anderenorts, z.B. in Deutschland oder den USA, reproduziert werden können. Ohne eine solche praktische Überprüfung lassen sich die gewonnenen Resultate nicht ohne weiteres auf andere Umfelder übertragen. Das gleiche gilt für die betrachteten Technologiebranchen, das technologische Niveau oder den Unternehmenstyp (Auftragsforschung oder Eigenentwicklung). Möglicherweise unterscheiden sich die typischen Verhaltensmuster bzw. die Erfolgsfaktoren im Marketing dieser Unternehmen von den in dieser Studie analysierten JTU mehr oder weniger stark.

Die Breite dieser Untersuchung liess leider nicht zu, einzelne Einflussbereiche im Marketing von JTU im Detail zu analysieren. Weitere relevante Resultate wären deshalb insbesondere bei einer tiefergehenden Analyse der Kundenorientierung, der Information, der Strategie, der Effizienz oder der möglichen Kooperationspartner im Marketing zu erwarten. Ein erstaunliches Ergebnis dieser Arbeit ist, dass zwischen den Merkmalen der wichtigsten Innovationsprozesse (für beide betrachteten Zeitabschnitte) und dem erzielten JTU-Erfolg keine nennenswerten Zusammenhänge festgestellt werden konnten. Mögliche Erklärungen dafür wurden bereits gegeben. Trotzdem soll die Frage aufgeworfen werden, welche tatsächlichen Beziehungen zwischen den Aktivitäten der auf den verschiedenen Stufen der Unternehmensevolution stattfindenden Innovationsprozesse, dem Gelingen des jeweiligen Innovationsprozesses und dem erreichten Unternehmenserfolg bestehen. Die Beantwortung dieser komplexen Frage könnte ein wichtiger Meilenstein im Bereich der JTU-Forschung darstellen.

Einen weiteren wenig betrachteten Untersuchungsgegenstand bilden die sehr schnell wachsenden JTU. Diese Unternehmen sind deshalb von besonderem Interesse, weil sie einen beträchtlichen Anteil der neu geschaffenen Stellen hervorbringen. In der vorliegenden Stichprobe konnten lediglich drei Prozent der JTU zu diesen sogenannten „Gazellen" gezählt werden. Für eine breite empirische Untersuchung ist diese Anzahl natürlich viel zu klein. Die Frage, welche Merkmale gerade diese sehr stark wachsenden Unternehmen von anderen weniger stark wachsenden Unternehmen unterscheiden, kann hier nicht beantwortet werden. Die vorliegende Arbeit gibt Aufschluss über einige wenige Aspekte des Marketings JTU. Viele weitere Fragen bleiben noch offen, und es liegt an weiteren zukünftigen Untersuchungen, noch mehr Licht in dieses interessante Forschungsgebiet zu bringen.

# Anhang A: Technologiebranchen

| Zusammengefasste Branchen | Technologiebranchen von Orell Füssli und Teledata |
|---|---|
| EDV Soft- oder Hardware: | EDV Soft- und Hardware |
| Elektrische oder elektronische Apparate oder Artikel: | Elektronische Apparate, Geräte usw. Elektrotechnische Artikel Elektrische Apparate, Geräte usw. Elektrotechnische Apparate und Geräte Technische Artikel und Produkte |
| Elektronische Systeme oder Anlagen: | Technische Apparate und Anlagen Elektronik, elektronische Anlagen Elektroindustrie: Maschinen, Anlagen Elektronische Systeme, Computersysteme |
| Mess- und Analysetechnik: | Mess- und Analysetechnik, Medizinische Apparate, Geräte usw. |
| Chemie, Bio- und Gentechnologie: | Chemische Industrie: Apparate, Geräte usw. Chemisch-technische Produkte Bio- und Gentechnologie |
| Sonstiges (Lasertechnik, Sicherheitsapparate usw.): | Laser Anlagen Sicherheitsapparate, -anlagen und -systeme |

Tab. 56: Ausgewählte Technologiebranchen gemäss „Orell Füssli und Teledata"

| NOGA-Code | : | Beschreibung |
|---|---|---|
| 30.02A | : | Herstellung von Datenverarbeitungsgeräten und -einrichtungen |
| 31.10A | : | Herstellung von Elektromotoren, Generatoren und Transformatoren |
| 31.20A | : | Herstellung von Elektrizitätsverteilungs- und -schalteinrichtungen |
| 32.10A | : | Herstellung von elektrischen Bauelementen |
| 32.20A | : | Herstellung von nachrichtentechnischen Geräten und Einrichtungen |
| 33.20A | : | Herstellung von Mess- und Kontrollinstrumenten und -vorrichtungen |
| 33.30A | : | Herstellung von industriellen Prozesssteuerungsanlagen |
| 72.20A | : | Softwareentwicklung und -beratung |

Tab. 57: Ausgewählte Technologiebranchen gemäss „NOGA Allgemeine Systematik der Wirtschaftszweige"

# Anhang B: Ergebnisse der Kreuztabellierung

*Der Einfluss der Branche auf den Erfolg (es1)*

|  |  |  | 2 Gruppen | | Total |
|---|---|---|---|---|---|
|  |  |  | Erfolglosere JTU | Erfolgreichere JTU |  |
|  | EDV: Soft- und Hardware | Beobachtet | 13 | 23 | 36 |
|  |  | Erwartet | 17.2 | 18.8 | 36.0 |
|  |  | Std. Residuum | -1.0 | 1.0 |  |
|  | Elektr. Artikel oder Apparate | Beobachtet | 16 | 17 | 33 |
|  |  | Erwartet | 15.7 | 17.3 | 33.0 |
|  |  | Std. Residuum | .1 | -.1 |  |
| Branche (grob) | Elektr. Systeme oder Anlagen | Beobachtet | 11 | 5 | 16 |
|  |  | Erwartet | 7.6 | 8.4 | 16.0 |
|  |  | Std. Residuum | 1.2 | -1.2 |  |
|  | Mess- und Analysetechnik | Beobachtet | 6 | 6 | 12 |
|  |  | Erwartet | 5.7 | 6.3 | 12.0 |
|  |  | Std. Residuum | .1 | -.1 |  |
|  | Sonstiges | Beobachtet | 5 | 5 | 10 |
|  |  | Erwartet | 4.8 | 5.2 | 10.0 |
|  |  | Std. Residuum | .1 | -.1 |  |
| Total |  | Beobachtet | 51 | 56 | 107 |
|  |  | Erwartet | 51.0 | 56.0 | 107.0 |
|  |  | Std. Residuum |  |  |  |

Tab. 58: Kreuztabelle: Branche und Erfolg der JTU

**Chi-Square Tests**

|  | Value | df | Asymp. Sig. (2-sided) |
|---|---|---|---|
| Pearson Chi-Square | 4.835[1] | 4 | .305 |
| Continuity Correction |  |  |  |
| Likelihood Ratio | 4.917 | 4 | .296 |
| Linear-by-Linear Association | 1.055 | 1 | .304 |
| N of Valid Cases | 107 |  |  |

1. 1 cells (10.0%) have expected count less than 5. The minimum expected count is 4.77.

Tab. 59: Chi-Quadrat-Tests zur Kreuztabelle: Branche und Erfolg der JTU

## Der Einfluss des Gründungsjahres auf den Erfolg (es1)

|  |  |  | 2 Gruppen | | Total |
|---|---|---|---|---|---|
|  |  |  | Erfolglosere JTU | Erfolgreichere JTU |  |
| Gründungsjahre | 1984 und 1985 | Beobachtet | 8 | 15 | 23 |
|  |  | Erwartet | 11.0 | 12.0 | 23.0 |
|  |  | Std. Residuum | -.9 | .9 |  |
|  | 1986 und 1987 | Beobachtet | 9 | 14 | 23 |
|  |  | Erwartet | 11.0 | 12.0 | 23.0 |
|  |  | Std. Residuum | -.6 | .6 |  |
|  | 1988 und 1989 | Beobachtet | 13 | 15 | 28 |
|  |  | Erwartet | 13.3 | 14.7 | 28.0 |
|  |  | Std. Residuum | -.1 | .1 |  |
|  | 1990 und 1991 | Beobachtet | 11 | 6 | 17 |
|  |  | Erwartet | 8.1 | 8.9 | 17.0 |
|  |  | Std. Residuum | 1.0 | -1.0 |  |
|  | 1992 und 1993 | Beobachtet | 10 | 6 | 16 |
|  |  | Erwartet | 7.6 | 8.4 | 16.0 |
|  |  | Std. Residuum | .9 | -.8 |  |
| Total |  | Beobachtet | 51 | 56 | 107 |
|  |  | Erwartet | 51.0 | 56.0 | 107.0 |
|  |  | Std. Residuum |  |  |  |

Tab. 60: Kreuztabelle: Gründungsjahr und Erfolg der JTU

**Chi-Square Tests**

|  | Value | df | Asymp. Sig. (2-sided) |
|---|---|---|---|
| Pearson Chi-Square | 5.609[1] | 4 | .230 |
| Continuity Correction |  |  |  |
| Likelihood Ratio | 5.673 | 4 | .225 |
| Linear-by-Linear Association | 4.983 | 1 | .026 |
| N of Valid Cases | 107 |  |  |

1. 0 cells (.0%) have expected count less than 5. The minimum expected count is 7.63.

Tab. 61: Chi-Quadrat-Tests zur Kreuztabelle: Gründungsjahr und Erfolg der JTU

*Der Einfluss des Unternehmenstyps der ersten zwei Jahre auf den Erfolg (es1)*

|  |  |  | 2 Gruppen | | Total |
|---|---|---|---|---|---|
|  |  |  | Erfolglosere JTU | Erfolgreichere JTU |  |
| JTU: erste 2 Jahre | Eigenprodukte | Beobachtet | 23 | 20 | 43 |
|  |  | Erwartet | 20.5 | 22.5 | 43.0 |
|  |  | Std. Residuum | .6 | -.5 |  |
|  | Auftragsprodukte | Beobachtet | 15 | 17 | 32 |
|  |  | Erwartet | 15.3 | 16.7 | 32.0 |
|  |  | Std. Residuum | -.1 | .1 |  |
|  | Andere | Beobachtet | 13 | 19 | 32 |
|  |  | Erwartet | 15.3 | 16.7 | 32.0 |
|  |  | Std. Residuum | -.6 | .6 |  |
| Total |  | Beobachtet | 51 | 56 | 107 |
|  |  | Erwartet | 51.0 | 56.0 | 107.0 |
|  |  | Std. Residuum |  |  |  |

Tab. 62: Kreuztabelle: Unternehmenstyp der ersten zwei Jahre und Erfolg der JTU

**Chi-Square Tests**

|  | Value | df | Asymp. Sig. (2-sided) |
|---|---|---|---|
| Pearson Chi-Square | 1.228[1] | 2 | .541 |
| Continuity Correction |  |  |  |
| Likelihood Ratio | 1.233 | 2 | .540 |
| Linear-by-Linear Association | .915 | 1 | .339 |
| N of Valid Cases | 107 |  |  |

1. 0 cells (.0%) have expected count less than 5. The minimum expected count is 15.25.

Tab. 63: Chi-Quadrat-Tests zur Kreuztabelle: Unternehmenstyp der ersten zwei Jahre und Erfolg der JTU

*Der Einfluss des Unternehmenstyps der letzten zwei Jahre auf den Erfolg (es1)*

|  |  |  | 2 Gruppen | | Total |
|---|---|---|---|---|---|
|  |  |  | Erfolglosere JTU | Erfolgreichere JTU |  |
|  | Eigenprodukte | Beobachtet | 24 | 29 | 53 |
|  |  | Erwartet | 25.3 | 27.7 | 53.0 |
|  |  | Std. Residuum | -.3 | .2 |  |
| JTU: | Auftragsprodukte | Beobachtet | 16 | 16 | 32 |
| letzte 2 |  | Erwartet | 15.3 | 16.7 | 32.0 |
| Jahre |  | Std. Residuum | .2 | -.2 |  |
|  | Andere | Beobachtet | 11 | 11 | 22 |
|  |  | Erwartet | 10.5 | 11.5 | 22.0 |
|  |  | Std. Residuum | .2 | -.2 |  |
|  |  | Beobachtet | 51 | 56 | 107 |
| Total |  | Erwartet | 51.0 | 56.0 | 107.0 |
|  |  | Std. Residuum |  |  |  |

Tab. 64: Kreuztabelle: Unternehmenstyp der letzten zwei Jahre und Erfolg der JTU

| Chi-Square Tests | | | |
|---|---|---|---|
|  | Value | df | Asymp. Sig. (2-sided) |
| Pearson Chi-Square | .239[1] | 2 | .888 |
| Continuity Correction |  |  |  |
| Likelihood Ratio | .239 | 2 | .888 |
| Linear-by-Linear Association | .064 | 1 | .801 |
| N of Valid Cases | 107 |  |  |

1. 0 cells (.0%) have expected count less than 5. The minimum expected count is 10.49.

Tab. 65: Chi-Quadrat-Tests zur Kreuztabelle: Unternehmenstyp der ersten zwei Jahre und Erfolg der JTU

## Anhang C: Ergebnisse der Korrelationsanalyse und des Mann-Whitney-U-Tests

Die folgenden Tabellen (Tab. 66 bis Tab. 74) zeigen die Zusammenhänge zwischen dem Erfolgsmass es1 und den Marketingvariablen jedes Einflussbereichs. Dargestellt sind die Spearman-Korrelationskoeffizienten mit den entsprechenden Signifikanzen (r) sowie die Signifikanzen der Irrtumswahrscheinlichkeiten des Mann-Whitney-U-Tests (p).

| Marketingvariable | Erste 2 Jahre | | Letzte 2 Jahre | |
|---|---|---|---|---|
| | r | p | r | p |
| Ausrichtung Unternehmen auf Zielmärkte | .293*** | ** | .246** | - |
| Bewusste Auswahl der Zielmärkte | .246** | * | .150 | - |
| Marktauswahl anhand Wachstum/Gewinnpot. | .216* | ** | .205* | ** |
| Unterschiedliche Angebote für Marktsegmente | .235** | ** | .117 | - |
| Unterschiedliche M.-Pläne für Marktsegmente | .275** | *** | .202* | ** |
| Schnelles Erkennen von Chancen und Gefahren | .169* | - | .134 | - |
| Einbezug Unternehmensanalyse auf Strategie | .146 | - | .111 | - |
| **Mittelwert** | **.226** | **-** | **.166** | **-** |

Tab. 66: Koeffizienten der Spearman-Korrelation (r) und Signifikanzen des Mann-Whitney-U-Tests (p) für die Marketingvariablen der „Kundenorientierung"

| Marketingvariable | Erste 2 Jahre | | Letzte 2 Jahre | |
|---|---|---|---|---|
| | r | p | r | p |
| Koordination Verkaufs-/Marketingaktivitäten | .179* | - | .193* | - |
| Aufbau Marketinggruppe/-organisation | .016 | - | .123 | - |
| Gewährleistung Ressourcen für alle Ug.-fkt. | .097 | - | .158 | - |
| Koordination Marketing und andere Ug.-fkt. | .048 | - | -.002 | - |
| Systematische Wahl der Kooperationspartner | -.011 | - | .002 | - |
| Unterstützung der Kooperationspartner | -.142 | - | .010 | - |
| **Mittelwert** | **.031** | **-** | **.081** | **-** |

Tab. 67: Koeffizienten der Spearman-Korrelation (r) und Signifikanzen des Mann-Whitney-U-Tests (p) für die Marketingvariablen der „Integrierten Marketingorganisation"

| Marketingvariable | Erste 2 Jahre | | Letzte 2 Jahre | |
|---|---|---|---|---|
| | r | p | r | p |
| Analyse der Kunden | .258** | - | .149 | - |
| Ermittlung der Kundenzufriedenheit | .209* | - | .200* | - |
| Analyse der Wettbewerber | .309*** | ** | .268** | ** |
| Analyse der Zielmärkte | .366*** | ** | .390*** | *** |
| Analyse des Unternehmensumfeldes | .287** | * | .199* | - |
| Analyse eigener Stärken und Schwächen | .303*** | * | .303*** | * |
| Ermittlung Verkaufspotential und Profitabilität | .242** | * | .217* | * |
| Ermittlung Kosteneffizienz Marketingausgaben | .230* | * | .180* | - |
| Sehr gute Kenntnisse des Marktes | .185* | - | .314*** | * |
| Sehr gute Kenntnisse der Kunden | .230** | * | .147 | - |
| Sehr gute Kenntnisse der Wettbewerber | .183 | - | .155 | - |
| **Mittelwert** | .255 | - | .229 | - |

Tab. 68: Koeffizienten der Spearman-Korrelation (r) und Signifikanzen des Mann-Whitney-U-Tests (p) für die Marketingvariablen der „Adäquaten Marketinginformation"

| Marketingvariable | Erste 2 Jahre | | Letzte 2 Jahre | |
|---|---|---|---|---|
| | r | p | r | p |
| Definition eigener strat. Wettbewerbsposition | .246** | ** | .275** | * |
| Orientierung an kritischen Schlüsselresultaten | .282** | ** | .266** | * |
| Klare, realisierbare,... Marketingstrategie | .184* | - | .206* | * |
| Kurz- und mittelfristige Verkaufsprognosen | .139 | - | .114 | - |
| Formale Marketingplanung | .180* | * | .103 | - |
| Langfristige, aktualisierte Marketingpläne | .145 | - | .133 | - |
| Identifikation wichtiger Eventualfälle | .229** | * | .182* | - |
| Erstellen von Aktionspläne für Eventualfälle | .177* | * | .166* | - |
| **Mittelwert** | .198 | - | .181 | - |

Tab. 69: Koeffizienten der Spearman-Korrelation (r) und Signifikanzen des Mann-Whitney-U-Tests (p) für die Marketingvariablen der „Strategischen Orientierung"

| Marketingvariable | Erste 2 Jahre | | Letzte 2 Jahre | |
|---|---|---|---|---|
| | r | p | r | p |
| Gute Motivation der Mitarbeiter | .182* | - | .193* | - |
| Kommunikation Kundenorientierung im Ug. | .199* | - | .264** | - |
| Professionelles Erscheinungsbild des Ug. | .199* | - | .350*** | ** |
| Wirksamkeit Marketingausgaben verbessern | .271** | * | .233** | * |
| Know-how im Marketing und Verkauf | .311*** | * | .278** | * |
| Erfahrungen im Marketing und Verkauf | .381*** | *** | .267** | * |
| Ausreichend Ressourcen für Marketing/Verkauf | .214* | - | .303*** | * |
| Professionelle Marketing-/Verkaufsaktivitäten | .093 | - | .132 | - |
| Schnelle Einleitung von Korrekturmassnahmen | .356*** | ** | .296*** | * |
| Immer aktuelle Informationen im Unternehmen | .208* | * | .279** | * |
| **Mittelwert** | **.241** | - | **.260** | - |

Tab. 70: Koeffizienten der Spearman-Korrelation (r) und Signifikanzen des Mann-Whitney-U-Tests (p) für die Marketingvariablen der „Effektiven Abwicklung"

| Marketingvariable | Erste 2 Jahre | | Letzte 2 Jahre | |
|---|---|---|---|---|
| | r | p | r | p |
| Intensiver Kontakt mit pot. Kunden | .133 | - | -.009 | - |
| Interdisziplinäres Team | .148 | - | .216* | - |
| Formale Organisation | .087 | - | .151 | - |
| Marktanalyse der Produktidee | .120 | - | .092 | - |
| Marktstudie des Produktkonzepts | .101 | - | .111 | - |
| Wirtschaftlichkeitsprüfung Konzept | .239** | * | .111 | - |
| Produkttest mit (potentiellen) Kunden | -.009 | - | .063 | - |
| Markttest/begrenzte Testverkäufe | -.042 | - | -.013 | - |
| Plan zur Markteinführung | .127 | - | .203* | * |
| Identifikation Positionierungsmerkmale | .150 | - | .136 | - |
| Kommunik. Positionierungsmerkmale | .223* | - | .178* | - |
| **Mittelwert** | **.116** | - | **.113** | - |

Tab. 71: Koeffizienten der Spearman-Korrelation (r) und Signifikanzen des Mann-Whitney-U-Tests (p) für die Marketingvariablen des „Vollständigen Innovationsprozesses"

| Marketingvariable | Erste 2 Jahre | | Letzte 2 Jahre | |
|---|---|---|---|---|
| | r | p | r | p |
| War Einzigartig in der Bedürfnisbefriedigung | .043 | - | .110 | - |
| Besseres Preis/Leistungsverhältnis als Wettbew | .057 | - | .026 | - |
| Besserer Produktverkauf als Wettbewerber | .125 | - | .143 | - |
| Bessere Produktwerbung als Wettbewerber | .137 | - | .184* | * |
| Keine Anpassungskosten beim Kunden | .223* | * | .212* | * |
| (Potentielle) Kunden verlangten konkret danach | .057 | - | .146 | - |
| Kunden waren Produkten ggü. aufgeschlossen | .161 | - | .233** | - |
| Erzielte Kosteneinsparungen beim Kunden | .190* | * | .130 | * |
| Keine Lernanstrengungen zur Nutzung | .165* | - | .128 | - |
| Einfach wahrnehmbare Produktvorteile | .141 | - | .087 | - |
| Technik bot neu diese Möglichkeit | -.135 | - | -.041 | - |
| Enthielt komplexe schwer imitierbare Technik | -.186* | - | .045 | - |
| **Mittelwert** | .082 | - | .117 | - |

Tab. 72: Koeffizienten der Spearman-Korrelation (r) und Signifikanzen des Mann-Whitney-U-Tests (p) für die Marketingvariablen des „Einzigartigen Produktcharakters"

| Marketingvariable | Erste 2 Jahre | | Letzte 2 Jahre | |
|---|---|---|---|---|
| | r | p | r | p |
| Intensiver Wettbewerb um Produktvorteile | -.058 | - | -.018 | - |
| Intensiver Wettbewerb im Preis | -.105 | - | -.014 | - |
| Intensiver Wettbewerb im persönlichen Verkauf | .004 | - | -.015 | - |
| Intensiver Wettbewerb mit Werbung, PR,... | -.119 | - | -.088 | - |
| Intensiver Wettbewerb um Vertriebskanäle | -.014 | - | -.115 | - |
| Hohe Marktdynamik | .162 | - | .231* | - |
| Kunden hatten uns ggü. eine grosse Macht | .022 | - | -.076 | - |
| Grosse Markteintrittsbarrieren | -.125 | - | -.107 | - |
| Lieferanten hatten uns ggü. eine grosse Macht | -.078 | - | -.143 | - |
| Grosse Bedrohung durch Ersatzprodukte | -.174* | - | -.185* | - |
| **Mittelwert** | - | - | - | - |

Tab. 73: Koeffizienten der Spearman-Korrelation (r) und Signifikanzen des Mann-Whitney-U-Tests (p) für die Marketingvariablen des „Marktcharakters"

| Marketingvariable | Erste 2 Jahre | | Letzte 2 Jahre | |
|---|---|---|---|---|
| | r | p | r | p |
| Misstrauen in zukünftige Existenz des JTU | -.151 | * | -.392*** | *** |
| Kein professionelles Arbeiten im JTU | -.254** | * | -.353*** | * |
| Schwierige Suche nach Vertriebspartnern | -.114 | - | -.326*** | ** |
| Markteintrittsbarrieren unterschätzt | -.236** | * | -.342*** | - |
| Zeit bis Vertragsabschluss unterschätzt | -.150 | - | -.363*** | * |
| Qualifiziertes Personal schwer rekrutierbar | -.065 | - | -.042 | - |
| Leistungsfähigkeit Produkt schwer bewertbar | -.266** | * | -.254** | - |
| Schwierige Zusammenarbeit mit Vertriebspartn. | -.106 | - | -.170* | - |
| Zu starke Technologieorientierung | -.307*** | - | -.411*** | ** |
| Zeit für Tests, Zertifizierungen unterschätzt | -.117 | - | -.265** | - |
| Bestehende Kundenbeziehungen unterschätzt | -.079 | - | -.343*** | ** |
| Falscher Markt gewählt | -.261** | * | -.336*** | * |
| Zu später Kundenkontakt | -.175* | - | -.305*** | * |
| Starke Abwehrreaktionen der Wettbewerber | -.087 | - | -.156 | - |
| Technisches Produkt veraltet schnell | -.170* | - | -.219* | - |
| Ungenügender Kundenservice | -.126 | - | -.332*** | ** |
| Uneinigkeit im Gründerkreis bzgl. Strategie | -.153 | - | -.228** | - |
| **Mittelwert** | **-.166** | | **-.285** | |

Tab. 74: Koeffizienten der Spearman-Korrelation (r) und Signifikanzen des Mann-Whitney-U-Tests (p) für die Marketingvariablen für die „Probleme JTU"

| Nr. | Fakt. Nr. | Marketingfaktoren JTU | M-W-U-Test | Korr. Koeff. |
|---|---|---|---|---|
| 1. | F3 | Marktkenntnisse und Marktausrichtung | .005 ** | .286 ** |
| 2. | F8 | Produktakzeptanz | .020 * | .236 ** |
| 3. | F6 | Marketingkompetenz und Marktauswahl | .026 * | .226 * |
| 4. | F7 | Umfeldanalyse und Marktsegmentorientierung | .049 * | .200 * |
| 5. | F1 | Konzentration auf Strategie, Planung und Effizienz | .056 | .194 * |
| 6. | F10 | Einfache Technik und Kundenorientierung | .169 | .140 |
| 7. | F12 | Kundennähe | .308 | .104 |
| 8. | F5 | Analysetätigkeit | .572 | .057 |
| 9. | F2 | Vollständigkeit im Innovationsprozess | .596 | .054 |
| 10. | F11 | Kundennutzen | .677 | .042 |
| 11. | F4 | Marktkräfte | .752 | -.032 |
| 12. | F9 | Technologie- und Mitarbeiterorientierung | .462 | -.075 |

Tab. 75: Irrtumswahrscheinlichkeiten des Mann-Whitney-U-Tests mit Signifikanzen und Korrelationskoeffizienten mit Signifikanzen für den Zusammenhang zwischen den Marketingfaktoren und dem Erfolg es1 (geordnet nach der Grösse von r)

# Anhang D: Ergebnisse der Faktoranalyse

| Nr. | Marketingvariable | EB | F1 | F2 | F3 | F4 | F5 | F6 | F7 | F8 | F9 | F10 | F11 | F12 |
|---|---|---|---|---|---|---|---|---|---|---|---|---|---|---|
| 2 | Entwicklung klarer Marketingstrategie | SO | .751 | .271 | .026 | -.036 | .086 | .228 | .054 | .011 | .136 | -.021 | .112 | .094 |
| 14 | Def. strat. Wettbewerbsposition | SO | .530 | -.013 | .266 | .000 | .348 | .438 | -.197 | -.074 | .200 | -.229 | -.095 | .163 |
| 4 | Erstellen langfrist./akt. Marketingpläne | SO | .714 | .081 | .043 | .113 | .184 | .343 | .131 | .047 | -.019 | -.031 | -.169 | .131 |
| 7 | Arbeit mit formaler Marketingplanung | SO | .677 | .015 | .094 | .247 | .269 | .215 | .097 | .139 | -.126 | -.131 | -.024 | -.072 |
| 5 | Erstellen von Verkaufsprognosen | SO | .700 | .263 | .001 | .046 | -.007 | .136 | .095 | .052 | .164 | -.036 | .073 | .207 |
| 8 | Identifikation wichtiger Eventualfälle | SO | .604 | -.078 | .210 | .139 | .252 | .379 | -.055 | -.147 | .191 | -.072 | -.010 | -.009 |
| 10 | Erstellen Aktionspläne für Eventualfälle | SO | .579 | .049 | .216 | .109 | .102 | .127 | .069 | -.115 | .329 | -.251 | .055 | -.211 |
| 13 | Aufbau Marketinggruppe/-organisation | IO | .538 | .154 | -.042 | .153 | -.003 | -.015 | .318 | -.101 | -.103 | -.190 | -.060 | -.049 |
| 15 | Koordination Marketing mit Ug.-fkt. | IO | .511 | .265 | .053 | -.062 | .159 | -.032 | .250 | -.182 | .201 | .148 | -.193 | .180 |
| 12 | Koordination Marketingaktivitäten | IO | .548 | .195 | .062 | -.034 | .060 | .260 | .462 | -.099 | .230 | .026 | -.011 | -.098 |
| 16 | Systematische Wahl Marketingpartner | IO | .509 | .359 | -.181 | .157 | -.056 | .140 | .262 | .031 | -.023 | -.085 | .262 | .071 |
| 1 | Wirksamkeit Marketing verbessern | EA | .789 | .053 | .172 | .086 | .122 | -.033 | .085 | -.033 | -.056 | .169 | .086 | .003 |
| 3 | Professionelle Marketingaktivitäten | EA | .717 | .265 | .118 | -.052 | -.073 | .104 | .203 | -.068 | .060 | .221 | .033 | -.161 |
| 11 | Gewährleistung nötiger M-Ressourcen | EA | .565 | .104 | .206 | -.181 | -.025 | .238 | .165 | -.126 | -.093 | .438 | -.011 | -.004 |
| 6 | Ermittlung Kosteneffizienz Marketing | AI | .688 | .235 | .221 | .075 | .166 | -.066 | .076 | .064 | -.205 | -.137 | .145 | .048 |
| 9 | Ermittlung Verkaufspot./Profitabilität | AI | .590 | .290 | .277 | .092 | .311 | .051 | .125 | .061 | -.161 | -.184 | .163 | -.055 |
| 17 | Interdisziplinäres Team | IP | .417 | .186 | -.099 | -.076 | -.136 | .377 | -.066 | .069 | .005 | .263 | .105 | .246 |
| 18 | Marktanalyse der Produktidee | IP | .213 | .803 | .000 | -.039 | .099 | .037 | .040 | .001 | -.016 | .077 | -.003 | .015 |
| 19 | Marktstudie des Produktkonzepts | IP | .172 | .707 | .123 | .043 | .093 | .096 | .096 | -.164 | -.206 | -.094 | -.173 | .053 |
| 20 | Wirtschaftlichkeitsprüfung Konzept | IP | .207 | .684 | .225 | -.002 | .225 | .092 | .016 | .034 | .014 | -.081 | -.096 | .035 |
| 21 | Plan zur Markteinführung | IP | .269 | .674 | -.129 | .058 | .009 | .081 | .207 | -.021 | .033 | -.047 | .124 | .027 |
| 23 | Markttest/begrenzte Testverkäufe | IP | .094 | .356 | .143 | .090 | -.103 | .033 | .121 | -.106 | -.081 | -.198 | .133 | -.002 |
| 22 | Starke Unterstützung Marketingpartner | IO | .332 | .390 | -.258 | .206 | -.025 | -.125 | .024 | -.011 | -.020 | .183 | .287 | .189 |
| 24 | Sehr gute Kenntnisse Wettbewerber | AI | .156 | .172 | .733 | .075 | .163 | -.007 | -.032 | -.050 | -.033 | -.030 | -.023 | .129 |
| 25 | Sehr gute Kenntnisse der Kunden | AI | .020 | .011 | .722 | -.001 | .163 | .034 | .155 | .047 | .031 | .058 | .064 | .068 |
| 27 | Sehr gute Kenntnisse des Marktes | AI | .059 | .070 | .577 | -.128 | -.048 | .147 | -.024 | .388 | -.166 | -.029 | .041 | -.233 |
| 26 | Immer aktuelle Informationen im Ug. | EA | .316 | .000 | .618 | .124 | .115 | .039 | -.143 | -.137 | .284 | .082 | .115 | -.107 |
| 29 | Schnelle Korrekturmassnahmen | EA | .227 | -.138 | .457 | .033 | .159 | .339 | .230 | .067 | .256 | .046 | .248 | .178 |
| 28 | Starke Ausrichtung auf Zielmärkte | KO | .075 | .216 | .528 | .077 | .250 | .332 | .185 | -.046 | -.103 | .129 | .106 | .208 |
| 30 | Wettbewerb im Preis | M | .130 | -.039 | -.133 | .677 | .205 | .144 | .005 | .070 | .079 | .134 | -.011 | -.060 |
| 32 | Wettbewerb im persönlichen Verkauf | M | -.002 | .017 | .146 | .623 | .045 | .146 | .077 | -.276 | .043 | .051 | .145 | -.002 |
| 33 | Wettbewerb in der Werbung, PR,... | M | .169 | -.009 | -.010 | .610 | -.121 | .103 | -.305 | -.191 | -.044 | .034 | -.264 | .200 |
| 37 | Wettbewerb um Vertriebskanäle | M | .287 | .022 | -.021 | .472 | -.093 | .083 | -.212 | -.113 | -.105 | -.083 | .029 | .179 |
| 39 | Wettbewerb um Produktvorteile | M | .077 | -.046 | -.127 | .438 | .050 | .223 | .012 | -.185 | .269 | -.097 | .366 | .088 |
| 31 | Kunden hatten eine grosse Macht | M | -.051 | .058 | .054 | .664 | .128 | -.047 | .126 | .163 | -.003 | -.022 | .109 | -.123 |
| 38 | Lieferanten hatten eine grosse Macht | M | -.192 | .303 | .163 | .444 | -.045 | -.045 | -.015 | .036 | -.282 | -.032 | -.162 | .038 |
| 34 | Grosse Markteintrittsbarrieren | M | .002 | .181 | -.012 | .587 | -.047 | -.074 | .119 | -.110 | -.004 | -.258 | .014 | -.045 |
| 35 | Grosse Gefahr durch Ersatzprodukte | M | .243 | -.026 | .075 | .559 | -.056 | -.209 | .067 | -.216 | -.102 | -.002 | -.167 | -.242 |
| 36 | Hohe Marktdynamik | M | .142 | -.134 | .327 | .498 | -.434 | -.026 | .018 | -.061 | .036 | -.039 | -.197 | .062 |
| 40 | Analyse der Wettbewerber | AI | .302 | .103 | .261 | .158 | .652 | .131 | .135 | -.003 | -.151 | -.109 | -.080 | .078 |
| 41 | Analyse eigener Stärken/Schwächen | AI | .482 | .090 | .152 | .055 | .603 | .116 | .132 | .007 | -.019 | .099 | .053 | -.006 |
| 42 | Analyse der Kunden | AI | .216 | -.004 | .197 | -.008 | .540 | .060 | .147 | -.023 | .273 | .246 | .273 | .108 |
| 43 | Analyse des Unternehmensumfeldes | AI | .185 | .325 | .241 | .056 | .457 | .215 | .438 | -.012 | -.058 | .011 | .023 | -.014 |
| 44 | Analyse der Zielmärkte | AI | .307 | .346 | .353 | -.009 | .417 | .130 | .267 | -.117 | .069 | .016 | .123 | .039 |
| 46 | Ermittlung der Kundenzufriedenheit | AI | .331 | -.086 | .252 | .146 | .358 | -.026 | -.285 | -.032 | -.007 | .297 | .170 | .131 |
| 45 | Kommun. Positionierungsmerkmale | IP | .161 | .238 | .141 | -.120 | .372 | -.015 | .187 | -.028 | .241 | -.054 | .077 | .300 |

| 47 | Know-how im Marketing/Verkauf | EA | .368 | .132 | -.052 | .011 | .062 | .650 | .255 | .062 | -.068 | .050 | .088 | -.187 |
|---|---|---|---|---|---|---|---|---|---|---|---|---|---|---|
| 48 | Erfahrungen im Marketing/Verkauf | EA | .296 | .062 | .088 | .020 | .051 | .606 | .240 | .038 | -.146 | .039 | -.017 | -.099 |
| 49 | Bewusste Auswahl der Zielmärkte | KO | .253 | .407 | .236 | .200 | .071 | .516 | .116 | -.055 | .037 | .059 | .147 | -.065 |
| 50 | Marktwahl a. Wachstum/Gewinnpot. | KO | .223 | .357 | .336 | .239 | .184 | .514 | .176 | -.126 | .118 | -.089 | -.073 | -.025 |
| 51 | Orient. an krit. Schlüsselresultaten | SO | .474 | -.042 | .235 | .046 | .392 | .476 | -.038 | -.091 | .002 | -.082 | -.143 | .185 |
| 52 | Einbezug Umfeldanalyse in Ug.-Planung | KO | .366 | .171 | .056 | -.025 | .330 | .094 | .605 | -.157 | .165 | -.154 | -.065 | -.011 |
| 53 | Segmentspezifische Angebote | KO | .256 | .127 | .063 | .091 | .130 | .243 | .592 | .075 | .000 | .063 | -.032 | .198 |
| 54 | Segmentspezifische Marketingpläne | KO | .412 | .297 | .103 | .073 | -.009 | .188 | .560 | .031 | .033 | .008 | .080 | .015 |
| 55 | Erkennen von Chancen und Gefahren | KO | .387 | .036 | .056 | .142 | .241 | .097 | .465 | -.235 | -.024 | -.028 | -.007 | -.265 |
| 56 | Gewährleistung Ressourcen für Ug.-fkt. | IO | .188 | -.136 | .248 | -.078 | -.040 | -.021 | .424 | -.221 | .059 | .352 | -.338 | .191 |
| 57 | Keine Lernanstrengungen zur Nutzung | EP | -.022 | .038 | -.041 | -.198 | .156 | -.065 | -.013 | .801 | -.103 | .023 | .009 | -.030 |
| 58 | Keine Anpassungskosten der Kunden | EP | -.071 | -.108 | -.039 | -.102 | .033 | .017 | -.084 | .757 | -.096 | .020 | -.083 | .062 |
| 59 | Einfach wahrnehmbare Produktvorteile | EP | -.054 | -.091 | .025 | .013 | -.064 | .056 | .078 | .713 | .138 | -.035 | .057 | -.046 |
| 60 | Erzielte grosse Kosteneinsparungen | EP | .106 | -.066 | .021 | -.023 | -.216 | -.059 | -.115 | .654 | .270 | .111 | -.037 | .175 |
| 61 | Besserer Produktverkauf | EP | .195 | .341 | .004 | .127 | -.088 | .121 | .016 | -.105 | -.623 | .102 | .197 | .061 |
| 63 | Bessere Produktwerbung/-kommunik. | EP | .289 | .383 | .104 | .047 | -.174 | .025 | .066 | -.094 | -.553 | .059 | .353 | -.069 |
| 64 | Identifikation Positionierungsmerkmale | IP | .176 | .138 | .087 | -.020 | -.046 | -.024 | .241 | .244 | .405 | .055 | .079 | .050 |
| 65 | Formale Organisation | IP | .125 | .215 | .037 | .240 | -.107 | .150 | -.012 | .071 | .381 | -.076 | .046 | -.291 |
| 62 | Motivation der Mitarbeiter | EA | .124 | -.039 | .474 | -.018 | -.056 | -.092 | .149 | -.115 | .554 | .135 | .083 | .111 |
| 68 | Kommunikation Kundenorientierung | EA | .275 | -.121 | .023 | .025 | .080 | .322 | -.049 | -.114 | .343 | .523 | .094 | .109 |
| 69 | Gewährleistung prof. Erscheinungsbild | EA | .257 | .037 | .422 | -.095 | -.187 | .119 | .119 | -.146 | .144 | .461 | -.176 | .052 |
| 66 | Komplexe schwer imitierbare Technik | EP | .123 | .111 | .071 | -.012 | -.231 | .080 | .098 | -.076 | .053 | -.662 | .113 | .269 |
| 67 | Technik bot neu diese Möglichkeit | EP | .203 | -.014 | -.103 | .046 | .082 | .036 | -.044 | -.111 | .065 | -.614 | .081 | -.074 |
| 71 | Besseres Preis/Leistungverhältnis | EP | .099 | -.147 | .158 | .046 | .141 | -.070 | .075 | .120 | -.253 | -.055 | .474 | .153 |
| 72 | Bessere einzigart. Bedürfnisbefriedigung | EP | .025 | .030 | .195 | -.397 | -.005 | -.200 | -.014 | -.004 | .084 | -.305 | .443 | .158 |
| 70 | Kunden waren Produkt ggü. offen | EP | .063 | .085 | .025 | -.055 | .026 | .056 | -.076 | -.101 | .005 | -.103 | .607 | -.042 |
| 75 | (Potentielle) Kunden verlangten danach | EP | .029 | -.408 | .141 | -.022 | .103 | .074 | .227 | .118 | -.294 | -.124 | .187 | .418 |
| 73 | Produkttest mit (potentiellen) Kunden | IP | .084 | .162 | .070 | -.059 | .071 | -.114 | -.009 | .017 | .013 | -.042 | .015 | .736 |
| 74 | Intensiver Kontakt mit pot. Kunden | IP | -.102 | -.107 | .171 | .018 | .066 | .175 | .026 | .155 | .038 | .173 | .493 | .505 |

Bem.: AI : Adäquate Marketinginformation
EA : Effektive Abwicklung
EB : Einflussbereich
IO : Integrierte Marketingorganisation
IP : Vollständiger Innovationsprozess
KO : Kundenorientierung
M : Marktcharakter
EP : Einzigartiger Produktcharakter
SO : Strategische Orientierung

Tab. 76: Faktorladungen der Faktoranalyse

# Anhang E: Ergebnisse der Clusteranalyse

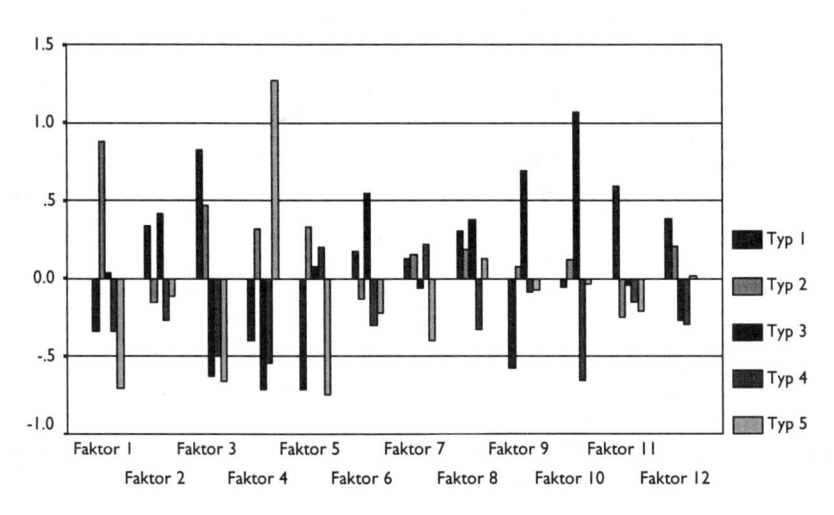

Abb. 40: Mittelwerte der Marketingfaktoren der verschiedenen JTU-Typen (Gruppiert nach den Marketingfaktoren)

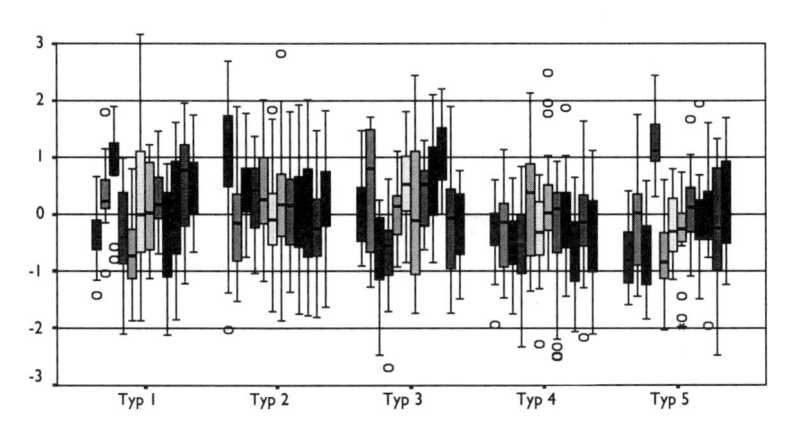

Abb. 41: Boxplot der Marketingfaktoren der verschiedenen JTU-Typen mit Darstellung des Medians, des ersten und dritten Quartils, des kleinsten und grössten Wertes und der Ausreisser (Gruppiert nach den JTU-Typen)

## Anhang F: Ergebnisse der Diskriminanz- und weiterer Analysen

| Rang | Erfolgreichsten 50% vs. Erfolglosesten 50% ||| Erfolgreichsten 33% vs. Erfolglosesten 33% ||| Erfolgreichsten 25% vs. Erfolglosesten 25% |||
|---|---|---|---|---|---|---|---|---|---|
| | Korr. | Diskr. | M-W-U | Korr. | Diskr. | M-W-U | Korr. | Diskr. | M-W-U |
| 1. | F3 | F3 | F3 | F8 | F8 | F8 | F10 | F8 | F10 |
| 2. | F8 | F8 | F8 | F7 | F1 | F7 | F8 | F10 | F8 |
| 3. | F6 | F6 | F6 | F3 | F7 | F3 | F3 | F1 | F3 |
| 4. | F7 | F7 | F7 | F5 | F10 | F5 | F5 | F6 | F5 |
| 5. | F1 | F1 | F1 | F6 | F2 | F6 | F1 | F3 | F1 |
| 6. | F10 | F10 | F10 | F1 | F11 | F1 | F6 | F7 | F6 |
| 7. | | | | | F4 | | | F7 | F7 |
| 8. | | | | | F6 | | | | |

Korr. = Spearman-Korrelation
Diskr. = Diskriminanzanalyse
M-W-U. = Mann-Whitney-U-Test

Tab. 77: Wichtigkeit der Marketingfaktoren in Abhängigkeit unterschiedlicher Erfolgsgruppierungen

# Anhang G: Schriftverkehr und Fragebogen

| **ETH** Eidgenössische Technische Hochschule Zürich | Ecole polytechnique fédérale de Zurich Politecnico federale di Zurigo Swiss Federal Institute of Technology Zurich |
|---|---|

Betriebswissenschaftliches Institut

<Firma>
<Herr oder Frau> <Titel> <Vorname> <Name>
<Strasse>
<PLZ> <Ort>

Zürich, <Tagesdatum>

**Marketing junger Schweizer Technologieunternehmen**

Sehr geehrte<r> <Herr oder Frau> <Titel> <Name>

Bezugnehmend auf unser heutiges Telefongespräch schicke ich Ihnen den erwähnten Fragebogen zum Thema 'Marketing junger Schweizer Technologieunternehmen'.

Jungunternehmer wie Sie sind eine wichtige Quelle von Innovationen und Arbeitsplätzen. Einer der Faktoren für den erfolgreichen Aufbau junger Technologieunternehmen ist gutes Marketing. Was aber heisst gutes Marketing konkret? Was genau machen die erfolgreichen Technologieunternehmen anders als die weniger erfolgreichen?

Auf diese und weitere Fragen möchte ich in meiner Doktorarbeit für Sie und viele andere Personen, die die Lust zur Selbständigkeit spüren, eine Antwort finden.

Dabei bin ich auf Ihr Mitwirken angewiesen! Ich danke Ihnen nochmals sehr, wenn Sie sich ca. 30 Minuten Zeit nehmen und den beiliegenden Fragebogen ausfüllen. Bei allfälligen Unklarheiten stehe ich Ihnen gerne unter der Telefonnummer 01/632 05 93 zur Verfügung.

Die Resultate dieser gesamtschweizerischen Untersuchung werden allen interessierten Teilnehmern noch dieses Jahr kostenlos zugestellt.

Ich freue mich, wenn Sie den Fragebogen so bald als möglich an mich zurücksenden. Alle Ihre Angaben werden streng vertraulich behandelt und dienen ausschliesslich dieser Untersuchung.

Im Namen aller Jungunternehmer und Jungunternehmerinnen danke ich Ihnen bereits heute für Ihr persönliches Mitwirken. Der Erfolg dieser Untersuchung hängt zu einem grossen Teil von Ihrem Beitrag ab.

Mit freundlichen Grüssen

Anton Meier

**BWI** Zürichbergstr. 18, 8028 Zürich, Tel. 01/632 05 93, Fax 01/632 10 48

**ETH** Eidgenössische Technische Hochschule Zürich

Ecole polytechnique fédérale de Zurich
Politecnico federale di Zurigo
Swiss Federal Institute of Technology Zurich

Betriebswissenschaftliches Institut

<Firma>
<Herr oder Frau> <Titel> <Vorname> <Name>
<Strasse>
<PLZ> <Ort>

Zürich, <Tagesdatum>

**Forschungsprojekt: Marketing junger Schweizer Technologieunternehmen**

Sehr geehrte<r> <Herr oder Frau> <Titel> <Name>

Vor einigen Wochen haben wir uns bei Ihnen erkundigt, ob wir Ihnen einige Fragen zum Thema „Marketing junger Schweizer Technologieunternehmen" stellen dürfen und haben daraufhin einen Fragebogen an Ihre Adresse geschickt.

Wahrscheinlich ist der Bogen in der Hektik des Büroalltags vergessen oder verloren gegangen. Wir erlauben uns daher, diesem Schreiben ein zweites Exemplar beizulegen und wären Ihnen dankbar, wenn Sie dieses ausgefüllt in beiliegendem Rückantwortcouvert an uns zurücksenden könnten.

Wir danken Ihnen herzlichst für Ihr Mitwirken und verbleiben

mit freundlichen Grüssen

Anton Meier
Doktorand

Beilagen: Kopie Brief vom <damals aktuellen Tagesdatum>
Fragebogen „Marketing junger Schweizer Technologieunternehmen"
Rückantwortcouvert

**BWI** Zürichbergstr. 18, 8028 Zürich, Tel. 01/632 05 93, Fax 01/632 10 48

Anhang

**ETH** Eidgenössische
Technische Hochschule
Zürich

Ecole polytechnique fédérale de Zurich
Politecnico federale di Zurigo
Swiss Federal Institute of Technology Zurich

**Fragebogen Nr.** ☐☐☐

# Marketing junger Schweizer Technologieunternehmen

Bearbeitet von: Dipl. Ing. ETH Anton Meier
Geleitet von: Prof. Dr. P. Frauenfelder, BWI, ETH Zürich und
Prof. Dr. A. Gunzinger, Institut für Elektronik, ETH Zürich

*Bitte Rückseiten beachten!*

**BWI** Zürichbergstr. 18, CH-8028 Zürich, Tel. 01/632 05 93, Fax 01/632 10 48

## Untersuchungsresultate:

O : Ja, senden Sie mir die Ergebnisse Ihrer Untersuchung kostenlos zu!

## Teilnahmekriterien:

1. Entwickelt Ihr Unternehmen technische Produkte (Hardware oder Software im weiteren Sinn)?     ja: O    nein: O

2. Hat Ihr Unternehmen zwischen dem 1.1.83 und dem 31.12.93 die Geschäftstätigkeit aufgenommen?     ja: O    nein: O

3. Entstand Ihr Unternehmen weder durch ein Management-Buy-out noch durch die Verselbständigung einer Einheit von einem bereits existierenden Unternehmen? D.h. wurde durch die Gründung ein „neues System" geschaffen?     ja: O    nein: O

⇒ Haben Sie *alle* drei Fragen mit „ja" beantwortet, so fahren Sie bitte fort.

⇒ Haben Sie eine Frage mit „nein" beantwortet, so können Sie aufhören. Bitte senden Sie den auf der letzten Seite adressierten Fragebogen trotzdem im beigelegten Fenstercouvert an uns zurück. Vielen Dank für Ihre Mitarbeit!

## Hinweis zum Ausfüllen des Fragebogens:

Die meisten Fragen beziehen sich auf *zwei unterschiedliche Zeitabschnitte* in der Entwicklung Ihres Unternehmens: die ersten zwei Gründungsjahre (die Jahre eins und zwei nach der Gründung) und die letzten zwei Jahre (1995 und 1996).

## Begriffserläuterung:

Marketing ist mehr als nur Werbung oder Verkauf. *Marketing* umfasst gleichermassen Aktivitäten wie die Erforschung der Kundenbedürfnisse; die Wettbewerbs- und Marktanalyse; die Auswahl der Zielmärkte; die Definition eines Planes zur „Eroberung" der Zielmärkte sowie die Ausführung und Kontrolle aller Teilaktivitäten dieses Planes, insbesondere die Definition kundengerechter Produkte, Preise, Kommunikation und Vertrieb.

**BWI** Zürichbergstr. 18, CH-8028 Zürich, Tel. 01/632 05 93, Fax 01/632 10 48

Anhang 203

# Fragebogen

## TEIL A: ALLGEMEINE ANGABEN

1. **Wie heisst Ihr Unternehmen?** (Angabe freiwillig) _____

2. **Welche Funktion üben Sie im Unternehmen aus?** _____

3. **In welchem Jahr hat Ihr Unternehmen die Geschäftstätigkeit aufgenommen?**    19____

4. **Waren Sie an der Unternehmensgründung beteiligt?**    ○ : ja    ○ : nein

5. **Wieviele Unternehmensgründer nahmen aktiv am Geschäftsleben teil?**    ____ Gründer

6. **Wieviele der Gründer arbeiten auch heute noch im Unternehmen?**    ____ Gründer

7. **Bitte beschreiben Sie Ihr wichtigstes Produkt resp. Dienstleistung und dessen Kundengruppe.**

   |  | In den ersten 2 Jahren | In den letzten 2 Jahren |
   |---|---|---|
   | Produkt/Dienstleistung: | _____ | _____ |
   | Kundengruppe: | _____ | _____ |

8. **Welchen Umsatzanteil generierten Sie durch...**    *In den ersten 2 Jahren*    *In den letzten 2 Jahren*
   - ...Produkte, die Ihr Unternehmen *selbständig*, d.h. ohne Auftrag Dritter, entwickelte oder produzierte?    ____ %    ____ %
   - ...Produkte die Ihr Unternehmen *im Auftrag Dritter* entwickelte oder produzierte?    ____ %    ____ %
   - ...Handel mit fremden Produkten?    ____ %    ____ %
   - ...Technische Beratung oder Consulting?    ____ %    ____ %
   - ...anderes: _____ ?    ____ %    ____ %

9. **Wieviel Prozent aller Personen im Unternehmen haben eine technische Ausbildung?**
   *In den ersten 2 Jahren*    *In den letzten 2 Jahren*
   Prozentanteil der Personen mit technischer Ausbildung:    ____ %    ____ %

10. **Wie hoch war der Exportanteil am Gesamtumsatz?**    *In den ersten 2 Jahren*    *In den letzten 2 Jahren*
    Exportanteil am Gesamtumsatz:    ____ %    ____ %

## TEIL B: DIE ORGANISATION IM UNTERNEHMEN

1. **Funktionsauftilung im Unternehmen**    *In den ersten 2 Jahren*    *In den letzten 2 Jahren*
   Wieviele Personen arbeiteten im Unternehmen insgesamt?    ____ =100%    ____ =100%
   Welcher Prozentanteil (aller Personen) stand für...
   - ...*Forschung und Entwicklung* zur Verfügung?    ____ %    ____ %
   - ...*Produktion* zur Verfügung?    ____ %    ____ %
   - ...*Marketing und Verkauf* zur Verfügung?    ____ %    ____ %
   - ...*Finanzen, Administration und Geschäftsleitung* zur Verfügung?    ____ %    ____ %

2. **Welche der folgenden Personen leitete 'Marketing und Verkauf' (Bitte nur eine Angabe)? Und wieviele Stellenprozente arbeiteten die Personen resp. Personengruppen insgesamt dafür?**

|  | In den ersten 2 Jahren | | In den letzten 2 Jahren | |
|---|---|---|---|---|
|  | Marketingleiter [nur eine Angabe] | Stellenprozent aller Personen für Marketing | Marketingleiter [nur eine Angabe] | Stellenprozent aller Personen für Marketing |
| Gründer | O | ____ % | O | ____ % |
| Angestellter Manager | O | ____ % | O | ____ % |
| Mitarbeiter | O | ____ % | O | ____ % |
| Andere: _____ | O | ____ % | O | ____ % |

3. **Welche Ausbildung und Erfahrung hatte der Marketingleiter bevor er seine Tätigkeit im Unternehmen aufnahm?(Bitte zählen Sie die Erfahrungen im eigenen Unternehmen nicht mit.)**

|  |  | Marketingleiter der ersten 2 Jahre | Marketingleiter heute |
|---|---|---|---|
| Schulischen Ausbildung: | ohne Abschluss | O | O |
|  | Berufslehre | O | O |
|  | Mittelschule | O | O |
|  | HTL, HWS, HWV, o.ä. | O | O |
|  | Hochschulstudium | O | O |
|  | Doktorat | O | O |
| Fachrichtung der schulischen Ausbildung: | technisch | O | O |
|  | naturwissenschaftlich | O | O |
|  | kaufmännisch, betriebswirtschaftl. | O | O |
|  | anderes | O | O |
| Berufserfahrung in... | ...Marketing (ohne Verkauf) | ____ Jahre | ____ Jahre |
|  | ...Verkauf | ____ Jahre | ____ Jahre |
|  | ...Forschung/Entwicklung | ____ Jahre | ____ Jahre |
|  | ...anderen Bereichen | ____ Jahre | ____ Jahre |
| Führungserfahrung als... | ...Geschäftsleiter | ____ Jahre | ____ Jahre |
|  | ...Abteilungsleiter | ____ Jahre | ____ Jahre |
|  | ...Gruppenleiter | ____ Jahre | ____ Jahre |
| Arbeitserfahrung früherer Arbeitgeber in... | ...gleichen Märkten | ____ Jahre | ____ Jahre |
|  | ...ähnlichen Märkten | ____ Jahre | ____ Jahre |
|  | ...anderen Märkten | ____ Jahre | ____ Jahre |
| Arbeitserfahrung früherer Arbeitgeber mit... | ...gleichen Produkttechnologien | ____ Jahre | ____ Jahre |
|  | ...ähnlichen Produkttechnologien | ____ Jahre | ____ Jahre |
|  | ...anderen Produkttechnologien | ____ Jahre | ____ Jahre |

4. **Wie war in Ihrem Unternehmen die Erfahrung und das Know-how in der 'Forschung und Entwicklung' sowie im 'Marketing und Verkauf' *relativ zum Branchenschnitt*?**

|  | In den ersten 2 Jahren im viel schlechter   Schnitt   viel besser | In den letzten 2 Jahren im viel schlechter   Schnitt   viel besser |
|---|---|---|
| Know-how in der Forschung und Entwicklung | 1...2...3...4...5...6...7 | 1...2...3...4...5...6...7 |
| Know-how im Marketing und Verkauf | 1...2...3...4...5...6...7 | 1...2...3...4...5...6...7 |
| Erfahrung in der Forschung und Entwicklung | 1...2...3...4...5...6...7 | 1...2...3...4...5...6...7 |
| Erfahrung im Marketing und Verkauf | 1...2...3...4...5...6...7 | 1...2...3...4...5...6...7 |

5. **Sind Sie Kooperationen (d.h. schriftliche Verträge) im Bereich Marketing und Verkauf eingegangen? Wenn ja, wieviele und zu welchem Zweck?**

*In den ersten 2 Jahren*
____ Kooperationen eingegangen für _____
____ Kooperationen eingegangen für _____

*In den letzten 2 Jahren*
____ Kooperationen eingegangen für _____
____ Kooperationen eingegangen für _____

# Anhang

**6. Haben Sie Kooperationen im Bereich Marketing und Verkauf wieder aufgelöst? Wenn ja, wieviele und aus welchem Grund?**

*In allen Jahren*

____ Kooperationen aufgelöst wegen _____

____ Kooperationen aufgelöst wegen _____

## TEIL C: IHRE WICHTIGSTEN PRODUKTE RESP. INNOVATIONEN

Die folgenden Fragen beziehen sich auf Ihr wichtigstes Produkt resp. Innovation in den ersten und den letzten zwei Jahren. Es geht hier insbesondere um dessen Entwicklungsprozess, Eigenschaften und Zielmarkt.

|  | In den ersten 2 Jahren<br>volle Ab- / volle Zu-<br>lehnung / stimmung | In den letzten 2 Jahren<br>volle Ab- / volle Zu-<br>lehnung / stimmung |
|---|---|---|
| **1. Der Prozess der Produktentwicklung des wichtigsten Produktes...** | | |
| ...war sehr formal organisiert, d.h. wir hatten eine klare schriftliche Planung, Ziele, Aufgaben und Meilensteine. | 1...2...3...4...5...6...7 | 1...2...3...4...5...6...7 |
| ...hatte Technik-Mitarbeiter mit sehr grosser Erfahrung. | 1...2...3...4...5...6...7 | 1...2...3...4...5...6...7 |
| ...hatte Marketing-Mitarbeiter mit sehr grosser Erfahrung. | 1...2...3...4...5...6...7 | 1...2...3...4...5...6...7 |
| ...hatte Technik-Mitarbeiter mit sehr kleinem Know-how. | 1...2...3...4...5...6...7 | 1...2...3...4...5...6...7 |
| ...hatte Marketing-Mitarbeiter mit sehr kleinem Know-how. | 1...2...3...4...5...6...7 | 1...2...3...4...5...6...7 |
| ...hatte ein sehr interdisziplinäres Team, d.h. die Beteiligten hatten Technik- und Marketingkompetenzen. | 1...2...3...4...5...6...7 | 1...2...3...4...5...6...7 |
| ...war durch intensiven Kontakt mit potentiellen Kunden geprägt. | 1...2...3...4...5...6...7 | 1...2...3...4...5...6...7 |

|  | In den ersten 2 Jahren<br>nicht / sehr<br>gemacht / detailliert | In den letzten 2 Jahren<br>nicht / sehr<br>gemacht / detailliert |
|---|---|---|
| **2. Wurde während der Produktentwicklung des wichtigsten Produktes...** | | |
| ...eine Marktanalyse der *Produktidee* durchgeführt? | 1...2...3...4...5...6...7 | 1...2...3...4...5...6...7 |
| ...eine Marktstudie des *Produktkonzepts* erarbeitet? | 1...2...3...4...5...6...7 | 1...2...3...4...5...6...7 |
| ...die Wirtschaftlichkeit des Produktkonzepts geprüft? | 1...2...3...4...5...6...7 | 1...2...3...4...5...6...7 |
| ...das Produkt zusammen mit (potentiellen) Kunden getestet? | 1...2...3...4...5...6...7 | 1...2...3...4...5...6...7 |
| ...ein Markttest durchgeführt? (Testverkäufe in begrenztem Gebiet) | 1...2...3...4...5...6...7 | 1...2...3...4...5...6...7 |
| ...ein Plan zur Markteinführung erarbeitet? | 1...2...3...4...5...6...7 | 1...2...3...4...5...6...7 |

|  | In den ersten 2 Jahren<br>volle Ab- / volle Zu-<br>lehnung / stimmung | In den letzten 2 Jahren<br>volle Ab- / volle Zu-<br>lehnung / stimmung |
|---|---|---|
| **3. Bitte beschreiben Sie Ihr wichtigstes Produkt.** Unser wichtigstes Produkt... | | |
| ...wurde gebaut, weil die Technik uns neu diese Möglichkeit gab. | 1...2...3...4...5...6...7 | 1...2...3...4...5...6...7 |
| ...wurde gebaut, weil potentielle Kunden konkret danach verlangten. | 1...2...3...4...5...6...7 | 1...2...3...4...5...6...7 |
| ...befriedigte Bedürfnisse, die andere Firmen nicht befriedigten. | 1...2...3...4...5...6...7 | 1...2...3...4...5...6...7 |
| ...zeichnete sich durch schwer wahrnehmbare Produktvorteile aus. | 1...2...3...4...5...6...7 | 1...2...3...4...5...6...7 |
| ...enthielt komplexe, schwer imitierbare Technologien. | 1...2...3...4...5...6...7 | 1...2...3...4...5...6...7 |
| ...erzielte keine Kosteneinsparungen beim Kunden. | 1...2...3...4...5...6...7 | 1...2...3...4...5...6...7 |
| ...bedingte für den Produkteinsatz grosse Anpassungskosten seitens der Kunden (z.B. durch zusätzliche Räume oder Geräte,...). | 1...2...3...4...5...6...7 | 1...2...3...4...5...6...7 |
| ...bedingte für die optimale Nutzung grosse Lernanstrengungen der Kunden (z.B. durch Umschulung). | 1...2...3...4...5...6...7 | 1...2...3...4...5...6...7 |
| ...wurde über einen besseren (d.h. grösser, schneller, zuverlässiger, qualifizierter) Verkauf vertrieben als Konkurrenzprodukte. | 1...2...3...4...5...6...7 | 1...2...3...4...5...6...7 |
| ...wurde mit besseren Werbe-, Verkaufsförderungs-, PR- oder Direkt-Mail-Massnahmen vertrieben als Konkurrenzprodukte. | 1...2...3...4...5...6...7 | 1...2...3...4...5...6...7 |
| ...bot ein wesentlich besseres Preis/Leistungsverhältnis als Konkurrenzprodukte. | 1...2...3...4...5...6...7 | 1...2...3...4...5...6...7 |

4. **Wie war der Markt des wichtigsten Produktes? (Bitte Angaben nur machen soweit sie bekannt sind.)**

|  | In den ersten 2 Jahren | In den letzten 2 Jahren |
|---|---|---|
| Wie alt, schätzen Sie, ist ihr Zielmarkt, d.h. wann wurden zum ersten Mal ähnliche Produkte wie das Ihre im Zielmarkt verkauft? | ca. 19____ | ca. 19____ |
| Wie gross war das Marktvolumen des angestrebten Zielmarktes? | ca. ____ Mio. Fr. | ca. ____ Mio. Fr. |
| Wie gross war das Marktvolumen weltweit? | ca. ____ Mio. Fr. | ca. ____ Mio. Fr. |
| Welche Wachstumsrate hatte der angestrebte Zielmarkt pro Jahr? | ca. ____ % | ca. ____ % |
| Wieviele Wettbewerber gab es im Zielmarkt? | ca. ____ | ca. ____ |
| Wie hoch war der Marktanteil des grössten Wettbewerbers? | ca. ____ % | ca. ____ % |
| Wie hoch war Ihr Marktanteil im Zielmarkt? | ca. ____ % | ca. ____ % |

Welche geographische Region umfasste der primäre Zielmarkt? (Bitte nur eine Angabe pro Zeitabschnitt)

In den ersten 2 Jahren
- O : Region innerhalb der Schweiz
- O : Schweiz
- O : Europa
- O : Welt

In den letzten 2 Jahren
- O : Region innerhalb der Schweiz
- O : Schweiz
- O : Europa
- O : Welt

Die Zielkunden waren primär: (Bitte nur eine Angabe pro Zeitabschnitt)

In den ersten 2 Jahren
- O : Private Grossunternehmen (>500 Mitarbeiter)
- O : Private mittlere Unternehmen (50-499 Mitarbeiter)
- O : Private Kleinunternehmen (1-49 Mitarbeiter)
- O : Öffentliche Betriebe und Institutionen
- O : Öffentliche Forschungseinrichtungen

In den letzten 2 Jahren
- O : Private Grossunternehmen (>500 Mitarbeiter)
- O : Private mittlere Unternehmen (50-499 Mitarbeiter)
- O : Private Kleinunternehmen (1-49 Mitarbeiter)
- O : Öffentliche Betriebe und Institutionen
- O : Öffentliche Forschungseinrichtungen

5. **Wie gut oder schlecht trafen folgende Aussagen auf Ihren Zielmarkt zu?**

|  | In den ersten 2 Jahren<br>volle Ab- ... volle Zu-<br>lehnung ... stimmung | In den letzten 2 Jahren<br>volle Ab- ... volle Zu-<br>lehnung ... stimmung |
|---|---|---|
| Im Markt herrschte ein intensiver Wettbewerb... |  |  |
| ...um einzigartige Produktvorteile. | 1...2...3...4...5...6...7 | 1...2...3...4...5...6...7 |
| ...um bestehende Vertriebskanäle. | 1...2...3...4...5...6...7 | 1...2...3...4...5...6...7 |
| ...in der Werbung, PR und der Verkaufsförderung. | 1...2...3...4...5...6...7 | 1...2...3...4...5...6...7 |
| ...im persönlichen Verkauf. | 1...2...3...4...5...6...7 | 1...2...3...4...5...6...7 |
| ...im Preis. | 1...2...3...4...5...6...7 | 1...2...3...4...5...6...7 |
| Der Markt war sehr dynamisch, d.h. die Kundenanforderungen änderten schnell, und es gab viele neue Produkteinführungen. | 1...2...3...4...5...6...7 | 1...2...3...4...5...6...7 |
| Unsere Kunden und Interessenten waren sehr aufgeschlossen... |  |  |
| ...gegenüber unserem Unternehmen. | 1...2...3...4...5...6...7 | 1...2...3...4...5...6...7 |
| ...gegenüber unseren Produkten. | 1...2...3...4...5...6...7 | 1...2...3...4...5...6...7 |
| Unsere Kunden hatten uns gegenüber eine grosse Macht. D.h. Sie konnten sich sehr gut über verschiedene Wettbewerbsprodukte informieren, zwischen ähnlichen Produkten auswählen oder auf den Kauf unseres Produktes ohne weiteres verzichten. | 1...2...3...4...5...6...7 | 1...2...3...4...5...6...7 |
| Unsere Lieferanten hatten uns gegenüber eine grosse Macht. D.h. Wir waren sehr stark auf sie, sie aber nicht auf uns angewiesen. | 1...2...3...4...5...6...7 | 1...2...3...4...5...6...7 |
| Unser Zielmarkt war ständig davon bedroht, dass Ersatzprodukte - z.B. mit neueren Technologien - den Markt umstürzten. | 1...2...3...4...5...6...7 | 1...2...3...4...5...6...7 |
| Die Markteintrittsbarrieren in unserem Zielmarkt waren sehr gross. D.h. der Markteintritt erforderte sehr viel Kapital, etablierte Unternehmen hatten viele Vorteile, Kunden hatten durch den Kauf grosse Umstellungskosten zu tragen, Vergeltungsmassnahmen der etablierten Wettbewerber waren sehr stark usw. | 1...2...3...4...5...6...7 | 1...2...3...4...5...6...7 |

# TEIL D: AKTIVITÄTEN IM MARKETING

|  | In den ersten 2 Jahren<br>gar   mittel   sehr<br>keine           gross | In den letzten 2 Jahren<br>gar   mittel   sehr<br>keine           gross |
|---|---|---|
| 1. Wurden Anstrengungen unternommen, ... | | |
| ...die Zielmärkte des Unternehmens *bewusst* auszuwählen? | 1...2...3...4...5...6...7 | 1...2...3...4...5...6...7 |
| ...die Zielmärkte mit Blick auf das langfristige Wachstum und Gewinnpotential des Unternehmens auszuwählen? | 1...2...3...4...5...6...7 | 1...2...3...4...5...6...7 |
| ...das *gesamte* Unternehmen auf die Bedürfnisse und Wünsche der Zielmärkte auszurichten? | 1...2...3...4...5...6...7 | 1...2...3...4...5...6...7 |
| ...unterschiedliche Marketingpläne für unterschiedliche Marktsegmente zu entwickeln? | 1...2...3...4...5...6...7 | 1...2...3...4...5...6...7 |
| ...unterschiedliche Angebote für unterschiedliche Marktsegmente zu entwickeln? | 1...2...3...4...5...6...7 | 1...2...3...4...5...6...7 |
| ...das gesamte Unternehmensumfeld, d.h. Kunden, Lieferanten, Wettbewerber, Absatzkanäle usw. zu analysieren? | 1...2...3...4...5...6...7 | 1...2...3...4...5...6...7 |
| ...eine Analyse des Unternehmensumfeldes bei der Unternehmensplanung zu berücksichtigen? | 1...2...3...4...5...6...7 | 1...2...3...4...5...6...7 |
| ...Chancen und Gefahren, welche aus Änderungen im Unternehmensumfeld resultieren, sehr schnell zu erkennen? | 1...2...3...4...5...6...7 | 1...2...3...4...5...6...7 |
| ...die Verkaufs- und Marketingaktivitäten zu koordinieren? | 1...2...3...4...5...6...7 | 1...2...3...4...5...6...7 |
| ...eine eigenständige Marketinggruppe/-organisation aufzubauen? | 1...2...3...4...5...6...7 | 1...2...3...4...5...6...7 |
| ...das Marketing von externen Personen beraten zu lassen? | 1...2...3...4...5...6...7 | 1...2...3...4...5...6...7 |
| ...die Marketingaktivitäten mit anderen Unternehmensaktivitäten wie Forschung und Entwicklung, Finanzen, Einkauf, Produktion usw. zu koordinieren? | 1...2...3...4...5...6...7 | 1...2...3...4...5...6...7 |
| ...keine Unternehmensfunktion (Entwicklung, Produktion, Verkauf, Marketing, Finanzen) mit notwendigen Ressourcen, d.h. Zeit, Geld und Mitarbeiter, zu vernachlässigen? | 1...2...3...4...5...6...7 | 1...2...3...4...5...6...7 |
| ...die Kooperationspartner im Marketing und Verkauf systematisch auszuwählen? D.h. mögliche Partner systematisch zu suchen und diese anhand festgelegter Kriterien zu evaluieren und auszuwählen? (← Nur ausfüllen, falls Partner vorhanden.) | 1...2...3...4...5...6...7 | 1...2...3...4...5...6...7 |
| ...die Kooperationspartner im Marketing und Verkauf bei ihrer Arbeit zu unterstützen? (← Nur ausfüllen, falls Partner vorhanden.) | 1...2...3...4...5...6...7 | 1...2...3...4...5...6...7 |
| ...Kunden und deren un-/ausgesprochenen Bedürfnisse, Wünsche, Muss-/Sollanforderungen, Kaufeinflüsse usw. zu analysieren? | 1...2...3...4...5...6...7 | 1...2...3...4...5...6...7 |
| ...Zielmärkte und deren Volumen, Potential, Chancen, Risiken, Eintrittsbarrieren, Trends usw. zu analysieren? | 1...2...3...4...5...6...7 | 1...2...3...4...5...6...7 |
| ...Wettbewerber und deren Produkte, Preise, Strategien, Stärken und Schwächen, Marktanteile usw. zu analysieren? | 1...2...3...4...5...6...7 | 1...2...3...4...5...6...7 |
| ...die eigenen Stärken und Schwächen zu analysieren? | 1...2...3...4...5...6...7 | 1...2...3...4...5...6...7 |
| ...das Verkaufspotential sowie die Profitabilität verschiedener Marktsegmente, Kunden, Produkte und Regionen zu ermitteln? | 1...2...3...4...5...6...7 | 1...2...3...4...5...6...7 |
| ...Informationen über die Kosteneffizienz verschiedener Marketingaufwendungen zu ermitteln? | 1...2...3...4...5...6...7 | 1...2...3...4...5...6...7 |
| ...Informationen über die Kundenzufriedenheit zu ermitteln? | 1...2...3...4...5...6...7 | 1...2...3...4...5...6...7 |
| ...die Wirksamkeit verschiedener Marketingaufwendungen ständig zu verbessern? | 1...2...3...4...5...6...7 | 1...2...3...4...5...6...7 |
| ...durch eine 'formale' Marketingplanung klare kurzfristige Ziele und konkrete Massnahmen mit Aufgaben, Termine und Verantwortlichkeiten zu definieren? | 1...2...3...4...5...6...7 | 1...2...3...4...5...6...7 |

*Aufatmen ☺ Sie haben bereits mehr als die Hälfte hinter sich!*

|  | In den ersten 2 Jahren<br>gar  mittel  sehr<br>keine       gross | In den letzten 2 Jahren<br>gar  mittel  sehr<br>keine       gross |
|---|---|---|
| **2. Wurden Anstrengungen unternommen, ...** | | |
| ...die Marketingplanung mit allen betroffenen Personen gemeinsam zu erarbeiten? | 1...2...3...4...5...6...7 | 1...2...3...4...5...6...7 |
| ...langfristige Marketingpläne zu definieren und regelmässig zu aktualisieren? | 1...2...3...4...5...6...7 | 1...2...3...4...5...6...7 |
| ...kurz- und mittelfristige Verkaufsprognosen durchzuführen? | 1...2...3...4...5...6...7 | 1...2...3...4...5...6...7 |
| ...eine klare, realisierbare und gut begründete Marketingstrategie zu entwickeln? | 1...2...3...4...5...6...7 | 1...2...3...4...5...6...7 |
| ...kritische Schlüsselresultate für den Unternehmenserfolg zu identifizieren und sich daran zu orientieren? | 1...2...3...4...5...6...7 | 1...2...3...4...5...6...7 |
| ...die eigene strategische Position gegenüber den Wettbewerbern klar zu definieren? | 1...2...3...4...5...6...7 | 1...2...3...4...5...6...7 |
| ...wichtige Eventualfälle, d.h. kritische Ereignisse, die grossen Einfluss auf das Unternehmen haben könnten, zu identifizieren? | 1...2...3...4...5...6...7 | 1...2...3...4...5...6...7 |
| ...Aktionspläne für das Eintreffen dieser Eventualfälle zu erstellen? | 1...2...3...4...5...6...7 | 1...2...3...4...5...6...7 |
| ...eine starke Kundenorientierung bei allen Mitarbeitern zu kommunizieren? | 1...2...3...4...5...6...7 | 1...2...3...4...5...6...7 |
| ...ein professionelles und verlässliches Erscheinungsbild des Unternehmens, d.h. eigene Büros, professionelle Prospekte, gute Erreichbarkeit usw. zu gewährleisten? | 1...2...3...4...5...6...7 | 1...2...3...4...5...6...7 |
| ...ausreichend Ressourcen, d.h. Zeit, Geld, Mitarbeiter, für das Marketing und den Verkauf zu gewährleisten? | 1...2...3...4...5...6...7 | 1...2...3...4...5...6...7 |
| ...professionelle, effektiv gesteuerte und kontrollierte Verkaufs- und Marketingaktivitäten zu gewährleisten? | 1...2...3...4...5...6...7 | 1...2...3...4...5...6...7 |
| ...alle Mitarbeiter gut zu motivieren? | 1...2...3...4...5...6...7 | 1...2...3...4...5...6...7 |
| ...immer die aktuellsten Informationen über das Unternehmen, die Kunden, den Markt, die Wettbewerber usw. zu haben? | 1...2...3...4...5...6...7 | 1...2...3...4...5...6...7 |
| ...schnell notwendige Korrekturmassnahmen einzuleiten, sobald sichtbar wurde, dass Ziele nicht erreicht werden? | 1...2...3...4...5...6...7 | 1...2...3...4...5...6...7 |

|  | In den ersten 2 Jahren<br>stimmt       stimmt<br>gar nicht    sehr gut | In den letzten 2 Jahren<br>stimmt       stimmt<br>gar nicht    sehr gut |
|---|---|---|
| **3. Welche der folgenden Aussagen trafen bei Ihnen zu?** | | |
| Wir betrieben eine sehr aggressive Marketingpolitik relativ zu unseren Wettbewerbern. | 1...2...3...4...5...6...7 | 1...2...3...4...5...6...7 |
| Wir betrieben eine sehr aggressive Technologiepolitik (z.B. viele neue Produkteinführungen) relativ zu unseren Wettbewerbern. | 1...2...3...4...5...6...7 | 1...2...3...4...5...6...7 |
| Wir gewährleisteten für unsere Produkte einen sehr schnellen Markteinstieg. | 1...2...3...4...5...6...7 | 1...2...3...4...5...6...7 |
| Wir identifizierten keine konkreten Positionierungsmerkmale für unsere Produkte. | 1...2...3...4...5...6...7 | 1...2...3...4...5...6...7 |
| Wir kommunizierten die Positionierungsmerkmale unserer Produkte bewusst an unsere Kunden. | 1...2...3...4...5...6...7 | 1...2...3...4...5...6...7 |
| Es gab sehr grosse Differenzen zwischen unseren Marketingplänen und der späteren Realität.(← Nur ausfüllen, falls Marketingplan erstellt.) | 1...2...3...4...5...6...7 | 1...2...3...4...5...6...7 |
| Wir orientieren uns stark am Umsatzwachstum und weniger an Produktivitätssteigerung. | 1...2...3...4...5...6...7 | 1...2...3...4...5...6...7 |
| Wir bearbeiteten sehr unterschiedliche Märkte/Marktsegmente. | 1...2...3...4...5...6...7 | 1...2...3...4...5...6...7 |
| Wir sind bereits mehrmals in einen bestimmten Markt eingestiegen und später wieder ausgestiegen. | 1...2...3...4...5...6...7 | 1...2...3...4...5...6...7 |
| Wir hatten sehr gute Kenntnisse der Kunden und deren kritischen Kauffaktoren. | 1...2...3...4...5...6...7 | 1...2...3...4...5...6...7 |
| Wir kannten unsere Märkte und deren Erfolgsfaktoren schlecht. | 1...2...3...4...5...6...7 | 1...2...3...4...5...6...7 |
| Wir hatten sehr gute Kenntnisse über die Wettbewerber, deren Produktvorteile und Erfolgspositionen. | 1...2...3...4...5...6...7 | 1...2...3...4...5...6...7 |

## TEIL E: PROBLEME DER UNTERNEHMENSENTWICKLUNG

|  | In den ersten 2 Jahren<br>keine spürbar grosse<br>Probleme Probleme | In den letzten 2 Jahren<br>keine spürbar grosse<br>Probleme Probleme |
|---|---|---|
| 1. Wir hatten keine resp. grosse Probleme, weil... |  |  |
| ...uns die Zeit „davon lief", d.h. unser Produkt schnell veraltete. | 1...2...3...4...5...6...7 | 1...2...3...4...5...6...7 |
| ...wir die Markteintrittsbarrieren und damit auch die Kosten und die Zeit der Markteinführungsphase unterschätzten. | 1...2...3...4...5...6...7 | 1...2...3...4...5...6...7 |
| ...wir die Zeit für Zertifizierungen, Tests, Genehmigungen und ähnliches unterschätzten. | 1...2...3...4...5...6...7 | 1...2...3...4...5...6...7 |
| ...die potentielle Kunden die Leistungsfähigkeit des Produktes wegen seiner Komplexität und Neuartigkeit nur schwer bewerten konnten. | 1...2...3...4...5...6...7 | 1...2...3...4...5...6...7 |
| ...die Kunden sich fragten, ob unser Unternehmen auch in einigen Jahren noch am Markt ist. | 1...2...3...4...5...6...7 | 1...2...3...4...5...6...7 |
| ...wir jahrelang bestehende Beziehungen zwischen Kunden und am Markt etablierten Wettbewerbern unterschätzten. | 1...2...3...4...5...6...7 | 1...2...3...4...5...6...7 |
| ...wir uns zu stark auf die innovative Technologie und zu schwach auf den eigentlichen Kundennutzen konzentrierten. | 1...2...3...4...5...6...7 | 1...2...3...4...5...6...7 |
| ...wir den Markt zu Beginn viel zu gross oder falsch wählten, d.h. wir haben keine für uns geeignete Segmentierung vorgenommen. | 1...2...3...4...5...6...7 | 1...2...3...4...5...6...7 |
| ...wir die Zeit vom ersten Kundenkontakt bis zum Vertragsabschluss unterschätzten. | 1...2...3...4...5...6...7 | 1...2...3...4...5...6...7 |
| ...wir zu spät mit Kunden und Interessenten Kontakt aufnahmen, um rechtzeitig Rückmeldungen aus dem Markt zu erhalten. | 1...2...3...4...5...6...7 | 1...2...3...4...5...6...7 |
| ...wir zu Beginn noch zu wenig professionell arbeiteten. | 1...2...3...4...5...6...7 | 1...2...3...4...5...6...7 |
| ...qualifiziertes Personal nur schwer rekrutiert werden konnte. | 1...2...3...4...5...6...7 | 1...2...3...4...5...6...7 |
| ...die Suche nach Vertriebspartnern sehr schwierig war. | 1...2...3...4...5...6...7 | 1...2...3...4...5...6...7 |
| ...die Zusammenarbeit mit Vertriebspartnern sehr schwierig war. | 1...2...3...4...5...6...7 | 1...2...3...4...5...6...7 |
| ...wir mit starken Abwehrreaktionen der Konkurrenten kämpften. | 1...2...3...4...5...6...7 | 1...2...3...4...5...6...7 |
| ...wir zu Beginn ungenügenden Kundenservice wegen zu geringer personeller und finanzieller Kapazitäten boten. | 1...2...3...4...5...6...7 | 1...2...3...4...5...6...7 |
| ...im Gründerkreis Uneinigkeit hinsichtlich der Unternehmensstrategie bestand. | 1...2...3...4...5...6...7 | 1...2...3...4...5...6...7 |

## TEIL F: ERFOLG DES UNTERNEHMENS

|  | Wichtigkeit des Ziels<br>nicht mittel sehr<br>wichtig wichtig | Mass der Zielerreichung<br>gar mittel- sehr<br>nicht mässig gut |
|---|---|---|
| 1. Wie wichtig waren für Sie das Erreichen der folgenden Unternehmensziele in allen Jahren? Und in welchem Mass haben Sie diese Ziele insgesamt erreicht? |  |  |
| Hohes Umsatzniveau | 1...2...3...4...5...6...7 | 1...2...3...4...5...6...7 |
| Hohes Umsatzwachstum | 1...2...3...4...5...6...7 | 1...2...3...4...5...6...7 |
| Hohe Gewinne | 1...2...3...4...5...6...7 | 1...2...3...4...5...6...7 |
| Hoher Marktanteil | 1...2...3...4...5...6...7 | 1...2...3...4...5...6...7 |
| Hoher Mitarbeiterzuwachs | 1...2...3...4...5...6...7 | 1...2...3...4...5...6...7 |
| Hohe Mitarbeiterzufriedenheit | 1...2...3...4...5...6...7 | 1...2...3...4...5...6...7 |
| Hohe Kundenzufriedenheit | 1...2...3...4...5...6...7 | 1...2...3...4...5...6...7 |
| Hohe Rentabilität des investierten Kapitals | 1...2...3...4...5...6...7 | 1...2...3...4...5...6...7 |
| Gute Wettbewerbsfähigkeit des Unternehmens | 1...2...3...4...5...6...7 | 1...2...3...4...5...6...7 |
| Erreichen der technischen Entwicklungs- und Produktionsziele | 1...2...3...4...5...6...7 | 1...2...3...4...5...6...7 |
| Finanzielle Unabhängigkeit des Unternehmens | 1...2...3...4...5...6...7 | 1...2...3...4...5...6...7 |
| Überleben des Unternehmens | 1...2...3...4...5...6...7 | 1...2...3...4...5...6...7 |

2. **Wieviel Kapital wurde in Ihr Unternehmen insgesamt investiert (inklusive Fördergelder)?**

| | In allen Jahren | In den ersten 2 Jahren | In den letzten 2 Jahren |
|---|---|---|---|
| Investiertes Kapital | _____0'000 Fr. | _____0'000 Fr. | _____0'000 Fr. |

3. **Wie lange dauerte es bis Ihr Unternehmen die Gewinnschwelle (Break-Even) erreichte?**
Die geplante Dauer bis zum Erreichen der Gewinnschwelle war _____ Jahre.
Die reale Dauer bis zum Erreichen der Gewinnschelle war _____ Jahre. (← Nur ausfüllen, falls bereits erreicht.)
Die Gewinnschwelle wurde noch nicht erreicht. Insgesamt dauert es aber mindestens noch _____ Jahre.

4. **Wieviel Umsatz und wieviele Mitarbeiter hatte Ihr Unternehmen in den Jahren seit der Gründung?**
(Bitte nur ungefähre Zahlen angeben.)
\*: Teilzeit- oder Teilstellen können dazugerechnet werden.

| | Umsatz total [10'000 Fr.] | Mitarbeiter\* total | | Umsatz total [10'000 Fr.] | Mitarbeiter\* total | | Umsatz total [10'000 Fr.] | Mitarbeiter\* total |
|---|---|---|---|---|---|---|---|---|
| 1983: | _____0'000 | _____ | 1988: | _____0'000 | _____ | 1993: | _____0'000 | _____ |
| 1984: | _____0'000 | _____ | 1989: | _____0'000 | _____ | 1994: | _____0'000 | _____ |
| 1985: | _____0'000 | _____ | 1990: | _____0'000 | _____ | 1995: | _____0'000 | _____ |
| 1986: | _____0'000 | _____ | 1991: | _____0'000 | _____ | 1996: | _____0'000 | _____ |
| 1987: | _____0'000 | _____ | 1992: | _____0'000 | _____ | | | |

**Vielen Dank für Ihre Mitarbeit!**

Bitte Fragebogen im beigelegten Fenstercouvert zurücksenden.

**Rückantwortadresse:**

Anton Meier
BWI E 13
ETH Zürich
Zürichbergstrasse 18
8028 Zürich

# Literaturverzeichnis

Abell, D.F.; Hammond, J.S. (1979): Strategic Market Planning. Prentice Hall, Englewood Cliffs.

Albach, H. (1965): Zur Theorie des wachsenden Unternehmens. in: Krelle, W. (Hrsg): Theorien des einzelwirtschaftlichen und gesamtwirtschaftlichen Wachstums. Schriften des Vereins für Sozialpolitik, Band 34, Berlin, S. 9-97.

Allesch, J.; Brodde, D. (1986): Praxis des Innovationsmanagements. Erich Schmidt Verlag, Berlin.

Ansoff, H.I. (1957): Strategies for Diversification. in: Harvard Business Review, Vol. 35, Nr. 5, S. 113- 124.

Ansoff, H.I. (1965): Corporate Strategy. McGraw-Hill, New York.

Ansoff, H.I. (1984): Implanting Strategic Management. Prentice Hall, Englewood Cliffs.

Armington, C.; Odle, M. (1982): Small Business - How Many Jobs? in: The Brookings Review, Vol. 1, Nr. 2, S. 14-17.

Arndt, A. et al. (1987): Möglichkeiten der konkreten Einbettung einer Qualifizierung in das Marketing. in: Baaken, T.; Simon, D. (Hrsg.): Abnehmerqualifizierung als Instrument des Technologie-Marketing. Erich Schmidt Verlag, Berlin, S. 251-265.

Arthur D. Little International (1988): Innovation als Führungsaufgabe. Arthur D. Little International, Frankfurt.

Atuahene-Gima, K. (1995): An Exploratory Analysis of the Impact of Market Orientation on New Product Performance - A Contingency Approach. in: Journal of Product Innovation Management, Vol. 12, Nr. 4, S. 275-293.

Autio, E.; Kaila, M.M.; Kanerva, R.; Kauranen, I. (1989): Uudet Teknologiayritykset. Finnish National Fund for Research and Development SITRA, Publication 101, Helsinki.

Baaken, T. (1987): Besonderheiten des Technologiemarketing - Veränderungen im Marketing durch technische Entwicklungen. in: Baaken, T.; Simon, D. (Hrsg.): Abnehmerqualifizierung als Instrument des Technologie-Marketing. Erich Schmidt Verlag, Berlin, S. 1-13.

Baaken, T. (1989): Bewertung technologieorientierter Unternehmensgründungen - Kriterien und Methoden zur Bewertung von Gründerpersönlichkeit, Technologie und Markt für Banken und Venture-Capital-Gesellschaften sowie für die staatliche Wirtschafts- und Technologieförderung. Erich Schmidt Verlag, Berlin.

Baaken, T. (1990): Technologie-Marketing. in: Kliche, M.; Baaken, T.; Pörner, R. (Hrsg.): Investitionsgütermarketing - Positionsbestimmung und Perspektiven. Gabler Verlag, Wiesbaden, S. 289-309.

Baaken, T.; Simon, D. (1987): Abnehmerqualifizierung als Instrument des Technologie-Marketing - Personalentwicklung beim Kunden - eine Herausforderung für Anbieter innovativer Technologien. Erich Schmidt Verlag, Berlin.

Backhaus, K. (1977): Fallstudien zum Investitionsgüter-Marketing. Verlag Franz Vahlen, München.

Backhaus, K. (1991): Auswirkungen kurzer Lebenszyklen bei High-Tech-Produkten. in: Thexis, Vol. 8, Nr. 6, S. 11-13.

Backhaus, K.; Erichson, B.; Plinke, W.; Weiber, R. (1996): Multivariate Analysemethoden - Eine anwendungsorientierte Einführung. 8. Auflage, Springer Verlag, Berlin.

Backhaus, K.; Voeth, M. (1995): Innovations- und Technologiemarketing. in: Zahn, E. (Hrsg.): Handbuch Technologie-Management. Schäffer-Poeschel Verlag, Stuttgart, S. 395-408.

Baier, W.; Pleschak, F. (1996): Marketing und Finanzierung junger Technologieunternehmen. Gabler Verlag, Wiesbaden.

Bamberg, G.; Baur, F. (1989): Statistik - Oldenbourgs Lehr- und Handbücher der Wirtschafts- und Sozialwissenschaften. Oldenbourg Verlag, München.

Bauer, H.H. (1992): Zeit als strategischer Erfolgsfaktor im Marketing. in: Hirzel, M. (Hrsg.): Speed Management: Geschwindigkeit zum Wettbewerbsfaktor machen. Gabler Verlag, S. 102-124.

Bauer, H.H.; Jung, S. (1995): Marketing für High-Tech-Produkte. Arbeitspapier Nr. 108, Institut für Marketing, Uni Mannheim, Mannheim.

Bean, A.S.; Schiffel, D.D.; Moergee, M.E. (1975): The Venture Capital Market and Technological Innovation. in: Research Policy, Vol 4, Nr. 4, S. 380-408.

Beard, C.; Easingwood, C. (1992): Sources of Competitive Advantage in the Marketing of Technology-Intensive Products and Processes. in: European Journal of Marketing, Vol. 26, Nr. 12, S. 5-18.

Beard, C.; Easingwood, C. (1996): New Product Launch - Marketing Action and Launch Tactics for High-Technology Products. in: Industrial Marketing Management, Vol. 25, S. 87-103.

Bell, C.G.; McNamara, J.E. (1991): High-Tech Ventures: The Guide for Entrepreneurial Success. Addison-Wesley, Reading.

Bender, H.O. (1988): Das Marketing von Technologieprodukten. in: Absatzwirtschaft, Vol. 31, Nr. 5, S. 116-121.

Benkenstein, M. (1992): Strategisches Marketing-Management in High-Tech-Branchen - Eine Bestandsaufnahme. in: Thexis, Vol. 9, Nr. 1, S. 8-14.

Benoît, D.L. (1986): Der Aufbau von Marketingfähigkeit - ein schwieriges aber lohnendes Unterfangen. in: Thexis, Vol. 3, Nr. 4, S. 2-4.

Berekoven, L.; Eckert, W.; Ellenrieder, P. (1996): Marktforschung - Methodische Grundlagen und praktische Anwendung. 7. Auflage, Gabler Verlag, Wiesbaden.

Bieker, R. (1995): Marketingpraxis für High-Tech-Unternehmen. Friedrich Kiehl Verlag, Ludwigshafen.

Bieker, R. (1996): High-Tech-Marketing: Erst effizientes Marketing macht aus neuen Technologien Erfolgsprodukte. in: io Management Zeitschrift, Vol. 65, Nr. 6, S. 26-30.

Birch, D.L. (1979): The Job Generation Process - MIT-Program on Neighborhood and Regional Change. Cambridge.

Birley, S.; Westhead, P. (1994): A Taxonomy of Business Start-Up Reasons and Their Impact on Firm Growth and Size. in: Journal of Business Venturing, Vol. 9, S. 7-31.

Bleicher, K. (1996): Das Konzept Integriertes Management. 4. Auflage, Campus Verlag, Frankfurt.

Boag, D.A. (1987): Marketing Control and Performance in Early-Growth Companies. in: Journal of Business Venturing, Vol. 2, S. 365-379.

Boag, D.A.; Dastmalchian, A. (1986): Correlates of Decision Making Autonomy in Marketing Units: A Study of Canadian Advanced Technology Manufacturing Companies. in: Journal of the Academy of Marketing Science, Vol. 14, Nr. 2, S. 50-55.

Boag, D.A.; Dastmalchian, A. (1987): The Relationship Between Growth Strategy and Market Performance in Technology-Based Manufacturing Companies. in: Developments in Marketing Science, Vol. 10, S. 382-386.

Boag, D.A.; Dastmalchian, A. (1988a): Growth Strategies and Performance in Electronics Companies. in: Industrial Marketing Management, Vol. 17, S. 329-336.

Boag, D.A.; Dastmalchian, A. (1988b): Critical Gaps in the Management of High Technology Marketing. in: Technology Management 1: Proceedings of the First International Conference on Technology Management, 17.-19. 2. 1988, Miami, S. 226-233.

Boag, D.A.; Munro, H. (1986): Analysis of Marketing Activities in High Technology Manufacturing Companies. in: Journal of Small Business and Entrepreneurship, Vol. 4, Nr. 2, S. 48-54.

Boag, D.A.; Rinholm, B.L. (1989): New Product Management Practices of Small High Technology Firms. in: Journal of Product Innovation Management, Vol. 6, Nr. 2, S. 109-122.

Bollinger, L.; Hope, K.; Utterback, J.M. (1983): A Review of Literature on Hypotheses on New Technology-Based Firms. in: Research Policy, Vol. 12, Nr. 1, S. 1-14.

Booz, Allen & Hamilton (1982): New Products Management for the 1980s. Booz, Allen & Hamilton Inc., New York.

Booz, Allen & Hamilton (1991): Integriertes Technologie- und Innovationsmanagement: Konzepte zur Stärkung der Wettbewerbskraft von High-Tech-Unternehmen. Erich Schmidt Verlag, Berlin.

Booz, Allen & Hamilton (o.Jg.): Management of New Products. Booz, Allen & Hamilton Inc. Management Consultants, New York.

Borschberg, E.; Staffelbach, B. (1991): Marketing für kleine und mittlere Unternehmungen. Verlag Paul Haupt, Bern.

Bräunling, G.; Pleschak, F.; Sabisch, H. (1994): Chancen und Risiken von im Modellversuch TOU-NBL geförderter Technologieunternehmen. 3. Analysebericht, FhG-ISI, Karlsruhe.

Brockhoff, K, Chakrabarti, A.K. (1988): R&D/Marketing Linkage and Innovation Strategy: Some West German Experience. in: IEEE Transactions on Engineering Management, Vol. 35, Nr. 3, S. 167-174.

Brockhoff, K. (1980): Wachstumsschwellen und Forschungsschwellen. in: Zeitschrift für Betriebswirtschaft, Vol. 50, Nr. 9, S. 475-499.

Brockhoff, K. (1992): Forschung und Entwicklung - Planung und Kontrolle. 3. Auflage, Oldenbourg Verlag, München.

Brockhoff, K. (1995): Management der Schnittstellen zwischen Forschung und Entwicklung sowie Marketing. in: Zahn, E. (Hrsg.): Handbuch Technologie-Management, Schäffer-Poeschel Verlag, Stuttgart, S. 437-454.

Brockhoff, K.; Pearson, A. (1992): Technical and Marketing Aggressiveness and the Effectiveness of Research and Development. in: IEEE Transactions on Engineering Management, Vol. 39, Nr. 4, S. 318-324.

Brooksbank, R.W. (1991): Successful Marketing Practice: A Literature Review and Checklist for Marketing Practitioners. in: European Journal of Marketing, Vol. 25, Nr. 5, S. 20-29.

Bruno, A.V.; Leidecker, J.K. (1987): A Comparative Study of New Venture Failure: 1960 vs. 1980. in: Churchill, N. et al. (Hrsg.): Frontiers of Entrepreneurship Research, Babson College, Wellesley, S. 375-388.

Bruno, A.V.; Leidecker, J.K. (1988): Causes of New Venture Failures: 1960s vs. 1980s. in: Business Horizons, Vol. 31, Nr. 6, S. 51-56.

Bruno, A.V.; Leidecker, J.K.; Harder, J.W. (1986): Patterns of Failure Among Silicon Valley High Technology Firms. in: Ronstadt, R. et al. (Hrsg.): Frontiers of Entrepreneurship Research, Babson College, Wellesley, S. 677-694.

Bühl, A.; Zöfel, P. (1996): SPSS für Windows Version 6.1 - Praxisorientierte Einführung in die moderne Datenanalyse. 3. Auflage, Addision-Wesely Verlag, Bonn.

Bullock, M.P.D. (1983): Academic Enterprise, Industrial Innovation, and the Development of High Technology Financing in the United States. Brand Bros., London.

Business Week (1984): Who's Excellent Now? in: Business Week, Nov. 1984, Nr. 5, S. 76-88.

Buskirk, B.D.; Reddy, A.C.; Popper, E.T. (1994): Planning Market Development in High-Tech Firms. in: Technovation, Vol. 14, Nr. 8, S. 493-503.

Buzzell, R. D.; Gale, G. T. (1989): Das PIMS Programm: Strategien und Unternehmenserfolg. Originaltitel (1987): The PIMS Principle - Linking Strategy to Performance. The Free Press, New York.

Buzzell, R.D.; Gale, B.T.; Sultan, R.G.M. (1975): Market Share - A Key to Profitability. in: Harvard Business Review, Vol. 53, Nr. 1, S. 97-106.

Cahill, D.J.; Warshawsky, R.M. (1994): The Marketing Concept: A Forgotten Aid for Marketing High Technology Products. in: Journal of Consumer Marketing, Vol. 10, Nr. 3, S. 17-22.

Calantone, R.J.; di Benedetto, C.A. (1990): Successful Industrial Product Innovation - An Integrative Literature Review. Greenwood Press, New York.

Capon, N.; Glazer, R. (1987): Marketing and Technology: A Strategic Coalignment, Vol. 51, Nr. 3, S. 1-14

Carroad, P.A.; Carroad, C.A. (1982): Strategic Interfacing of R&D and Marketing. in: Research Management, Vol. 24, Nr. 1, S. 28-33.

Carson, D. (1990): Some Exploratory Models for Assessing Small Firms' Marketing Performance (A Qualitative Approach). in: European Journal of Marketing, Vol. 24, Nr. 11, S. 1-51.

Chandler, G.N.; Hanks, S.H. (1993): Measuring the Performance of Emerging Businesses: A Validation Study. in: Journal of Business Venturing, Vol. 8, S. 391-408.

Churchill, N.C. (1983): Entrepreneurs and Their Enterprises: A Stage Model. in: Hornaday, J.A. et al. (Hrsg.): Frontiers of Entrepreneurship Research, Babson College, Wellesley.

Churchill, N.C.; Lewis, V.L. (1983): The Five Stages of Small Business Growth. in: Harvard Business Review, Vol. 61, Nr. 3, S. 30-50.

Comtesse, X. (1996): Innovation nach amerikanischer Manier - Enorme Dynamik im mittelständischen Unternehmensbereich. in: NZZ, Nr. 256, 2./3.11.1996, Zürich S. 27.

Cooper, A.C. (1971): Spin-Offs and Technical Entrepreneurship. in: IEEE Transactions on Engineering Management, Vol. 18, Nr. 1, S. 2-6.

Cooper, A.C. (1986): Entrepreneurship and High Technology. in: Sexton, D.L.; Smilor, R.W. (Hrsg.): The Art and Science of Entrepreneurship. Ballinger Publishing, Cambridge.

Cooper, A.C.; Bruno, A.V. (1977): Success Among High-Tech-Firms. in: Business Horizons, Vol. 20, Nr. 2, S. 16-22.

Cooper, R.G. (1975): Why New Industrial Products Fail. in: Industrial Marketing Management, Vol. 4, S. 315-326.

Cooper, R.G. (1979): The Dimensions of Industrial New Product Success and Failure. in: Journal of Marketing, Vol. 43, Nr. 3, S. 93-103.

Cooper, R.G. (1980a): Project NewProd: Factors in New Product Success. in: European Journal of Marketing, Vol. 14, Nr. 5/6, S. 277-292.

Cooper, R.G. (1980b): How to Identify Potential New Product Winners. in: Research Management, Vol. 23, Nr. 5, S. 10-19.

Cooper, R.G. (1983): The New Product Process: An Empirically-Based Classification Scheme. in: R&D Management, Vol. 13, Nr. 1, S. 1-13.

Cooper, R.G. (1990a): New Products: What Distinguishes the Winners? in: Research Technology Management, Vol. 33, Nr. 6, S. 27-31.

Cooper, R.G. (1990b): Stage-Gate-Systems: A New Tool for Managing New Products. in: Business Horizons, Vol. 33, Nr. 3, S. 44-54.

Cooper, R.G. (1993): Winning at New Products: Accelerating the Process from Idea to Launch. Addison-Wesley, Reading.

Cooper, R.G. (1994a): New Products: The Factors that Drive Success. in: International Marketing Review, Vol. 11, Nr. 1, S. 60-76

Cooper, R.G. (1994b): Debunking the Myths of New Product Development. in: Research Technology Management, Vol. 37, Nr. 4, S. 40-50.

Cooper, R.G.; de Brentani, U. (1984): Criteria for Screening New Industrial Products. in: Industrial Marketing Management, Vol. 13, S. 149-156.

Cooper, R.G.; Kleinschmidt, E.J. (1986): An Investigation into the New Product Process: Steps, Deficiencies and Impact. in: Journal of Product Innovation Management, Vol. 3, Nr. 2, S. 71-85.

Cooper, R.G.; Kleinschmidt, E.J. (1987): Success Factors in Product Innovation. in: Industrial Marketing Management, Vol. 16, S. 215-223.

Cooper, R.G.; Kleinschmidt, E.J. (1988): Resource Allocation in the New Product Process. in: Industrial Marketing Management, Vol. 17, S. 249-262.

Cooper, R.G.; Kleinschmidt, E.J. (1990): New Products: The Key Factors in Success. Monograph, American Marketing Association, Chicago.

Cooper, R.G.; Kleinschmidt, E.J. (1993): Major New Products: What Distinguishes the Winners in the Chemical Industry. in: Journal of Product Innovation Management, Vol. 2, Nr. 10, S. 90-111.

Covin, J.G.; Prescott, J.E. (1990): Strategies, Styles, and Structures of Small Product Innovative Firms in High and Low Technology Industries. in: The Journal of High Technology Management Research, Vol. 1, Nr. 1, S. 39-56.

Covin, J.G.; Slevin, D.P. (1988): New Venture Competitive Strategy: An Industry Life Cycle Analysis. in: Kirchhoff et al. (Hrsg.): Frontiers of Entrepreneurship Research, Babson College, Wellesley, S. 446-460.

Covin, J.G.; Slevin, D.P. (1989): Empirical Relationships among Strategic Posture Environmental Context Variables, and New Venture Performance. in: Brockhaus, R. et al. (Hrsg.): Frontiers of Entrepreneurship Research, Babson College, Wellesley, S. 370-382.

Covin, J.G.; Slevin, D.P. (1990): New Venture Strategic Posture, Structure, and Performance: An Industry Life Cycle Analysis. in: Journal of Business Venturing, Vol. 5, Nr. 2, S. 123-135.

Covin, J.G.; Slevin, D.P.; Covin, T.J. (1990): Content and Performance of Growth-Seeking Strategies: A Comparison of Small Firms in High- and Low-Technology Industry. in: Journal of Business Venturing, Vol. 5, S. 391-412.

D'Aquila Scheer, S.A. (1992): Effective Marketing Methods in Export Management Companies. Diss., The Fielding Institute.

Davidow, W.H. (1987): High-Tech Marketing: Der Kampf um den Kunden - Erfahrungen und Rezepte eines Insiders. Campus Verlag, Frankfurt.

Dietz, J.W. (1989): Gründung innovativer Unternehmen. Wiesbaden.

Doutriaux, J. (1984): Evolution of the Characteristics of (High-Tech) Entrepreneurial Firms. in: Hornaday, J.A. et al. (Hrsg.): Frontiers of Entrepreneurship Research, Babson College, Wellesley, S. 368-386.

Doutriaux, J. (1987): Growth Pattern of Academic Entrepreneurial Firms. in: Journal of Business Venturing, Vol. 2, Nr. 4, S. 285-297.

Doutriaux, J. (1992): Emerging High-Technology Firms: How Durable Are Their Comparative Start-up Advantages. in: Journal of Business Venturing, Vol. 7, Nr. 4, S. 303-322.

Doutriaux, J.; Simyar, F. (1987): Duration of the Comparative Advantage Accruing from some Start-Up Factors in High-Tech Entrepreneurial Firms. in: Churchill, N.C. et al. (Hrsg.): Frontiers of Entrepreneurship Research, Babson College, Wellesley, S. 436-451.

Drucker, P.F. (1973): Management: Task, Responsibilities, Practices. Harper & Row, New York.

Drucker, P.F. (1986): Innovationsmanagement für Wirtschaft und Politik. 3. Auflage, Econ Verlag, Düsseldorf.

Dubini, P. (1989): Which Venture Capital Backed Entrepreneurs Have the Best Chances of Succeeding? in: Journal of Business Venturing, Vol. 4, Nr. 2, S. 123-132.

Edosomwan (1989): Integrating Innovation and Technology Management. New York.

Feeser, H.R.; Willard, G.E. (1989): Incubators and Performance: A Comparison of High- and Low-Growth High-Tech Firms. in: Journal of Business Venturing, Vol. 4, Nr. 6, S. 429-442.

Feeser, H.R.; Willard, G.E. (1990): Founding Strategy and Performance: A Comparison of High and Low Growing High Tech Firms. in: Strategic Management Journal, Vol. 11, Nr. 2, S. 87-98

Ford, D.; Ryan, C. (1981): Taking Technology to Markets. in: Harvard Business Review, Vol. 59, Nr. 2, S. 117-126.

Frauenfelder, P. (1997): Technologiemanagement. Vorlesungsunterlagen, BWI, ETH Zürich, Zürich.

Fritz, W. (1990): Marketing - Ein Schlüsselfaktor des Unternehmenserfolges? - Eine kritische Analyse vor dem Hintergrund der empirischen Erfolgsfaktorenforschung. in: Marketing - Zeitschrift für Forschung und Praxis, Vol. 12, Nr. 2, S. 91-110.

Fritz, W. (1992): Marktorientierte Unternehmensführung und Unternehmenserfolg - Grundlagen und Erkenntnisse einer empirischen Untersuchung. Schäffer-Poeschel Verlag, Stuttgart.

Fritz, W. (1996): Market Orientation and Corporate Success: Findings from Germany. in: European Journal of Marketing, Vol. 30, Nr. 8, S. 59-76.

Fuller, P.B. (1994): Assessing Marketing in Small and Medium-Sized Enterprises. in: European Journal of Marketing, Vol. 28, Nr. 12, S. 34-49.

Gälweiler, A. (1987): Strategische Unternehmensführung. Campus Verlag, Frankfurt.

Gartner, W.B. (1984): Problems in Business Startup: The Relationship Among Entrepreneurial Skills and Problem Identification for Different Types of New Ventures. in: Hornaday, J.A. et al. (Hrsg.): Frontiers of Entrepreneurship Research, Babson College, Wellesley, S. 496-512.

Geilinger, U.W.; Burger-Calderon, M. (1996): Beteiligungsfinanzierungen bevorzugen reifere Unternehmen. in: Invest, November, Zürich, S. 42-43.

Gerybadze, A. (1987): Kopplung von Forschung, Entwicklung und Marketing - Organisations- und Qualifizierungsaufgaben in innovativen Unternehmen. in: Baaken, T.; Simon, D. (Hrsg.): Abnehmerqualifizierung als Instrument des Technologie-Marketing, Erich Schmidt Verlag, Berlin, S. 59-70.

Gerybadze, A.; Kulicke (1990): Erfolgsbedingungen und -kriterien für junge Unternehmen, insbesondere für technologieorientierte Unternehmensgründungen. Arbeitspapier, FhG-ISI, Karlsruhe.

Globe, S.; Levy, G.; Schwarz, Ch. (1973): Science, Technology and Innovation. National Science Foundation, NSF - C667, Columbus.

Gmür, U.M. (1986): Marketing-Professionalität in der Investitionsgüterbranche. in: Thexis, Vol. 3, Nr. 4, S. 32-37.

Godefroid, P. (1995): Investitionsgüter-Marketing - Modernes Marketing für Studium und Praxis. Kiel Verlag, Kiel.

Goldstein, J. (1984): Undercapitalization as a Winning Entrepreneurial Strategy. in: Ronstadt, R. et al. (Hrsg.): Frontiers of Entrepreneurship Research, Babson College, Wellesley, S. 368-386.

Gonschior, P.; Roth, P. (1990): Marketing für innovative Unternehmensgründungen. in: Szyperski, N.; Roth P. (Hrsg.): Entrepreneurship - Innovative Unternehmensgründungen als Aufgabe, C.E. Poeschel Verlag, Stuttgart, S. 59-76.

Gorman, M.; Sahman, W.A. (1989): What Do Venture Capitalists Do? in: Journal of Business Venturing, Vol. 4, Nr. 4, S. 231-248.

Greiner, L.E. (1972): Evolution and Revolution as Organizations Grow. in: Harvard Business Review, Vol. 50, Nr. 4, S. 37-46.

Griffin, A.; Hauser, J.R. (1996): Integrating R&D and Marketing: A Review and Analysis of the Literature. in: Journal of Product Innovation Management, Vol. 13, Nr. 3, S. 191-215.

Grote, G. (1995): Methoden der empirischen Sozialforschung. Vorlesungsskript, ETH Zürich, Zürich.

Gupta, A.K.; Raj, S.P.; Wilemon, D.L. (1985): R&D and Marketing Dialogue in High-Tech Firms. in: Industrial Marketing Management, Vol. 14, S. 289-300.

Gupta, A.K.; Raj, S.P.; Wilemon, D.L. (1986): R&D and Marketing in High-Tech Companies: Are They Different? in: IEEE Transactions on Engineering Management, Vol 33, Nr. 1, S. 25-32.

Gupta, A.K.; Wilemon, D. (1990): Improving R&D/Marketing Relations: R&D's Perspective. in: R&D Management, Vol. 20, Nr. 4, S. 277-290.

Halbheer, H.J. (1997): Stanford - Spitzenuniversität mit Ausstrahlung - Fruchtbare Symbiose mit der kalifornischen Privatwirtschaft. in: NZZ, 6.2.1997, Verlag NZZ, Zürich.

Hall, G. (1989): Lack of Financing as a Constraint on the Expansion of Innovatory Small Firms. in: Barber, J. et al. (Hrsg.): Barriers to Growth in Small Firms. Routledge, London.

Handlbauer, G. (1997): Competing on Cognition. in: Hinterhuber, H.H.; Handlbauer, G; Matzler, K. (Hrsg.): Kundenzufriedenheit durch Kernkompetenzen - eigene Potentiale erkennen, entwickeln und umsetzen. Hanser Verlag, München, S. 61-86.

Hauptmann, K.H. (1986): Insolvenz-Ursachen bei jungen technologieorientierten Unternehmen. in: Allesch, J.; Brodde, D. (Hrsg.): Praxis des Innovationsmanagements. Erich Schmidt Verlag, Berlin, S. 221-229.

Hauschildt, J. (1997): Innovationsmanagement. 2. Auflage, Vahlen Verlag, München.

Hauser, J.R.; Clausing, D. (1988): The House of Quality. in: Harvard Business Review, Vol. 66, Nr. 3, S. 63-73.

Haverila, M. (1995): The Role of Marketing when Launching New Products into the International Markets - An Empirical Study in Finnish High-Technology Companies. Diss. Tampere University of Technology, Tampere.

Herstatt, C. (1991): Grundlagen des Management - Teil II „Unternehmensführung". 3. Auflage, BWI Zürich, Zürich.

Hills, G.E. (1984): Market Analysis and Marketing in New Ventures: Venture Capitalists' Perceptions. in: Hornaday, J.A. et al. (Hrsg.): Frontiers of Entrepreneurship Research, Babson College, Wellesley, S. 43-54.

Hills, G.E.; Star, A.D. (1985): Marketing Strategy Elements for Ventures, Early Stage Firms as Perceived by Venture Capitalists: An Exploratory Study. in: Hornaday, J.A. et al. (Hrsg.): Frontiers of Entrepreneurship Research, Babson College, Wellesley, S. 211-220.

Hisrich, R.D. (1992): The Need for Marketing in Entrepreneurship. in: Journal of Consumer Marketing, Vol. 9, Nr. 3, S. 43-47.

Hobson, E.L.; Morrison, R.M. (1983): How Do Corporate Start-Up Ventures Fare? in: Hornaday, J.A. et al. (Hrsg.): Frontiers of Entrepreneurship Research, Babson College, Wellesley, S. 390-410.

Hofer, C.W.; Sandberg, W.R. (1987): Improving New Venture Performance - Some Guidelines for Success. in: American Journal of Small Business, Vol. 12, Nr. 1, S. 11-25

Hofmaier, R. (1993): Investitionsgüter-Marketing und High-Tech-Marketing (ITM): Erprobte Instrumentarien, Erfolgsbeispiele, Problemlösungen. 2. Auflage, Verlag Moderne Industrie, Landsberg/Lech.

Höft, U. (1992): Lebenszykluskonzepte. Schmidt Verlag, Berlin.

Hönnecke, E. (1994): Erfahrungen bei der Marketingberatung geförderter junger Technologieunternehmen in den neuen Bundesländern. in: Pleschak, F.; Küchlin, G. (Hrsg.): Marketing junger Technologieunternehmen, 2. Statusseminar zum Modellversuch "Technologieorientierte Unternehmensgründungen in den neuen Bundesländern". Tagungsmaterial vom 23. 11.1994 in Berlin, FhG-ISI, Karlsruhe.

Hopkins, D.S. (1980): New Product Winners and Losers. Conference Board Report, Nr. 773, New York.

Huges, G.D. (1990): Managing High-Tech Product Cycles. in: The Academy of Management Executive, Vol. 4, Nr. 2, S. 44-45.

Hunsdiek, D. (1987): Unternehmensgründung als Folgeinnovation - Struktur, Hemmnisse und Erfolgsbedingungen der Gründung industrieller und innovativer Unternehmen. Schriften zur Mittelstandsforschung, Nr. 16, N.F., Stuttgart.

Hutt, R.W.; Thomas, B. (1985): Venture Capital in Arizona. in: Hornaday, J.A. et al. (Hrsg.): Frontiers of Entrepreneurship Research, Babson College, Wellesley, S. 155-169.

Ineichen, H. (1990): Voraussetzungen und Effekte der Arbeitsflexibilität beim Einsatz neuer Technologien in Klein- und Mittelunternehmungen. Diss., HSG St. Gallen, St. Gallen.

Johne, A.; Rowntree, S. (1991): High Technology Product Development in Small Firms: A Challenge for Marketing Specialists. in: Technovation, Vol. 11, Nr. 4, S. 247-259.

Jugel, S. (1991): Ansatzpunkte einer Marketingkonzeption für technologische Innovationen. Diss., M&P Verlag für Wissenschaft und Forschung, Stuttgart.

Kadish, J.E. (1993): Global High-Tech Marketing - An Introduction for Technical Managers and Engineers. Artech House, Boston.

Kalish, S.; Lilien G.L. (1986): A Market Entry Timing Model for New Technologies. in: Management Science, Vol. 32, Nr. 2, S. 194-205.

Kästner, G.; Mönch, J. (1996): Endlich selbständig! Modelle - Chancen - Risiken - Finanzierungsförderung. MVG-Verlag, Landsberg/Lech.

Kayser, G. (1990): Growth Problems of Young Firms. in: Donckels, R.; Miettinen, A. (Hrsg.): New Findings and Perspectives in Entrepreneurship. Gower Publishing Company, Aldershot.

Kazanjian, R.K. (1984): Operationalizing Stages of Growth: An Empirical Assessment of Dominant Problems. in: Hornaday, J.A. et al. (Hrsg.): Frontiers of Entrepreneurship Research, Babson College, Wellesley, S. 144-158.

Kazanjian, R.K. (1988): Relation of Dominant Problems to Stages of Growth in Technology-Based New Ventures. in: Academy of Management Journal, Vol. 31, Nr. 2, S. 257-279.

Kazanjian, R.K.; Drazin, R.A. (1990): A Stage-Contingent Model of Design and Growth for Technology Based New Ventures. in: Journal of Business Venturing, Vol. 5, Nr. 3, S. 137-150.

Keeley, R.H.; Roure, J.B. (1989): Determinants of New Venture Success before 1982 and After: A Preliminary Look at two Eras. in: Brockhaus, R. et al. (Hrsg.): Frontiers of Entrepreneurship Research, Babson College, Wellesley, S. 274-287.

Kennedy, C.R. (1985): Thinking of Opening Your Own Business? Be Prepared. in: Business Horizons, Vol. 28, Nr. 5, S. 38-42.

Kiel, G. (1984): Technology and Marketing - The Magic Mix? in: Business Horizons, Vol. 27, Nr. 3, S. 7-14.

Kirchhoff, B.A.; Philips, B.D. (1989): Innovation and Growth among New Firms in the U.S. Economy. in: Brockhaus, R. et al. (Hrsg.): Frontiers of Entrepreneurship Research, Babson College, Wellesley, S. 173-188.

Kirschbaum, G. (1990): Gründungsmotivation. in: Entrepreneurship - Innovative Unternehmensgründung als Aufgabe. C.E Poeschel Verlag, Stuttgart, S. 79-87.

Klandt, H. (1984): Aktivität und Erfolg des Unternehmensgründers - Eine empirische Analyse unter Einbeziehung des mikrosozialen Umfeldes. Bergisch Gladbach.

Klandt, H.; Kirschbaum, G. (1985): Software- und Systemhäuser: Strategien in der Gründungs- und Frühentwicklungsphase. Sankt Augustin.

Klandt, H.; Münch, G. (1990): Gründungsforschung im deutschsprachigen Raum - Ergebnisse einer empirischen Untersuchung. in: Szyperski, N.; Roth P. (Hrsg.): Entrepreneurship - Innovative Unternehmensgründungen als Aufgabe. C.E. Poeschel Verlag, Stuttgart, S. 171-186.

Kleinschmidt, E.; Geschka, H.; Cooper, R. (1996): Erfolgsfaktor Markt - Produktinnovationen am Markt und Kunden ausrichten. Springer Verlag, Berlin.

Kliche, M. (1991): Innovation, Wettbewerb und Marketing - Entwicklung eines integrierten Ansatzes für das Innovations-Marketing-Management. Diss., Freie Universität Berlin, Berlin.

Knetsch, W. (1987): Nutzung von Markt- und Technologiechancen durch Steigerung der Innovationsfähigkeit. in: Baaken, T.; Simon, D. (Hrsg.): Abnehmerqualifizierung als Instrument des Technologie-Marketing. Erich Schmidt Verlag, Berlin, S. 71-84.

Kohler, O. (1994): Technologie-Management in schweizerischen kleinen und mittelgrossen Unternehmen (KMU). Diss., ETH Zürich, Zürich.

Kohli, A.K.; Jaworski, B.J. (1990): Market Orientation: The Construct, Research Propositions, and Managerial Implications. in: Journal of Marketing, Vol. 54, Nr. 2, S. 1-18.

Kohli, A.K.; Jaworski, B.J.; Kumar, A. (1993): MARKOR: A Measure of Market Orientation. in: Journal of Marketing Research, Vol. 30, Nr. 4, S. 467-477

Kotler, P. (1977): From Sales Obsession to Marketing Effectiveness. in: Harvard Business Review, Vol. 55, Nr. 6, S. 67-75.

Kotler, P. (1978): Vom Umsatzdenken zur Marketingphilosophie. in: Manager Magazin, Vol. 8, Nr. 8, S. 78-87.

Kotler, P. (1994): Marketing Management - Analysis, Planning, Implementation and Control. 8. Auflage, Prentice Hall, Englewood Cliffs.

Kotler, P.; Bliemel, F. (1995): Marketing-Management: Analyse, Planung, Umsetzung und Steuerung. 8. Auflage, Schäffer-Poeschel Verlag, Stuttgart.

Kotler, P.; Gregor, W.T.; Rodgers III, W.H. (1989): The Marketing Audit Comes of Age. in: Sloan Management Review, Vol. 30, Nr. 2, S. 49-62.

Kotzbauer, N. (1992): Erfolgsfaktoren neuer Produkte. Berlin.

Kreilkamp, E. (1987): Strategisches Management. Berlin.

Kühn, R. (1977): Marketing-Audit ein Führungsinstrument. in: Die Unternehmung, Vol. 31, Nr. 3, S. 199-212.

Kühn, R.; Fasnacht, R. (1992): Strategisches Audit im Marketing - Überlegungen zu den Aufgaben, zur Wirkungsweise und zum Vorgehen. in: Thexis, Vol 9, Nr. 5, S. 4-10.

Kuipers, M. (1990): Erfolgsfaktoren der Unternehmungsgründung - Eine Untersuchung erfolgreicher und erfolgloser Unternehmungsgründer in der Schweiz. Diss., HSG St. Gallen.

Kulicke, M. (1987): Technologieorientierte Unternehmen in der Bundesrepublik Deutschland - Eine empirische Untersuchung der Strukturbildungs- und Wachstumsphase von Neugründungen. Verlag Peter Lang, Frankfurt am Main.

Kulicke, M. (1988): Spezifische Merkmale technologieorientierter Unternehmensgründungen. in: Dose, N.; Drexler, A. (Hrsg.): Technologieparks - Voraussetzungen, Bestandsaufnahme und Kritik. Westdeutscher Verlag, Opladen, S. 77-88.

Kulicke, M. (1990): Entstehungsmuster junger Technologieunternehmen. FhG-ISI, Karlsruhe.

Kulicke, M. et al. (1993): Chancen und Risiken junger Technologieunternehmen: Ergebnisse des Modellversuchs „Förderung technologieorientierter Unternehmensgründungen". Physica-Verlag, Heidelberg.

Kulicke, M.; Gerybadze, A. (1990): Entwicklungsmuster technologieorientierter Unternehmensgründungen - Merkmale von Unternehmenstypen, die für Beteiligungs- und Kooperationspartner mit spezifischen Anforderungen hinsichtlich der zu erwartenden/möglichen Schwierigkeiten und den entsprechenden Unterstützungsleistungen vorhanden sind. FhG-ISI, Karlsruhe.

Kulvik, H. (1977): Factors Underlying the Success and Failure of New Products. Report Nr. 29, Helsinki University of Technology, Helsinki.

Lamont, L.M. (1972): Marketing Industrial Technology in the Small Business. in: Industrial Marketing Management, Vol. 4, S. 387-396.

Lange, E (1986): Technologie-Marketing zur Einführung neuer Produkte. in: Arthur D. Little (Hrsg.): Management der Geschäfte von Morgen. Gabler Verlag, Wiesbaden, S. 119-126.

Lehmann, G. (1996): Markteinführung von Produkten der Spitzentechnologie. in: Zahn, E. (Hrsg.): Technologie- und Innovationsmanagement. Drucker & Humbolt, Berlin, S. 99-114.

Lender, F. (1991): Innovatives Technologie-Marketing - Grenzen der "konventionellen" Marktforschungskonzepte und Ansätze zur methodischen Neugestaltung. Diss., Vandenhoek & Ruprecht, Göttingen.

Levitt, T.J. (1960): Marketing Myopia. in: Harvard Business Review, Vol. 38, Nr. 4, S. 45-56.

Levitt, T.J. (1965): Exploit the Product Life Cycle. in: Harvard Business Review, Vol. 43, Nr. 6, S. 81-94.

Liles, P.R. (1974): New Business Ventures and the Entrepreneur. Homewood.

Lilien, G.L.; Yoon, E. (1989): Determinants of New Industrial Product Performance: A Strategic Reexamination of the Empirical Literature. in: IEEE Transactions on Engineering Management, Vol. 36, Nr. 1, S. 3-10.

Litvak, I.A.; Maule, C.J. (1980): Entrepreneurial Success or Failure - Ten Years Later. in: Business Quarterly, Vol. 45, Nr. 3, S. 68-78.

MacMillan, I.C.; Siegel, R.; SubbaNarasimha, P.N. (1985): Criteria Used by Venture Capitalists to Evaluate New Venture Proposals. in: Hornaday, J.A. et al. (Hrsg.): Frontiers of Entrepreneurship Research, Babson College, Wellesley, S. 126-141.

MacMillan, I.C.; Siegel, R.; SubbaNarasimha, P.N. (1985): Criteria Used by Venture Capitalists to Evaluate New Venture Proposals. in: Journal of Business Venturing, Vol. 1, Nr. 1, S. 119-128.

MacMillan, I.C.; Zemann, L.; SubbaNarasimha, P.N. (1987): Criteria Distinguishing Successful from Unsuccessful Ventures in the Venture Screening Process. in: Journal of Business Venturing, Vol. 3, Nr. 2, S. 123-137.

Maidique, M.A. Hayes, R.H. (1984): The Art of High-Technology Management. in: Sloan Management Review, Vol. 25, Nr. 2, S. 17-31.

Maidique, M.A.; Zirger, B.J. (1984): A Study of Success and Failure in Product Innovation: The Case of the U.S. Electronics Industry. in: IEEE Transactions in Engineering Management, Vol. 31, Nr. 4, S. 192-203.

Mayer, M.; Heinzel, W.; Müller, R. (1989): Performance of New Technology-Based Firms in the Federal Republic of Germany at the Stage of Market Entry. in: Brockhaus, R. et al. (Hrsg.): Frontiers of Entrepreneurship Research, Babson College, Wellesley, S. 200-215.

McCarthy, D.J.; Spital, F.C.; Lauenstein, M.C. (1987): Managing Growth in High-Technology Companies: A View from the Top. in: The Academy of Management Executive, Vol. 1, Nr. 3, S. 313-322.

McDougall, P.P.; Robinson Jr., R.B. (1990): New Venture Strategies: An Empirical Identification of Eight „Archetypes" of Competitive Strategies for Entry. in: Strategic Management Journal, Vol. 11, Nr. 6, S. 447-467.

McDougall, P.P.; Robinson Jr., R.B.; DeNisi, A.S. (1992): Modeling New Venture Performance: An Analysis of New Venture Strategy, Industry Structure, and Venture Origin. in: Journal of Business Venturing, Vol. 7, Nr. 4, S. 27-289.

McGee, L.W.; Spiro, R.L. (1988): The Marketing Concept in Perspective. in: Business Horizons, Vol. 31, Nr. 3, S. 40-45.

McKenna, R. (1986): Dynamisches Marketing: Positionierungsstrategien für technologieorientierte Unternehmen. Amerikanischer Originaltitel (1995): The Regis Touch. Verlag Moderne Industrie, Landsberg/Lech.

Meffert, H.; Remmerbach, K.U. (1988): Marketingstrategien in jungen Märkten - Wettbewerbsorientiertes High-Tech-Marketing. in: Die Betriebswirtschaft, Vol 48., Nr. 3, S. 331-346.

Meldrum, M.J.; Millman, A.F. (1991): Ten Risks in Marketing High-Technology Products. in: Industrial Marketing Management, Vol. 20, S. 1991, S. 43-50.

Meyer, M.H.; Roberts, E.B. (1986): New Product Strategy in Small Technology-Based Firms: A Pilot Study. in: Management Science, Vol. 32, Nr. 7, S. 806-821.

Miaoulis, G.; LaPlaca, P.J. (1982): A Systems Approach for Developing High Technology Products. in: Industrial Marketing Management, Vol. 11, S. 253-262.

Michel, K. (1987): Technologie im strategischen Management. Berlin.

Miller, A.; Gartner, W.B.; Wilson, R. (1989): Entry Order, Market Share, and Competitive Advantage: A Study of Their Relationships in New Corporate Ventures. in: Journal of Business Venturing, Vol. 4, S. 197-209.

Mintzberg, H. (1983): Power In and Around Organizations. Prentice Hall, Englewood Cliffs.

Mittag, H. (1985a): Technologiemarketing - Die Vermarktung von industriellem Wissen unter besonderer Berücksichtigung des Einsatzes von Lizenzen. Studienverlag Dr. N. Brockmeyer, Bochum.

Mittag, H. (1985b): Technologiemarketing: Wie Sie technologisches Wissen zu Umsatz machen. in: Absatzwirtschaft, Vol. 28, Nr. 10, S. 75-80.

Moore, L.K.; Plung, D.L. (1985): Marketing Technical Ideas and Products Successfully. IEEE Press, New York.

Moriarty, R.T.; Kosnik, T.J. (1989): High-Tech Marketing: Concepts, Continuity, and Change. in: Sloan Management Review, Vol. 30, Nr.4, S. 7-17.

Morone, J.G. (1993): Winning in High-Tech Markets - The Role of General Management. Harvard Business School Press, Boston.

Müller-Böling, D.; Klandt, H. (1990): Bezugsrahmen für die Gründungsforschung mit einigen empirischen Ergebnissen. in: Szyperski, N.; Roth P. (Hrsg.): Entrepreneurship - Innovative Unternehmensgründungen als Aufgabe, C.E. Poeschel Verlag, Stuttgart.

Müller-Böling, D.; Klandt, H. (1993): Methoden Empirischer Wirtschafts- und Sozialforschung - Eine Einführung mit wirtschaftswissenschaftlichem Schwerpunkt. Verlag Förderkreis Gründungsforschung, Köln.

Myers, S.; Marquis, D.G. (1969): Successful Industrial Innovations. in: National Science Foundation, NSF 69-17, Washington.

Narver, J.C.; Slater, S.F. (1990): The Effect of a Market Orientation on Business Profitability. in: Journal of Marketing, Vol. 54, Nr. 4, S. 20-35.

Nieschlag, R.; Dichtl, E.; Hörschgen, H. (1997): Marketing. 18. Auflage, Duncker & Humblot, Berlin.

Norušis, M.J. (1990a): SPSS Base System User's Guide. SPSS Inc. Chicago.

Norušis, M.J. (1990b): SPSS Reference Guide. SPSS Inc. Chicago.

Nyström, H. (1990): Technological and Market Innovation - Strategies for Product and Company Development. John Wiley & Sons, West Sussex.

Oakey, R.P.; Cooper, S.Y. (1991): The Relationship Between Product Technology and Innovation Performance in High Technology Small Firms. in: Technovation, Vol. 11, Nr. 2, S. 79-92.

OECD (1996): Technology, Productivity and Job Creation - The OECD Jobs Strategy. Vol. 1 Highlights, Paris.

Orell Füssli; Teledata (1997): Die Schweizer Wirtschafts-CD-ROM - mit Marketing-Datenbank. Orell Füssli Verlag, 1997/2, Zürich.

Parasuraman, A. (1982): The Marketing Concept can Aid, not Erode, Business Efficiency. in: Business Forum, Vol. 7, Nr. 4, S. 16-18.

Paul, H. (1985): Unternehmensentwicklung als betriebswirtschaftliches Problem - Ein Beitrag zur Systematisierung von Erklärungsversuchen der Unternehmensentwicklung. Frankfurt/Main.

Pavia, T.M. (1990): Product Growth Strategies in Young High-Technology Firms. in: Journal of Product Innovation Management, Vol. 7, Nr. 4, S. 297-309.

Pavia, T.M. (1991): The Early Stages of New Product Development in Entrepreneurial High-Tech Firms. in: Journal of Product Innovation Management, Vol. 8, Nr. 1, S. 18-31.

Payne, A.F. (1988): Developing a Marketing-Oriented Organization. in: Business Horizons, Vol. 31, Nr. 3, S. 46-53.

Perillieux, R. (1987): Der Zeitfaktor im strategischen Technologie-Management. Erich Schmidt Verlag, Berlin.

Peters, T.J.; Waterman jun., R.H. (1983): Auf der Suche nach Spitzenleistungen - Was man von den bestgeführten US-Unternehmen lernen kann. Verlag Moderne Industrie, Landsberg/Lech.

Peterson, R.; Schulman, J. (1987): Capital Structure of Growing Small Firms. in: International Small Business Journal, Vol. 5, Nr. 4.

Picot, A.; Laub, U.D.; Schneider, D. (1989): Innovative Unternehmensgründungen - Eine ökonomisch-empirische Analyse. Springer Verlag, Berlin.

Picot, A.; Laub, U; Schneider, D. (1990): Comparing Successful and Less Successful New Innovative Business. in: European Journal of Operational Research, Vol. 47, Nr. 2, S. 190-202.

Pinto, J.K.; Slevin, D.P. (1987): Critical Factors in Successful Project Implementation. in: IEEE Transactions on Engineering Management, Vol. 34, No. 1, S. 22-27.

Pleschak, F. (1997): Entwicklungsprobleme junger Technologieunternehmen und ihre Überwindung. in: Koschatzky, K. (Hrsg.): Technologieunternehmen im Innovationsprozess - Management, Finanzierung und regionale Netzwerke. Physica-Verlag, Heidelberg.

Pleschak, F.; Küchlin, G. (1994): Marketing junger Technologieunternehmen, 2. Statusseminar zum Modellversuch "Technologieorientierte Unternehmensgründungen in den neuen Bundesländern". Tagungsmaterial vom 23.11.1994 in Berlin, FhG-ISI, Karlsruhe.

Pleschak, F.; Sabisch, H. (1996): Innovationsmanagement. Schaefer Poeschel Verlag, Stuttgart.

Pleschak, F.; Sabisch, H.; Wupperfeld, U. (1994): Innovationsbasierte kleine Unternehmen: Wie sie mit neuen Produkten neue Märkte erschliessen. Gabler Verlag, Wiesbaden.

Pleschak, F.; Werner, H.; Wupperfeld, U. (1995): Marketing geförderter junger Technologieunternehmen: 8. Analysebericht. FhG-ISI, Karlsruhe.

Pleschak, F.; Werner, H.; Wupperfeld, U. (1997): Marketing junger Technologieunternehmen. in: Koschatzky, K. (Hrsg.): Technologieunternehmen im Innovationsprozess - Management. Finanzierung und regionale Netzwerke, Physica-Verlag, Heidelberg.

Porter, E.M. (1992): Wettbewerbsvorteile - Spitzenleistungen erreichen und behaupten. 4. Auflage, Campus Verlag, Frankfurt/Main.

Porter, E.M. (1997): Wettbewerbsstrategie - Methoden zur Analyse von Branchen und Konkurrenten. 9. Auflage, Campus Verlag, Frankfurt/Main.

Pümpin, C.; Prange, J. (1991): Management der Unternehmensentwicklung - Phasengerechte Führung und der Umgang mit Krisen. Campus Verlag, Frankfurt/Main.

Pütz; P.; Meyerhöfer, W. (1982): Hemmnisse und Hilfen für Unternehmensgründungen. Köln.

Reuber, A.R.; Fischer, E.M. (1994): Entrepreneurs' Experience, Expertise, and the Performance of Technology-Based Firms. in: IEEE Transactions on Engineering Management, Vol. 41, Nr. 4, S. 365-374.

Rhenman, E. (1973): Organization Theory for Long Range Planning. Wiley, London.

Ries, A. (1996): Die Strategie der Stärke. Econ Verlag, Düsseldorf.

Ries, A.; Trout, J. (1986): Marketing Generalstabsmässig. Originalausgabe (1986): Marketing Warfare. McGraw-Hill Book Company, Hamburg.

Ritzerfeld, U. (1993): Marketing-Mix-Strategien in Investitionsgütermärkten - Entwicklung und Simulation marktstrukturspezifischer Strategien. Gabler Verlag, Wiesbaden.

Roberts, E.B. (1990a): Evolving Toward Product and Market-Orientation: The Early Years of Technology-Based Firms. in: Journal of Product Innovation Management, Vol. 7, Nr. 4, S. 274-287.

Roberts, E.B. (1990b): Resolving „The Innovation Dilemma": Corporate Development of New Technology-Based Product-Lines and Businesses. in: Dorgham, M.A. (Hrsg.): Proceedings of the First International Forum on Technology Management, 17.-19. 7. 1989, S. 212-224.

Roberts, E.B. (1991a): Entrepreneurs in High Technology - Lessons from MIT and Beyond. University Press, Oxford.

Roberts, E.B. (1991b): Strategic Transformation and the Success of High-Technology Companies. in: Gold, B. (Hrsg.): International Journal of Technology Management, Special Edition: On the Increasing Role of Technology in Corporate Policy, S. 59-80.

Roberts, E.B. (1991c): High Stakes for High-Tech Entrepreneurs: Understanding Venture Capital Decision Making. in : Sloan Management Review, Vol. 32, Nr. 2, S. 9-20.

Roberts, E.B.; Berry, C.A. (1985): Entering New Businesses: Selecting Strategies for Success. in: Sloan Management Review, Vol. 26, Nr. 3, S. 3-17.

Roberts, E.B.; Wainer, H.A. (1971): Some Characteristics of Technical Entrepreneurs. in: IEEE Transactions on Engineering Management, Vol. 18, Nr. 3. S. 100-109.

Roberts, R.W.; Burke, J.E. (1974): Six New Products - What Made Them Successful. in: Research Management, Vol. 16, Nr. 3, S. 21-24.

Rogers, E.M. (1962): Diffusion of Innovations. The Free Press, New York.

Romanelli, E. (1987): New Venture Strategies in the Microcomputer Industry. in: California Management Review, Vol. 30, Nr. 1, S. 160-175.

Romer, K.; Van Doren, D.C. (1993): Implementing Marketing in a High-Tech Business. in: Industrial Marketing Management, Vol. 22, S. 177-185.

Rossi, P.H.; Wright, J.D.; Anderson, A.B. (1983): Handbook of Survey Research. Academic Press, San Diego.

Rothwell, R. (1972): Factors for Success in Industrial Innovation, from Project SAPPHO - A Comparative Study of Success and Failure. in: Industrial Innovation - Science Policy Research Unit, University of Sussex, Brighton.

Rothwell, R. (1992): Successful Industrial Innovation: Critical Factors for the 1990s. in: R&D Management, Vol. 22, Nr. 3, S. 221-237.

Rothwell, R. (1994): Towards the Fifth-Generation Innovation Process. in: European Journal of Marketing, Vol. 11, Nr. 1, S. 7-31.

Rothwell, R. et al. (1974): Sappho Updated - Project SAPPHO Phase II. in: Research Policy, Vol 3, S. 258-291.

Roure, J.B.; Keeley, R.H. (1990): Predictors of Success in New Technology Based Ventures. in: Journal of Business Venturing, Vol. 5, Nr. 4, S. 201-220.

Roure, J.B.; Maidique, M.A. (1986): Linking Prefounding Factors and High-Technology Venture Success: An Exploratory Study. in: Journal of Business Venturing, Vol. 1, S. 295-306.

Rubenson, G.C.; Gupta, A.K. (1992): Replacing the Founder: Exploding the Myth of the Entrepreneur's Disease. in: Business Horizons, Vol. 35, Nr. 6, S. 53-57.

Ruekert, R.W. (1992): Developing a Market Orientation: An Organizational Strategy Perspective. in: International Journal of Research in Marketing, Vol. 9, Nr. 3, S. 225-245.

Rüggeberg, H. (1997): Strategisches Markteintrittsverhalten junger Technologieunternehmen - Erfolgsfaktoren der Vermarktung von Produktinnovationen. Gabler Edition Wissenschaft, Berlin.

Rupp M. (1988): Produkt/Markt Strategien - Ein Leitfaden zur marktorientierten Produktplanung für KMU der Investitionsgüterindustrie. Verlag Industrielle Organisation, Zürich.

Rütschi, K.A: (1986): Wie man Innovationsvorhaben elegant finanziert - Tips zur Reduktion von Risiko und Kapitalbedarf. in: Industrielle Organisation, Vol. 55, Nr. 5, S. 209-213.

Ryan, C.G. (1984): The Marketing of Technology. Peter Peregrinus, London.

Salonen, A.J. (1995): International Growth of Young Technology-based Finnish Companies. Diss., Helsinki University of Technology, Helsinki.

Samsom, K.J. (1991): Scientists as Entrepreneurs - Organisational Performance in Scientists-Started New Ventures. Kluwer Academic Publishers, Norwell.

Sandberg, W.R.; Hofer, C.W. (1987): Improving New Venture Performance: The Role of Strategy, Industry Structure, and the Entrepreneur. in: Journal of Business Venturing, Vol. 2, Nr. 1, S. 5-28.

Sapienza, H.J.; Smith, K.G.; Gannon, M.J. (1988): Using Subjective Evaluations of Organizational Performance in Small Business Research. in: American Journal of Small Business, Vol. 12, Nr. 3, S. 45-53.

Sashittal, H.C.; Wilemon, D. (1994): Integrating Technology and Marketing: Implications for Improving Customer Responsiveness. in: International Journal of Technology Management, Vol. 9, Nr. 5/6/7, S. 691-708.

Schaible, J.; Hönig, A. (1991): High-Tech-Marketing in der Praxis. Verlag Franz Vahlen, München.

Schiffel, J. (1994): Marktorientierte Unternehmensführung - Eine praxisbezogene Einführung. Gabler Verlag, Wiesbaden.

Schmidtke, A. (1985): Praxis des Venture Capital-Geschäftes. Verlag Moderne Industrie, Landsberg/Lech.

Schnell, R.; Hill, P.B.; Esser, E. (1995): Methoden der empirischen Sozialforschung. 5. Auflage, Oldenbourg Verlag, München.

Schoeffler, S.; Buzzell, R.D.; Heany, D.F. (1974): Impact of Strategic Planning on Profit Performance. in: Harvard Business Review, Vol. 52, Nr. 2, S. 137-145.

Schumpeter, J.A. (1912): Theorie der wirtschaftlichen Entwicklung. 1. Auflage, Verlag von Duncker & Humblot, Leipzig.

Schuster, H.; Winkel, A. (1986): Insolvenzgründe junger technologieorientierter Unternehmen - Eine Untersuchung der Forschungsstelle für den Handel Berlin (FfH) und des Marketing-Lehrstuhls der Technischen Universität Berlin. Berlin.

Scott, M.; Bruce, R. (1987): Five Stages of Growth in Small Business. in: Long Range Planning, Vol. 20, Nr. 3, S. 45-52.

Seiler, A. (1992): Marketing - Erfolgreiche Umsetzung in der Praxis. Orell Füssli Verlag, Zürich.

Servatius, H.-G. (1985): Methodik des strategischen Technologie-Managements. Berlin.

Shanklin, W.L.; Ryans, J.K. (1984): Organizing for High-Tech Marketing. in: Harvard Business Review, Vol. 62, Nr. 6, S. 164-171.

Shanklin, W.L.; Ryans, J.K. (1985): Marketing High Technology. Lexington Books, Lexington.

Shanklin, W.L.; Ryans, J.K. (1987): Essentials of High Technology Marketing. Heath and Company, Lexington.

Shapiro, B.P. (1988): What the Hell is „Market Oriented"? in: Harvard Business Review, Vol. 66, Nr. 6, S. 119-125.

Shuman, J.C.; Sussman, G.; Shaw, J.J. (1985): Business Plans and the Start-up of Rapid Growth Companies. in: Hornaday, J.A. et al. (Hrsg.): Frontiers of Entrepreneurship Research, Babson College, Wellesley, S. 294-313.

Siegel, R.; Siegel, E.; MacMillan, I.C. (1993): Characteristics Distinguishing High-Growth Ventures. in: Journal of Business Venturing, Vol. 8, S. 169-180.

Slater, S.F.; Narver, J.C. (1994): Does Competitive Environment Moderate the Market Orientation-Performance Relationship? in: Journal of Marketing, Vol. 58, Nr. 1, S. 46-55.

Slevin, D.P.; Covin, J.G. (1987): The Competitive Tactics of Entrepreneurial Firms in High- and Low-Technology Industries. in: Churchill, N.C. et al. (Hrsg.): Frontiers of Entrepreneurship Research, Babson College, Wellesley, S. 87-101.

Smilor, R.W. (1987): Managing the Incubator System: Critical Success Factors to Accelerate New Company Development. in: IEEE Transactions on Engineering Management, Vol. 34, Nr. 3, S. 146-155.

Sommer, K. (1984): Marketing-Audit: Anwendungen der Marketingtheorie bei der Beurteilung der Marketingpraxis. Haupt Verlag, Bern.

# Literaturverzeichnis

Sommerlatte, T. (1991): Systematische Schritte eines Technologie-Marketing - Die Entwicklung eines Programms. in: Töpfer, A.; Sommerlatte, T. (Hrsg.): Technologiemarketing - Die Integration von Technologie und Marketing als strategischer Erfolgsfaktor, Verlag Moderne Industrie, Landsberg/Lech, S. 141-162.

Sommerlatte, T. (1993): Die Integration von Technologie und Marketing als strategischer Erfolgsfaktor. 2. Kongress in Technologiemarketing am 10./11. September 1993, Zürich.

Sommerlatte, T.; Deschamps, J.P. (1986): Der strategische Einsatz von Technologien - Konzepte und Methoden zur Einbeziehung von Technologien in die Strategieentwicklung des Unternehmens. in: Arthur D. Little (Hrsg.): Management im Zeitalter der Strategischen Führung. Gabler Verlag, Wiesbaden.

Sommerlatte, T.; Walsh, S.I. (1983): Das strategische Management von Technologien. in: Töpfer, A.; Afheldt, H. (Hrsg.): Praxis der strategischen Unternehmensplanung. Frankfurt.

Souder, W.E.; Chakrabarti, A.K. (1978): The R&D/Marketing Interface: Results from an Empirical Study of Innovation Projects. in: IEEE Transactions on Engineering Management, Vol. 25, Nr. 4, S. 88-93.

Stanworth, M.J.K.; Curran, J. (1976): Growth and the Small Firm - An Alternative Perspective. in: Journal of Management Studies, Vol. 22, Nr. 3, S. 327-346.

Staudt, E.; Mühlemeyer, P.; Kriegesmann, B. (1991): Schnittstelle = Bruchstele? in: Absatzwirtschaft, Vol. 34, Nr. 11, S. 108-114.

Steinkühler, R.H. (1994): Technologiezentren und Erfolg von Unternehmensgründungen. Wiesbaden.

Stuart, R.W.; Abetti, P.A. (1986): Field Study of Start-Up Ventures Part II: Predicting Initial Success. in: Ronstadt, R. et al. (Hrsg.): Frontiers of Entrepreneurship Research, Babson College, Wellesley, S. 38-60.

Stuart, R.W.; Abetti, P.A. (1987): Start-Up Ventures: Towards the Prediction of Initial Success. in: Journal of Business Venturing, Vol. 2, Nr. 3, S. 215-230.

Stuart, R.W.; Abetti, P.A. (1990): Impact of Entrepreneurial and Management Experience on Early Performance. in: Journal of Business Venturing, Vol. 5, Nr. 3, S. 151-162.

Sykes, H.B. (1986): Lessons From a New Venture Program. in: Harvard Business Review, Vol. 64, Nr. 3, S. 69-74.

Szyperski, N.; Klandt, H. (1981): Wissenschaftlich-technische Mitarbeiter von Forschungs- und Entwicklungseinrichtungen als potentielle Spin-off-Gründer - Eine empirische Studie zu den Entstehungsfaktoren von innovativen Unternehmungsgründungen im Lande Nordrhein-Westfalen. Westdeutscher Verlag, Opladen.

Szyperski, N.; Nathusius, K. (1977): Probleme der Unternehmensgründung - Eine betriebswirtschaftliche Analyse unternehmerischer Startbedingungen. C.E. Poeschel Verlag, Stuttgart.

Szyperski, N.; Roth, P. (1990): Entrepreneurship - Innovative Unternehmensgründung als Aufgabe. C.E. Poeschel Verlag, Stuttgart.

Theisen, R.M. (1993): Wissenschaftliches Arbeiten - Technik - Methodik - Form. 5. Auflage, Vahlen Verlag, München.

Timmons, J.A.; Muzyka, D.F.; Stevenson, H.H; Bygrave, W.D. (1987): Opportunity Recognition: The Core of Entrepreneurship. in: Churchill, N.C. et al. (Hrsg): Frontiers of Entrepreneurship Research, Babson College, Wellesley, S. 109-123.

Töpfer, A. (1991): Marketing für Start-up-Geschäfte mit Technologieprodukten. in: Töpfer, A.; Sommerlatte, T. (Hrsg.): Technologiemarketing - Die Integration von Technologie und Marketing als strategischer Erfolgsfaktor. Verlag Moderne Industrie, Landsberg/Lech, S. 163-200.

Töpfer, A.; Sommerlatte, T. (1991): Technologiemarketing - Die Integration von Technologie und Marketing als strategischer Erfolgsfaktor. Verlag Moderne Industrie, Landsberg/Lech.

Traynor, K.; Traynor, S.C. (1989): Marketing Approaches Used by High Tech Firms. in: Industrial Marketing Management, Vol. 18, S. 281-287.

Traynor, K.; Traynor, S.C. (1994): The Efficacy of Strategic and Promotional Factors of the Sales Growth of High-Tech Firms. in: IEEE Transactions on Engineering Management, Vol. 41, Nr. 2, S. 126-134.

Trommsdorff, V. (1990): Erfolgsfaktorenforschung, Produktinnovation und Schnittstelle Marketing - F&E. Diskussionspapier der TU Berlin, Nr. 143, Berlin.

Trommsdorff, V. (1990): Innovationsmanagement in kleinen und mittleren Unternehmen. Vahlen Verlag, München.

Tschirky, H. (1991): Technologie-Management - ein integrierter Ansatz. in: io Management Zeitschrift, Vol. 60, Nr. 11, S. 27-31.

Tushman, M.L.; Virany, B.; Romanelli, E. (1985): Executive Succession, Strategic Reorientations, and Organizational Evolution: The Minicomputer Industry as a Case in Point. in: Technology in Society, Vol. 7, S. 297-313.

Tyebjee, T.T.; Bruno, A.V. (1981): Venture Capital Decision Making: Preliminary Results from Three Empirical Studies. in: Vesper, K.H. et al. (Hrsg.): Frontiers of Entrepreneurship Research, Babson College, Wellesley, S. 281-320.

Tyebjee, T.T.; Bruno, A.V. (1982): A Comparative Analysis of California Startups from 1978 to 1980. in: Vesper, K. et al. (Hrsg.): Frontiers of Entrepreneurship Research, Babson College, Wellesley, S. 163-176.

Tyebjee, T.T.; Bruno, A.V. (1984): A Model of Venture Capitalist Investment Activity. in: Management Science, Vol. 30, Nr. 9, S. 1051-1066.

Unterkofler, G. (1989): Erfolgsfaktoren innovativer Unternehmensgründungen - Ein gestaltungsorientierter Lösungsansatz betriebswirtschaftlicher Gründungsprobleme. Verlag Peter Lang, Frankfurt am Main.

Utterback, J.M.; Meyer, M.; Roberts, E.; Reitberger, G. (1988): Technology and Industrial Innovation in Sweden: A Study of Technology-Based Firms formed between 1965 and 1980. in: Research Policy, Vol. 17, Nr. 1, S. 15-26.

Utterback, J.M.; Roberts, E.B.; Meyer, M.; Martin, A.; Leonard-Barton, D. (1983): Comparison of New Technology-Based Firms Formation in Sweden and Massachusetts. in: Hornaday, J.A. et al. (Hrsg.): Frontiers of Entrepreneurship Research, Babson College, Wellesley, S. 519-528.

Van der Ven, A.H.; Hudson, R.; Schroeder, D.M. (1984): Designing New Venture Start-Ups: Entrepreneurial, Organizational, and Ecological Considerations. in: Journal of Management, Vol. 10, Nr. 1, S. 87-107.

Vesper, K.H. (1980): New Venture Strategies. Prentice Hall, Englewood Cliffs.

Viardot, E.: Successful Marketing Strategy for High-Tech Firms. Artech House Publishers, London.

von Wichert-Nick, D.; Kulicke, M. (1994): Ökonomische Entwicklung und Unternehmensstrategien junger Technologieunternehmen - Ergebnisse einer Befragung von im Modellversuch "Beteiligungskapital für junge Technologieunternehmen" (BJTU) begünstigten Unternehmen. FhG-ISI, Karlsruhe.

Webster Jr., F.E. (1988): The Rediscovery of the Marketing Concept. in: Business Horizons, Vol. 31, Nr. 3, S. 29-39.

Weiber, R.; Pohl, A. (1994): Leapfrogging bei der Adoption neuer Technologien - Theoretische Fundierung und empirische Prüfung. in: Weiber, R. (Hrsg.): Arbeitspapier zur Marketingtheorie, Nr. 2, Trier.

Weiber, R.; Pohl, A. (1995): Nachfrageverhalten bei technologischen Innovationen: Herausforderung für das Marketing-Management. in: Zahn, E. (Hrsg.): Handbuch Technologie-Management, Schäffer-Poeschel Verlag, Stuttgart, S. 409-436.

Weiss, B. (1996): Was braucht es, um eine Firma zu gründen? Erfahrungen eines Firmengründers. in: SPP - Schwerpunktprogramm Biotechnologie des Schweizerischen Nationalfonds, Bern.

Wetzel, W.E.; Wilson, I.C. (1985): Seed Capital Gaps: Evidence from High-Growth Ventures. in: Hornaday, J.A. et al. (Hrsg.): Frontiers of Entrepreneurship Research, Babson College, Wellesley, S. 221-240.

Winand, U.; Nathusius, K. (1990): Professionalisierungsprogramm für Unternehmensgründer. in: Szyperski, N.; Roth P. (Hrsg.): Entrepreneurship - Innovative Unternehmensgründungen als Aufgabe. C.E. Poeschel Verlag, Stuttgart, S. 99-109.

Winzeler & Partner AG - Management Consultants (1990): Marketing-Audit. KW+P Schriftenreihe, Zürich.

Wolf, J. (1994): Marketing für den Mittelstand. Wilhelm Heyne Verlag, München.

Wolfrum, B. (1992): Technologiestrategien im strategischen Management. in: Marketing, Zeitschrift für Forschung und Praxis, Vol. 14, Nr. 1, S. 23-36.

Wolfrum, B. (1994): Strategisches Technologiemanagement. 2. Auflage, Gabler Verlag, Wiesbaden.

Wupperfeld, U. (1994): Marketing junger Technologieunternehmen - Erfahrungen aus den alten Bundesländern. in: Pleschak, F.; Küchlin, G. (Hrsg.): Marketing junger Technologieunternehmen - 2. Statusseminar zum Modellversuch "Technologieorientierte Unternehmensgründungen in den neuen Bundesländern". Tagungsmaterial vom 23.11.1994 in Berlin, FhG-ISI, Karlsruhe.

Wupperfeld, U.; Kulicke, M. (1993): Misserfolgsursachen junger Technologieunternehmen. FhG-ISI, Karlsruhe.

Yap, C.M.; Souder, W.E. (1994): Factors Influencing New Product Success and Failure in Small Entrepreneurial High-Technology Electronics Firms. in: Journal of Product Innovation Management, Vol. 11, Nr. 5, S. 418-432.

Zahn, E. (1986): Technologie- und Innovationsmanagement. Drucker & Humbolt Verlag, Berlin.

Zahn, E. (1995): Handbuch Technologie-Management. Schäffer-Poeschel Verlag, Stuttgart.

Zörgiebel, W.W. (1983): Technologie in der Wettbewerbsstrategie. Berlin.

# Stichwortverzeichnis

Arbeitsplätze, 1, 126ff
Auftragsprodukte, 119f, 133
Befragung (schriftliche) 11, 29, 102
   Vor- und Nachteile, 104f
Bezugsrahmen, 26, 77, 79
   der Untersuchung, 4, 8f, 11f, 84ff, 90, 173
Branchen, 6, 14, 19, 28, 56, 58, 76, 98, 149, 156, 173, 183, 185ff
   Einfluss auf Erfolg, 132ff
   Erfahrungen, 17, 36f
   Verteilung, 116f
Business Plan, 29, 44, 37, 54
Chi-Quadrat, 51, 113, 132f, 161, 164, 186ff
Clusteranalyse, 10, 114, 152, 157f, 176, 197
Datenauswertung, 4, 12, 29, 33, 58, 109ff
Datenerhebung, 12, 28f, 58, 103, 106ff, 173
Diskriminanzanalyse, 10, 29, 34f, 109, 114f, 152, 164f, 177, 198
Effektive Abwicklung, 85, 88f, 89, 151, 153ff, 173, 196
   Indikatoren, 98
   Korrelationen mit Erfolg, 192
   Unterschiede erfolgreich/-los, 143f
   Unterschiede zw. den Jahren, 142
Eigenprodukte, 119, 133
Erfolg, 7ff, 17, 18ff, 36ff, 90ff, 122ff
Erfolgsfaktoren, 2, 4, 9f, 12f, 26, 28, 35ff, 44ff, 57ff, 63ff, 76, 78ff, 97, 102, 129, 145, 152, 164ff, 177, 179ff
Erfolgsgruppen, 10, 130f, 135, 137, 139f, 143, 161, 164f

Erfolgsmass *siehe* Erfolg
Erfolgsraten, 10, 42, 60, 69, 113, 152, 161ff, 167f, 176, 178
Erfolgsvariablen, 9, 12, 123, 130
   Die 15 wichtigsten E., 150ff
   E. verschiedener Einflussbereiche, 135, 137, 139, 141, 143, 145, 147, 150
   *siehe auch* Erfolg - Indikatoren des E.
Faktoranalyse, 10, 30, 34f, 114, 152f, 157, 175, 195f
Faktorladungen, 153ff, 157, 195f
Finanzielle Basis, 2, 5, 31f, 41ff, 181
Finanzielle Unabhängigkeit, 94, 123
Finanzierung, 2, 18, 26, 46f, 51ff, 62, 69, 71, 73, 77, 81
Fragebogen, 11, 29, 104f, 107, 153, 173, 182, 199ff
   Versandstatistik, 108f
Geschäftsplan *siehe* Business Plan
Gründerkrankheit, 44
Grundgesamtheit, 6, 11, 28, 104, 106, 111
Gründungsjahr, 103, 118, 125, 127
   Einfluss auf Erfolg, 130, 132f, 187
Gruppenvergleiche, 109, 112f
Hypothese, 12, 29f, 84, 111
   Alternativhypothese, 111
   Arbeitshypothese, 9, 12, 84, 89f, 136f, 140, 142f, 145, 148, 150, 173ff
   Nullhypothese, 111
Innovation, 1, 13f, 24f, 39f, 44, 47, 55, 58ff, 105
Innovationsmanagement, 9, 12ff, 16, 57ff, 166, 173
Innovationsprozess, XIII, 13ff, 40, 44, 57, 59ff, 71, 134, 166, 179, 183
   Phasen des I., 57

Vollständiger I. *siehe* Vollständiger Innovationsprozess
Invention, 15, 25
Irrtumswahrscheinlichkeit, 111, 190, 194
JTU
   Anzahl aktive Gründer, 118
   Besonderheiten, 7f
   Branchenverteilung, 116f
   Definition, 5f, 13ff
   Entstehungsformen, 21ff
   Entwicklungsmodelle, 21ff
   Entwicklungsmuster, 24ff
   Entwicklungsphasen, 24ff
   Erfolgsraten, 161ff
   Exportanteil, 121f
   Gründungsjahre, 117f
   Hauptumsatzquellen, 119f
   Investiertes Kapital, 122f
   Personen mit techn. Ausbildung, 118f
   Probleme, 169ff
   Regionale Verteilung, 116
   Strukturmerkmale, 116
   Verhaltensmuster, 157ff
   Zielkunden, 120f
   Zielmärkte, 121f
JTU-Erfolg *siehe* Erfolg
Kapital, 25, 40, 77, 94, 100, 122f
   *siehe auch* Finanzielle Basis
Korrelation, 29, 33ff, 40, 109, 111f, 128ff, 150ff, 164ff, 190ff
Kreuztabellierung, 34f, 109, 113, 132, 152, 161, 186ff
Kundenorientierung, 46, 54, 85ff, 89, 94, 151ff, 161, 169, 183, 173ff, 196
   Indikatoren, 95
   Korrelationen mit Erfolg, 190
   Unterschiede erfolgreich/-los, 135
   Unterschiede zw. den Jahren, 133

Lebenszyklus, 79
   von Produkten, 19, 26, 45, 74f, 148
   von Technologien, 14, 66
   von Industrien (Märkten), 37, 48, 75
Managementkompetenz *siehe* Managementorientierung
Managementorientierung, 2, 31f, 43f, 49, 53, 171, 181
Mann-Whitney-U-Test, 113, 131, 135, 137, 150, 165f, 174, 190ff
Marketing
   Aggressivität, 75
   Faktoren, 10, 153, 155ff, 176ff, 180, 194ff
   Funktion, 87, 94, 96
   Konzept, 13, 19f, 84f, 94f, 136, 156, 161, 167
   Mix, 5, 76, 94, 99f, 146, 149, 156f, 161
   Modell, 35, 84, 86, 182
   Philosophie, 79, 87, 94, 98
   Planung, 82, 87f, 94, 97f, 141f, 153, 155, 191, 195
   Prozess, 20, 74, 79, 159ff, 167f, 179
   Ressourcen, 94, 98
   Strategie, 5, 20, 54, 69, 75, 79f, 82, 88, 94, 97, 140ff, 153, 155, 163, 168, 177, 179, 191, 195
   Systemsicht, 94f
Marketinganalyse, 61, 94, 96f, 138, 155f, 160, 162
Marketingdimension *siehe* Marketingfaktor
Marketinginformation (Adäquate), 85, 87, 89, 94, 134, 151, 155ff, 173, 196
   Indikatoren, 96f
   Korrelationen mit Erfolg, 191
   Unterschiede erfolgreich/-los, 139
   Unterschiede zw. den Jahren, 138

# Stichwortverzeichnis

Marketingkompetenz *siehe* Marketingorientierung
Marketing-Management, 9, 12f, 19f, 35, 51, 66, 76ff, 173
Marketingorganisation (Integrierte), 85, 87f, 89, 94ff, 136, 151, 155, 173, 196
 Indikatoren, 95f
 Korrelationen mit Erfolg, 190
 Unterschiede erfolgreich/-los, 137
 Unterschiede zw. den Jahren, 136
Marketingorientierung, 2, 31f, 36, 43, 45, 48, 54, 62, 79, 85, 89, 163
Marktcharakter, 31, 38, 65, 89f, 94, 154ff, 173, 175, 196
 Indikatoren, 100f
 Korrelationen mit Erfolg, 193
 Unterschiede erfolgreich/-los, 150ff
 Unterschiede zw. den Jahren, 148f
Markteinführung, 22f, 25ff, 55, 57, 59ff, 64f, 99, 144ff, 154f, 192, 195
Markteintritt, 35, 52, 62, 65
 Barrieren, 50, 55f, 100, 149ff, 170ff, 193f
 Strategie, 70
 Zeitpunkt, 40, 49
Marktkräfte, 94, 100f, 148f, 154, 156, 159ff, 175ff, 180, 194
Marktnische, 7, 47ff, 55, 69, 75, 162
Marktstruktur, 50
Misserfolg, 2ff, 7, 9, 12, 28ff, 35f, 41, 51ff, 69f, 72, 93, 102, 105, 150, 152, 163, 165, 173, 181
Mitarbeiterzuwachs, 35, 94, 123ff, 134, 140, 163
Mittelwerttest, 112f,
NPD (New Product Development), *siehe auch* Innovationsmanagement
NPD-Forschung, 16, 58, 61, 65, 173
PIMS, 78

Produkt *siehe* Technologische Basis
Produktcharakter (Einzigartiger), 88f, 94, 151, 156f, 173, 196
 Indikatoren, 99f
 Korrelationen mit Erfolg, 193
 Unterschiede erfolgreich/-los, 147f
 Unterschiede zw. den Jahren, 146
Rahmenbedingungen, 127, 130, 132ff
Residuum, 132
Risikokapital *siehe* Venture Capital
Rücklaufquote, 11, 104, 107
Signifikanz, 111
Skalen, 110
SPSS, XIII, 11, 109, 114
Stichprobe, 5f, 11, 18, 28f, 33, 35, 50f, 81, 102, 104, 108, 111ff, 130, 134, 137, 145, 182, 184
Strategische Orientierung, 87, 89, 94, 134, 151ff, 155, 173, 175, 196
 Indikatoren, 97f
 Korrelationen mit Erfolg, 191
 Unterschiede erfolgreich/-los, 141f
 Unterschiede zw. den Jahren, 140
Technik, 13, 53, 61ff, 65, 99, 147f, 152, 155, 157, 176f
Technikorientierung, *siehe* Technologieorientierung (-fokussierung)
Technologie, 13ff, 32, 39, 46, 48, 64ff, 100
 Aggressivität, 75
 Branchen *siehe* Branchen
Technologiemarketing, 9, 12f, 66ff
Technologiemärkte, 66ff
Technologieorientierung 17, 23, 25, 44ff, 154, 157, 159ff, 168f, 176, 181
Technologieprodukte, 18f, 39f, 66ff, 108, 169, 173, 182
Technologische Basis, 31f, 36, 38f, 41, 53

Unternehmensentwicklung, 8, 18, 24, 26, 70, 92f, 103, 105, 138, 169
Unternehmenserfolg *siehe* Erfolg
Unternehmensgründer, 2, 5, 7, 17, 19, 21, 29, 31ff, 36ff, 44, 51ff, 90ff, 104ff, 124, 136, 138, 147, 169, 170, 178, 180ff
Unternehmensgründung, 6, 13, 16ff, 21, 25, 34ff, 38, 102, 117f
Unternehmenstyp, 24, 38, 58, 130, 132f, 179, 183, 188f
Untersuchung
  empirische, 84, 93, 173, 182, 184
  Längsschnitt, 29, 103
  Querschnitt, 11, 29, 102
Venture Capital, 2, 22, 29, 33f, 45, 54
Verhaltensmuster *siehe* JTU - Verhaltensmuster
Verhaltenstypen *siehe* Verhaltensmuster
Vollständiger Innovationsprozess, 88f, 94, 151, 155, 159f, 166, 173, 179, 196
  Indikatoren, 99
  Korrelationen mit Erfolg, 192
  Unterschiede erfolgreich/-los, 145ff
  Unterschiede zw. den Jahren, 144
Wettbewerber, 20, 45ff, 54f, 59, 65, 78f, 85f, 96ff, 100, 138ff, 147, 151ff, 159, 166, 168, 170ff, 177, 180, 191, 193ff
Wettbewerbsfähigkeit, 1, 7, 72, 92, 94, 99, 123f
Wettbewerbsintensität, 40, 50, 100f, 149, 161
Wettbewerbsposition, 14, 25, 80, 141f, 152f, 191, 195
Wettbewerbstaktik, 67
Wettbewerbsvorteil, 18, 39, 47f, 55, 66, 69, 75, 80, 88, 167
Wilcoxon-Test, 113, 133f, 138, 144, 146, 174

Zielkunden, 20, 95, 97, 120f, 134f, 138ff, 151f, 154ff, 167, 171, 177, 179ff, 190f, 195f
Zielmärkte, 37f, 56, 62, 100, 121

# Deutscher Universitäts Verlag
GABLER · VIEWEG · WESTDEUTSCHER VERLAG

## Aus unserem Programm

Marion Friese
**Kooperation als Wettbewerbsstrategie für Dienstleistungsunternehmen**
1998. XXXI, 424 Seiten, 67 Abb., 98 Tab., Br. DM 138,-/ ÖS 1.007,-/ SFr 122,-
"Focus Dienstleistungsmarketing", hrsg. von
Prof. Dr. Michael Kleinaltenkamp (schriftf.)
GABLER EDITION WISSENSCHAFT
ISBN 3-8244-6741-0
Marion Friese zeigt, ob, in welchem Ausmaß und in welchem Kontext alternative Kooperationsformen für Dienstleistungsunternehmen eine attraktive strategische Option darstellen.

Volker G. Hildebrand
**Individualisierung als strategische Option der Marktbearbeitung**
Determinanten und Erfolgswirkungen kundenindividueller Marketingkonzepte
1997. XXIII, 304 Seiten, 42 Abb., 74 Tab., Broschur DM 108,-/ ÖS 788,-/ SFr 96,-
"Forum Marketing", hrsg. von
Prof. Dr. Reinhard Hünerberg, Prof. Dr. Armin Töpfer
GABLER EDITION WISSENSCHAFT
ISBN 3-8244-6630-9
Der Erfolg einer undifferenzierten Marktbearbeitung wird zunehmend in Frage gestellt; statt dessen wird eine stärkere "Einzelkundenorientierung" gefordert. Dieser Trend konkretisiert sich in Konzepten, die den einzelnen Kunden mit seinen Bedürfnissen in den Mittelpunkt rücken.

Stefan Hoffmann
**Optimales Online-Marketing**
Marketingmöglichkeiten und anwendergerechte Gestaltung des Mediums Online
1998. XX, 293 Seiten, 110 Abb., Broschur DM 108,-/ ÖS 788,-/ SFr 96,-
GABLER EDITION WISSENSCHAFT
ISBN 3-8244-6732-1
Kein Global Player kann es sich in Zukunft leisten, nicht im World Wide Web (WWW) des Internet vertreten zu sein. Stefan Hoffmann zeigt auf, welche Business-Möglichkeiten das Internet den Unternehmen bietet und wie diese optimal in das klassische Marketing eingebunden werden.

Ralf Loebert
**Marktorientierte Systemlieferantenstrategie**
1998. XVII, 283 Seiten, 56 Abb., Broschur DM 108,-/ ÖS 788,-/ SFr 96,-
GABLER EDITION WISSENSCHAFT
ISBN 3-8244-6688-0
Ralf Loebert untersucht die veränderten Marktbedingungen für Zulieferer. Er verknüpft Kosten- und Differenzierungsaspekte und erarbeitet ein mehrdimensionales Konzept zum Verständnis der Systemlieferantenstrategie.

## Deutscher Universitäts Verlag
GABLER · VIEWEG · WESTDEUTSCHER VERLAG

Harald Rüggeberg
**Strategisches Markteintrittsverhalten junger Technologieunternehmen**
Erfolgsfaktoren der Vermarktung von Produktinnovationen
1997. XXIV, 291 Seiten, Broschur DM 98,-/ ÖS 715,-/ SFr 89,-
GABLER EDITION WISSENSCHAFT
ISBN 3-8244-6452-7
Anhand ausgewählter Unternehmensneugründungen analysiert der Autor die Erfolgsfaktoren und stellt die erfolgreichsten Markteinführungsstrategien vor.

Gabriele Trinkfass
**The Innovation Spiral**
Launching New Products in Shorter Time Intervals
1997. XIII, 293 Seiten, Broschur DM 98,-/ ÖS 715,-/ SFr 89,-
GABLER EDITION WISSENSCHAFT
ISBN 3-8244-6425-X
Our time is characterised by a general acceleration trend. One facet of this phenomenon is the steady decline of product innovation cycles which results in the paradox that many firms make their own goods obsolete within increasingly shorter time periods.

Sandra Warskulat
**Handels- und Marketingforschung in Frankreich, Belgien und Kanada**
Themen, Methoden, Strukturen
1998. XXIII, 318 Seiten, 57 Abb., Broschur DM 108,-/ ÖS 788,-/ SFr 96,-
GABLER EDITION WISSENSCHAFT
ISBN 3-8244-6635-X
Die Autorin analysiert die Forschungsbeiträge zu Handel und Marketing und entwickelt eine Charakteristik der frankophonen "communauté scientifique" bezüglich personaler, institutionaler, methodischer und inhaltlicher Kriterien.

Rüdiger Werp
**Aufbau von Geschäftsbeziehungen**
1998. XVI, 350 Seiten, 23 Abb., 37 Tab., Broschur DM 118,-/ ÖS 861,-/ SFr 105,-
GABLER EDITION WISSENSCHAFT
ISBN 3-8244-6621-X
Der Autor unterzieht grenzüberschreitende Geschäftsbeziehungen einer fundierten theoretischen und empirischen Untersuchung, die für Forschung und betriebliche Praxis beachtenswerte neue Erkenntnisse liefert.

*Die Bücher erhalten Sie in Ihrer Buchhandlung!*
*Unser Verlagsverzeichnis können Sie anfordern bei:*

**Deutscher Universitäts-Verlag**
**Postfach 30 09 44**
**51338 Leverkusen**